JN439585

중국 상사법의 발전과 과제

이 홍 욱

도서출판 동방문화사

이 책은 2013년도 대구가톨릭대학교 학술연구비 지원에 의한 것임

머리말

신 중국 성립(1949) 이후 중국은 사유재산이 사회주의체제로 전환되면서 국가소유와 집체소유의 사회주의 공유제로 되었고, 이를 기초로 고도의 집중적인 계획경제체제를 실행하여 왔기 때문에 근 반세기 동안의 사회주의 발전기간 중에 상법은 수요도 없었을 뿐만 아니라, 상법의 관념조차도 망각되었다. 따라서 "상법"이라는 것은 중국의 개혁·개방 이후 시장경제체제 발전 과정 중에 점차 발전하게 된 하나의 법률현상이라 할 수 있을 것이다. 이렇듯 중국 상법은 民商二法統一論에 입각하여 상법을 독립부문으로 인정하지 않고 민법의 특별법 정도로 취급하여 왔다.

그러나 중국은 1978년 이래 괄목할 만한 경제성장을 이룩하였으며 "경제발전은 곧 법제경제"라 할 정도로 법제발전도 동시에 이루어졌다. 그 중에서도 상사입법이 현저하게 발전하여 상법체계가 큰 진보를 이룩하게 되었다. 1992년 사회주의 시장경제를 표방하면서 중국의 경제체제는 신속하게 진행되었고 이와 함께 상사입법도 새로운 단계에 진입하게 되었다. 이 시기에 '海商法'(1992), '會社法'(1993), '商業銀行法'(1995), 票据法((어음수표법)(1995), '保險法'(1995), '證券法'(1998), '契約法'(1999),'信託法'(2001) 등 일련의 주요한 상사 법률이 각각 단행법 형태로 나타나게 되었던 것이다.

중국경제가 급속한 발전을 거듭하면서 점차 상법학자들은 상법의 중요성을 강조하면서 商法典을 제정하자는 주장이 활발해지는가 하면, 또한 많은 이들은 현실을 감안하여 독립된 상법을 제정하는 것보다 기존의 상사 단행법에다가 이를 통할하는 "商法通則"의 제정을 부르짖고 있는 실정이다.

이 책은 사회주의 시장경제가 막 시작할 즈음부터 근 20여 년간(1993년 - 2013년) 중국 상사법의 변화과정을 추적한 논문들을 일부 수정하여 "중국 상사법의 발전과 과제"라는 제목으로 내놓게 되었다. 이 시기로 말하자면 중국 경제발전이 가속화함과 동시에 이에 부응하는 단행의 상사법들이 대거 쏟아지는 그야말로 격동의 시기이었다. 이 책에 실린 논문의 내용들이 지금하고는 맞지 않는 부분이 있을 것이나 중국 상법이 변화 과정 중에 있으므로 오히려 지난날의 내용들이 나름대로 참고가 되리라 생각되어 그대로 게재하게 되었다는 양해의 말씀을 드린다.

끝으로 이 책이 나오기 까지 수고해 주신 동방문화사 조형근사장님과 손영기 박사, 원일 스님 그리고 이민희 조교의 노고에 감사드린다.

2014년 12월

이 홍 욱

목 차

중국 보험 · 해상법 소고*

목 차

Ⅰ. 서 론

개혁 · 개방이후의 중국은 지금 사회주의 시장경제체제로 20세기 말까지 초급사회주의 국가로서의 기틀을 다지고 있다. 그동안 괄목할 만한 경제성장의 배경에는 수많은 경제법들이 있었다. 지난 십 수 년 간 중국의 입법의 70%이상이 경제법이었다는 것은 한마디로 이것을 대변해주고 있다.[1] 중국의 입법태도는 경험을 바탕으로 법을 제정한다는 것을 전제로 일반법보다 우선 시급한 특별법들을 제정하여 왔다고 할 수 있다. 사회주의 시장경제의 성숙단계에 따라 향후 수많은 법이 제정될 것이다. 최근 중국은 사회주의 시장경제체제의 문제점으로 제기한 것 중에 사회주의 시장경제는 바로 법제가 보장하는 경제를 의미하는 것이기 때문에 법률제도를 완비하는 것이 시급한 과제라고 지적하고 있다.[2]

현재 중국에서는 전통적인 공·사법 및 사회법으로 법을 분류하지 않고 있으며 경제에 관한 모든 법을 경제법이라고 관념할 만큼 경제발전에 필요한 법률을 강조하고 있다. 예컨대 보험법 및 해상법도 경제법으로 관념하고 있으며 곧 공포예정인 회사법(公司法)도 경제법으로 다루고 있다. 법의

---

* 이 글은 한국해사법학회 法學硏究 제5호(1993. 12)에 수록 됨

1) Du Xichuan and Zhang Lingyuan, China's Legal System, A General Survey, New World Press, Beijing, 1990. p.227

2) 徐孟洲, 中國社會主義市場經濟的法律調整, 法律出版社, 1993. p.1

분야가 어떠하든 사회주의 시장경제를 발전시키는 데는 기업과 상품유통의 안전과 효율을 꾀할 수 있는 법적 보장을 필요로 하게 되었다는 사실이다. 중국의 보험법도 괄목할 성장을 하였기 때문에 이에 대한 법적 정비를 서둘러야 할 때이며, 1992년에 공포된 *海商法*도 바로 국제무역과 경제교류의 필요성에서 제정된 것이다.

본고는 중국의 현행 보험관계법의 입법개황과 문제점 및 입법론을 제기하고, 최근에 제정·공포된 해상법의 내용과 그 특징을 간단히 검토하는데 그 목적이 있다.

Ⅱ. 중국의 보험법

1. 사회주의 시장경제와 보험법

전통적인 법치주의와 거리가 있는 중국사회에서도 이제 사회주의시장경제체제로 돌입하면서 사회주의시장경제는 바로 법제경제하고 선언할 만큼 법제건설을 고도로 중시하고 있다.[3] 사회주의 시장경제는 입법을 강화함으로써 거시적인 경제 관리를 도모하고자 하는데 있다. 즉 사회주의시장경제의 발전을 위하여는 각개의 법률부분의 조화와 통일적인 조정이 필요하며 민주법제로써 경제를 보장한다는 것이다. 보험법은 보험의 특수한 작용 때문에 타 법률부문과 다른 점이 많으나 보험법과 관련된 보험제도는 사회주의 시장경제의 구성부문임과 아울러 보험법이 사회주의 시장경제에 보장적 작용을 한다는 점에서 사회주의 시장경제의 안정 및 발전의 필요조건이라는 인식을 하고 있다. 시장경제는 실제적으로 상품경제이며 이는 곧 상품공유관계이다. 보험법이 보험관계를 조정한다는 것은 바로 상품관계의 구체적 형식으로써, 사회구성원간의 보험 상품의 공유관계에 관한 것이기 때문이다. 또한 보험법은 기업의 경제적 이익의 법률적 보장역할을 하며 나아가 국제시장의 경제력을 법적으로 보장하는 것이기도 하다.[4]

---

3) 최근 중국은 사회주의시장경제체제의 약간의 문제를 제기하는 가운데 시장경제에 부응하는 법률제도의 건설을 강조하고 있다(同問題 決定 제9항 1993. 11. 14.).

2. 보험입법 개황

(1) 1949년 이전

중국의 보험은 비교적 늦게 시작한 편이기 때문에 그에 대한 입법도 늦게 나타났다. 중국 최초의 보험입법은 청조 말로 거슬러 올라 갈 수 있는데 "欽定淸商律"(1904)에 바로 보험에 관한 내용이 있다. 日本 商律에서 기초한 "大淸商律草案"중 商行爲編 제7장에 損害保險營業, 제8장에 生命保險營業이 규정되어 있었으나 미 공포로 끝이 났다. 그 후 北洋政府에서 "保險業法案" (1917), "保險契約法草案"(1927)이 나왔으나 이 또한 북양정부의 와해로 미 공포로 되었다.5)

1927년에서 1937년간은 중국보험법이 비교적 발전한 시기인데 국민당정부가 보험법, 보험업법 및 간이생명보험법 등을 제정한 바 있다. 「보험법」은 1929년 12월 30일에 공포된 중국 최초의 완비된 보험법규였다. 이 법은 총칙, 손해보험 및 인신보험의 3장, 82개 조문을 가졌으나 실시되지 못하고, 1937년 1월 11일에 수정하여 총4장 98개 조문을 가진 보험법이다. 이것 역시 실시되지 못하였다.

「보험업법」은 1935년 7월 5일에 공포한 후 1937년 1월 11일에 수정하여 재차 공포한 총7장에 80개 조문을 가진 것으로 주식회사와 상호회사에 한하여 영업케 하고 재산보험과 인보험은 겸영을 금지하였으며 일정한 자본금을 요구하는 내용이 수록된 것이었으나 이것 또한 시행되지 못하였다.6) 마지막으로 「간이인수보험법」은 1935년 5월 10일에 공포한 총38개 조문을 가진 것이었으며 국민당정부는 다시 「簡易人壽保險法」을 공포한 바 있다.

또한 국민당은 1929년에 공포된 「해상법」중에 해상보험에 관한 규정을 두고 1931년 1월 1일부터 시행한 바도 있었다.

---

4) 徐孟洲, 中國社會主義市場經濟的法律調整, 法律出版社, 1993. 120면이하

5) 保險契約法草案은 4장 109조로, 제1장은 保險總則, 제2장은 損害保險, 제3장은 人身保險, 제4장은 終結條款으로 나누어 損害保險은 火災保險과 責任保險으로, 人身保險은 生命保險과 傷害保險으로 분리하였다.

6) 국민당은 대만 도착 후 보험업법을 통합하여 "保險法"으로 1963년부터 시행하고 있음(총 178개조문).

(2) 1949년~문화혁명까지

신 중국 성입 후 일련의 보험법규가 나타나기 시작하였다. 그 중요한 것으로는 1951년 2월 3일에 공포한 "국가기관, 국영기업, 합작사의 재산보험 및 여객의 강제보험의 실행에 관한 決定"과 1951년 4월 24일에 공포한 "鐵路旅客事故傷害强制保險條例", "輪船旅客事故傷害强制保險條例" 및 "航空機旅客事故損害强制保險條例"이었다. 동 조례들은 보험목적, 보험기간, 보험금액 및 보험료, 보험범위와 면책 등 상세한 규정을 두었으며 지금까지 유효하다. 이 외에도 1957년 4월 6일에 발포한 「公民財産資源保險辯法」등이 있다.

(3) 개혁·개방 이후

1978년 제11전 三中全會에서 건국 30년의 경험과 문화혁명의 교훈을 살려 경제입법을 강화함에 따라[7] 보험입법도 새로 중시되기 시작하였다. 1981년 12월 31일에 공포한 「經濟合同法」중에 보험에 관한 내용을 규정하였다.[8]

그 후 국무원은 1983년 9월 1일에 보험계약법에 해당하는 財産保險合同條例를 공포하였다. 이 조례는 전5장 23개 조문으로 구성되어 있다. 동 조례는 실제 위의 經濟合同法 제25조 및 제46조의 규정을 구분화한 것으로 중국재산보험업의 장기적 실천의 기초위에 국제실례를 참고로 하여 제정한 것이었다. 이 조례의 출현을 바로 중국의 보험기본법의 제정과 보험사업 발전에 중요한 계기를 부여한 의의 있는 것이 되었다.[9] 이어서 중국의 보험업법에 해당하는 「保險企業管理暫行條例」를 1985년 3월 3일에 공포하였다. 전6장 24개 조문으로 여기에는 보험기업의 성질, 구성, 자본액, 준비금, 보상능력 및 재보험 등을 명확히 규정하고 있다. 동 조례는 국가가 보험기업의 관리 및 보험기업의 건강한 발전을 강화시키는데 중요한 목적을 가지고 있었다.[10] 현재 입안 중인 보험법으로는 「農業保險條例」, 「域鎭集體企業事業

---

7) 실제로 중국이 그동안 입법한 것 중의 70%가 經濟法이었으며, 1979년 이전에는 경제법이 그리 중요시 되지 않았다(Du Xichuan and Zhnag Lingyuan, op. cit. p.227).

8) 經濟合同法 제25조와 제46조의 규정이 그것이다.

9) 草有土, 保險法概論, 北京大學出版社, 北京, 1993, p.59

10) 孫積祿, 保險法源理, 中國政治大學出版社, 1993. p.52

單位織工養老保險條例」,「經濟特區中外合作保險企業管理條例」등이 있다.

3. 보험계약법

중국에서의 협의의 보험법, 즉 보험계약법에 해당하는 것이 1983년 9월 1일에 공포한 「中華人民共和國財產保險合同條例」[11]이다. 전5장 23개 조문으로 제1장 총칙, 제2장 보험계약의 종료, 변경 및 양도, 제3장 보험계약자의 의무, 제4장 보험자의 보상책임, 제5장 부칙으로 구성되어 있다.

동 조례의 주요내용은 다음과 같다.

여기의 재산보험이란 재산보험, 농업보험, 보증보험, 신용보험 등의 재산이나 이익이 목적인 각종보험을 말한다(동법 제2장).

보험계약자는 보험가입청약을 하고 보험자와 보험지급방법을 상의한 후 보험자가 승낙을 하면 보험계약은 즉시 성립되며 보험자는 보험증권을 교부하여야 한다(동법 제5조).

보험계약자는 보험계약의 해지를 할 수 있다(동法 제6조).

보험계약자의 기본의무로는 보험료납입의무(제13조), 손해방지의무(제13조) 및 위험통지의무(제14조) 등을 규정하고 있으며, 보험자의 기본의무는 보험금지급의무(제16조), 손해방지비용의 지급(제17조)등이 있다.

해상보험계약은 법률에 따른 다른 규정이 없는 한 본 조례를 적용한다(제22조). 그러나 해상법 중에 해상보험규정이 들어있는 現今에서는 그 적용여지가 거의 없을 것이다.

4. 보험계약법과 경제법

중국의 경제법의 범위는 상당히 넓은 의미로 사용된다. 즉 경제법이란 사회경제관계를 조정하는 법규의 총칭이라고 할 수 있다. 사회경제활동의 각 방면을 망라한 것으로서 서방자본주의국가와는 달리 私法에 의하여 경제관계를 조정할 수 없기 때문에 평등한 사회경제관계의 민사법률 규범을 경제

---

11) 保險合同은 保險契約의 뜻임.

법에서 배제하고 오직 국가가 국민전체의 입장에서 경제를 규제하고 조정한다는 서방경제법의 개념보다는 각종 경제관계를 종합적으로 조정하는 법률부분으로 이해하고 있다.[12] 따라서 회사법(公司法), 보험법, 해상법등도 경제법의 일환으로 분류하고 있다.[13] 또한 보험계약을 경제계약의 일종으로 보고 일반경제법적인 기본준칙을 구비하는 동시에 보험계약의 특수성도 인정하고 있다. 한마디로 보험계약법은 보험이라는 경제활동에 있어서 당사자쌍방의 권리의무를 조정하는 법률이라고 보고 있다.[14] 그리고 해상보험계약법은 해상법의 일부분이기 때문에 해상보험관계는 해상법의 조정대상 중의 하나라고 한다.[15] 이점은 1992년에 제정된 중국해상법에서 해상보험에 관한 규정을 비교적 상세히 규정하고 있는 데서도 잘 나타나 있다.

5. 보험업법

보험업법이란 보험업의 감독 또는 관리를 목적으로 하는 法이다. 중국의 보험업에 관한 法은 국무원에서 1985년 3월 3일에 公布한 「保險企業管理暫行條例」가 그것이다. 전6장에 24개 조문을 두고 있는데 그 내용은 제1장 총칙, 제2장 보험기업의 설립, 제3장 중국인민보험공사, 制4章 보상능력 및 보험준비금, 제5장 재보험, 제6장 부칙으로 구성되고 있다.

동 조례는 보험기업의 보상의무이행과 보험계약자 등의 권리 및 보험자의 신용보증을 위하여 보험기업의 자격에 대하여 엄격한 규정을 두고 있다. 첫째로 보험기업의 설립에 일정한 법정 절차을 요구하고 있으며 보험기업의 설립에는 국가보험관리기관의 비준과 공상행정관리기관에 영업허가을 신청하여야 한다(同法 제6조). 영업허가 없이 독립적으로 보험 업무을 경영하는 경우는 국가보험관리기관회와 공상행정관리기관의 조사을 받아야

12) 李鋼, 沈樂平, 經濟法教程, 中山大學出版社, 1992. p.4~5.

13) 中國은 商法典이 없으나 사회주의시장경제체제의 강화를 위하여 商法典의 제정을 계획하고 있다(中國共産黨 第14屆中央委員會 제3차 全體會議에서 法律制度强化를 강조하였음<中共中央関干建立, 社會主義市場經濟體制若干問題的決定, 1993. 11. 14>.

14) 魏原㑋等編, 中國保險百科全書, 中國發展出版社, 1992, p.82

15) 上揭書, p.82~83

한다(동법 제6조 후단). 심사의 편의을 위하여 보험기업이 설립신청을 할 때 국가보험관리기관, 즉 중국인민은행에 기업장정(이 속에는 기업명칭, 경영업무종류, 자금출처 및 조직기구을 반드시 명시하여야 한다)을 제출하고 자금의 증명 및 기업대표자의 명단을 제출하여야 한다. 위와 같이 중국에서의 보험기업의 설립에는 반드시 일정한 조직을 갖추어야 하며 이러한 조직과 형식은 필수적으로 일정한 절차와 비준을 거치도록 하고 있다. 둘째로 보험기업은 반드시 최저자본금액을 구비하여야 한다. 동법 제8조는 인보험기업을 경영하는 보험기업은 인민폐 2,000만 元의 현금자본이 필요하며, 인보험이외의 보험기업은 인민폐 3,000만 元을 갖추어야 한다. 또한 위양자기업을 경영하고자 하는 자는 인민폐 5,000만 元을 구비하여야 한다. 셋째로 보험기업이 인보험과 인보험이외의 보험을 동시에 경영하고자 할 때 회계를 분리하고 보험료와 보험준비금을 상호 전용하지 못한다. 보험기업의 본상능력을 보증하기 위하여 동법 제15조는 모든 보험기업은 미도기책임준비금, 인보험준비금 및 총준비금을 반드시 유보하여야 한다고 규정하고 있다. 또한 각종 보험업무을 하는 보험기업은 최저보상능력을 구비하도록 하고 있다(동법 제13조, 제14조). 보험기업은 실제자산에서 실제부채을 除한 것이 국가보험준비금보다 적어서는 안 되며, 부족 시에는 자본금이나 보험준비금을 증가시키고 그 차액은 보충시켜야 한다(同法 제14조). 또한 보험기업이 부담하는 책임한도액은 실제자금과 일치해야 한다. 보험기업은 매 위험 단위당 자기책임한도액을 그 실제자본의 10%을 초과하지 못하며 이를 초과할 때는 그 초과부분은 중국인민보험공사에 재보험하도록 하고 있다(동법 제19조). 보험기업의 무 자력의 경우를 위하여 보험기업은 실수현금자본의 20%를 보증금으로 국가보험관리기관지정은행에 입금시키고 그 기관의 비준이 있어야 집행할 수 있도록 하고 있다. 이 자금은 보험기업의 최저보상능력이 동 조례에 규정한 금액보다 적을 때에는 그 불이행책임에 대한 보증을 하게 되는 것이다. 동조례는 재보험에 대하여 국가보험관리기관이 특별히 지정한 보험기업이외에는 어떠한 보험기업도 국외보험회사나 보험자와 재보험을 할 수 없도록 제한하고 있다(동법 제20조).

이 保險企業管理暫行條例는 국가가 보험기업의 관리와 보험당사자의 이익 보호 및 보험법제의 완성과 보험경제의 보상작용을 강화하기 위한 것이 그 입법취지이다.[16]

6. 중국보험법의 문제 및 입법론

(1) 중국보험법의 문제

1) 앞서 본바와 같이 중국특색의 사회주의시장경제 건설이라는 지상과제를 해결하는데는 사회주의시장경제에 부응한 법제의 완비가 필요하며 그러한 의미에서 경제발전을 보장하는 중요한 요소로서의 보험의 기능을 강조하고 이를 위하여 보험법의 정비가 한결 중요하다는 것이 현재의 중국에서 보험법에 대한 관점인 것 같다. 그동안 중국사회의 현실은 진정한 보험시장이 형성되어있지 않기 때문에 거기에 상응한 보험법을 가지는 것이 불가능했다고 볼 수 있다. 개혁·개방 이전 최근 10여 년 동안 경제개혁에 상응한 보험법의 발전은 기존의 中國人民保險公司 이외에도 中國太平洋保險公司와 平安保險公司의 출현을 가능하게 하여 서로 경쟁관계로 접어들면서 보험에 대한 인식도 제고되었으나 보험입법에 대하여는 부분적인 몇 개의 법규가 있는 것을 제외하고는 무척 단조로운 감이 없지 않다. 개혁·개방 이후 중국의 보험입법을 보면 1981년 「中國經濟公司法」에서 재산보험계약을 경제계약의 일종으로 규정하면서, 1983년에 보험계약법에 해당하는 「中國財産保險公司條例」을 公布하였으며, 이어 보험입법에 해당하는 「中國保險企業管理暫行條例」을 1985년에 공포하였다. 이후 1992년에 「중국해상법」에서 해상보험을 비교적 상세히 규정하였고 기타 몇몇 개의 조례가 있으며 또한 현재 단행조례도 입법 중에 있다.

그러나 보험입법은 보험에 관한 기본법의 제정과 아울러 보다 상세한 보험계약법과 보험입법 및 단행법 등이 필요한데 기존의 중국보험법은 분산되어 체계을 갖추지 못하고 있다. 따라서 지금의 보험법으로는 중국이 추

16) 中國經濟法律百科全書, 中國政法大學出版社, 北京, 1992, p.861

구하는 사회주의시장경제의 신속한 발전에 제대로 부응하지 못한다는 인식 하에서 이에 대한 문제점과 입법방향을 살펴보고자 한다.

2) 중국이 지난 십여 년간 보험입법은 많은 진전이 있었으나 아직은 걸음마단계에 지나지 않는다고 할 수 있다.[17]

그 주요한 문제점은 아래와 같다.

현재의 중국의 보험법은 체계가 없고 비교적 간단한 조문을 두고 있다는 점에서 중국 스스로도 향후 사회주의시장경제의 발전에 따라 기존의 보험법으로서는 제대로 적응이 불가능하다는 인식을 하고 있다.[18] 따라서 전면적인 보험법의 조정이 필요하다.

기존의 보험법은 원칙적 규정이고 구체화되지 못하고 있으며 심지어 1950년대에 공포한 것이 아직도 현실에 맞게 개정되지 않고 있는 규정도 있다.

재산보험합동조례는 있으나 인보험에 관한 조례는 없다. 양종의 보험은 그 성질 면에서 상이함으로 재산보험합동조례만으로 불충분하다.

현행 보험법의 규범성의 박약을 들 수 있는데 기존 보험법 상호간의 부조화와 내용의 불명확성 때문에 보험시장을 제대로 규율할 수 없다는 점이다. 보험에 관한 법적 분쟁은 날로 중대되어 가는 설정에서 법규의 불비로 보험기업들의 횡포가 예상된다. 보험약관의 임의적 해석 등으로 보험계약자의 이익의 침해가 적지 않을 것이다.

보험관리 기능의 문제점으로 인하여 보험시장의 정상적인 발전과 공정한 경쟁성 보장에 영향을 충분히 미치지 못하고 있다. 보험업은 그 특수성이 강하므로 다수 국가들은 보험업에 관하여 엄격한 관리와 감독을 하고 있다. 중국의 보험기업에 해당하는 「保險企業管理暫行條例」는 제정 당시 중국인민보험공사만을 대상으로 만든 것이므로 중국인민은행이 관리하는 공사로 규정하였다. 그러나 이미 다수의 보험기업이 형성된 지금 중국인민은행이 중국은행으로써 금융시장을 통괄함과 동시에 보험기업까지 겸관한다는 것은

---

17) 孫積祿, 保險法源理, 中國政治大學出版社, 1993. p.53

18) 徐孟洲, 中國社會主義市場經濟的法律調整, 法律出版社, 1993. p.125

효율적이지 못하다고 할 수 있다. 따라서 새로운 보험기업으로 전문보험관리기관을 설립하여 보험관리기능을 전담하여 조정 감독하는 것이 필요하다. 중국보험시장의 건전한 발전을 위하여 한편으로는 사회주의시장경제의 구체적인 요구에 부합하는 '중국특색'을 갖춘 보험입법이 요구되며[19] 타면으로는 외국의 보험입법을 참고로 하는 선진입법기술을 흡수하여야 할 것이다.

(2) 중국보험법의 입법론

중국은 그동안의 사회주의통제경제에서 시장경제로 접어들면서 경제에 대한 개혁의 경험이 부족하다고 생각하여 立法을 하는데도 일반법을 먼저 제정하는 형식을 피하고 그동안의 경험을 충분히 살려서 입법한다는 관념을 견지하고 있는 듯하다. 따라서 시급한 경우에는 우선 일반법대신에 특별법을 제정하여 사용하여 왔다.[20] 이러한 면에서 그동안의 보험입법들의 제정도 이해할 수 있을 것이다.

중국보험법의 입법방향을 보면,

첫째로, 중국보험사업의 기본원칙과 기본제도 등을 규정하는 보험기본법의 제정이 필요하다. 전국적이고도 통일적인 보험시장의 형성과 국제보험시장으로의 진입을 위하여 기초을 제공할 수 있는 보험입법이 요구된다고 하겠다.

둘째로, 현행 「保險企業管理暫行條例」의 개정의 필요성인데, 보험입법은 보험기업의 전문적인 규범이어야 함과 동시에 중국사회주의시장경제적 요구에 부응하는 보험감독법이어야 한다. 그리고 「조례」의 형식에서 「법률」의 형식으로 제정되어야 할 것이다.

셋째로, 통일적인 보험계약법의 제정이 필요하다는 것이다. 현재의 「財產保險合同條例」는 앞서 언급한 바와 같이 우선 인보험에 관한 규정도 없이 제정되었기 때문에 종합적인 보험계약법의 출현이 요구된다. 그리고 보험계약법의 보다 체계적인 立法을 위하여 현재 「해상법」의 해상보험에 관한 규정도 하나의 보험계약법속에 포함되는 것이 바람직하다고 할 수 있다.

넷째로, 각종 보험의 특징과 발전적 수요에 맞추어 이에 상응하는 보험

19) 徐孟洲, 上揭書, p.126
20) DuXichuan and Zhang Lingyuan, op. cit., pp.223~229

단행법을 제정하고, 보험기업의 독자성과 영리성을 보장하며 나아가 보험계약자 등을 보호하는 방향의 입법이 이루어져야 할 것이다.

이상에서 본바와 같이 중국의 보험법은 과도기상태에 놓여 있다고 할 수 있는데 사회주의시장경제로 접어들면서 보험기업의 자유경쟁을 통함 公正보험거래관행의 확립과 아울러 보험기업의 건실화와 보험계약자 등의 보호가 절실히 요구된다. 그리고 보험계약자를 보험소비자로 인식하여 보험약관에 대한 규제을 강화하는 법률의 제정이 필요하며 나아가 일반인들의 보험에 대한 인식의 제고도 함께 요구된다 하겠다.

Ⅲ. 중국해상법

1. 해상입법 개황

1949년 신 중국 성립 이후 중앙인민정부 대외무역 및 해운업발전에 역점을 두어왔다. 지난 1979년 이래 대외무역 및 해운업은 괄목할 성장을 하고 있다. 이러한 해운업의 발전과 아울러 해상운송 및 선박에 관한 일련의 법율, 행정법규와 제 규정을 制定하였다. 「해상법」이 제정되기까지의 해상에 관한 법규는 다음과 같다.

1957년 「對外國籍船舶送出港口管理辯法」

1957년 「打撈沈況船管理辨法」

1958년 「海洋對國際航行船舶和所載貨物管理辨法」

1959년 「海港引航工作에 관한 規定」

1959년 「海損事故調査 및 處理規則」

1961년 「輸出入船舶併合檢査通則」

1975년 「國際貿易促進委員會共同海損理算暫行規則」

1979년 「水路貨物量輸規則」

1979년 「對外國籍船舶管理規則」

1982년 「海洋環境保護法」

1983년 「海商交通安全法」

1984년 「防止船舶污染海域管理條例」
1984년 「沿海域市設立海事法院決定」
1986년 「最高人民法院海事法院設立에 관한 몇가지 問題의 決定」
1986년 「最高人民法院涉外海商訴訟管轄에 관한 具體規定」
1987년 「水路運輸管理條例」

1950년대 초 신중국 성립 직후 해상법기초위원회가 성립되어 중국해상법의 기초에 착수하였다. 당시의 기초원칙을 "독립주의, 平等互利 및 국제실습법을 참조한다"는 것이었다. 1963년에 "중국해상법초안"이 완성되어 국무원의 심의에 부쳐졌다. 그러나 문화혁명으로 인하여 해상법의 제정 작업은 정지상태에 있다가 黨11屆 三中全(1978년)이후 경제발전 및 개혁 개방의 새로운 형세에 맞추어 해상법제정 작업은 다시 부활되었다. 해상법기초위원회는 1981년 5월에 다시 작업을 시작하면서, 1963년 해상법초안을 기초로 광범한 조사·연구를 통하여 각계방면의 의견을 수렴하고 국내 국제해운실무경험에 근거하여 국제입법의 새로운 경향을 수용하였다. 다년간의 작업 끝에 해상법기초위원회의 기초안이 비교적 성숙한 초안이 되었다. 이 중국해상법(초안)은 제7차 전국인민대표대회 법률위원회의 건의에 근거하여 심의을 완료하고, 1992년 11월 7일에 공포, 1993년 7월 1일부터 시행되고 있다. 이러한 법률의 공포는 중국의 법률체계의 건전화를 통하여 사회주의 시장경제체제의 법적 보장을 위한 것이라 볼 수 있다.[21)]

2. 해상법 제정의 배경

사회주의시장경제는 보다 완전한 시장경제을 요구하고 있으며 경제개혁을 가속화하기 위하여는 국내시장체계의 배양이 중요하며, 운송시장은 상품의 공간적 이동을 실현하는 시장체계의 중요한 구성부분이 된다. 상품의 유통범위가 확대됨에 따라 상당 규모의 운송시장을 요구하게 되었다. 과거 중국의 운송업은 운송구조의 열악성과 엄격한 국가계획관리하에 있었기 때문에

21) 徐孟洲, 前揭書, p.310

발전에 한계가 있었다. 이제 시장규모와 운송업무의 확대로 운송기업과 무역기업 간의 권리의무관계을 조정하고 각 운송기업 간의 업무활동 및 이익관계를 관리할 필요가 생기게 되고 또한 이를 위한 법률이 필요하게 되었다. 해상법은 바로 이러한 방면에 중요한 하나의 법률부분으로 자리하게 되는 것이다. 각종의 국제운송수단 중에 해상운송이 차지하는 것이 최대이며 무역량도 최대이기 때문에 국제무역에서 해상운송은 필수적인 전제가 된다.

현재 중국의 해상운송업은 규모면에서 세계 10위권 내의 해운국에 속한다. 이러한 상황에서 이번의 해운법이 제정되게 된 것이다. 중국해상법은 사회주의 공유제의 기초위에서 사회주의시장경제의 발전에 이바지하고 사회생산력수준에 적응하면서 국제적 동향을 고려하여 제정된 것이다. 따라서 한편으로는 중국적 특색을 가지며, 다른 한편으로는 해상법의 국제통일추세에 부합하도록 제정하였다. 다시 말하면 중국해상법은 중국사회주의의 통합성을 고려한 입법이라는 것이다.[22)]

현재의 중국경제수준은 사회주의 초급단계에 있어 선진 국가와는 사회생산력의 발전수준에서 비교적 거리가 멀기 때문에 이러한 상태로서는 사회주의시장경제체제를 충분히 이룩할 수가 없다. 따라서 중국의 해상법은 응당 중국의 상황에 적합하여야 하며 각종의 법률제도도 중국사회주의시장경제체제에 유리하게 작용하는 것이어야 한다. 중국의 대외개방과 경제발전에 있어서 국제경제무역과 국제해운시장에서의 경쟁과 발전을 위한 법률적 조건의 제시가 바로 해상법의 제정으로 연결되는 것이다. 언뜻 당연한 말 같지만 그동안의 중국사정을 생각하면 법적 장치가 이제 절실히 요구된다는 것을 쉽게 이해할 수 있을 것이다.

3. 해상법의 기본내용

중국해상법은 제7기 전국인민대표대회 상무위원회 제28차 회의를 통과하여, 1992년 11월 7일 중화인민공화국 주석령 제64호로 공포되었으며, 1993

---

22) 徐孟洲, 前揭書, p.311

년 7월 1일부터 시행되는 제15장 278개의 비교적 상세한 조문을 가지고 있다. 이하에서 주요내용을 간단히 보고자 한다.

제1장은 총칙으로 본법은 해상운송관계, 선박관계을 조정하고 당사자의 합법적 권익을 보호하며 나아가 해상운송과 경제무역의 발전을 추진하는 것을 그 목적으로 하고 있다(제1조~제6조).

제2장은 선박소유권(제7조~제10조), 선박저당권(제11조~제20조), 선박우선권(제21조~제30조)에 관한 규정들이다.

제3장은 제1절에 일반규정(제31조~제34조), 제2절 선장(제35조~제40조)에 관한 규정들이며,

제4장은 제1절에 일반규정(제41조~제45조)을 두고 제2절에 운송인의 책임(제46조~제65조) 그리고 제3절에 송하인의 책임(제66조~제70조) 규정과 제4절에 선하증권(제71조~제80조), 제5절에 화물교부(제81조~제88조), 제6절에 계약의 해제(제89조~제91조), 제7절에 항차조선계약의 특별규정(제92조~제101조) 및 제8절에 복합운송계약의 특별규정(제101~가제106조)을 두었다.

제5장은 해상여객운송계약(제107조~제126조)에 관하여 비교적 많은 조문을 두고 있다.

제6장은 선박차용계약으로 제1절에 일반규정(제127조~제128조), 제2절에 정기용선계약(제129조~제143조), 제3절 선박임대차계약(제144조~4조)에 관한 규정들이다.

제7장은 해상예선계약(제155조~제164조)이며, 제8장은 선박충돌(제165조~제170조)규정들이다.

제9장은 해난구조(제171조~제192조), 제10장은 공동해손(제193조~제203조)이며, 제11장은 해사배상책임제한(제204조~제215조)에 관한 규정이다.

제12장은 해상보험계약의 장으로 그 제1절에 일반규정(제216조~제220조)와 제2절에 계약의 종료, 해제 및 양도(제221조~제233조), 제3절에는 피보험자의 의무(제234조~6조), 제4절에 보험자의 책임(제237조~제244조) 및 제5절에 보험목적의 손실과 위부(제245조~제250조), 제6절에 보험금의 지급(제251조~6조)에 관하여 상세한 규정을 두고 있다.

제13장은 시효(제257조~제267조), 제14장은 섭외관계법률적용(제268조~제276조)과 제15장 부칙(제277조~제279조)으로 구성되어 있다.

4. 해상법의 法源

중국해상법 제268조는 "중국이 체결 또는 참가한 국제조약과 본법에 규정한 것이 서로 다를 경우에는 국제조약의 규정을 상용한다. 단 중국이 보류를 선언한 조관은 제외된다. 중국의 법률과 중국이 체결 혹은 참가한 국제조약에 규정이 없을 경우에는 국제관례을 적용할 수 있다"고 규정하고 있다.[23] 따라서 해상법의 법원은 국제조약과 해상법 그리고 국내입법 및 국제관례 등이 된다.

(1) 국제조약

중국이 체결 혹은 참가한 해운방면의 국제조약은 바로 중국해상법내용의 일부가 된다. 또한 중국이 체결 혹은 참가한 국제조약과 해상법의 규정이 서로 다른 경우에도 국제조약이 적용된다.

(2) 국내입법

국내입법이란 국가가 법전 또는 단행법규의 형식으로 해운 및 해상무역에 관하여 공포한 각종 법규을 총칭하는 것이다.[24] 이러한 법규로는 1) 행정관리방면의 법규(선박관리, 선원관리, 항구관리, 해상교통안전관리 등의 법규), 2) 민사관계방면의 법규(민법통칙 등), 그러나 해상법이므로 민법의 적용 여지는 거의 없다 하겠다. 3) 해사쟁의해결방면의 법규(민사소송법 등)을 들 수 있을 것이다.

(3) 국제관례

국제관례도 위에서 본바와 같이 국제조약이나 국제법률이 없는 경우에는 해상법의 법원이 된다. 즉 국제관례의 전제는 관계법률 및 국제조약의 정

---

23) 이와같은 내용은 中國民法通則 제142조에도 동일한 규정을 두고 있다.

24) 中國經濟法律百科全書, 中國政法大學出版社, 1992, p.1039

확한 규정이 없는 경우이다. 해상법에 관련된 민사관계법규는 비교적 적기 때문에 문제가 있는 경우 주요 계약조관이나 국제 관례을 참조하여 해결할 수 있을 것이다. 중국해상법 제269조에도 "계약당사자는 법률에 다른 규정이 없으면 계약에 적용할 법률을 선택할 수 있다. 계약당사자가 선택하지 않을 경우 최고로 밀접한 관련을 가지는 국가의 법률을 적용할 수 있다"고 규정하고 있다. 계약자유의 원칙 상 계약당사자는 쌍방이 약정한 조약에 의하여 계약에 적용할 법률을 선택할 수 있을 것이다.

5. 중국 해상법의 특징

전제적으로 중국해상법은 다음의 3가지의 특징을 갖는다고 하는데 이것을 "全, 實, 新"으로 표현하고 있다.[25)]

(1) "全"은 체계적이라는 뜻으로 상당히 완비된 해상법전이며 법체계가 합리적으로 조정되어 있으며 내용체계가 전반적이고 조문도 명확하고 구체적이라는 것이다.

(2) "實"은 실제에 부합한다는 것인데 이것은 중국의 해운실제와 결합되어 있다는 것이다. 중국이 지난 수십 년간 해운실무경험의 총결 및 체현의 산물이며, 따라서 "중국특색"을 가진다고 할 수 있다. 예컨대 해상법 제4장(해상화물운송계약)은 운송인과 송하인의 합리적으로 해상위험을 분담하는 원칙에 따라 '불완전과실책임제'로 하고 있다. 즉 운송인은 과실로 화물의 멸실, 손괴에 대한 보상책임을 져야하지만(동법 제50조), 선장, 선원, 引航員 또는 운송인 기타 사용인이 선박 또는 관리 선박의 항행중의 과실은 그 책임이 배제된다(동法 제51조)는 것이다.

또한 해상법 제52조는 운송활동물에 관한 것인데 이것은 함부르크규칙의 정신을 반영한 것이나 동시에 중국의 대외무역활동의 실천에 의거하여 제정한 것이다.

그리고 중국은 개발도상국 사회주의국가이므로 개도국들의 주장과 중국

25) 徐平,林智婷, 臺灣海商法, 中國廳播電視出版社, 1993, p.226.

의 경제적 이익을 옹호하면서 적극적으로 해사입법의 국제통일활동에 참여한다는 자세이다. 대체로 국제조약의 내용을 국내법화하면서 국제조약의 실질적인 條項을 국내법에 흡수한다는 것이었다.

제4장의 해상화물운송규정은 헤이그, 비스비규칙에 근거하면서 함부르크 규칙을 적당히 흡수한 것으로 비교적 3개의 국제조약을 병존 적으로 채택한 것이라 할 수 있다. 중국해상법은 또한 당면한 국제해상운송 중에 나타난 새로운 정황과 문제를 고려하여 그 상응적인 규정을 두어 국제해상법의 발전에 공헌하고 있다. 예컨대 해상법 제182조의 규정이 그러한데 해상환경오염이 날로 증가되어 가는데 비추어 환경오염 손해행위을 방지 또는 감소하는 규정을 두었다는 점이다. 즉 환경오염손해의 위험이 있는 선박 또는 선상화물을 구조하는 경우에는 구조자는 법정구조경비이외에도 환경오염손해을 방지 또는 감소한 것에 대하여 선박소유자에 대하여 특별보상을 청구 할 수 있도록 규정하고 있다. 이 규정은 중국해상법의 독창적인 것으로 국제적으로 호평 받고 있다.[26)]

(3) "新"은 새로운 입법추세을 반영하였다는 것인데 실제로 해상법은 적극적으로 국제해운입법의 최신 성과를 수용하였다. 섭외 관계적 법률적용에 관하여 중국이 체결 또는 참가한 국제조약과 해상법의 규정이 상이할 경우에는 국제조약의 규정을 적용하도록 한 것이라든가, 중국의 법률이나 중국이 체결 혹은 참가한 국제조약에 없을 경우에는 국제 관례을 적용할 수 있다는 조문(제268조)을 보면 중국이 얼마나 새로운 해상법의 발전 추세에 부응 하려는가를 알 수 있다.

(4) 중국경제합동법이나 섭외경제합동법에서는 해상무역운송계약에 대해서는 그 적용을 배제하고 있다. 해상법의 출현으로 이는 자동으로 해결되게 되었다.

(5) 마지막으로 해상보험법에 관한 것으로 이것은 원칙상 보험법의 범주에 속하는 것이나 또한 해상법의 일부분이기 때문에 해상법에 규정하였다

26) 徐孟洲, 前揭書, p.312.

는 것이다. 중국재산보험합동조례에는 해상보험계약에 관하여는 법률에 별도의 규정이 없는 경우에 본 조례를 적용한다(동 조례 부칙 제22조)고 되어 있으나 체계적인 보험계약법을 가지지 못한 중국의 현실에서 해상보험을 해상법에서 제외할 수 없는 이유도 해상보험법규정을 해상법에 포함시킨 사유에 해당한다고 보겠다.

Ⅳ. 결 론

이상에서 중국의 보험관계법과 최근에 공포된 해상법의 내용 및 문제점을 간략히 살펴보았다. 중국의 법체계는 이제 본격적인 정비단계에 접어들었다고 할 수 있으며 이것은 바로 사회주의시장경제체제에 부응하기 위한 法制의 정비인 것이다. 法이 현실과 맞지 않으면 공허한 것이 되기 쉽다는 점에서 중국의 입법태도는 이해가 가는 점이 많다. 사법의 중요부분인 민법통칙이 간단하게나마 제정되었고 이제 상법도 그 모습을 갖추려하고 있다. 곧 공포될 중국회사법이 출현하면 보험법과 해상법이 다소 미비한 점은 있으나 商法으로서의 면모를 갖추게 될 것이다.

중국의 보험계약법은 그동안 산만하고도 간단한 형식으로 제정되었기 때문에 보다 체계적인 보험계약법과 보험업법의 정비가 필요하며 이에 부응하여 보험기업들이 자유경쟁을 통하여 보험계약자들이 보호받을 수 있는 규정들이 내포되어야 할 것이다. 중국의 해상법은 중국의 특색을 가미한 점이 있으나 대체로 중국의 입법 추세를 반영했다는 점에서 평가 받을 만하겠다. 다만 향후 통일적이고도 체계적인 보험계약법이 출현할 경우 개도국으로서 중국은 선진자본주의국가의 보다 정비된 입법기술을 과감히 수용하여 보다 합리적인 법 제도를 갖는데 노력하여야 할 것이다. “중국특색”과 “보편성”이라는 조화의 묘를 잘 살리는 것이 향후의 입법과제가 될 것이다.

중국 「상법」 개황*

목　　차

Ⅰ. 序　　論

최근 몇 년간 중국은 우리가 "상법"이라고 지칭하는 몇 가지 法을 공포하고 있다.

「海商法」(1992. 11. 공포, 1993. 7. 1 시행), 「公司法」(회사법, 1993. 12. 29 공포, 1994. 7. 1 시행), 「票据法」(어음수표법, 1995. 5. 10 공포, 1996. 1. 1 시행),「保險法」(1995. 6. 30 공포, 1995. 10. 1 시행)등이 그것이다. 新中國(중화인민공화국) 성립(1949)이래 지금까지 중국은 "民商二法統一論"에 근거하여 1986년 4월 12일의「民法通則」(1987. 1. 1 시행),「經濟合同法」(1981. 12. 13 공포, 1982.7.1. 시행), 「涉外經濟合同法」(1985. 3. 21 공포, 1985. 7. 1 시행) 등의 상사계약법과 특허법(1984. 3. 12 공포, 1992 수정), 상표법(1993. 3. 1 시행) 등과 같은 민사특별법 및 위의 회사법, 해상법, 어음수표법, 보험법 등에 이르는 실질적 의의의 상법까지 모두 민사특별법으로 분류하고 있다. 「민법통칙」이외의 民法典은 아직 제정되지 않은 상태이며 현행「민법통칙」은 民商合一立法이다. 이러한 관점에서 보면 위의 諸法들은 민사특별법이 되므로 당연히 상법전은 제정하지 않을 것이나 그렇다고 상법 및 상사법을 단독법률부문으로 인정하지 않는 것은 아니다.[1)]

* 이 글은 霽南姜渭斗博士華甲紀念商事法論叢(1996)에 게재한 것임
1) 馬洪, 什麽是社會主義市場經濟, 中國發展出版社, 1993, 257面.

중국은 1993년에 헌법을 개정하여 사회주의시장경제체제로 전향함에 따라 시장 주체법, 시장주체 행위규제법, 시장관리규칙법, 시장체계법, 시장거시조정법, 및 사회보장법의 영역으로 사회주의 시장경제법률체계를 6개분야로 나누었다.

여기에 따르면 회사법은 "시장주체법"으로, 보험법, 해상법 및 어음수표법은 "시장주체의 행위를 규제하는 법"으로 분류되고 있다.

이 글은 우리 상법상 주요법인 회사법, 보험법, 해상법 및 어음수표법에 해당하는 중국의 최근 관련법을 중심으로 간단히 소개하는 데 그 목적이 있다.[2)]

Ⅱ. 公司法(회사법)

1. 회사법제정의 필요성

중국 공산당 제 11기 三中全會(1978)이래 개혁개방정책의 실시로 경제가 급격히 발전함에 따라 경제체제개혁의 목표가 사회주의시장경제체제를 이룩하는 방향으로 맞춰지면서 1993년 11월에 제14기 三中全會에서 "사회주의시장경제체제의 건립에 있어 약간의 문제점에 대한 決定"을 통과시켰다.[3)] 이 결정은 대량생산과 시장경제의 수요를 충족시키기 위하여 현대기업제도를 도입하며, 국유기업은 회사제도를 실시함으로서 현대기업제도의 장점을 살린다는 것으로, 규범에 의한 회사, 출자자의 소유권과 기업법인의 재산권의 분리, 政企분리, 경영체제의 전환, 기업의 행정기관에 대한 의뢰에서의 탈피, 국가의 기업에 대한 무한책임의 해제 및 자본모집의 용이와 위험의 분산 등을 내용으로 하는 회사제도를 채택한다는 취지였다.

---

2) 中國 ·海商法에 관하여는 拙稿 "中國保險·海商法小考"(韓國海商法學會, 法學研究 第5號(1993. 12))에 게재하였으므로 여기서는 생략한다. 그러나 保險法은 1995년에 공포한 바 新 保險法에 관하여는 언급한다.

3) 이 決定은 中國共産黨 第14屆 中央委員會 第三次 全體會議 (1993. 11. 14)에서 통과된 것으로 총 10개의 중요문제점에 대한 決定으로서 國有企業의 經營構造를 전환하여 現代企業制度를 사회주의 시장체제의 기초로 하자는 것이 그 두 번째 내용에 포함되어 있다(中共中央關于建立 社會主義市場經濟體制若干問題的決定, 人民出版社, 1993, 5面).

1993년 6월말 현재 전국에 등기된 회사 수는 83.6만개로 93년 상반기에 34.9만개가 증가하였으며 이는 92년말 대비 71.7%가 늘어난 것이었다. 이러한 회사의 대폭적인 증가원인은 중국경제의 급성장으로 인하여 필연적으로 경제주체수가 증가하여 수 많은 경제실체가 나타나게 되었다는 데 있다. 따라서 이들이 회사 형식을 채용하게 되었다는 것과 중국의 회사에 관련한 법제가 불완전하여 회사의 설립과 운영 등에 필요한 규범과 엄격한 조건이 필요하게 되었다는 데 회사법제정의 원인이 있는 것이다.[4)]

2. 회사법의 제정과정

1993년 12월 29일 제8기 전국인민대표대회 상무위원회 제5차회의에서 「中華人民共和國公司法」을 통과하기까지의 과정을 보면, 1980년대 초 국가경제위원회에서 회사법의 기초연구에 들어가 주식제 기업을 거론하다가 경험부족을 고려하여 유한책임회사와 주식회사로 분리하는 방안을 시도하였다. 그 후 合資, 合營, 株式形式의 기업에 대한 입법을 제시하기도 하였다.[5)] 1987년 동 위원회는「有限責任公司條例」를 국무원에 보고하였으나 이듬해 同위원회는 폐지되고 회사법의 기초작업 「국가체제개혁위원회」로 옮겨져 법제국과 함께 광범한 의견수렴을 통하여 1992년 8월에「유한책임공사법(초안)」을 全國人民大常委會에 상정하였다.[6)] 常委會는 적용범위에서 「有限責任公司」에 한정하지 않는 회사법규정을 요구하여 1993년 2월에 「公司法(草案)」이 常委會에 상정되었다. 1993년 8월 전국인민대표 대회법률위원회에서 同法 초안을 심의하여 그해 12월 20일 제 8기 全國人大常委會 제5차 회의를 거쳐 29일에야 표결·통과되었다.[7)]

---

4) 王文杰, 最新大陸公司法, 民理文化事業有限公司, 1994, 42面.

5) 1985. 5. 당시 國務院의 "1985年~1986年 經濟立法規劃(草案)에서 제시한 것임(張桂龍, 周敏, 公司法釋解, 人民法院出版社, 1993, 10面).

6) 그전에(92. 5) 國家體改委는 "有限責任公司規範意見"과 "股份有限公司規範意見"을 제정하여 국유기업의 경영구조를 전환해야 한다는 의견을 제시함으로써 "公司法"의 제정에 이론과 실천경험을 제공하였다(國家體改委政策法規司等, 公司法講話, 企業管理出版社, 1994, 3面).

7) 이 법의 공포는 중국기업입법사상 "중요사건"이라고 표현할 정도이다(徐杰, 徐曉松,

3. 회사법의 주요내용

중국회사법은 총11장 230조문으로 되어 있으며, 그 주요내용은 다음 같다.

(1) 입법목적

현대기업제도의 수요에 부응하고 회사의 조직과 활동을 규제하며 회사, 주주, 채권자의 합법적 권익을 보호하고, 사회경제질서를 유지함과 아울러 사회주의시장경제 발전을 촉진시키는 것을 목적으로 한다(제1조).

(2) 적용범위

中國境內에 설립된「有限責任公司」및 「股份有限公司」(이하, 유한책임회사, 주식회사라함)에 적용한다(제2조).[8)]

(3) 회사의 성질, 법적지위 및 목적

유한책임회사와 주식회사는 기업법인이며, 경제효율과 노동생산율의 提高를 목적으로 한다(제3, 5조).

(4) 회사의 설립

유한책임회사와 주식회사의 설립조건, 회사정관의 제정 및 각종 수속에 대한 구체적 규정이 있다(제2, 3장 제1절).

(5) 회사의 내부조직기구

회사의 권력기구는 股東大會·股東會(주주·사원총회)이며, 동 회는 회사의 중요한 문제를 결정한다.

股東會의 경영기구로는 董事會가 있으며 同 會는 股東會에 대하여 책임를 진다. 회사의 법정대표자는 董事長(또는 執行董事)이며, 회사의 감독기구는 監査會(또는 監事)이고, 회사의 일상경영관리책임자는 經理이다. 股東

中國公司法與公司實務, 中國致公出版社, 1994, 35面).

8) 有限責任公司는 有限會社, 股份有限公司는 株式會社의 성질을 갖는 것으로 각각 “Limited liability company"와 ”Company limited by shares"로 표기된다(英漢法律詞典, 法律出版社, 1985, 1088, 1182面).

會, 董事會, 董社長, 監事會 및 經理[9]는 회사법에 의거하여 직무를 수행하여야 한다(제2장, 제3장).

(6) 주식회사의 주식발행과 양도

주식회사의 자본은 주식(股份)으로 구성되며 1주당 금액은 같다. 회사의 주식은 주권(股票)의 형식으로 하며 股票는 회사가 발행한 증명이 있는 것으로서 주주가 소지하는 주식의 증명서이다. 주식의 발행은 공개, 공평, 공정의 원칙에 의하여야 하며 주식의 종류는 기명, 무기명주식 등이 있으며, 신주의 발행은 조건에 부합하여야 한다(제4장 제1절).

주식양도에 관하여는 주주는 자기소지의 주식을 양도할 수 있고 주주가 주식을 양도할 때는 반드시 證券交易所에서 하여야 하며 기명 · 무기명주권의 양도는 필히 조건에 부합하여야 한다.

기명주권의 도난, 유실 또는 멸실의 경우 처리 방법, 회사의 董事, 監事, 經理 等의 고급관리자는 재직기간 중에 주식을 양도 하지 못한다는 규정 등이 있다(제4장 제2절).

그 밖에 상장회사(上市公司)에 관한 규정으로, 상장회사는 필요한 조건을 구비하여야 하고 상장에 필요한 수속을 거치며 상장회사는 필히 재무 및 경영상태를 공개할 것과 상장자격의 취소 등의 규정이 있다(제4장 제3절).

(7) 회사의 債券

회사발행채권의 조건, 보고 및 허가수속, 재발행채권금지, 채권모집방법 및 기재사항, 회사채권의 종류, 회사채권의 양도 등의 문제에 대한 구체적 규정이 있다(제5장).

(8) 회사의 재무 및 회계

회사는 매1회계년도 종료 시 재무회계보고를 작성해야 하며 이에는 動産負債表, 損益表, 利潤分配表 等이 있다. 또한 회사는 法定公積金, 法定公益金, 資本公積金 및 任意公積金[10]을 적립하여야 한다(제6장).

---

9) 여기의 股東은 株主 또는 社員을 뜻하며, 董事會는 理事會(board of directors)이고, 經理는 manager에 해당.

(9) 회사의 합병과 분리

회사의 합병과 분리는 股東會의 결의를 거쳐 관계기관에 허가를 얻어야 한다. 회사의 합병형식은 흡수합병과 신설합병의 2종류가 있으며 회사의 분립은 그 재산에 상응하여 분할한다. 그밖에 회사의 자본의 증가나 감소에 대한 조건, 절차 및 수속 등에 관한 구체적인 규정을 두고 있다(제7장).

(10) 회사의 파산, 해산 및 청산

회사의 파산, 해산 및 청산문제, 예컨대 清算組의 성립, 직권, 채권자의 신고 등의 상세한 규정을 두고 있다(제8장).

(11) 외국회사의 分支機構

외국회사란 외국법에 의하여 중국내에 설립한 회사를 말하는데 외국회사가 중국내에 分支機構를 설립하는 조건과 그 법률적 지위, 명칭, 채무의 상환 등에 관한 규정을 두고 있다(제9장).

(12) 법률책임

회사의 위법행위, 가장납입, 董事 및 經理의 위법행위 등 구체적 처벌규정과 회사제도의 건전화를 위한 유력한 법률보증수단을 두고 있다(제10장).

(13) 부칙(제11장)

본법 시행이전 법률, 행정법규, 지방성법규와 국무원 관련 주관부문이 제정한「有限責任公司規範意見」「股份有限公司意見」에 의거 등기·설립된 회사는 계속 유효하며 그 중 본법이 규정하는 조건을 완전히 구비하지 못한 회사는 규정된 기한 내에 본법이 규정하는 조건을 충족시켜야 한다. 구체적인 방법은 국무원이 별도로 정한다(제229조).

4. 중국 회사법의 특색

중국회사법은 사회주의시장경제의 수요에 적응하기 위하여 제정한 것인

10) 公積金은 準備金을 뜻한다(公司法詞典, 人民法院出版社, 1994, 90面).

데, 이는 중국국내 정황과 외국회사에 관한 입법의 경험을 토대로 한 것이다. 입법상 아래와 같은 특색을 가지고 있다.[11)]

(1) 사회생산력 발전의 촉진

회사제도는 일종의 과학적 기업조직형식으로 사회의 대량생산의 수요에 부응할 수 있으며

나아가 생산력을 발전시키는 적극적인 작용을 한다. 이러한 점이 회사법 제정의 제1목적이다.

(2) 회사법은 사회주의 시장경제원칙을 체현한다.

회사법은 경제활동을 규율하는 중요한 법이며 사회주의시장경제의 주체로 그 설립 및 활동은 모두 시장경제의 원칙에 부합하여야 하며, 상품경제적 요구에 적응하여야 한다.

(3) 중국실제정황을 고려한 입법

이 점이 회사법 입법의 기본원칙이었으며 중국특색의 사회주의이론 위에 회사제도의 특징을 가미하여 경제건설의 중심규범으로 다양한 사회경제정황에 적응하도록 고려하였다.

(4) 외국회사 입법 경험의 도입

회사제도는 인류공동재산이며 상품경제의 산물이므로 그 성과를 회사법에 도입하여 중국정황과의 결합을 시도하였다.

(5) 회사제도의 목적과 엄격성

회사가 경제 효익을 제고하고 노동생산율과 자산가치의 증식을 목적으로 하므로 회사법은 규정된 조직과 엄격한 관리제도를 구현시킬 수 있다.

(6) 새로운 제도의 도입

회사법에 나타난 새로운 제도, 즉 國有獨資公司, 주식발행 및 양도, 사원

---

11) 卞耀武, 李飛, 公司法的理論與實務, 中國商業出版社, 1994, 10面.

의 회사관리참여, 유한책임회사의 회사채발행 등 일련의 중요한 사항을 규정하였다.

(7) 법률책임의 규정

회사의 범죄행위에 관하여 근래의 경험에 비추어 명확한 법적책임을 부과하고 있다.

(8) 실시를 통한 완성

회사법이 실제수요에서 제정된 것이다 중국의 회사발전이 아직 과정중에 있는 만큼 회사법도 이와 상응한 과정을 거쳐 완성될 수 있을 것이다.

이상에서 본 바와 같이 중국회사법은 근래 몇 년간의 주식회사 및 유한책임회사 운영의 경험과 대만, 홍콩지구 및 국제통용준칙을 도입한 것에다가 중국경제 체제개혁의 실천에 근거하여 제정된 것이라 할 수 있다.[12)]

5. 회사법의 적용범위

(1) 회사법상 회사의 종류

회사법 제2조에 "본법에서 지칭하는 회사(公司)는 본법에 의거 중화인민공화국 내에 설립된 유한책임회사와 주식회사를 가리 킨다"고 하여 중국회사법상의 회사는 이 두 종류를 인정하고 있다.

① 유한책임회사

회사법상 유한책임회사에 대한 직접적인 정의규정은 없으나 제3조 제2분의 규정에 의하면 "유한책임회사는 사원이 그 출자액을 한도로 회사에 책임을 부담하고 회사는 그 전부의 자산으로 회사의 채무에 대하여 책임을 진다."고 하며, 제2장에서 그 설립조건으로 2人이상 50人이하의 사원이 공동출자하여 설립한다고 한 것으로 보면 이 회사의 형태를 알 수 있다. 그 특징을 나누어 보면 다음과 같다.

ⅰ) 회사 채무에 대하여 출자액을 한도로 유한책임을 부담한다. 출자액은

---

12) 王文杰, 前揭書, 47面.

사원간의 협의로 정관에 의하여 결정된다.

ii) 사원수가 엄격히 제한된다. 이점에서 다른 종류의 회사와 구별되는 것으로 50人을 초과할 수 없다는 특징이 있다. 이 형식의 회사는 중소형 경제조직에 적합하며 사원은 자연인이거나 법인이거나 불문한다.[13] 왜냐하면 회사법에 제한규정이 없기 때문에 법인도 가하다고 하겠다.

iii) 회사 채무에 대하여 그 전부자산으로 책임을 부담한다.

iv) 주식 등의 발행이 금지되므로 자금이 필요한 경우에는 기타방식, 즉 은행에 대부 신청하는 등에 의하나 사회에 공개로 발행할 수 없다.

이상에서 유한책임회사의 일반적인 특징을 살펴보았다. 회사법 제18조에 외국인이 투자한 유한책임회사는 本法을 적용한다고 하면서 中外合資經營企業, 中外合作經營企業 및 外資企業에 관한 법률에 별도의 특별규정이 있으면 그 특별규정을 적용한다고 하여 이른바 "三資企業"이 유한책임회사형태를 취할 때에는 회사법이 유한책임회사의 일반법이 된다.

또한 제2장 제3절에 國有獨資公司에 관한 규정을 두고 있는데 여기의 사원은 일률적으로 2人이상 50人이하로 하지 않으며, 외국인의 獨資企業도 1人으로 할 수 있으며 국유기업중 유한책임회사로 변경하는 조건에 부합하거나, 국가가 투자권한을 수여한 기구 또는 단독으로 설립한 國有獨資的有限責任會社의 사원수는 역시 1人으로 할 수 있다.[14]

② 주식회사

유한책임회사와 같이 주식회사도 회사법에 직접 정의규정은 두지 않고 있으나 제3조에 "주식회사는 그 모든 자본을 등액의 주식으로 나누고 주주는 그 소지한 주식을 한도로 회사에 책임을 지며 회사는 그 모든 자산으로 회사의 채무에 책임을 진다."고 하며, 제3장 제1절에 5人이상의 발기인이 있어야 하고(제75조) 그 중 과반수는 중국경내에 주소를 두어야 한다는 규정으로 그 모습을 알 수 있다.[15] 그 법률적 특징은 다음과 같다.

---

13) 崔基元, 商法學新論(下), 博英社, 1993, 825面.
14) 張桂龍, 周敏, 公司法釋解, 1993, 27面.
15) 張, 周, 上揭書, 27面.

i) 주주의 상한은 제한이 없다.

ii) 주식회사의 자본은 等額 株式으로 구성된다.

iii) 주주는 그 소유주식을 한도로 회사에 책임을 진다.

iv) 회사는 그 전부 자산으로 회사 채무를 부담한다. 이 점은 유한책임회사와 같다.

③ 양 회사의 이동

i) 공통점

사원이나 주주(股東)가 유한책임을 진다는 것, 사원 및 주주의 재산과 회사의 재산이 분리되며, 兩 회사는 외부에 대하여 회사의 자산전부로 책임을 부담한다는 것 등이다.

ii) 차이점

양회사는 성립조건 및 자본모집방면에서 다른데, 유한책임회사의 성립조건은 비교적 용이한데 비하여 주식회사는 엄격하고, 전자가 자본의 공개모집이 금지되는데 비하여 후자는 공개모집이 가능하며, 前者의 사원수는 제한되나 後者는 최저수만 요구하는 점에서 차이가 있다.

또한 주식 또는 지분(股份)의 양도에 있어 유한책임회사는 비교적 곤란한 반면 주식회사는 비교적 자유롭다.

그리고 유한책임회사의 사원의 지분증명은 출자 증명서로 하나 이의 양도와 유통은 불가한 반면, 주식회사는 주권으로 양도, 유통이 가능하다.

유한책임회사의 사원총회인원수는 제한이 있으며 소집등도 비교적 용이하나 권한은 비교적 크며 이사(董事)는 사원이 겸하며 소유와 경영의 분리정도는 오히려 낮다. 주식회사는 유한책임회사와는 대체로 반대의 경우일 것이다.

마지막으로 두 종류의 회사의 재무상황의 공개정도에 있어 유한책임회사는 사원수의 제한으로 회계사의 심사 없이, 그리고 공고 없이 기간 내에 名사원에게 발송하면 족하나, 주식회사는 주주가 많아 각각 발송하기 곤란하고 회계상 반드시 회계사의 심사를 거쳐 보고하여야 하며 또한 이를 주주에게 열람하게 하며 모집설립인 경우 반드시 재무회계보고를 공고해야 한다.

④ 分會社와 子會社

회사법 제13조는 "회사는 지사(分公司)를 설립할 수 있으며 지사는 법인자격이 없고 그 민사책임은 회사가 진다. 회사는 자회사를 설립할 수 있으며 子會社는 법인자격을 가지며 법에 의하여 민사책임을 진다."고 한다.

ⅰ) 分會社의 경우

分會社란 本會社의 명의로 설치되어 경영활동을 하는 지사를 말한다. 分會社는 본 회사의 하나의 分支機構이며 독자적인 회사 명칭을 사용할 수 없고 본회사는 분회사의 경영활동에 대하여 자기의 재산전부로 책임을 진다. 그리고 분회사는 본회사에 의하여 설립되므로 수속이 비교적 간단하며 일반적으로 공상행정관리기구가 발급하는 "經營執照"로 한다. 또한 분회사는 본회사에 예속되어 인사, 업무, 재산 등에 대하여 본회사의 통제를 받는다.[16)]

ⅱ) 子會社의 경우

자회사는 모회사의 상대개념이다. 자회사는 모회사의 실질적인 통제를 받으며 모회사가 자회사를 통제하는 데는 일정한 법률조건이 요구된다. 그리고 자회사는 독립법인이므로 사실상 모회사의 통제를 받더라도 자회사는 自己獨自의 명칭, 정관, 조직기구를 가지며 대외적으로 독립하여 활동한다.[17)] 또한 재산상 두 회사는 상호 분리되어 있으므로 모회사의 자회사에 대한 책임은 일정범위에 제한된다.

(2) 회사법의 시간적 효력

회사법이 처음으로 제정되었기 때문에 법의 실효문제는 존재하지 않으며 다만 효력발생시기와 소급효의 문제가 있다.[18)]

① 효력발생시기

회사법은 1993년 12월 29일 공포하여 1994년 7월 1일에 시행한다고 그 구체적인 효력발생시기를 직접 규정하고 있다(회사법 제 230조).

---

16) 張·周, 前揭書, 31面.
17) 石少侠, 公司法, 吉林人民出版社, 1994, 42面.
18) 張·周, 前揭書, 33面.

② 회사법의 소급효

회사법 제229조에 “본법 시행이전의 법률, 행정법규, 지방성법규와 국무원관련 주관부문이 제정한「有限責任公司規範意見」「股份有限公司規範意見」에 의거 등기 설립된 회사는 계속 효력이 있으며(保留) 그 중 본법이 규정하는 조건을 완전히 구비하지 못한 회사는 규정된 기한 내에 이 규정하는 조건을 충족시켜야 한다. 구체적인 방법은 국무원이 별도로 규정한다.”고 하여 회사법시행이전에 등기·설립된 회사도 이 법이 효력을 미친다는, 즉 소급효가 있다.[19]

(3) **외상이 투자설립한 유한책임회사**

회사법 제18조에 외국인이 투자한 유한책임회사는 본법을 적용하여 中外合資經營企業, 中外合作經營企業, 外資企業의 법률에 별도의 특별한 규정이 있는 경우에는 그 특별규정을 적용한다고 되어 있다. 이 규정에 의하여 외상투자회사는 법률적용상 두 가지 정황으로 나눌 수 있다.

1) 외상투자유한책임회사의 경우, 원칙적으로 회사법을 적용한다.

2) 외상투자관계법에 다른 특별규정이 있는 경우, 그 특별규정을 적용한다.

중국이 해외투자유치를 위하여 1979년에 「中外合作企業法」(1990년 개정),1986년에「外資企業法」, 1988년에 「中外合作企業法」을 제정하여 外商이 중국에서의 투자를 고무하고 또한 유치 및 규제하면서 중요한 작용을 하여 왔다. 동시에 이 법들은 외상합자기업의 형식, 내부관리 등의 문제에 관하여 일정한 규정을 가지고 있다. 이것과 이번에 제정한 회사법과의 관계는 다른 부분이 있다. 즉 어느 부분이 회사법이 적용될 수 없겠는가 하는 점이다.[20]

Ⅲ. 票据法(어음수표법)

1. 서

중국 어음수표법(中國票据法)은 1995년 5월 10일 제8기 전국인민대표대

---

19) 江平, 中國公司法原理與實務, 科學普及出版社, 1994, 365面.

20) 자세한 것은 劉淑强, 中國人民共和國公司法實用問答, 紅旗出版社, 1994, 34~35面.

회 상무위원회 13차 회의에서 통과되어 1996년 1월 1일부터 시행한다. 全7章 111個 條文으로 구성되어 있는 이 법은 중국사회주의시장경제의 법계 중 시장주체의 행위를 규제하는 法 중의 하나이고 또한 민사특별법의 하나이기도 하며, 이른바 실질적 의의의 상법에 속하기도 한다.[21)]

이 법에서 "票据"라 함은 환어음(匯票), 약속어음(本票) 및 수표(支票)를 말한다(제2조). 이 법이 총칙(제1장), 환어음(제2장), 약속어음(제3장), 수표(제4장), 외국관련어음 수표의 법률적용(제5장), 법률책임(제6장) 및 부칙(제7장)으로 구성되어 있는 것으로 보아 입법 상 환어음, 약속어음과 수표를 하나의 법으로 하는 통일입법의 형태를 취하고 있다.[22)] 또한 환어음법을 중심으로 약속어음과 수표법에서 환어음의 규정을 준용하는 형식을 취하고 있음을 볼 수 있다.

2. 어음수표법의 제정 경위

清 末에 일본학자를 초빙하여 어음수표법 초안을 만들었으나 미완성으로 끝난 후 국민정부입법원 상법위원회에서 이전의 초안을 참고하여 票据法 草案을 제정하여 입법원을 통과·공포하여 시행된 것(1929년)이 중국역사상 첫 번째 정식 票据法이 되었다. 1949년 중화인민공화국이 성립된 후 舊法을 폐지하면서 50년대에서 80년대까지의 30여년간에 걸쳐 환어음과 약속어음을 제외한 수표만 사용하게 하였다. 이 수표는 단순한 결산수단으로 사용되었기 때문에 당연히 전문적인 어음수표법은 제정되지 않았다. 1988년에 중국인민은행이「銀行決算辦法」을 제정하여 상법어음, 은행환어음, 은행약속어음, 수표를 결산수단으로 사용할 수 있게 하였다. 이 규정은 어음·수표발전사상 중요한 전환점이 되었다. 그러나 엄격히 말하면 이러한 규정은 중국어음수표법의 완전한 정비체계는 아니었으며 일종의 은행제도의 하나로 결산규칙에 관한 규정에 불과하였다. 따라서 당면한 현실적 수요를 충족시킬 수 없으며 더욱이 사회주의 상품경제발전의 수요에 적응할

---

21) 馬洪, 前揭書, 257面.
22) 趙新華, 票据法, 吉林人民出版社, 1994, 12面.

수 없다는 것은 당연하다고 하겠다.[23)]

3. 주요내용

(1) 총칙(제1장)

① 법의 목적

이 법은 어음과 수표행위를 규범화하여 어음과 수표활동중의 당사자의 합법적 권익을 보장하고 사회경제질서를 유지보호하며 사회주의시장경제의 발전을 촉진하기 위하여 제정 된 것이다(제1조).

② 권리 및 책임

어음과 수표의 권리란 어음과 수표의 소지인이 어음과 수표채무자에게 금액의 지급을 청구하는 권리로서 지급청구권과 상환청구권을 포함하며, 어음과 수표책임이란 어음과 수표의 채무자가 소지인에게 어음과 수표금액을 지급할 의무를 가르친다(제4조).

③ 代理

어음수표의 대리는 인정되며 권한을 초과한 경우 그 초과한 부분에 대하여는 대리인이 책임을 진다(제5조).

④ 날인

어음수표상의 날인은 서명을 하거나 인장을 찍거나 혹은 서명과 함께 인장을 찍는 것을 말하며, 서명은 당사자의 본명으로 하여야 한다(제7조).

⑤ 금액의 기재에 차이가 있는 경우

문자와 숫자를 동시에 기재하여야 하며 두 금액이 일치하지 않으면 어음과 수표는 무효이다(제8조).

⑥ 改書

어음과 수표상의 기재사항은 본 법의 규정에 맞아야 하며 금액, 일시 및 수취인의 명칭은 개서하면 무효이나, 기타 기재사항은 개서할 수 있으나

---

23) 蘇惠棣, 中國商法槪論, 吉林人民出版社, 1993, 195~196面.

原기재인이 날인하여 증명하여야 한다(제9조).

⑦ 대가관계요구

어음수표의 취득은 반드시 반대급부가 있어야 한며 당사자는 서로 상응하는 대가를 지급하여야 하나 상속, 증여 등의 경우는 예외로 한다(제10~11조, 제21조).

⑧ 인적항변의 절단

어음수표의 채무자는 자기와 발행인 또는 전소지인간의 항변을 사유로 소지인에게 대항하지 못하나 소지인이 명확한 항변사유가 존재한다는 것을 알고 취득한 경우는 그러하지 아니하다(제13조).[24]

⑨ 위조 · 변조

기재사항은 진실해야 하며 위조 · 변조를 할 수 없다. 변조의 경우 변조전후에 따라 책임을 지나 이를 판단할 수 없는 경우에는 변조전에 날인한 것으로 본다(제14조).

⑩ 시효

소지인의 발행인과 인수인에 대한 권리는 만기일로부터 2년으로 하며, 소지인의 수표발행인에 대한 권리는 발행일로부터 6개월이다(제17조).

⑪ 이득상환청구권의 인정(제18조)

(2) 환어음(제2장)

① **환어음**이란 발행인이 날인 · 발행한 것으로 지급인이 어음을 일람하였을시 또는 지정된 기일에 확정된 금액을 무조건 수취인 또는 소지인에게 지급할 것을 지급인에게 위임한 어음이며 이에는 은행환어음과 상업환어음으로 나눈다(제19조).

② 어음요건

환어음이라는 문구 등 7가지를 필요적 기재사항으로 하고 이들 사항 중

---

24) 蘇惠樣, 中國商法槪論, 吉林人民出版社, 1993, 218面

하나라도 결하면 환어음은 무효이다(제22조).

그러나 지급일, 지급지 및 발행지에 대한 흠결은 구제하는 규정을 두고 있다(제26조).

③ 만기의 종류

일람즉시지급, 약정일지급, 발행후약정일지급 및 일람후약정일지급의 4종류를 만기로 하고 있다(제25조).

④ 발행인의 책임

발행인은 환어음의 인수와 지급의 책임을 보증하여야 한다(제26조).

⑤ 배서

환어음은 배서로 양도할 수 있으나 "양도불가"라는 문구가 기재된 것은 양도할 수 없다(제27조).

⑥ 배서일시의 기재

배서인은 날인하고 배서일시를 기재하여야 하며 이 기재가 없는 것은 만기 전에 배서한 것으로 본다(제29조).

⑦ 피배서인의 명칭기재

배서에는 반드시 피배서인의 명칭을 기재하여야 한다(제30조).[25)]

⑧ 배서의 연속

배서로 양도된 환어음은 후의 소지인이 그 전 소지인이 행한 배서의 진실성에 대하여 책임을 지며, 배서에는 단서조건을 부칠 수 없다(제31~33조). 이 밖의 배서금지배서(제34조), 추심위임배서 및 입질배서도 인정된다(제35조).

⑨ 배서의 담보적 효력(제37조)

⑩ 인수(제3절)

인수란 환어음지급인이 만기일에 환어음금액을 지급할 것을 승낙하는 어음수표행위이며 인수에 관한 조문은 제38조에서 제44조까지 규정하고 있다.

---

25) 일반적으로는 약식배서(空白背書)를 인정하고 있다(趙新華, 票据法, 吉林人民出版社, 1994, 141面).

⑪ 보증(제4절)

환어음의 채무는 보증인이 보증 책임을 질 수 있다(제45~52조).

⑫ 지급(제5절)

지급제시의 필요(제53조), 지급인의 조사의무(제57조), 만기전의 지급(제58조), 인민폐로 지급(제59조) 등의 규정이 있다.

⑬ 상환청구권(제6절)

소구의 실질적 요건(제61조), 소구의 형식적 요건(제62조), 인수 및 지급거절의 통지(제66조), 소구금액(제70조), 소구의무자의 권리(제71조) 등이 규정되어 있다.

(3) 약속어음(제3장)

① 약속어음이란 발행인이 날인·발행하여 어음을 일람하였을 때 무조건 확정금액을 수취인 또는 소지인에게 지급할 것을 승낙하는 어음이며 이 법에서 말하는 약속어음은 은행어음을 말한다(제73조).

② 발행인의 자격

발행인의 자격은 중국인민은행의 심사로 정하며 구체적인 것은 同은행에서 규정한다(제75조).

③ 약속어음요건

약속어음이라는 문구 등 6가지를 규정하고 이들 중 하나라도 기재되지 않은 경우 무효이나 지급지 및 발행지에 관한 요건의 흠결은 발행인의 영업장소로 한다는 구제조항을 두고 있다(제77조).

④ 지급기한

약속어음은 일람을 위한 제시를 하면 발행인은 지급책임을 지며 지급기한은 最長 2개월을 초과할 수 없다(제79조).

⑤ 준용규정

약속어음의 배서, 보증, 지급행위와 추심권의 행사는 본장규정 외에 제2장의 환어음관련구정을 적용하며 발행행위는 본장 규정 외에 본법 제24조의 환어음에 관한 규정을 적용한다(제81조).

(4) 수표(제4장)

① 수표란 발행인이 날인·발행한 것으로 수표예금업무를 처리하는 은행 또는 기타 금융기관에 일람하였을 시 무조건 확정금액을 수취인 또는 소지인에게 지급할 것을 위임하는 어음이다(제82조).

② 신청인의 본명사용(제83조)

③ 수표요건

수표라는 문구 등 6가지를 기재해야 하며 하나라도 결한 경우는 무효이나 지급지 및 발행지의 미기재는 구제된다. 또한 수표의 금액은 발행인이 보충기입권한을 부여할 수 있는데 보충기입이 되기 전의 수표는 사용할 수 없으며 수취인의 명칭이 기재되지 않은 경우 발행인이 보충권을 줄 수 있다(제86~87조).

④ 일람출급성(제91조)

⑤ 지급제시기간

소지인은 발행일로부터 10일내에 지급을 위한 제시를 하여야 하며 원격지의 경우는 중국인민은행에서 별도로 정한다(제92조).

⑥ 준용규정

수표의 배서, 지급행위 및 상환청구권의 행사는 본법 제4장의 규정이외에 제2장 환어음관련규정을 적용한다. 수표의 발행행위는 제24조, 제26조의 환어음에 관한 규정을 적용한다(제94조).

(5) 외국관련어음과 수표의 법률적용

① 외국관련어음과 수표란 발행, 배서, 인수, 지급 등의 행위 중에 중국영내 또는 영외에서 발생한 어음과 수표를 말한다(제95조).

② 국제조약규정 등의 적용

중국이 체결하였거나 혹은 참가한 국제조약과 본법에 서로 상이한 규정이 있을 때에는 국제조약의 규정을 적용한다. 다만 중국이 그 적용을 보류

할 것을 선언한 조항은 제외한다. 본 법과 중국이 체결하였거나 혹은 참가한 국제조약에 규정이 없는 것은 국제관례를 적용할 수 있다(제96조).

③ 법률적용지

행위능력은 그 본국의 법률을 적용하며 발행 시의 기재사항은 발행지법, 배서・인수・지급・보증은 행위지법을, 상환청구권의 행사기한은 발행지법, 제시기간과 거절증서의 방식 및 거절증서의 발급기한은 지급지법을, 상실 시 어음과 수표권리의 보전절차는 지급지 법률을 적용한다(제97~102조).

(6) 법률책임

① 형사책임

위조, 변조, 백지수표의 발행, 허위기재, 악의의 제행위 등 어음수표의 사기행위가 있는 경우 형사책임을 묻는다(제103조).

② 행정처벌

제 103조의 형사책임을 묻는 사항 중 상황이 경미하여 범죄를 구성하지 않는 것은 행정처벌을 가한다(제104조).

③ 징계처분등

금융기관의 직원이 업무소홀로 본법의 규정을 위반하여 어음수표를 인수, 지급 및 보증을 한 경우 징계처분을 가하며, 중대한 손실을 야기하여 범죄를 구성하면 형사책임을 물으며, 손해를 입힌 경우는 배상책임을 져야 한다(제105조).

④ 민사책임

위 배상책임이외의 기타 본법규정을 위반하여 타인에게 손해를 입히면 민사책임을 진다(제107조).

(7) 부칙

기간계산, 양식의 통일, 시행세칙에 관한 규정과 시행일(1996. 1. 1)의 규정을 두고 있다(제108조~111조).

4. 어음수표법의 특색

위에서 본 바와 같이 어음수표법은 사회주의시장경제법체제 중 시장주체의 행위규제을 위한 법의 하나로 입법되었음을 알 수 있다. 입법목적에서 당사자의 합법적 권익을 보장하고 사회경제질서를 유지보호하며 사회주의 시장경제의 발전을 추진한다는 규정은 앞에서 본 회사법의 목적과 동일한 궤도에 있다고 할 수 있다. 어음과 수표활동은 법률과 행정법규를 준수하여야 하며 사회의 공공이익에 손해를 끼쳐서는 안 된다는 규정(제3조), 신의성실 원칙에 따라 진실한 거래관계를 요구하며 반대급부가 있어야 한다는 규정(제10조), 어음수표상의 기재사항은 반드시 진실해야 하며 위조, 변조를 할 수 없다는 규정(제14조)등을 제1장 총칙에 둠으로서 사회주의시장경제의건전한 발전을 도모한다는 뜻이 나타나 있다. 이러한 내용들은 기술법의 성질을 가지는 어음수표법에 불필요한 규정일 것이나 한편 통일된 민·상법전을 가지지 않고 단행법으로 제정하는 중국의 입법태도에서는 어느 정도 이해할 수 있는 것이기도 하겠다.

또한 어음수표의 사기행위에 대한 형사책임규정과 행정처벌, 배상책임 및 민사책임에 관한 규정을 두는 것도 위와 같은 성질의 것이다.

약속어음은 은행어음이며 발행인의 자격을 규정하며 지급기한을 최장 2 개월로 하고 있는 것도 우리와 다른 규정들이다.

그리고 이 법과 상이한 규정이 국제조약에 있는 경우 국제조약의 규정을 적용하며 여기에도 규정이 없는 경우 국제관례를 적용한다고 하여 국내법보다 국제조약의 적용을 우선하고 있다.[26]

부칙에서 환어음, 약속어음 및 수표의 양식을 통일되어야 하며 이를 양식과 인쇄제작 관리요령은 중국인민은행에서 제정한다고 하여 양식의 제한을 두고 있다.

---

26) 이러한 규정은 中國民法通則 제142조, 海商法, 제268조 등에도 나타나는데 이것은 중국이 새로운 입법추세를 반영한 것이라 할 수 있다.

Ⅳ. 보험법

1. 序

1995년 6월 30일 예정보다 다소 늦게「中華人民共和國保險法」이 공포되어 10월 1일부터 시행되고 있다. 이 보험법도 사회주의시장경제법률체계상 시장주체의 행위를 규제하기위한 법 중의 하나로 제정되었으며 중국보험사업 법제건설의 하나의 大事라 한다. 본 법은 전적으로 상업보험법 등을 조정하고 상업보험시장을 규제·관리하며 보험체계의 개혁을 심화시킴과 아울러 피보험자의 이익과 보험계약당사자의 합법적 권익을 보호함으로써 보험사업이 시장경제 가운데 적극적인 작용을 발휘할 수 있도록 제정된 것이다.27)

2. 중국보험입법경위

(1) 1949년 이전

清末의 "大清商律草案" 제2편의 상행위중 제7, 8장에 손해보험과 생명보험의 내용이 들어간 이래 국민당정부가 몇 차례의 보험법 및 보험업법을 제정하였으나 시행되지 못한 채 끝이 난바 있다.28)

(2) 1949~문화혁명

신 중국 성립 후 일련의 보험법규가 나타나기 시작하였으나 강제보험에 관한 決定 및 條例가 공포되는데 그쳤으며 1957년 이후 근 20여 년간 중국보험업은 실제상 정지되었으며 따라서 보험입법도 중지되었다.29)

(3) 개혁·개방이후

① 1978년 제11기 三中全會에서 건국 30년의 경험과 문화혁명의 교훈을 살려 경제입법을 강화함에 따라 보험입법도 새로이 중시되기 시작하였다.30)

---

27) 法制日報 1995. 7. 4日字 第1面.

28) 국민당은 대만 도착 후 보험법과 보험업법을 통합하여 "保險法"으로 하여 1963년부터 시행하고 있음(覃有土, 保險法概論, 北京大學出版社, 1993, 58面).

29) 徐衛東, 保險法, 吉林人民出版社, 1994, 56面.

1981년 12월 31일에 공포한 "經濟合同法" 중에 보험에 관한 내용을 규정하였다.

즉 同法 제25조에 재산보험계약의 성립과 보험계약서의 기재사항 및 보험자의 보상과 구상권 행사에 관한 것, 제41조에 재산보험계약위반의 경우 보험자 및 피보험자의 책임에 관한 규정이 그것이다.

그 후 국무원은 1983년 9월 1일에 보험계약법에 해당하는 「財産保險合同條例」를 공포하였으며, 同 條例는 전5장 23절 본문으로 구성되어 있다. 同條例는 실제 위의 經濟合同法 제25조 및 제41조의 규정을 구체화한 것으로 중국 재산보험업의 장기적 실천의 기초 위에 국제실례를 참고로 하여 제정한 것이었다. 이 조례의 출현은 바로 중국의 保險基本法의 제정과 보험사업발전에 중요한 계기를 부여한 의의 있는 것이 되었다.[31] 이어서 중국의 보험업법에 해당하는 「保險企業管理暫行條例」를 1985년 3월 3일에 공포하였다. 전6장 24개 조문으로 여기에는 보험기업의 성질, 구성, 자본액, 준비금, 보상능력 및 재보험 등을 명확히 규정하고 있다. 동 조례는 국가가 보험기업의 관리 및 보험기업의 건강한 발전을 강화시키는데 중요한 목적을 가지고 있었다.[32]

1) 「財産保險合同條例」

중국에서의 협의의 보험법, 즉 보험계약법에 해당하는 것이 1983년 9월 1일에 공포한 「中華人民共和國財産保險合同條例」이다. 전5장 23개 조문으로 제1장 총칙, 제2장 보험계약의 종료, 변경 및 양도, 제3장 보험계약자의 의무, 제4장 보험자의 보상책임, 제5장 부칙으로 구성되어 있다.

조례의 주요내용은 다음과 같다.

① 여기의 재산보험이란 재산보험·농업보험·보증보험·신용보험 등의 재산이나 이익이 목적인 각종보험을 말한다(동법 제2조).

② 보험계약자는 보험가입청약을 하고 보험자와 보험료지급방법을 상의

30) 실제로 중국이 그동안 입법한 것 중 70%가 經濟法이었으며, 1979년 이전에는 경제법이 그리 중요시 되지 않았다(Du Xichuan and Zhang Lingyuan, China's Legal System, A General Survey, New World Press, Beijing, 1990, p.227).

31) 覃有土, 前揭書, 59面.

32) 孫積祿, 保險法原理, 中國政治大學出版社, 1993, 52面

한 후 보험자가 승낙을 하면 보험계약은 즉시 성립되며 보험자는 보험증권을 교부하여야 한다(동법 제5조).

③ 보험계약자는 보험계약의 해지를 할 수 있다(동법 제6조).

④ 보험계약자의 기본의무로는 보험료납입의무(제12조), 손해방지의무(제3조) 및 위험통지의무(제14조) 등을 규정하고 있다.

⑤ 보험자의 기본의무는 보험금지급의무(제16조), 손해방지비용지급(제17조) 등이 있다.

⑥ 海上保險契約은 법률에 따른 다른 규정이 없는 한 본 조례를 적용한다(제22조).

2) 「**保險企業管理暫行條例**」

중국의 보험업법에 관한 것은 국무원에서 1985년 3월 3일에 공포한 「보험기업관리잠행조례」가 그것이다. 전6장에 24개 조문을 두고 있으며 그 내용은 제1장 총칙, 제2장 보험기업의 설립, 제3장 중국인민보험공사, 제4장 보상능력 및 보험준비금, 제5장 재보험, 제6장 부칙으로 구성되고 있다.

동 조례는 보험기업의 보상의무이행과 보험계약자 등의 권리 및 보험자의 신용보증을 위하여 보험기업의 자격에 대하여 엄격한 규정을 두고 있다. 첫째로 보험기업의 설립에 일정한 법정절차를 요구하고 있으며 보험기업의 설립에는 국가보험관리기관의 비준과 공상행정관리기관의 영업허가를 신청하여야 한다(동법 제6조). 영업허가 없이 독자적으로 보험업무를 경영하는 경우는 국가보험관리기관회의와 공상행정관리기관의 조사를 받아야 한다(동법 제6조 후단). 심사의 편의를 위하여 보험기업이 설립신청 할 때 국가보험관리기관, 즉 중국인민은행에 企業章程(이 속에는 기업명칭, 경영업무종류, 자금출처 및 조직기구를 반드시 명시하여야 한다)을 제출하고 자금의 증명 및 기업 대표자의 명단을 제출하여야 한다.

위와 같이 중국에서의 보험기업의 설립에는 반드시 일정한 조직을 갖추어야 하며 이러한 조직과 형식은 필수적으로 일정한 절차와 비준을 거치도록 하고 있다. 둘째로 보험기업은 반드시 최저자본금액을 구비하여야 한다. 동법 제8조는 인보험기업을 경영하는 경우는 인민폐 2000萬元의 현금자본이 필요하며, 人保險이외의 보험기업은 인민폐 3000萬元을 갖추어야 한다. 또한 위 兩者기업을 경영하고자 하는 자는 인민폐5000萬元을 구비하여야 한다. 셋째로 보험기업이 人保險과 人保險이외의 보험을 동시에 경영하고자 할 때 회계를 분리하고 보험료와 보험준비금을 상호 전용하지 못한다. 보험기업의 보상능력을 보증하기 위하여 동법 제15조는 모든 보험기업은 未到期責任準備金, 人保險準備金 및 總準備金을 반드시 留保하여야 한다고 규정하고 있다. 또한 각종 보험업무를 하는 보험기업은 최저보상능력을 구비하도록 하고 있다(동법 제13조, 제14조). 보험기업은 실제자산에서 실제부채를 제한 것이 국가보험준비금보다 적어서는 안되며 부족시에는 자본금이나 보험준비금을 증가시키고 그 차액을 보충시켜야 한다(동법 제14조). 또한 보험기업이 부담하는 책임한도액은 실제한도액이 실제자금과 일치해야 한다. 보험기업은 매위험단위당 자기 책임한도액을 그 실제자본의 10%를 초과하지 못하며 이를 초과할 때는 그 초과부분은 "중국인민보험공사"에 재보험하도록 하고 있다(동법 제19조). 보험기업의 무자력의 경우를 위하여 보험기업은 실수현금자본의 20%를 보증금으로 국가보험관리기관지정은행에 입금시키고 그 기관의 비준이 있어야 집행할 수 있도록 하고 있다. 이 자금은 보험기업의 최저보상능력이 동 조례에 규정한 금약보다 적을 때에는 그 불이행책임에 대한 보증을 하게 되는 것이다. 동 조례는 재보험에 대하여 국가보험관리기관이 특별히 지정한 보험기업이외에는 어떠한 보험기업도 국외보험회사나 보험자와 재보험을 할 수 없도록 제한하고 있다(동법 제20조).

이「保險企業管理暫行條例」는 국가가 보험기업의 관리와 보험당사자의 이익보호 및 보험법제의 완성과 보험경제의 보상작용을 강화하기 위한 것이 그 입법취지이다.[33]

3.「중화인민공화국보험법」

(1) 사회주의계획경제에서 시장경제로의 전환과 이에 부응하는 보험법의 제정이 필요하다는 점에서 앞서 본「재산보험합동조례」와「보험기업관리잠

33) 中國經濟法律百科全書, 中國政法大學出版社, 北京, 1992, 861面.

행조례」의 시행으로부터 드디어 「보험법」이 대두되게 되었다. 그동안 중국의 보험법이 사회주의시장경제발전에 제대로 적응하지 못하여 체계적인 보험기업법의 필요성이 강조되어 왔다.[34] 이번에 공포된 보험법은 草案에 비하여 조문수가 많이 축소되었다.[35]

(2) 주요내용

① 이 법은 보험계약법과 보험업법을 동시에 입법한 것으로 제1조에서 "보험활동을 규범화하고 보험활동당사자의 합법적 권익을 보호하며, 보험업의 감독관리를 강화함과 아울러 보험사업의 건전한 발전을 촉진하고자 본 법을 제정한다."고 천명하고 있다. 전부 8개장에 152개의 조문을 가지며 제1장 총칙에서 제8장 부칙사이에 제2장은 보험계약, 제3장은 보험회사, 제4장은 보험경영규칙, 제5장은 보험업의 감독관리, 제6장은 보험대리인과 보험중개인, 제7장은 법률책임에 관한 규정을 두고 있다.

② 총칙

먼저 "보험"을 定義하면서 이를 상업보험행위라 하며(제2조), 중국내에서 보험활동에 종사하는 경우 본법을 적용한다(제3조). 또한 법률준수의무와 신의 성실의 원칙에 따라야 하며(제4조), 공평경쟁과 부정당한 경쟁의 금지(제5조)를 규정하고 있다. 보험업경영은 제한을 두며(제5조) 중국내의 법인 및 조직은 반드시 중국보험회사에 부보 하여야 하며(제6조), 감독 관리는 국무원금융관리부분에서 담당한다(제8조)고 되어 있다.[36]

③ 보험계약(제2장)

제1절에 일반규정, 제2절에 재산보험계약, 제3절에 인신보험계약의 규정을 둔 보험계약법이 바로 제2장이다.[37]

일반규정에는 보험계약의 정의규정과 피보험이익의 인정(제11조), 보험증

---

34) 徐孟洲, 中國社會主義市場經濟的法律調整, 法律出版社, 1993, 125面.

35) 초안에는 전부 226개의 조문이었으나 152개로 줄어들었다.

36) 종전에는 국가보험관리기관은 中國人民銀行이었다(保險企業管理暫行條例 第4條, 保險法草案 第15條).

37) 보험을 재산보험과 인신보험으로 분류하는 것이 중국의 일반경향이었으나 초안에서는 손실보험과 인신보험으로 분류하고 있었다(徐衛東, 前揭書, 61面, 保險法草案 第5條).

권 교부의무(제12조), 계약의 해제(제14조~15조), 약관설명의무 및 고지의무(제16~17조), 통지의무(제21조), 보험금액의 지급 및 확정(제23~25조), 소멸시효(제26조), 면책사유(제27조), 재보험(제28~29조), 약관해석(제30조), 비밀준수의무(제31조) 등의 규정이다.

재산보험계약규정은 보험목적의 양도(제33조), 위험변경증가의 통지(제36조), 보험가액과 보험금액(제39조), 중복보험(제40조), 손해방지의무(제41조), 보험대위(제43~44조), 책임보험에 관한 규정(제49~50조)등이 있다.

제2절 재산보험계약에는 재산보험계약법 통칙규정만 두고 각론으로 재산보험계약의 종류에 관한 규정은 책임보험에 관한 2개조만 두고 있으며 해상보험은 해상법에 규정하고 있다(해상법 제12장).

인신보험계약을 규정한 제3절은 인신보험계약의 정의(제51조), 피보험이익의 인정(제52조), 무능력자의 부보 제한(제54조), 보험료의 분할(제56조), 보험수익자의 지정(제60조), 고의에 의한 사고(제64조), 인신보험의 대위금지(제67조) 등이 있다.

④ 보험회사

보험회사의 종류는 주식회사와 國有獨資公司의 두 종류로 하며(제69조), 보험회사의 설립은 금융감독관리부문의 인가를 얻어야 한다(제70조). 최저자본은 인민폐 2억元이며(제72조), 설립·신청 후 6개월 내에 인가결정을 하도록 되어 있다(제75조). 국내외에 지점을 설치할 경우 허가를 받아야 하며(제79조), 회사의 조직기구는 회사법의 규정을 적용한다(제82조).

생명보험회사는 분리·합병이외에는 해산하지 못하며(제84조), 파산의 경우 타 보험사로 넘겨야 한다(제87조).

⑤ 보험경영규칙

재산보험과 인신보험은 겸영하지 못하며(제91조) 재보험을 영위할 수 있다(제92조).

최저보상능력의 요구(제97조) 및 국내사 우선 재보험출재(제102조) 등이 있다.

⑥ 보험업의 감독관리

약관 및 요율은 금융감독관리부문에서 정하며(제106조), 각종 준비금에 대한 이행지시(제108조), 정돈절차(제109~112조), 영업보고 및 공고(제117조), 업무관련 장부의 보관(제121조) 등이 있다.

⑦ 보험대리인과 중개인

보험대리인과 중개인의 정의규정(제122~123조)과 권한 및 의무(제124~126조), 자격요건(제127조) 등이 있다.

⑧ 법률책임(제7장)

보험사기 및 범죄시 형사책임을 가하고(제131조), 직원의 위법행위에 대한 형사 및 벌금부가(제132조), 보험대리인 등의 사기(제133조), 보험회사의 임의설립 및 불법활동(제135조), 명칭 등 임의변경(제137조), 보험업무범위의 일탈(제136조), 보험약관등의 미보고(제139조), 무능력자의 사망보고(제141조), 제3자에 대한 민사책임(제144조), 금융감독 요원의 직권남용(제146조) 등이 있다.

⑨ 부칙(제8장)

해상보험은 해상법에 규정이 없는 경우 본법을 적용하며(제147조), 外資會社에의 적용(제148조), 농업보험적용제외(제149조), 본법 시행 전의 보험회사의 효력(제151조) 및 시행일(제152조) 등이 있다.

이상에서 본 바와 같이 이 보험법은 보험계약자 등의 보호라는 측면이 있지만 보험시장의 관리를 강화하고 보험사업 발전을 촉진시킨다는 데 상당한 비중을 두고 있다. 또한 각종 단위나 개인은 보험법에 대한 인식을 제고하여 보험활동 중에 자신의 합법적 권익을 옹호하는데 힘써야 할 것을 당부하고 있다.[38]

V. 結　論

이 글은 서두에서 밝힌 바와 같이 최근 중국에서 공포된 회사법, 보험법

38) 法制日報, 1995. 7. 4. 本報評論.

및 어음수표법을 간단히 소개하는 데 있다. 중국은 개혁개방이후 지금까지 십 수년 간 사회주의계획경제로부터 점차 시장경제로 접근하였으며, 최근에 와서 완전히 시장경제로 전환하면서 "사회주의 시장경제는 곧 법제경제이다."고 할 정도로[39] 사회주의 시장경제 법률체계의 정비에 총력을 경주하고 있다.

따라서 이미 입법5개년(1993~98)계획 하에 시장경제로의 전환에 필요한 입법에 착수함으로써[40] 실로 새로운 법의 홍수시대를 맞이하고 있다고 해도 과언이 아니다.

시장경제법률체계의 기본구조를 6개 분야로 나누어 매 분야마다 입법 작업을 하고 있다.

상품경제시대에 돌입하면서「産品質量法」,「消費者權益保護法」및「反不正當競爭法」이 "시장관리규제법"으로, 이미 시행중에 있으며 그 뒤에 이어 회사법 및 어음수표법, 보험법 등 시장주체 및 시장주체에 대한 경험과 외국의 선진입법 경향을 결합한 것으로 우리의 현행법과 별 차이가 나지 않는 것 같으나 곳곳에 "중국특색"이 반영되어 있음을 알 수 있다.

또한 위 각개의 법은 그 목적에서 나타난 바와 같이 회사, 보험 및 어음수표활동을 규범화하는데 1차적 목적이 있으나, 회사, 주주와 채권자, 보험활동당사자의 합법적 권익의 보호 및 어음수표활동당사자의 권익을 보호함과 아울러 사회경제질서를 보호하며 궁극적으로는 사회주의시장경제의 발전을 도모한다는데 비중을 두고 있다고 보여 진다. 이러한 점은 각 법에서 나타나는 많은 규제에서 쉽게 찾을 수 있다. 이것은 경제발전을 우선과제로 하면서도 중국특색의 사회주의체계를 견지한다는 점에서 입법기술상의 특수함을 볼 수 있다.

民商合一論에 의거하여 상법을 민사특별법으로 다루는 중국의 민상법의 변화추이를 지켜볼 일이다.

---

39) 徐孟洲, 中國社會主義市場經濟的法律調整, 法律出版社, 1993, 1面.
40) China Daily, 1994. 1. 3, 4面.

「中國公司法」(회사법)의 특색*

목 차

Ⅰ. 머리말

중국은 개혁·개방 이래 꾸준한 경제성장을 거듭해 오면서 종전의 사회주의계획경제체제에서 시장경제체제로 전환하여 본격적인 사회주의시장경제에 부응하는 입법체계를 갖추어 가고 있다. 이러한 체제는 이에 맞는 법률체계를 가져야 하는데 이에 따른 법률구성은 시장주체법, 시장주체의 행위규제법, 시장관리규제법, 시장체계법, 시장거시조정법 및 사회보장법으로 나누며 그 중 "시장주체에 관한 법"의 하나로 회사법(이하 公司法으로 칭한다.)을 제정하게 되었다.[1)]

최근 몇 년간 중국은 우리가 "상법"이라고 지칭하는 몇가지 법을 공포하고 있다. 「海商法」(1992.11.7 공포, 1993.7.1 시행), 「公司法」(회사법, 1993.12.29 공포, 1994.7.1 시행), 「票据法」(어음수표법, 1995.5.10 공포, 1995.10.1 시행), 「保險法」(1995.6.30 공포, 1995.10.1 시행)등이 그것이다.

新中國(중국인민공화국) 성립(1949)이래 지금까지 중국은 "民商二法統一論"에 근거하여 1986년 4월12일의 「民法通則」(1987.1.1 시행), 「經濟合同

* 이 글은 대구효성가톨릭대학교 법정연구소 법정연구 제3집(1997)에 수록한 것임, 중국회사법이 1993년에 공포되어 1994년 7월 1일부터 시행됨에 따라 이에 관하여 이미 "한중회사법의 비교(1, 2)"를 발표한 바 있음(한국해사법학회, 해법 · 해상법 제9권 제1호, 제2호에 수록)

1) 馬洪, 什麽是社會主義市場經濟, 中國發展出版社, 1993, 254面

(계약)法」(1981.12.13 공포, 1982.7.1 시행), 「涉外經濟合同法」(1985.3.21 공포, 1985.7.1 시행)등의 「商事契約法과 特許法」(1984.3.12 공포, 1992 수정), 「商標法」(1993.3.1 시행)등과 같은 민사특별법 및 위의 회사법, 해상법, 어음수표법, 보험법등에 이르는 실질적 의의의 상법까지 모두 민사특별법으로 분류하고 있다. 「민법통칙」이외의 民法典은 아직 제정되지 않은 상태이며 현행 「民法通則」은 "民商合一立法"이다. 이러한 관점에서 보면 위의 諸法들은 민사특별법이 되므로 당연히 商法典은 제정하지 않을 것이나 그렇다고 商法 및 商事法을 단독법률부문으로 인정하지 않는 것은 아니다.[2)]

「中國人民共和國公司法」은 1993년 제8기 全人代를 통과하여 1994년 7월 1일부터 시행되는 전11장 230개 조문을 가진 중국현대기업제도의 획기적인 변화의 산물이다.

이 법은 회사의 설립, 주식의 발행 및 양도, 회사재무, 회계, 회사의 합병, 분할 및 파산, 해산 및 청산 등이 그 주요한 내용이다.

이 글은 同法의 내용 중 中國公司法의 특색이라고 할 수 있는 國有企業의 전환, 회사가 준수해야 할 法原則, 公會와 職工의 권익 및 정당조직에 관한 특수규정들과 1人會社의 인정, 회사설립주의 및 최저자본금등에 관하여 언급함과 아울러 특수형태의 유한회사인 「國有獨資公司」를 중심으로 「中國公司法」의 특색을 살펴보는데 그 목적이 있다.

Ⅱ. 「中國公司法」概要

1. 中國公司法의 구조

중국공사법은 총칙(제1장),「有限責任公司」의 설립과 조직기구(제2장),「股分有限公司」의 설립과 조직기구(제3장),「股分有限公司」의 주식발행 및 양도(제4장), 회사채권(제5장), 회사재무, 회계(제6장), 회사합병, 분할(제7장), 회사파산, 해산 및 청산(제8장), 외국회사의 지점(제9장), 법률책임(제10

2) 馬洪, 上揭書, 257面

장) 및 부칙(제11장)으로 구성되어 있다. 위에서 본 바와 같이 중국은 회사의 종류를 「有限責任公司」(Limited liability companies)와 「股分有限公司」(Incorporated companies)의 두 종류로 한정하고 있으며 인적회사를 인정하지 않고 있다.[3] 중국공사법은 일종의 조직법이며 또한 활동법이면서 제정법임과 아울러 강행법규를 주로 하는 법이다.[4]

2. 「公司法」제정의 필요성

중국공산당 제11기 三中全會이래 개혁·개혁정책이 실시되면서 국민경제가 이전에 볼 수 없을 정도로 발전하였다. 1992년 10월에 개최된 공산당 제14차 전국대회에서 중국경제체제의 개혁목표가 사회주의 시장경제 체제로 확립되면서 중국경제체제개혁은 그 방향이 명확하게 되었다.

1993년 11월 中共中央 제14기 三中全會에서 「사회주의시장경제체제」의 약간의 문제에 대한 決定」[5]이 통과되었다. 이 결정은 대량생산과 시장경제의 수요를 충족시키기 위하여 현대기업제도를 도입하며 국유기업은 公司제도를 실시함으로서 현대기업제도의 장점을 살린다는 것으로 규범에 의한 회사, 출자자의 소유권과 기업법인의 재산권의 분리, '政企分離'(기업과 정치의 분리), 경영체제의 전환, 기업의 행정기관에 대한 의뢰에서의 탈피, 국가의 기업에 대한 무한책임의 해제 및 자본모집의 용이와 위험의 분산 등을 내용으로 하는 회사제도를 채택한다는 취지였다.

1993년 6월말 현재 전국에 등기된 회사 수는 83.6만개로 93년 상반기에 34.9만개가 증가하였으며 이는 92년말 대비 71.7%가 늘어난 것이다. 이러한 회사의 대폭적인 증가원인은 중국경제의 급성장으로 인하여 필연적으로 경제주체수가 증가하여 수많은 경제실체가 나타나게 되었다는데 있다. 따라

---

3) 江平, 中華人民共和國公司法, 紅旗出版社, 1994, 7面
4) 張桂龍, 公司法釋解, 人民法源出版社, 1993, 7-8面
5) 이 決定은 中國共産黨 第14屆 中央委員會 第3次 全體會議(1993.11.14)에서 통과된 것으로 총 10개의 중요 문제점에 대한 決定으로서 國有企業의 經濟構造를 전환하여 現代企業制度를 사회주의 시장체제의 기초로 하자는 것이 그 두 번째 내용에 포함되어 있다. (中共中央關與建立社會主義市場經濟體制若干問題的決定 人民出版社 1993, 5面)

서 이들이 회사의 형식을 채용하게 되었다는 것과 중국의 회사에 관련한 법제가 불완전하여 회사의 설립과 운영 등에 필요한 규범과 엄격한 조건이 필요하게 되었다는데 회사법 제정의 원인이 있는 것이다.6) 이러한 원인으로 제정된 「公司法」은 실로 사회주의시장경제의 객관적 요구에 의한 것이라 볼 수 있다.7)

3. 「公司法」의 제정과정

1993년 12월 29일 제8기 전국인민대표대회 상무위원회 제5차 회의에서 「中華人民共和國公司法」을 통과하기까지의 과정을 보면 1980년대 초 국가경제위원회에서 공사법의 기초연구에 들어가 주식제 기업을 거론하다가 경험부족을 고려하여 유한책임회사와 주식회사로 분리하는 방안을 시도하였다. 그후 합자, 합영, 주식형식의 기업에 대한 입법을 제시하기도 하였다.8)

1987년 同 위원회는 「有限責任公司條例」를 국무원에 보고하였으나 이듬해 同위원회는 폐지되고 회사법의 기초작업은 「국가체제개혁위원회」로 옮겨져 법제국과 함께 광범한 의견수렴을 통하여 1992년 8월에 「有限責任公司法(草案)」을 全國人民大常委會에 상정하였다.9) 常委會는 적용범위에서 「有限責任公司」에 한정하지 않는 회사법 규정을 요구하여 1993년 2월에 「公司法(草案)」이 常委會에 상정되었다. 1993년8월에 전국인민대표대회 법률위원회에서 同法 초안을 심의하여 그해 12월 20일 제8기 全國人大常委會 제5차 회의를 거쳐 29일에야 표결·통과되었다.

---

6) 王文杰, 最新大陸公司法, 民理文化事業有限公司, 1994, 42面

7) 江平, 前揭書, 10面

8) 1985. 5 당시 國務院의 "1985년-1986년 經濟立法規劃(草案)"에서 제시한 것임(張桂龍, 周敏, 前揭書, 書, 10面)

9) 그전에(92.5) 國家體改委는 "有限責任公司規範意見"과 "股分有限公司規範意見"을 제정하여 국유기업의 경영구조를 전환해야 한다는 의견을 제시함으로서 "공사법"의 제정에 이론과 실천경험을 제공하였다(國家體改委政策法規司等, 公司法講話, 企業管理出版社, 1994, 3面)

Ⅲ. 「중국공사법」의 특색

1. 일반적 특색

中國公司法은 사회주의시장경제의 수요에 적응하기 위하여 제정한 것인데 이는 중국 국내 상황과 외국회사에 관한 입법의 경험을 토대로 한 것이다. 立法上 아래와 같은 특색을 가지고 있다.10)

(1) 사회생산력 발전의 촉진

회사제도는 일종의 과학적 기업조직형식으로 사회의 대량생산의 수요에 부응할 수 있으며 나아가 생산력을 발전시키는 적극적인 작용을 한다. 이러한 점이 公司法제정의 제1목적이다.

(2) 公司法은 사회주의 시장경제원칙을 체현한다.

공사법은 경제활동을 규율하는 중요한 법이며 사회주의시장경제의 주체로 그 설립 및 활동은 모두 시장경제의 원칙에 부합하여야 하며 상품경제적 요구에 적응하여야 한다.

(3) 중국의 실제정황을 고려한 입법

이 점이 公司법입법의 기본원칙이었으며 중국특색의 사회주의이론 위에 회사제도의 특징을 가미하여 경제건설의 중심규범으로 다양한 사회경제정황에 적응하도록 고려하였다.

(4) 외국회사 입법경험의 도입

회사제도는 인류공동재산이며 상품경제의 산물이므로 그 성과를 公司法에 도입하여 중국정황과의 결합을 시도하였다.

(5) 회사제도의 목적과 엄격성

회사가 경제효율을 제고하고 노동생산률과 자산가치의 증식을 목적으로

---

10) 下耀武, 公司法的理論興實務, 中國産業出版社, 1994. 10面

하므로 公司法은 규정된 조직과 엄격한 관리 제도를 구현시킬 수 있다.

(6) **새로운 제도의 도입**

공사법에 나타난 새로운 제도 즉 國有獨資公司[11], 주식발행 및 양도, 사원의 회사관리 참여[12], 유한책임회사의 회사채 발행 등 일련의 중요한 사항을 규정하였다.

(7) **법률책임의 규정**

회사의 범죄행위에 관하여 근래의 경험에 비추어 명확한 법적책임을 부여하고 있다.

(8) **실시를 통한 완성**

공사법이 실제수요에서 제정된 것이나 중국의 회사 발전이 아직 과정 중에 있는 만큼 公司法도 이와 상응한 과정을 거쳐 완성될 수 있을 것이다.

이상에서 본 바와 같이 중국공사법은 근래 몇 년간의 주식회사 및 유한책임회사 운영의 경험과 대만, 홍콩지구 및 국제통용준칙을 도입한 것에다가 중국경제체제개혁의 실천에 근거하여 제정된 것이라 할 수 있다.[13]

이하에서는 위에서 언급한 특색 중 「國有獨資公司」, 「公司法」 총칙의 특수규정들과 기타특색을 중심으로 살펴보고자 한다.

2. 「國有獨資公司」

(1) 國有獨資公司의 법적 특징

1) 투자주체의 유일성

公司法 제64조는 이 법에서 지칭하는 國有獨資公司는 국가가 투자권한을

---

11) 투자주체가 단일하며 유한책임공사의 일종인 특수형태의 회사로서 특수제품 생산이나 특정업종에 해당하는 회사는 이 형식을 채용해야 한다.(同法 제64조)

12) 중국公司法은 그 총칙에 국유기업의 전환, 공회 및 직공의 권익, 정당조직 및 회사가 준수해야할 원칙등 특수규정을 두고 있다.(王文杰, 前揭書, 123面以下)

13) 王文杰, 上揭書 47面

부여한 機構 또는 국가가 권한을 부여한 部門이 단독으로 투자설립한 有限責任公司를 말한다고 규정하고 있다. 이는 同公司의 자본 전부를 국가가 투자한다는 것이며 국가가 同公司에 투자하는 행위는 구체적인 기구나 부문을 통하여 단독으로 행하는 것으로써 국가의 위탁을 받아 단독으로 투자하여 성립하는 公司이다. 따라서 2개 이상의 국유투자주체가 설립한 公司는 국유독자공사의 범주에 속하지 않는다.

2) 책임의 유한성

회사의 투자자가 1인이지만 국유독자공사는 유한책임공사의 성질을 가진다(제64조). 국가는 출자자로서 공사법에 의하여 소유자로서 자산수익, 중대결정과 관리자로서의 권리를 가짐과 동시에 그 출자액의 한도 내에서 회사 책임을 부담한다. 또한 법인 재산권의 향유, 자주경영과 손익의 자기부담 및 독자적인 민사책임을 진다.

(2) 國有獨資公司와 人民所有制企業의 차이

1) 국가의 무한책임에서 유한책임으로의 변화

全民所有制企業(the whole-people-owned enterprise)하에서 국가는 실제상 기업에 대하여는 무한연대책임을 지고 있는데 비하여 國有獨資公司는 有限責任公司의 형식을 가지므로 회사의 재산으로 채무를 부담하여 주주는 출자액에 한하여 책임을 지게 되는 것이다. 同 公司의 경우 국가가 직접 나서지 않고 수권기구나 부문이 위임한 이사회(董事會)가 처리한다.

2) 기업외부에서 내부로 진입한 소유자의 지위

現 全民所有制企業의 소유자는 각급정부나 유관부문이 직무를 나누어 행사한다. 따라서 각급정부나 유관부문은 기업외부에서 직무를 행하나 기업의 일개 조직으로 행하는 것은 아니다. 국유독자공사는 유관기구나 부문이 국유자산의 代表이며 이사회를 구성하므로 이사회가 바로 회사의 소유자이며 기업의 일개 구성부문이 된다. 경영자, 노동자가 함께 공동 조직한 이 회사는 법인자격을 갖춘 이익공동체가 된다. 이러한 체제하에서는 정부는

소유자의 신분으로 과거와 같은 외부에서 기업에 간여하는 경영활동을 할 수 없으며 정부와 기업의 분리(政企分開), 정부와 자본의 분리(政資分開)의 새로운 조건이 형성된다.

3) 명의상 법인에서 실제상의 법인으로

全民所有制企業은 국가가 부여한 재산경영관리권을 가지나 엄격한 의미에서 그 재산을 보충하고 채무를 상환할 권한은 없으므로 진정 독립적으로 민사책임을 지지 않는 명의상의 法人에 불과하다. 그러나 회사형태로 되면 기업은 독립적인 법인으로서 재산소유권을 가지며 기업이 그 전부자산으로 회사책임을 부담하게 되는 실제상의 법인이 된다.

4) 「政企分開」의 실현

전민소유제기업 조건하에서는 정부가 실제상 "기업주"의 직능을 가지고 있어 기업은 독립된 법인재산과 내부조직제도를 갖지 못하고 정부기구의 부속적 지위를 벗어나지 못한다. 公司化로 바뀐 후 정부는 주주(股東)의 직무를 수행하며 간접적으로 기업을 관리한다. 즉 정부는 자기의 주주를 파견함으로써 회사의 이사회에 참가하고 따라서 회사의 결정에 영향을 미치면서 자기의 의도를 관찰한다. 국가가 비록 적당한 방식으로 관리활동을 보류시킬 수 있고 사회공공이익을 보증하며 국가산업정책을 실시할 수 있지만 정부가 기업을 완전히 통제하여 정부의 부속물로 할 수는 없다.

이상에서 본 바 현재 중국기업의 회사제도로의 전환은 그 의의가 매우 크며 현 체제의 단순한 보완이 아니라 기업제도의 근본적인 혁신이다. 다수투자주체를 가지는 「有限責任公司」 및 「股分有限公司」나 단일투자주체인 「國有獨資公司」나 모두 기업의 독립된 인격이 부여되고 있다. 즉 法人財産所有權, 法人資産制度의 확립, 全民資産과 企業法人資産의 분리를 통하여 진정한 자주적인 경영과 손익의 자기부담, 스스로의 구속 및 자기발전을 통한 시장경제의 독립주체(自主經營, 自負盈兮, 自我約束, 自我發展的市場經濟獨立主體)의 모습을 가지게 되었다.[14]

(3) 國有獨資公司의 출현과 中國國有企業體制改革의 意義

회사의 경우 일반적으로 사원이 1인이 되면 해산사유가 된다. 중국은 국가 및 사회적 이익과 경제발전을 촉진하기 위하여 전통적인 회사법 이론을 무시하고 국가가 투자권한을 부여한 기구 또는 부문이 단독으로 설립한 것이 「국유독자공사」(Companies with exclusive state investment)이다. 또한 국무원이 확정한 특수제품을 생산하는 회사 또는 특수업종에 해당하는 회사는 「국유독자공사」의 형식을 채용하도록 하고 있다(제64조).

중국의 구체적 상황을 고려할 때 일반적으로는 회사설립에 있어서 자본을 모으는 것이 중요하나 다만 국유기업에 있어서는 자본에 관한 것보다 회사 특유의 재산권 구조 및 형식과 기업경제체제의 전환, 그리고 시장경제에 부응하고 政企分難, 현대기업의 과학적 관리제도의 확립을 위하여 회사제도를 이용할 필요가 있다.

일련의 필수적인 국가 독자경영에 관하여 출자문제가 없는 국유기업, 예컨대 특수제품생산기업 및 군공기업등은 1人의 「유한책임공사」의 형태로 하는 일종의 새로운 기업형식으로 적합한 것이다. 이러한 형태는 국가가 기업의 무한책임에서 벗어나는 동시에 국가는 출자자로서의 소유자의 권익을 누리며 경영자에게 충분한 자주권을 부여하게 되는 것이며 따라서 자산관계 및 조직방식에서 政企分難 및 기업경영체제의 전환을 실현할 수 있게 되어 궁극적으로는 국유자산경영의 효율을 최대화할 수 있는 것이다. 중국공사법 제20조 및 제64조는 국가가 투자권한을 위임한 기구 또는 부문은 국유독자유한책임공사를 단독으로 투자·설립할 수 있으며 국무원이 확정한 특수제품을 생산하는 회사 또는 특수 업종에 해당하는 회사는 국유독자공사의 형태를 취해야 한다고 하고 있다. 이러한 규정들은 중국 현실에 부합하는 것이며 외국회사의 입법경험을 기초로 하면서 전통적인 회사법 이론을 무시하는 것으로서 중국 회사법의 일대특색을 이루고 있다.[15)]

---

14) 高程德, 中國公司法實務, 企業管理出版社, 1994, 85面
15) 徐杰 徐曉松, 中國公司法興公司實務, 中國致公出版社, 1994, 123-124面

(4) 國有獨資公司의 설립

국유독자공사의 설립에는 다음 두 가지 형태가 있다.

1) 중국공사법에 의하면 국가가 투자권한을 부여한 기구 또는 부문이 단독으로 국유독자공사를 설립할 시에는 설립조건과 순서는 일반 「有限責任公司」와 동일하다. 다만 사원(股東)이 1人인 관계로 동 공사의 정관은 국가가 투자권한을 부여한 기구 또는 부문이 공사법에 의거하여 제정하거나 또는 이사회가 제정하고 국가가 투자권한을 부여한 기구 또는 부문에 보고하여 인가를 받아야 한다.

2) 중국공사법 시행 이전에 기 설립된 국유기업이 본 법에 규정한 「有限責任公司」 설립조건에 부합할 경우 단일투자주체일 경우에는 본 법에 의거 「國有獨資의 有限責任公司」를 설립할 수 있으며, 다수투자주체의 경우는 「有限責任公司」(2인 이상 50인 이하의 사원으로 설립)로 변경할 수 있다(제21조). 國有企業을 公司로 전환하는 실시절차와 구체적인 방법은 국무원이 별도로 정한다.

(5) 國有獨資公司의 범위

「國有獨資公司」는 국유기업제도 개혁의 유일한 방안은 아니다. 第十四屆 三中全會의「決定」의 정신과 「공사법」의 해당 규정에 의하면 국유경제의 재산구성은 4가지 종류로 나눌 수 있다.[16]

따라서 「국유독자공사」는 국유경제조직과 형식중의 하나에 지나지 않으며 그 유일한 형식도 그리고 주요한 형식도 아니다.

위 「決定」과 「公司法」에 의하면 모종의 “특수제품을 생산하는 회사 또는 특정업을 행하는 회사”는 「국유독자공사」의 형식을 취하도록 하고 있다.

다만 위「決定」과 「公司法」에 특수제품 및 특정업의 범위를 구체적으

16) 4종형식은 國有獨資的有限公司, 國有企業法人持股的有限責任公司, 國有資本控股的有限責任公司 및 社會公衆發行股票的股分有限公司로서 「國有獨資公司」는 이중 하나에 불과하다.

로 규정하지 않았으므로 「公司法」의 규정에 따라 국무원이 위 특수제품 및 특정업의 결정권을 가진다. 그러나 일반적으로는 다음과 같은 것들이 이에 해당할 것이다.

1) 국민 경제적 명맥을 이루는 부문 : 軍工, 광산, 철로, 전력, 민항 등

2) 천연 독점성 산업, 희귀하거나 재생 불가한 자원산업 : 희귀금속자원 산업등

3) 국가안전, 국방첨단 기술산업, 기타 특수 고정밀 기술영역 : 항공, 핵 공업등

4) 국무원이 필요하다고 인정하는 기타부문

따라서 「국유독자공사」로 변경하는 국유기업은 투자규모가 크고 장기간에 걸치며 수익도 늦게 나타나는 산업 및 영리를 직접목적으로 하지 않으며 공공이익을 주도하고 경제효과를 중심으로 하는 것과 국민경제 중의 특수한 지위를 차지하는 것들이 이에 해당할 것이다.[17)]

(6) **「국유독자공사」의 조직기구**

「국유독자공사」는 투자주체의 다원성을 요구하지 않고 사원은 출자액을 한도로 회사에 대하여 책임을 진다. 「국유독자공사」는 회사의 중요결정 및 관리자로서의 권리, 경영에 대한 결정과 집행권 및 경영에 대한 감독권이라는 상호 독립적이나 또한 상호 제약적인 3가지 권한을 가진다[18)].

1) **사원총회의 불필요**

同公司는 1인 회사이므로 「유한책임공사」에 두는 사원총회(股東會)를 두지 않는다(제66조).

2) **이사회의 권한확대**

同公司는 이사회를 설치하지 않으며 국가가 투자권한을 부여한 기구 또는 부문이 이사회(董事會, the board of directors)에 사원총회(股東會)의 일부

17) 高程德, 前揭書, 77面
18) 徐杰·徐曉松 前揭書, 125面

직권을 행사할 수 있는 권한을 부여하고 회사의 중대사항을 결정하게 한다(제66조 전단). 그러나 회사의 합병, 분할, 해산, 증자 및 감자와 회사채 발행과 같은 중대한 사항은 반드시 사원(즉 국가가 권한을 부여한 기구 또는 부문)이 결정한다(제66조 후단). 즉 사원은 일반 「有限責任公司」와 달리 1人이므로 더 많은 권한을 가지고 있다. 경영관리가 건전하고 경영상황이 비교적 좋은 대형 「국유독자공사」는 국무원이 자산소유자의 권한을 행사하도록 同 公司에 그 권한을 부여할 수 있다(제72조).

3) 監事의 不存在

同公司의 감사에 관한 규정은 「공사법」에 없으나 이론상 단일사원으로 구성된 「국유독자공사」는 감사(회)를 설치할 필요가 없다. 다만 국가가 투자권한을 부여한 기구 및 부문은 법률, 행정법규의 규정에 의거 同 공사의 국유자산에 대한 감독을 실시한다(제67조).

4) 이사의 지정 및 파견

同公司는 이사회를 두고 有限責任公司 理事會의 권한(제46조)과 사원총회 없는 이사회의 권한(제66조)을 행사한다. 이사회는 임기를 3년으로 하며 이사의 수는 3인에서 9인으로 하고 국가가 투자권한을 부여한 기구 또는 부문이 이사회의 임기에 비추어 이사를 위임 또는 교체한다. 이사회는 이사장(董事長, chairman) 1인을 두며 필요에 따라 부이사장(副董事長)을 둘 수 있으며 이들은 위 「기구 또는 부문」이 이사회 구성원 중에서 지정한다. 이사장은 동 공사의 법정 대표자가 된다(제68조).

5) 職工代表의 이사회 구성원

이사회 구성원 중에는 회사의 직공대표(representatives of staff members and workers)가 있어야 하며 그 대표는 회사직공의 민주선거로 선출하여야 한다(제68조). 또한 2개 이상의 국유기업 또는 기타 2개 이상의 국유투자주체가 설립한 「유한책임공사」는 그 이사회의 구성원 중에 반드시 회사 직공대표가 있어야 하며, 그 대표는 회사직공의 민주선거로 선출해야 한다는 경우가 있는데(제45조 후단) 위 두 경우를 제외하고는 「유한책임공사」의 이사회에 직공대표를 반드시 두어야 하는 것은 아니다. 위 규정을 두는 이유는 「국유독자공사」 및 2개 이상의 국유투자주체가 투자설립한 「유한책임공사」의 경우 그 성질은 수수한 국유기업은 직공이 바로 기업의 주인이라는 점을 감안한 때문이라 할 수 있다. 또한 「유한책임공사」나 「股分有限公司」의 경우 감사회에는 반드시 일정 비율의 직공대표를 두어야 하는데(제52조, 제124조), 「국유독자공사」의 경우 직공이 사원(股東)이 될 수도 없거니와 감사회도 두지 않고 있기 때문에 이사회야말로 직공이 참여할 수 있는 회사 유일의 최고관리기구이기 때문이다[19].

6) 회사의 이사장등의 겸직금지

「국유독자공사」의 이사장, 부이사장, 이사, 사장(經理, manager)은 국가가 투자권한을 부여한 기구 또는 부문의 동의 없이는 기타 「유한책임공사」, 「股分有限公司」 또는 기타 경영조직의 책임자(負責人)을 겸임할 수 없다(제70조). 이것은「유한책임공사」에서 이사, 사장은 자기 또는 제3자의 계산으로 회사의 영업부류에 속하는 영업을 하거나 회사의 이익을 침해하는 활동에 종사하여서는 안되며 이 경우 이익은 회사의 것으로 한다. 또한 제70조는 제61조의 경업금지업무와 어떠한 관계에 있는가 인데 이 경우 「국유독자공사」는 「유한책임공사」의 일종의 특수형식이므로 위의 겸직금지의무를 준수하는 외에 「유한책임공사」의 일반규정도 준수해야 하는 다분히 엄격히 해석해야한다[20].

7) 회사자산양도의 심사·인가

「국유독자공사」의 자산양도는 법률, 행정법규의 규정에 의하여 국가가 투자권한을 부여한 기구 또는 부문이 심사·인가하고 재산권 이전절차를 밟는다(제71조).

---

19) 高程德, 上揭書, 80面
20) 高程德, 上揭書, 80-81面

3. 「公司法」 총칙의 특수규정

중국공사법은 회사법 일반의 법원리에 기초하고 있으나 다른 나라와 비교하면 중국회사제도의 발전상 다소 차이가 있으며 경제체제개혁 및 현실에 부응하기 위하여 몇가지 특수규정을 두고 있다.

(1) 국유기업의 개조

국유기업의 公司化로의 개조는 중국경제체제개혁에 있어서 중요한 내용 중의 하나이다. 그러나 중국공사법 체계 중에는 법률에 의하여 설립된 신설회사의 경우를 제외한 현재 대부분의 회사들은 국유기업의 公司化로의 개조대상들이다. 중국국유기업의 개조에 있어서 반드시 해결해야 할 허다한 문제점들 중에서 가장 집중되어 있는 부문이 바로 기업경영 메카니즘의 전환이다. 소유권제도의 개혁 또한 기업경영 메카니즘의 전환에 있어서의 중요한 관건으로 대두되고 있다.

중국 공유제기업의 공사제로 전환함에 있어서 가장 큰 어려운 점은 국유자산에 관한 처리문제들이다. 왜냐하면 회사의 가장 본질적인 특징은 회사가 독립소유권을 가짐으로써 독립법인으로서 그리고 독립상품 생산경영자의 일환으로서의 전제가 될 수 있기 때문이다. 즉 회사자산에 대한 처분(변경, 양도 임대 등), 경영, 증식분배권이다. 원래 공유제 기업의 자산은 국유소유로 소속되는 것인데 이와 더불어 주식회사의 소유권에 대해서 생각해 본다면 서로 충돌되는 문제점을 안고 있는 것을 알 수 있다.

과거 개혁을 실행할 시에는 소유권과 경영권을 분리하여 법률상의 소유권을 궁극적으로 분리하려는 조치를 취하려 의도했으나 현재 중국시장경제에서 필요로 하는 것과는 서로 어긋나기 시작하였고 과거의 「양권분리」 실천이론은 결코 국유소유권구조의 주된 문제를 해결할 수 없을 뿐만 아니라 국유기업이 실행하고 있는 부분에 있어서는 행정 간여가 미칠 수 있는 어떤 제도적 근원도 찾아볼 수 없는 경우가 허다하다. 즉 정부는 행정관리 직능과 소유에 관한 직능을 동시에 책임져야 하는 것이다.

국유기업의 公司化로의 개조는 국유기업이 公司로의 전환을 수행함에 있어서 중국 공사법 중의 특별구정으로써 반드시 법률 및 기타 행정법규규정의 조건에 부합되게 자산청산 및 소유권을 한정시켜 채권채무의 청산 및 자산평가를 면밀히 할 수 있는 내부관리 기구를 건립함으로써 경영 메카니즘을 전환시킬 수 있다.[21]

중국은 이미 계열 법률의 행정법규 예를 들면「전민소유제공업기업의경영메카니즘전환조례[22]」「국유자산평가관리방법[23]」「국유자산소유권등기관리실행방법[24]」등을 공포하였으며 이러한 규정은 중국 국유기업의 公司化로의 개조에 있어서 지도적인 영향을 미치게 되었다.

(2) 회사가 준수할 법원칙

中國公司法은 「회사가 경영활동에 종사할 경우 반드시 법률을 준수하고 기업윤리를 준수해야 하며 사회주의정신 문명건설을 강화하고 정부와 사회공중의 감독을 받아야 한다. 회사의 합법적 권익은 법률의 보호를 받으며 침해받지 않는다.」(제14조)는 규정을 두어 회사의 권리의무를 강조하고 있으며 특히 회사의 사회적 의무를 강조한다.

회사는 설립등기 후 반드시 법에 따른 경영을 해야 하며 법률규정이나 회사정관 이외에는 어떠한 조직과 개인도 회사경영에 간섭하거나 회사의 권익을 침해해서는 안 된다[25].

이러한 규정은 공사법의 기본적 요구인 것이나 타 입법례에 비추어 그리 중요한 것은 아니며[26] 기업체제 전환 시기에 있는 중국의 과도기적 표현인 것이다. 다만 종전의 회사에 대한 행정부문의 간여가 지나치다는 점에서 점차 공사의 활동영역을 법체제의 범위내로 진입하게하기 위함이라 할 수 있다. 또한 회사는 공사법 규정을 준수하는 외에 행정부문의 직능적 조정도 역시 중요한 개혁의 일환이 될 것이다.

---

21) 公司法 第7條
22) 全民所有制工業企業轉換經營機制條例, 1992,7,23 國務院令 第103號 公布
23) 國有資産評估管理辨法, 1991,11,16 國務院令 第91號 公布
24) 國有資産産權登記管理施行辨法, 1992,5,11 公布
25) 鄭瑜, 中華人民共和國法律繹義全書, 法律出版社, 1995, 439-440面
26) 王文杰, 前揭書, 124面

그 밖에 중국공사법은 「회사주주는 출자자로서 회사에 투자된 자본액에 의거하여 소유자의 자산수익, 중대사항의 결정과 관리자 선택 등의 권리를 향유한다. 회사는 주주가 투자하여 형성된 모든 법인재산권을 향유하고 법에 의거 민사권리를 향유하며, 민사책임을 진다.……」(제4조)라는 규정을 두어 출자자, 즉 주주와 사원의 권리의무 및 회사의 권리의무에 관하여 언급하고 있다[27].

또한 「회사는 법인재산을 법에 의거 자주적으로 경영하며 수익과 손실을 스스로 부담한다. 회사는 국가거시 통제하에 시장수급에 의거 자주적으로 생산·경영하며 경제적 효율, 노동 생산률의 제고와 자산증식 및 유지를 목적으로 한다.」(제5조)라고 하여 회사의 권리능력, 책임능력 및 경영활동의 목적을 규정하고 있으며 「회사는 권리와 책임을 분명히 하고 관리가 과학적이며 격려와 구속이 상호 결합된 내부관리체제를 시행한다.」(제6조)고 하여 회사 내부관리체제 운영의 기본적인 요구를 규정하고 있다[28].

(3) 公會와 職工의 권익보호

「中國公司法」의 직공의 권익보호에 관한 것 중에 한 가지 특징을 찾아볼 수 있다. 직공의 권익보호 및 그 기초는 헌법에 「인민은 법률의 규정에 의하여 각종 경로와 형식을 거쳐 국가의 사무를 관리하고 경제와 문화사업을 관리하며 사회 사무를 관리한다.」고 나타나 있다. 그리하여 중국의 공사법은 입법과정 중에 그 사회주의정신을 체현시키고 있고 직공이 관리에 참여하는 권리를 유지보호하는 측면으로 직공의 권익을 보장하고 회사내에 직공대표대회와 공회 등 직공에 관한 서로 관련되는 규정을 두고 있다. 그 구체적인 규정으로는 아래와 같다.

1) 회사의 직공은 기업 관리에 참여하는 권리를 가진다.

중국의 공사법은 직공이 기업 관리에 참여하는데 관한 규정으로 다음을 포괄한다.: 첫째, 「국유독자공사」와 두 개 이상의 국유기업 혹은 기타 두

---

27) 鄒瑜, 前揭書, 435-436面
28) 鄒瑜, 上揭書, 436-438面

개 이상의 국유튜자주체가 투자·설립한 「유한책임공사」는 헌법과 관련 법규의 규정에 의하여 직공대표대회를 거치는 형식으로 민주적인 관리를 실시하고 있다. 공사법 중에서는 직공대표회가 민주적 선거를 거쳐 직공대표가 이사회에 참여하여 회사의 관리를 실현시킬 수 있다(중국공사법의 규정에 근거하여 「국유독자공사」, 두 개 이상의 국유기업 혹은 기타 두 개 이상의 국유투자주체가 설립한 「유한책임공사」는 그 이사회 구성원 중에서 당연히 회사직공대표가 있어야 한다.). 둘째, 두 개 이상의 투자주체가 설립한 「유한책임공사」와 「股分有限公司」에 두고 있는 감사회는 적정 비례의 직공대표를 가지고 있어야 한다.

2) **회사는 직공의 합리적인 권리와 이익을 보호·유지해야 한다.**

중국공사법 중의 직공은 회사에 대해 민주적 관리를 할 수 있는 권리를 지니며 그 자신의 합법적 권익 또한 보호받을 수 있다. 이에 대해서 중국公司法은 아래와 같이 두 가지 방면의 내용을 규정하고 있다. ; 첫째, 회사는 법률에 의하여 公會를 조직하여 공회활동을 전개함으로서 직공의 합법적 권익을 보호·유지하는 역할이다. 회사는 마땅히 회사의 공회를 위주로 그에 필요한 활동기반 조건을 제공해야한 한다. 둘째, 회사는 직공과 관련되는 임금, 복리, 생산안전 및 노동보호, 노동보험 등 직공의 전체이익에 미치는 문제는 반드시 먼저 회사의 공회와 직공의 의견을 들어야 한다. 또한 공회 혹은 직공대표계열과 관련되는 회의를 열어야 한다. 회사는 반드시 직공의 합법적 권익을 보호해야 하고 노동보호를 한층 더 강화시킴으로서 생산안전을 실현시켜야 하며 또한 회사는 많은 종류의 형식을 채택함으로서 회사직공의 직업교육과 근무처를 개선하여 직공의 자질을 더 끌어 올리도록 하여야 한다(제15조, 제16조).

(4) 정당조직

중국공사법은 "회사 내 중국공산당 하위조직의 활동은 중국공산당 정관(章程)에 의거하여 처리한다."는 규정(제17조)이 있다. 이는 중국공산당의 회사에 대한 활동방식을 규정한 것으로[29] 회사 입법례에서 매우 드물게 보는 규정이다. 중국공산당 규정에 의하면 공산당은 기업 내에서 하위조직을 형성하고 있으며 당과 국가의 방침 및 정책에 위배될 시에는 즉각 시정비평을 제출하여야 한다[30].

이러한 형태의 특수규정은 全民所有工業企業制度 하에서 가지고 있던 것이나 시장경제체제하의 회사법 중에도 여전히 나타나고 있는 것으로써 공산당의 지지가 없다면 실제상 아무런 의미를 가지지 않는 규정이며 회사가 경제주체의 하나로서 경제활동에 종사하는 한 정당조직에 관한 이러한 규정들은 실질적으로 선언성의 의미만 가질 뿐이다.

4. 기타특색

(1) 1人會社의 인정

「중국공사법」상의 회사는 「有限責任公司」와 「股分有限公司」로 둘다 물적회사에 속하며 순수 인적회사는 두지 않고 있다. 「有限責任公司」의 경우 사원이 2인이상 50인이하의 공동출자로써 설립되며 「股分有限公司」의 경우도 5인 이상의 발기인을 필요로 한다. 그런데 전자의 경우 국가가 투자권한을 부여한 기구 또는 부문은 단독으로 「국유독자공사」를 설립할 수 있으며(제20조) 즉, 同公司는 1명의 사원(股東)으로 설립할 수 있는 「유한책임공사」로서 사원이 2인 이상인 사단법인 설립요건의 예외를 인정하고 있다. 또한 「股分有限公司」의 경우도 국유기업이 同公司로 전환할 시 발기인은 5인이하라도 가능하도록 규정하고 있다(제75조). 이것은 국유기업이 자기의 실제상황에 따라 1人도 무방하다는 뜻을 내포하고 있다[31]. 우리의 경우도 주식회사는 1인 회사(Einmanngesellschaft)를 인정하며 그것은 주식회사에게만 인정되는 것으로 하고 있다[32].

그러나 중국의 「유한책임공사」에 해당하는 한국의 유한회사의 경우 사

29) 鄒瑜, 前揭書, 441面
30) 鄒傳, 中國共産黨章程辭典, 紅旗出版社, 1991, 552面
31) 鄒瑜, 前揭書, 459面
32) 孫珠瓚, 商法(上), 博英社, 1996, 436面

원이 1인으로 된 때에는 해산사유로 하고 있어[33] 1인의 유한회사는 인정하지 않고 있다.

(2) **최저자본금**

「중국공사법」상 「유한책임공사」의 최저자본금은 회사의 업종에 따라 다르다. 즉 생산경영위주의 회사는 人民弊 50만元, 상품도매위주의 회사는 50만元, 유통소매위주의 회사는 30만元, 과학기술개발, 자문, 서비스성 회사는 10만元으로 법정하고 있으며 특종업종의 경우 위의 최저자본금보다 높일 필요가 있는 「유한책임공사」는 법률, 행정법규로 별도로 규정한다고 되어 있다(제23조).

여기의 특종업종의 경우란 보험업, 은행업등 특수 업종에 해당하는 것으로 이에 관하여는 유관법률에서 따로 정하도록 하고 있다[34]. 또한 「股分有限公司」의 경우도 최저자본금을 1,000만元으로 법정하고 있는데 위의 경우와 같이 이 최저자본금을 1,000만元 이상으로 높일 필요가 있는 경우에는 법률, 행정법규로 따로 정하도록 하고 있다(제78조).

우리의 경우 유한회사의 최저자본금이 1,000만 원 이상으로 법정된 것이나[35] 주식회사의 것이 5,000만 원 이상으로 정해진 것[36]과는 중국의 최저자본액이 훨씬 높게 책정된 것과 업종에 따라 다르게 책정된 것 이외에는 물적 회사의 경우 최저자본액을 법정했다는 데는 별 차이가 없다. 그러나 중국 「股分有限公司」는 우리와 달리 수권자본제는 도입하지 않고 있다. 그 이유는 중국이 회사자본에 대한 진실성을 보증하고 회사 설립의 사기 및 투기를 방지하며 채권자의 이익을 보호하고 사회경제질서의 안정을 유지하기 위하여 엄격한 법정자본제도와 자본유지 및 자본불변의 원칙을 견지하고자 하기 때문이다[37].

---

33) 한국상법 제609조 제3호
34) 鄒瑜, 前揭書, 443面
35) 한국상법 제546조
36) 한국상법 제329조제1항
37) 徐杰, 徐晩松, 前揭書, 202-203面

(3) 회사설립주의

「中國公司法」은 「有限責任公司」의 설립은 「股分有限公司」의 경우에 비하여 비교적 절차가 간편하다. 同法 제8조는 兩種의 회사설립 시 반드시 公司法이 규정하는 조건에 부합하여야 하며 다만 법률, 행정법규에 회사설립에 대하여 반드시 비준을 거치도록 규정한 것은 회사등기 이전에 법에 의거 심사, 비준절차를 밟도록 하고 있다[38].

「有限責任公司」는 사원이 비교적 소수이고 그 사회적 영향도 「股分有限公司」에 비해 적기 때문에 법률, 행정법규에 특별한 규정이 없는 한 공사법의 규정에 따라 설립등기를 하면 되고 별도의 수속은 필요치 않다(準則主義). 그러나 「股分有限公司」의 경우는 반드시 국무원이 권한을 부여하는 부문 또는 성급 인민정부의 비준을 거쳐야 하기 때문에(제77조) 회사설립주의 면에서는 허가주의(核準制)에 해당한다고 할 수 있다[39].

5. 外商이 투자·설립한 「有限責任公司」

「中國公司法」 제18조에 외국인이 투자한 「有限責任公司」는 본 법을 적용하며 「中外合資經營企業」, 「中外合作經營企業」, 「外資企業」의 관련법규에 별도의 특별한 규정이 있는 경우에는 그 특별규정을 적용한다고 되어 있다. 이 규정에 의하여 외상투자공사는 법률적용상 두가지 정황으로 나눌 수 있다.

1) 외상투자유한책임공사의 경우 원칙적으로 공사법을 적용한다.

2) 외상투자관계법에 다른 특별규정이 있는 경우 그 특별규정을 적용한다.

중국이 해외투자유치를 위하여 1979년에 「中外合資企業法」(1990년 개정), 1986년에 「外資企業法」, 1988년에 「中外合資企業法」을 제정하여 외상이 중국에서의 투자를 고무, 유치 및 규제하면서 중요한 작용을 하여 왔

38) 특수업종회사의 경우 本法의 규정에 부합하는 외에 기타 상응한 법률의 요구에도 부합하여야 하는데 예컨대 은행업, 보험업 및 수출입업등의 회사설립의 경우에 먼저 해당 업종의 영업허가를 받아야 한다(鄒瑜, 上揭書,438面)

39) 鄒瑜, 上揭書, 459面

다. 동시에 이 법들은 「外商投資企業」의 형식, 내부관리 등의 문제에 관하여 일정한 규정을 가지고 있다.

그런데 위 法들과 이번에 제정한 공사법과의 관계는 다른 부분이 있다. 즉 어느 부분이 공사법이 적용될 수 없겠는가 하는 점이다[40].

6. 「公司法」의 소급효

「公司法」 제 229조는 "본법 시행 이번의 법률, 행정법규, 지방성법규와 국무원관련주관부문이 제정한 「有限責任公司規範意見」, 「股分有限公司規範意見」에 의거 등기 설립된 회사는 계속 효력이 있으며(保留) 그 중 본법이 규정하는 조건을 충족시켜야 한다. 구체적인 방법은 국무원이 별도로 규정한다."고 하여 공사법시행 이전에 등기 설립된 회사도 이 법의 효력이 미치는, 즉 소급효가 있다[41]는 것이다.

Ⅳ. 맺는말

「中國公司法」은 현대적 기업제도수립의 필요성에 부응하고 회사의 조직과 활동을 규율하며 회사, 주주 및 채권자의 권익을 보호하고 사회경제질서를 유지함으로써 사회주의시장경제의 발전을 촉진하기 위한 목적으로 제정하게 된 것이다(제1조).

이 법의 공포는 실로 중국기업입법사상 중요사건이라고 표현될 정도로 「社會主義市場經濟體制若干問題的決定」에서 밝힌 바와 같이 국유기업의 경영구조를 전환하여 현대기업제도를 사회주의 시장경제체제의 기초로 하자는 데 그 뜻이 있다.

중국은 최근에 이르러 완전한 시장경제구조로 진입하면서 "사회주의시장경제는 곧 법제경제"라고 할 정도로 사회주의시장경제법률체제의 정비에 총력을 쏟고 있으며 이 「公司法」은 그 대표적인 법의 하나이다. 그동안

---

40) 자세한 것은 劉淑强, 中華人民共和國公司法實用問答, 紅旗出版社, 1994, 34-35面
41) 江平, 中國公司法原理興實務, 科學普及出版社, 1994, 356面

공포한 일련의 법들은 그동안 중국이 실시한 시장경제에 대한 경험과 외국의 선진 입법례를 따라 수년간의 작업 끝에 제정되었다는 점에서는 이 공사법도 예외가 아니다.

본론에서 언급한 「中國公司法」의 몇 가지 특색은 본 법의 곳곳에서 나타나고 있는 소위 "中國特色"이 반영된 것으로 보여 진다. 이 법에는 지금까지의 경제체제와 다른 회사제도의 도입에 따른 차이점을 강조하기 위한 규정들이 잔재하고 있다.

국유기업의 회사제도로의 전환에 따른 공사법의 재규정과 회사설립 시 엄격한 요건을 요구하면서 특히 주식회사에 해당하는 「股分有限公司」는 허가주의를 채택하고 있다.

또한 회사의 사회적 의무를 강조한다든가 경우에 따라서는 타 입법에서 볼 수 없는 公會에 관한 규정과 직원(職工)의 권익보호 규정까지 그 내용으로 하고 있으며 때로는 法理 上 당연한 규정(제4-6조)등도 포함되어 있고 심지어 중국공산당에 관한 규정까지 내포하고 있는 점 등이 특이하다.

특히 「有限責任公司」의 한 형태로 「國有獨資公司」를 두어 주요 산업에 대한 국가의 주도권을 광범위하게 인정하고 있는 점도 그 특색의 하나라 할 것이다. 이러한 형태의 회사는 국가가 全民所有企業制度 하에서의 무한책임에서 벗어나면서도 여전히 영향력을 행사하려는 데 그 초점이 맞추어져 있으며 同公司의 인정을 기존 會社法理를 무시한 새로운 형태의 기업제도로 강조하고 있다.

앞에서도 언급한 바와 같이 「中國公司法」은 중국 실제상황을 고려하면서 외국회사의 입법경험과 대만, 홍콩 및 국제통용준칙 등을 토대로 「國有獨資公司」, 주식발행 및 양도, 직공의 회사관리에 대한 참여, 회사 설립 시 등기와 영업허가를 상호 결합한 「有限責任公司」의 회사채 발행 등 일련의 새로운 제도를 도입하였다는 점이 특기할 만하다.

「中國公司法」은 중국의 현실여건을 감안하여 제정된 것이기는 하나 회사제도가 아직 발전단계 중에 있는 만큼 「公司法」도 회사의 발전 과정과 함께 변화하면서 완성될 것이다.

전환기 중국 민사입법의 변화와 특색*

목 차

Ⅰ. 머리말

중국은 1949년 중화인민공화국이 성립되면서 오늘에 이르기까지 50여년 동안 법의 건설기(1949-56), 쇠퇴 및 정지기(1956-66), 법의 파괴기(1966-76) 및 법의 재건 및 개혁기(1977-현재)를 거치고 있다.[1]

이 시기를 중국 民法을 중심으로 하여 고찰하면 신중국 민사법률 제도의 초창기(1949-52), 사회주의 개조시기의 민법의 발전(1953-56), 민법의 발전 및 좌절기(1957-76), 개혁개방과 민법의 부흥(1977-97), 사회전환기의 민법의 신발전(1992-현재)으로 구분 할 수 있을 것이다.[2]

본 논문은 1986년에 제정한 「民法通則」을 중심으로 그 전후에 나타난 주요 民事關係法의 내용과 특색을 살펴봄으로써, 전환기의 중국법률의 변화와 특성을 파악하고자 한다.

개혁개방 이후에 나온 일련의 민상사 관계법은 中外合資經營企業法(1979),經濟合同法(1981),涉外經濟合同法(1985),商標法(1982), 婚姻法(1980), 繼承法(1985)(이상은 民法通則 이전에 제정), 外資企業法(1986) 및 技術合同法

* 이 글은 比較私法 제8권 제1호(2001. 6월)에 게재되었음
1) Wang Chenguang, Zhang Xianchu, Introduction to Chinese Law, Sweet & Maxwell Asia, 1997. pp.9-13.
2) 何勤華, 殷嘯虎, 中華人民共和國民法史, 復旦大學出版社, 1999年 13頁

(1987), 中國合作經營企業法(1988) 著作權法(1990), 海商法(1992), 公司法(1993), 票据法(1995), 保險法(1995), 担保法(1995) 및 合同法(1999) 등을 들 수 있다.

民商二法統一論에 근거하고 있는 중국 私法체계상 위에 든 민상법들은 민법(통칙)의 특별법에 속한다.

본고는 민법전의 제정을 앞두고 있는 현 실정에서 그 동안 제정, 공포한 민사단행법들 중 80년대 중반에 나온 「民法通則」과 90년대에 나온 「担保法」 및 통일 「合同法」(계약법)을 중심으로 고찰하고자 한다.

「民法通則」은 민법전 제정의 역사적 조건이 성숙되지 않은 시기에 나온 이른바 사회주의 상품경제체제의 산물로서 과도기적 입법이지만 중국 민사기본법이라는 지위로서의 중요한 의미를 가지며, 「担保法」은 민법통칙과 제정예정인 物權法과의 중요한 매개 역할과 함께 90년대 중국법률체계의 변화, 즉 대륙법계로 매진하는 추세를 대변하고 있으며, 「合同法」은 80년대에 제정한 3개의 계약법을 하나로 통일한 것으로 향후 민법전 債權法의 중요 부분이 될 것이며, 대륙법계를 중심으로 그러나 영미법계를 가미한 입법이라는 점에서 주목된다.

아울러 중국법의 대륙법 전통과 사회주의법 체계의 형성과정을 통하여 이들이 전환기의 중국법에 어떠한 영향과 변화를 가져 왔는가에 대한 법률문화배경을 살펴본다.

Ⅱ. 중화법계와 대륙법 전통

1. 전통중국법

중국은 역사적으로 1970년대 말까지 법의 개념이나 법치주의가 사회의 중심위치를 차지하지 못하였다.

중국법의 역사는 4000년 전으로 거슬러 올라갈 수 있는데 전체적으로 보아 清나라 말기까지를 전통적 중국법 시대라 한다면 그 후부터 중화인민공화국 성립까지 근대 중국법 시대이고 그 후부터 지금까지를 현대 중국법

시대라고 할 수 있다.[3)]

전통적 중국법은 國法차원에서 보면 倫理治國, 無訟, 重刑輕民 및 행정과 사법이 분리되지 않는 현상이 나타났고, 제도적으로 情理(天理人情)에 의한 "情境主義判決" 구조를 가졌으며, 민간 慣習(鄕俗)과 함께 유지되어 왔다.[4)]

이러한 전통적인 요소는 오늘까지 그 영향을 미치고 있으며, 중국이 제도적으로나 법제 개혁을 통하여 많은 변화를 하였음에도 불구하고 여전히 전통적인 법률문화가 저변에 흐르고 있음을 부정할 수 없다.[5)]

중국 민법의 법전화를 앞두고 전통문화의 "集體主義", 선량한 풍속의 윤리화, 관습 및 혼합법화가 이루어져야 한다는 주장이 제기되고 있다.[6)]

2. 대륙법계의 형성와 전개

19세기말에 이르러 동아시아 및 동남아제국에 지대한 영향을 미쳤던 중화법계는 해체되면서 서양법의 도입이 시작되었다. 처음은 보통법이 많이 소개되었고, 또한 그 영향력도 컸으나 그 후 대륙법계의 전통이 형성되었다. 이것은 대륙법계가 중국의 國情 및 법률전통에 부합되는 것이기 때문이었다.[7)]

(1) 淸의 법제 개혁과 대륙법전통의 형성

20세기초 淸末의 법제개혁은 다음과 같은 특징이 있다.

1) 19세기말 서양열강에 연달에 패배하였음에도 淸조정은 이것이 자신들의 체제 때문이 아니라 법률의 미비로 인한 것으로 생각하여 근본적인 變

---

3) 전통중국법시대는 원시단계(夏一西周)와 법의 형성 및 강화시기(東周淸末)로 구분할 수 있고, 20세기에 와서 신해혁명(1911), 신중국성립(1949) 및 개혁, 개방(1978)을 통한 3차의 법률혁명이 있었다. (公丕祥, "二十世紀中國的三次法律革命",「中外法學」, 1999年第3期, 14-22頁 참조)

4) 何勤華 殷嘯虎, 前揭書, 22-24頁

5) Wang Chenguang. Zhang Xianchu, op, cit, p.9

6) 曹詩權, 陣小君, 高飛, "傳統文化的反思與中國民法法典化",「法學研究」, 1998年 第1期, 27-36頁

7) 王振民, "論中國的大陸法傳統及未來變革",「青華法律評論」 第二輯, 1999年 272-275頁

法을 원하지 않았다. 그러다가 참혹한 사건을 당하자 부득이 서양법 이론과 저서를 소개하지 않을 수 없었던 것이며, 20세기 초에 이르자 상황은 크게 달라졌다.

沈家本 등 법률대신으로 하여금 일본의 법률학자를 초빙하여 법제개혁과정을 진행하도록 함으로써 清末에 진정한 법률개혁을 개시한 바 있다.

2) 이 시기의 법률개혁은 원래 英美法을 참조하려는 것이 로마법계, 특히 일본 법률로 참조하다가 최종적으로 로마법계가 영미법계를 대체하게 된 것이 清末에 새로이 제정된 일련의 법률이라 할 수 있다.[8)]

이 당시 법률개혁의 지도사상이 비록 "參考古今, 博輯中外[9)], 匯通中西, 總期中外通行."이라 하더라도 실제상 여기의 "外"와 "西"는 바로 일본과 구주 대륙 국가였다.

이 법률개혁을 담당한 沈家本은 실제상 대륙법계에 좇아 중국의 전통법률을 개혁하려는 것이었다. 이 당시 제정한 六法은 사법심판개혁을 일본 및 독일 등 대륙법계 국가의 법률제도를 원본으로 하여 최종적으로 대륙법계와 접목을 시도하였는데, 이것이 현대 및 당대의 중국법률체계의 기초가 되었다.

여기서 중국이 서양 법률문화를 받아들일 때 처음에 英美普通法에서 20세기 초 구주 대륙법으로 전환하게 된 이유는 무엇인가를 찾아보기로 한다.

(가) 19세기말의 영국은 세계적 강국이었을 뿐만 아니라 최초로 중국의 닫힌 문을 열게 한 나라이므로 그 영향을 거절할 수도 낮게 평가할 수는 없었기 때문이다. 그러나 20세기에 와서 영국의 국제적 지위가 하강하기 시작하면서 세계 각국의 중국에 대한 세력 확대로 인한 상황에 근본적인 변화가 발생하였다. 이에 구주 대륙국가와 일본이 그들의 영향력을 강화하였고, 특히 일본은 중국의 최대의 위협적인 국가로 부상되었기 때문이다.

(나) 일본은 19세기말 明治維新을 계기로 서양의 선진적인 정치, 법률 문

---

8) 張普藩, 中國法律的傳統與近代轉型, 法律出版社, 1997, 446頁
9) 沈家本, 奇籍文存, 卷六, "重刻明律序"

화를 받아들여 명실 공히 아시아 최대강국이 되었기 때문에 같은 문자를 쓰는 일본에 유학하는 중국인이 많았고, 그들이 귀국하여 1일본의 법률 및 법학서적들을 소개하는 주도적 역할을 맡았다. 이러한 사실이 청 말의 법제개혁에 근본적 영향을 미쳤으며, 당시 외국에서 초빙하는 법률 전문가들은 각국에서 온 것이 아니라 전부가 일본에서 온 사람들이었다.[10]

따라서 清末법률개혁은 바로 일본의 법률모형을 받아들인 것이며, 일본법률은 독일에서 들여 온 것이기 때문에 중국의 근대 법률은 자연히 구주대륙법의 전통을 받은 것이라 할 수 있다.

(다) 영미보통법은 중국과 같이 이미 몇천년을 두고 형성된 법률제도를 가진 나라의 경우는 그 고유의 전통 때문에 영미보통법의 특수한 원칙, 제도 및 언어 등의 문제로 완전히 뿌리를 내리기는 불가능한 일이다.

그러나 구주대륙의 로마법은 주요형식이 성문법이므로 그 확립된 원칙제도가 비교적 명확하고 구체적이므로 번역하여 배우기도 쉬워서 이러한 법률제도를 가진 국가의 것을 모방하는 것이 적절하다고 생각되었기 때문에 근대중국은 당연히 로마법을 최종적으로 채택하게 된 가장 중요한 원인이 되었다.

따라서 중국의 법제개혁이 최초의 영미법계에서 대륙법계로 전환한 것은 구주대륙이 자본주의세계경제의 중심이며 兩大法系의 발원지 일뿐 아니라 가장 전형적이고, 가장 완비되고 가장 대표적인 상품경제사회의 법률체계를 가졌기 때문이며, 무엇보다 중요한 것은 대륙법계가 중국의 國情과 법률 전통에 서로 맞는 점 때문일 것이다.[11]

결국 대륙법계를 수용한 것은 중국이 그 사회적, 역사적, 정치적 및 문화적인 원인이 있기 때문이지 결코 소수인들의 편애에 의한 것은 아니라 할 것이다.

---

10) 李貴連, “晚清立法中的外國人”, 「中國法律傳統與現代化」, 中國民主法制出版社, 1996, 258頁

11) 張普藩, 上揭書, 446頁

(2) 대륙법 전통의 전개

清朝정부는 최후 몇 년 동안 겨우 개혁의 중요성을 깨닫고 법제개혁을 주도하였으나, 이미 때가 늦었으며 곧 民國시대로 접어들었다. 그럼에도 불구하고 清末에 시작한 법제 개혁은 큰 영향을 받지 않았으며, 중국 최초의 근대법률가들은 여전히 로마법의 원칙을 지키며 개혁 작업에 착수하였고, 따라서 대륙법의 기초가 더욱 다져졌다.

이어 北洋軍閥政府도 清末에 제정된 법률에 수정을 가하여 반포, 사용하게 되었다. "모든 청나라 때 규정된 「法律編制法」, 「商律」, 「違警律」 및 「新刑律」, 「國籍條例」 등 民主國體에 저촉되는 것을 제외하고는 모두 임시로 활용한다."[12]고 함으로써 清末 법제개혁의 성과가 그대로 지속되었다.

또한 北洋政府는 1925년 「大清民律(草案)」에 따라 중국 최초의 민법전을 제정하여 정식 공포는 하지 않았지만 각급 법원에서 원용된바 있다. 그 외에 회사법(公司法), 파산법, 어음수표법 등 단행 商事法을 공포함으로써 民法체계를 진일보시킨 바 있다.

이어 국민당 정부가 들어서면서 北洋政府의 민사법규, 판례 등을 그대로 사용하였다. 1929년 민법기초위원회가 민법전을 기초하여 1931년에 반포, 시행하였다. 이 民法典은 北洋政府의 「中華民國民律草案」을 기초로 하고 독일, 일본, 스위스 등 대륙법계 국가들의 민법규정을 참조하여 독일식으로 편찬하였다.

또한 1929년에 商法기초위원회가 성립되어 많은 商事法規를 제정하였다. 여기에 기초하여 국민당 정부의 「六法全書」[13]가 형성되었다.

이것이 바로 중국 근대법제개혁의 완성이며, 중화전통법계가 대륙민법계로의 대체과정의 완성이라 할 수 있다.

따라서 중국은 대륙법계국가에 속하며 중국법률은 대륙법계에 속한다고 할 수 있으며, 清末부터 근 백년간 지속되어 온 중국법제개혁의 총결산이라 할 수 있다.

---

12) 謝振民, 中華民國立法史, 正中書局, 1948, 59頁
13) 六法全書란 헌법, 민법, 민사소송법, 형사소송법, 법원조직법을 말한다.

Ⅲ. 1949년 이후 중국법률체계의 발전

1. 사회주의 법계의 대두

1949년 중국공산당이 대륙을 통일하면서 국민당정부는 대만으로 물러갔다. 국민당정부통치하에 대만지역은 여전히 民國시기에 제정한 六法全書 및 관련 법률이 시행되었으나, 중국 대륙에는 법률체계에 근본적 변화가 발생하였다.

1949년 2월 中國中央(the Central Committee of the Communist Party of China)은 「關于廢除國民黨的六法全書與確定解放區的司法原則的指示」를 공포하여 국민당의 육법전서 폐지 및 해방지구의 사법원칙에 대한 지시를 내림으로써 대륙에서의 국민당의 법체제를 공식적으로 폐지함과 아울러 사회주의의 새로운 법체제의 확립을 시도하였다.

즉, 人民의 司法업무는 다시는 국민당의 六法全書에 의거하지 말 것이며, 당연히 인민의 신법률에 의거해야 하며, 신 법률이 공포되기 전에는, 공산당정책 및 인민정부나 인민해방군이 이미 공포한 각종 綱領, 法律, 條例, 결의에 의거하여야 한다는 것이다. 인민의 법률이 아직 완비되지 않은 정황 하에서 司法기관의 업무원칙은 마땅히 강령, 법률, 명령, 조례, 결의가 있는 경우에 이 순서에 따르며, 강령 등이 없는 경우에는 신민주주의정책에 의거해야 한다는 것이다.

동시에 사법기관은 육법전서, 국민당기타 반동적 법률정신, 구미, 일본 등 자본주의 국가의 반 인민법률 정신을 멸시・비판하여야 하며, 막스레닌 및 모택동사상의 국가관, 법률관 및 신민주주의 정책, 강령, 법률, 명령, 조례, 결의를 배우며 사법간부를 교육, 개조해야 한다는 것이었다.[14)]

무산계급혁명이론에 따르면 법률은 계급성을 가지면 다른 계급 성질을 갖는 정권의 법률은 계속 사용할 수 없다. 따라서 새로 성립된 무산계급정권은 필히 과거 국가기구를 타파하고 새로운 법률체계와 질서를 수립해야 한다. 신중국은 중국 공산당의 영도아래 국민당 정부의 법통을 폐기하고 사회주의

14) 憲法資料選編(第2輯), 北京大學出版社, 1980年, 238-239頁

법률제도와 사법원칙을 새로이 확립하여 이러한 원칙 하에서 신중국의 법제 건설이 이루어져야 한다는 것이다.

따라서 과거 중국에 형성된 로마법전통에 근본적 변화가 발생하였다.

2. 사회주의 법계와 대륙법계

50여년간 중국사회주의 법제건설은 수많은 곡절을 겪었으나, 이제 새로운 하나의 사회주의 법률체계가 기본적으로 형성되었다. 신중국 법률체계는 기본적으로 구 소련의 법률제도를 모방한 사회주의법계에 속한다.[15)]

그러나 역사를 더듬어 보면 여전히 로마법의 흔적을 발견할 수 있다. 먼저 제정법의 전통은 변하지 않는다는 것, 최고 인민법원의 판결을 포함한 법원의 판결은 후의 판결을 구속하지 않고 참조로 하는 점, 법관은 성문법에 근거하여 판결한다는 것 등이다.

중국 민법 및 기타 주요법률의 허다한 원칙 및 제도는 여전히 로마법의 잔영을 찾을 수 있다. 중국 「民法通則」의 체계 및 원칙과 사용하는 용어는 모두 현대로마법, 즉 독일 및 프랑스 民法을 체현하고 있다.

구 소련의 법률 역시 사실은 로마법을 추구하였으며, 많은 부분에서 로마법의 영향을 많이 받았으며, 더욱 중요한 것은 사회주의 법은 원래 법률적 기초상 구법을 버리고 신법을 구축하는 과정에서 나타난 것이므로 사회주의 법의 건립과 발전의 역사는 역시 구법을 비판하면서 계승하는 역사이기 때문이다.[16)]

비교법학자들은 전세계 법률 체계를 대체로 3가지로 분류하고 있다. 즉 보통법계, 대륙법계 및 사회주의법계가 그것이다. 이중 사회주의 법계를 이끄는 혁명은 대륙법계전통을 가진 나라들에 의해서 일어났다.[17)]

---

15) Xin Ren, Tradition of the Law and Law of the Tradition, Greenwood Press, 1997, p.5

16) 楊振山, 羅馬法, 中國法與民法法典化, 中國政府大學出版社, 1995, 71頁

17) 구 동구국가들은 모두 시민법(civil law)계에 속하며, 20세기초 중국은 유교의 배경하에 시민법을 받아들였고, 베트남은 19세기말부터 프랑스 법을, 그리고 쿠바는 스페인 법제를 받아들였다. (John Quigley, "Socialist Law and the Civil Law Tradition", 「The American Journal of Comparative Law」, Vol.37. 1989. p.781)

사회주의 혁명 후 이들 국가의 법체계에 중대한 변화가 일어났는데, 이 사회주의법은 다른 법체계와 관련하여 볼 때 과연 독립된 법계로 분류될 수 있는가에 대한 논쟁이 있었다.[18]

대부분의 서구 학자들은 사회주의 법은 시민법계와 독립된 법계를 형성한다고 보고 있다. 그러나 이러한 독립성이 사회주의 법이 시민법의 전통을 배제하는 것이 아니다.[19] 소련의 법률이 사실상 시민법의 영향을 많이 받았다는 것은 이를 증명하는 것이다.[20]

50년대 중국의 법률체계는 사회주의 법계에 속한다.

1957년 반우파운동 이후 문화대혁명의 시기에는 소련의 사회주의 법제에서 이탈하였다가 70년대 후반에 다시 소련의 색채가 농후한 법들이 나타났다.[21]

80년대 중반에 제정된 「民法通則」은 주로 소련, 체코, 동독 및 항가리 등의 사회주의 법률을 참조하였다.

90년대 들어 중국법은 로마-게르만법계[22]로 나아가고 있다.

현재 중국법의 서구화는 유교법률 그 자체에서 발생한 것은 아니며,[23] 오히려 중국제국적 법률전통과 소련식 사회주의법률전통의 혼합 형태로 볼 수 있을 것이다.[24]

Ⅳ. 전환기 중국의 주요 민사 법률

전환기, 즉 개혁개방을 전후로 한 중국 사회의 법률문화는 급속한 변화를

18) 사회주의법은 시민법과 영미법으로부터 독립된 법계라는 주장과, 시민법과 아주 다른 것은 아니므로 시민법계로부터 분리될 수 없다는 견해의 대립이 있다.(Glendon, Gordon and Osakwe, Comparative Legal Traditions, St.Paul, MN: WestPublishing Co.1982. pp.267-268)
19) John Quigley, op. cit. p.808
20) 王振民, “論中國的大陸法傳統及未來變革”, 「淸華法律評論第」 2輯, 1999年, 276頁
21) 예컨대 헌법(1978, 1982), 형법(1979), 형사소송법(1979), 민사소송법(1982), 경제활동법(1981), 인민대표대회, 인민법원 및 인민검찰원 조직법 등이 있다.
22) 로마법에 바탕을 두고 유럽에서 발전한 법을 Civil law, Continental law, Romanist law 또는 Romano-Germanic law 등으로 부르고 있다.
23) Wang Chenguang, Zhang Xianchu. op. cit. p.1-9.
24) Xin Ren, op. cit. p.5

거쳐 오늘에 이르고 있다. 이러한 변화는 경제체제변화에 따른 것으로 민사법에서 괄목할 변화가 나타났다. 이하에서는 중국의 주요 민사법에서 나타난 사회주의법과 대륙법 및 기타 법계의 영향을 중심으로 살펴보고자 한다.

1. 민법과 경제법의 문제

80년대 초 중국에서 "經濟法"이란 말은 아직 상당히 생소한 것이었다.

국가의 주요임무가 경제건설로 전향하면서, 소련과 기타 동구국가 및 소수서방국가의 영향을 받아 중국 법학계에 경제법이라는 말이 출현하였다.

이와 동시에 법학계는 민법과 경제법간의 한계에 대한 논쟁이 나타났다. 민법통칙의 초안이 연기된 것은 양법간의 이론적 논쟁이 원인이 된 것도 그 이유 중의 하나이다.[25)]

1986년 「民法通則」기초시 위 논쟁이 정식으로 전개되었다. 당시 논쟁의 출발점은 "민법통칙제정시기가 성숙 되었는가 아닌가" 였다.

그러나 실제상의 논쟁은 민법과 경제법간의 한계를 어떻게 정하느냐에 있었다.

경제법 성향의 학자는 1) 공민간, 공민과 법인간의 재산관계는 민법의 조정대상이고, 법인간의 재산관계는 경제법 조정대상이다. 2) 법인문제는 민법통칙에서 규정할 것이 아니라 단독법률을 제정하여야 한다. 3) 경제계약관계와 민사계약관계를 조정하는 계약은 분리하여야 한다. 즉 민법은 평등주체간의 민사관계를 조정하는 것이고 경제법은 사회주의 공유제에 기초한 경제관리를 조정하는 것이라는 주장이다.

이에 대하여 민법성향의 학자는 1) 법인간의 재산관계는 민법의 조정대상이며, 평등 주체인 법인간의 재산관계, 즉 橫계열 경제관계이며 영도관계, 예속관계 즉 縱계열 경제관계는 포함되지 않는다. 2) 법인과 자연인은 모두 민사활동의 주체이며 세계대다수 국가의 민사법은 모두 법인제도를 확립하고 있다. 3) 경제계약법의 조정대상은 평등주체 간 경제관계이지 縱

25) Edward J. Epstein, "The Evolution of China's General Principles of Civil Law", 「The American Journal of Comparative Law」, Vol. 34, 1986. pp.709-710.

적 경제관계는 포함되지 않는다는 주장이다.

전국인민대표대회 법률위원회는 후자의 견해를 채택하였으며, 민법은 민사관계를 통일적으로 조정하는 기본법이라는 관점을 견지하였다. 따라서 민법통칙은 제2조에서 "민법은 평등주체인 공민 간, 법인 간, 공민과 법인 간의 재산관계와 인신관계를 조정한다."고 규정하고 있다.

즉 평등 주체간의 재산관계, 인신관계는 모두 민법의 조정에 속하며, 縱계열의 경제관리 관계는 모두 경제법 또는 행정법에 의한 조정으로 귀속한다는 것이다.

위와 같은 논쟁은 80년대 경제법이 출현하면서부터 생겨난 것이며, 당시 중국경제영역의 발전의 산물임과 아울러 외국 법률과 법학의 영향을 받은 데 기인한다고 보겠다.[26)]

2. 「民法通則」

(1) 입법과정

중국은 50년대 이래 3차에 걸쳐 민법을 초안하였다. 1982년 중국정부는 경제체제 개혁에 따른 경제 및 재산 관계의 급속한 변화로 전면적인 민법제정을 당분간 보류하지 않을 수 없었다. 다만 계약, 상업조직, 토지, 지적재산권, 혼인 및 상속 등 민법영역의 단행법을 제정하였다. 그러나 민법의 기본원칙을 제정함으로써 민법의 총체적 기초를 삼으려 한 것이 바로 1986년에 제정한 「民法通則」이며 이 법은 중국 민법전사에 중요한 이정표가 되었다.[27)]

---

26) 沈宗靈, "當代中國借外國法律的實例(下)", 「中國法學」, 1997年 第6期, 34頁

27) 80년대 후반기에 나온 「民法通則」에 관한 영문논문들은

1) "The Emerging Framework of Chinese Civil Law"제하의 일련의 논문, Law and Contemporary Problems, Vol.52, No.2-3(1989)
2) "Some Questions regarding the Significance of the General Provisions of Civil Law of the People's Republic of China", 「Harvard International Law Journal」. Vol.28(1987)
3) Edward J. Epstein, "The Evolution of China's General Principles of Civil Law", 「American Journal of Comparative Law」. Vol.34 (1986).
4) Henry R, Zheng. "China's New Civil Law", 「The American Journal of Comparative Law」. Vol.34(1986) 등이 있다.

이 「民法通則」의 명칭은 일반적인 중국법학에 의하면 總則과 分則으로 구성되는 것인데, " 通則"이라 명명한 것은 입법하다 보니 일반적인 "總則"의 범위를 훨씬 초월한 것이었기에 상임위원회가 그 명칭을 通則으로 바꾸어 버린 것이다.

즉 通則이란 총칙과 단행법규간의 일종의 타협이라 할 수 있다.[28] 이것은 구 소련민법의 "綱要"(outline)라는 용어를 부정한 것이 된다.[29]

결국 이러한 법 명칭의 변경은 민법의 양을 극적으로 축소하게 된 것인데, 첫 번째 초안이 501개 조문, 4번째 초안이 465개 조문에서 최종적으로 156개 조문을 두게 되었던 것이다.

여기 통칙이란 용어는 중국의 입법태도인 "하나가 성숙되면 하나를 제정"(成熱一個 制定一個)하는 소위 "소매에서 도매로 가는 정책"(from the "retail" to "wholesale" policy)을 따른 타협의 소산이었다.[30]

이렇듯 중국은 30여년 간에 걸쳐 민법제정을 위한 적업을 해온 끝에 수백차례에 걸친 조사활동과 수정 및 공청회를 거쳐 1980년 8월 "민법초안"을 완성하였다.

1982년에 나온 초안은 총칙, 소유권, 계약, 손해배상, 발명권(지적 재산권) 및 상속 등 6개 부문을 망라하고 있다.

기본적으로 총칙과 각칙의 양자를 포함하고 있다고 볼 수 있다. 그러나 민법 초안을 완성한 중국 당국은 당시의 경제체제개혁과 이제 막 시작한 농촌개방화 그리고 도시지역도 아직 초보적인 개방상태를 고려해 볼 때 민법전 제정의 조건이 성숙되지 못했다고 판단하여 우선 민사단행법규를 제정하기를 결정하였던 것이다.

중국의 입법목적상 1982년의 제4차 초안은 법전의 완성위에 건립된 것이고 이때에 통과된 민법통칙은 1983년부터 부문별로 정식으로 입법이 시작되어 원래는 민법총칙만을 제정할 예정이었으나, 섭외사법적인 내용, 민사

---

28) Henry R, Zheng. op. cit. pp.672-673, Edward J. Edstein, op. cit. pp.708-709

29) 그 이유는 첫째 이 용어는 너무 범위가 넓고 둘째 중국은 단일국가이므로 민법의 지역적 다양성을 인정할 필요가 없다는데 있다.(Edward J. Epstein. op. cit. p709)

30) Edward J. Epstein. op. cit. p708.

권리 및 민사책임 등이 증가하게 되어 급기야 위에서 언급한 바와 같이 "民法通則"으로 명명하게 되었다.

그리고 비교적 시급하고 성숙된 부분은 단행법을 제정하는 방식으로 진행되어온 바 앞에서 언급한 일련의 민사관계법 등이 그것이다.[31)]

(2) **주요내용**

민법통칙은 모두 9개章 156條로 구성되어 있다. 제1장 基本原則, 제2장 公民, 제3장 人, 제4장 民事法律行爲 및 代理, 제5장 民事權利, 제6장 民事責任, 제7장 訴訟時效, 제8장 涉外민사관계의 법률적용, 제9장 附則으로 되어 있다.

이들 내용은 일반적으로 민사주체, 계약, 대리, 재산권, 책임 및 외국과의 경제관계 규정 등 6가지로 대별할 수 있다.[32)]

이 법은 내용상 순수한 민법총칙이 아니며 또한 완전한 민법전이라고도 할 수 없다. 이와 같이 편성한 것은 단순한 민법총칙이나, 각칙을 제정하는 것에 비하여 더욱 좋은 것이며, 사실상의 필요에 근거하여 규정한 내용이기 때문에 민법총칙보다 풍부할 수 있고, 민법총칙이 포함할 수 없는 것을 "통칙"에서는 이를 넣어 제정할 수 있다고 주장한다.[33)]

또한 이 법의 공포로 과거에 공포 시행한 민사관련 법규의 효력여부에 대한 언급이 없는 점은 의문이 되고 있다.[34)]

(3) **역할과 한계**

1) **역할**

민법통칙은 중국사회의 특수적 역사시기에 제정된 것으로 중국법제사상

---

31) 이에 대한 것은 1986년 4월 2일 제6기 전국인민대표대회 제4차 회의상에서 王漢斌의 "關于「中華人民共和國民法通則(草案)」的說明"내용을 참조.

32) Henry R, Zheng. op. cit. p.674.

33) 예컨대 동법 제8장 涉外民事關係의 법률적용은 국제사법의 범위에 속하는 법률의 준거법 문제이며 단순한 민사법규가 아니다.

34) 새로나온 계약법(合同法)(1999) 부칙에는 기존의 3가지 계약법이 동법시행과 동시에 폐지된다(제428조)고 하고 있다.

하나의 이정표이며 전환기의 등불과 같은 존재라고 할 수 있다.

(가) 민법통칙은 민법의 조정대상을 확정하고 민법의 사법적 성질을 확인하였으며, 법률제도상 최초로 민사사회생활관계와 국가정치생활관계를 구별함으로써[35] 법률조정의 신체계를 수립하였다.

(나) 민법통칙은 민법의 기본원리를 확정하고 중국 사회주의 시장경제를 기초로 한 현대 민사 사회생활의 근본요구에 부합하며 중국의 민사입법의 완비와 민사사법에 과학적 지도사상을 제공하였다.

민법통칙 제3조 내지 제7조에는 평등원칙, 自愿[36], 公平, 等價有償[37], 신의성실원칙, 민사권리의 법률보호원칙, 법률과 정책의 준수원칙, 사회공중도덕존중 및 공공이익침해, 국가경제계획파괴 및 사회경제질서교란금지 원칙 등이 있다.

(다) 민법통칙은 공민, 법인이 법에 의하여 각종 민사권리를 향유하도록 한 민사권리선언의 역사적 의미를 갖는다. 구 소련이 군사공산주의 체제에서 신경제정책으로 전환하던 시기의 "私有財産權宜言"과 같이 중국도 계획경제체제에서 시장경제체제의 전환기에 나온 " 민사권리선언"의 의미를 갖는다.

(라) 민법통칙은 기본원칙, 민사주체, 민사법률행위, 민사권리, 민사책임에 관하여 규정함으로써 중국사회의 신구경제체제가 교체되던 시기에 나타난 民商基本立法의 작용을 하였다.

민법통칙이 기본법의 지위를 갖고 기타 일련의 민사단행법 즉, 中外合作企業法, 經濟合同法, 涉外經濟合同法, 專利法, 商標法, 婚姻法, 繼承法(이상

35) 그런에도 불구하고 민법총직 제6조에서 "반드시 법률을 준수해야 하고 법률규정이 없는 것은 마땅히 국가정책을 준수해야 한다"고 규정한 것은 민사활동에 있어서 정책적으로 간섭할 여지가 많음을 의미한다 하겠으며 보편적 법률관념보다도 정책을 중요하게 생각하는 과거의 흔적을 볼 수 있다.

36) "自愿원칙"은 민사주체가 법률규정에 의하여 향유하는 의사의 자유원칙이다. 이것 없이는 민사주체가 자주적으로 민사활동을 할 수 없다는 뜻으로 사회주의 상품경제 발전에 극히 중요한 원칙이다.

37) 대등한 관계에서 상당한 보수를 지급하는 교환의 의미로서 "무상조달"을 허용치 않고 우세한 지위를 이용하여 상대방이 不等價교환을 받아들이도록 강요하지 않으며 초경제적 방법으로 이익을 취득하는 것을 허용하지 않는다는 원칙이다.

은 民法通則 이전에 제정), 外資企業法(同期제정), 技術合同法, 全民所有製工業企業法, 中外合作企業法, 著作權法, 海商法, 公司法, 票据法, 保險法, 房地産法, 擔保法, 合同法(이상은 民法通則 이후에 제정) 등은 민법통칙의 특별법에 지나지 않는다.

따라서 민법전이 나오기까지 「民法通則」은 중국 民商基本法의 지위와 기타 민상법률, 법규, 사법해석의 통솔 작용은 변하지 않을 것이다.

(마) 민법통칙은 중국 민사주체의 민사활동과 사법기관의 民事司法活動에 기본준칙을 제공함으로써 의거할 새로운 법적근거(有法司衣)를 마련하였다.

2) 민법통칙의 한계

민법통칙은 民法典제정의 역사적 조건이 성숙되지 않은 시기에 나온 과도기적 입법이었다는 데서 오는 한계가 있다.

(가) 계획경제체제하에서 나온 것이므로 시장경제체제의 요구에 부적합하다.

단일공유제경제가 계획경제체제의 근간을 이루는 시기에는 계획원칙은 사회주의 민법의 중요원칙이 되며, 민법통칙은 다시 계획된 사회주의 상품경제라는 역사적 배경하에서 나온 것으로 예컨대 “국가경제계획의 파괴, 사회공공이익침해 및 사회경제질서 교란금지(등법 제7조)”등에서 이 점들이 잘 나타나고 있다.

(나) 많은 규정들이 원칙을 지나치게 규정하며 또한 간단하여 입법의지가 명확치 않음으로써 법률적용에 곤란함이 있다. 민법통칙은 불과 156개 조문으로 세계에서 가장 간단한 민사기본법이라 할 수 있다.

따라서 중국 최고인민법원은 200개조에 달하는 보충규정을 내놓고 있다.[38)]

이러한 현상은 중국의 思維的模糊性과 문자의 간략성을 선호하는 정통적 사유방식의 특성에도 기인한다. 이것은 용어가 모호하거나, 논리적이지 않다

38) 1988년 1월 26일 최고인민법원 심판위원회 토론을 통과한 “最高人民法院關于貫徹執行「中華人民共和國民法通則」若干問題的意見(試行)”을 내놓았다.

거나 뜻이 여러 가지 이거나, 독단적 언어사용 및 상세한 논증의 결핍 등에서 잘 나타나는바 이러한 모호성적 사유방식은 현재까지 중국 민사입법에 중대한 영향을 주고 있다.39)

(다) 법률규정의 허술로 인하여 법원의 실제적 심리가 불가능하다. 민법통칙제정 당시의 한계로 시장경제체제국가의 민상법상의 경험을 빌리지 못함으로써 시장 경제체제에 부응한 규정을 제정하지 못한데서 오는 결함이 나타났다.

(라) 신중한 사고의 부족과 과학성이 부족하다.

예컨대 동법 제2조의 “민법은 평등한 주체인 공민 간, 법인 간, 공민과 법인 간의 재산관계와 인신관계를 규제한다.”는 규정은 마치 공민간, 법인간, 공민과 법인 간의 불평등한 재산관계와 인신관계가 또 존재하는 것 같은 생각을 갖게 한다.

따라서 “민법은 평등주체의 재산관계와 인신관계를 규제하며 이 재산관계와 인신관계는 공민 간, 법인 간, 공민과 법인 간의 관계를 포함한다.”로 규정하여야 할 것이다.

이상의 민법통칙의 한계의 원인은 경제체제의 불확정과 물권방면의 他物權규정의 부재와 같은 구체적 규정의 미비에 있으며, 현실문제의 해결을 위하여 다른 법률에 들어가야 하는 내용을 규정한다든가, 학리상인식의 문제, 예컨대 일반법과 특별법의 관계 및 민법과 경제법의 조정대상에 관한 인식차이 등에 기인한다.40)

3. 「擔保法」

이 법은 1995년 6월 30일에 공포하여 동년 10월1일부터 시행한 것으로 총칙(제1장), 保證(제2장), 抵押(저당, 제3장), 質押(질권, 제4장), 留置(유치권, 제5장), 定金(보증금, 제6장), 附則(제7장) 등 96개 조문을 두고 있다.

---

39) 史浩明, “借鑒與反思”,「東吳法學, 蘇州大學百年校慶東吳法學院八十五周年院慶專號」,140頁

40) 魏振瀛, “中國的民法立法與民法法典化”, 「中外法學」, 1995年 第3期(總39期), 3頁

(1) 입법례

담보법의 입법례는 두 가지가 있는데, 하나는 物的擔保와 人的擔保를 분리하는 주의이고, 다른 하나는 통일주의이다.

전자는 物權法중에 유치권, 질권, 저당권 등의 물적 담보규정을 두고, 보증 등 신용담보 규정은 債權法중에 두는 주의이고, 후자는 물권담보나 신용담보 구분 없이 민법 중 채권법에 통일적으로 규정하는 주의이다. 이 주의는 체코민법전과 구 소련민법전에서 찾아볼 수 있으며, 중국도 이 주의를 택하고 있다.

다만 중국은 통일주의를 채택하면서도 「民法通則」「合同法」중에 나타난 규정을 제외하고는 단행법 형식으로 하여 법전형식을 배제하고 있다. 이것은 중국 담보법의 특색이며,[41] 또한 중국 민사법률의 단행법 제정 경향중의 하나의 습관이라 할 수 있다.

(2) 내용 및 특색

중국담보법은 1995년에 제정된 것으로 1986년의 「민법통칙」이후 10여년 만에 나타난 민사단행법중의 하나이다.

중국 청나라말의 법제개혁은 독일의 영향을 받은 일본의 법률 전문가에 의하여 이루어 졌는데, 거의가 로마-게르만법계의 전통을 계수한 것이다. 국민당정부가 제정한 「중화민국민법」(총칙, 채권, 물권, 친족과 상속의 5편)이 전형적인 것 중의 하나이다. 이 법은 독일민법과 스위스채무법의 내용을 거의 따른 것이었다.[42]

1986년 「민법통칙」의 많은 개념과 원칙들은 대륙법의 전통을 근원으로 한다. 예컨대 자연인, 법인, 민사법률행위(Geschaftshandlung) 및 소송시효 등이다.

민법통칙 중 채권의 개념은 중화민국민법과 독인민법전의 그것과는 완전히 같지는 않으나 매우 유사하다.

---

41) 趙許明, 社文聰, 擔保法通論, 中國檢察出版社, 1996, 1-2頁

42) 江平, 米建, "論民法傳統與當代中國法律(下)", 「法政論壇」, 1993年 第3期, 1頁, 7面

중국 민법통칙에는 대만과 독일 민법과 달리 物權이라는 말이 없는데, 이 시기는 구 소련사회주의적 요소가 영향을 준 것이라 볼 수 있다. 구 소련의 법학은 物權의 다원성을 인정하지 않았는데, 이는 그것이 자본주의 법률의 특징으로 보았기 때문이었다.

생산재의 사유재를 없애고 두 개의 소유제, 즉 국가소유와 집체소유제를 중국이 채용한 것으로써[43] 그 당시 중국의 계획경제와 부합하였기 때문이다.

중국이 70년대 후기부터 경제개혁으로 인하여 사실상의 재산권이 생기기 시작하였으며, 이 사실을 민법통칙을 기초한 사람들이 인식하게 되었으나, 완전한 물권을 인정하는데 까지는 가지 못하였다. 따라서 구 소련과 대륙법사이의 절충 방식을 채택하게 되었던 것이다.

이로 인하여 민법통칙 제5장 제1절에 "재산소유권 및 재산소유권과 관련되는 재산권"이란 표제가 생기게 되었다. 민법통칙중의 이 부분은 경제개혁과정 중에 나타난 소유권이라고 볼 수 없는 재산권에 대하여 법률상 인정을 한 것이다.

이러한 권리는 청부계약(承包合同)을 근거로 국가와 집체소유의 토지 및 자원을 사용하는 권리(동법 제80-81조), 전민소유기업의 국가로부터 경영관리를 받은 재산의 경영권(동법 제82조)등은 대륙법의 민법중의 물권개념에 해당하지만, 동법에는 물권개념은 사용하지 않았다.

그런데 민법통칙은 저당권과 유치권에 관하여 간단한 규정을 두었지만, 이를 제5장 제1절(재산소유권 및 그와 상관이 있는 재산권)에 두지 않고 제5장 제2절(채권, 제89조 제2관 및 제4관)에 두었는데, 이는 대륙법 체계에 어긋나는 것이다.[44]

"중국물권법초안건의안"에 의하면 총칙, 소유권 基地使用權, 농지사용권, 領地使用權, 典權, 저당권, 질권, 유치권, 양도담보, 점유 등을 그 내용으로 하는바, 이는 전반적으로 대륙법 체계를 받아들이고 있다.[45]

---

43) 揚立新, "我國他物權制度的重新構造", 「中國社會科學」, 1995年 第3期, 78頁
44) 錢明星, 物權法原理, 北京大學出版社, 1994, 68頁
45) 梁慧星, 中國物權法草案建議稿, 社會科學文獻出版社, 2000年. 89頁

이 담보법은 담보방식으로 채권을 보장하는 5종류를 두고 있는데, 이 중 保證과 定金은 채권성질의 담보이고, 나머지 저당권, 질권, 유치권은 물권성질의 담보종류이다.

또한 저당권, 질권, 유치권의 성질과 효력발생, 활용 그리고 집행에 관하여는 대륙법의 민법상의 물권[46](담보물권을 지칭)의 개념이 명확히 나타나고 있다.

또한 질권을 "動産質押"과 "權利質押"으로 나누는 것은 이전의 중화민국민법(제3편 제6장)과 같으며, 1896년 독일민법상의 질권(Pfand)의 분류와 같다.

1995년 중국담보법은 민법통칙과 향후 물권법과의 관계에서 매우 중요한 매개역할을 할 수 있을 것이며, 중국이 90년대에 들어서서 로마-게르만 법계로 매진하고 있다는 새로운 법률 추세를 보이고 있다고 하겠다.[47]

4. 「合同法」

1999년 중국은 기존3개의 合同法(계약법)을 하나로 하는 통일계약법을 제정하였다.

(1) 중국계약법

1) 「民法通則」

중국은 아직 民法典이 제정되지 않았기 때문에 현행 「民法通則」이 중국의 민사법의 기본법이다.

이 중 절대 다수 규정이 계약과 관계된다. 예컨대 민법통칙 제5장 제2절(債權)에 계약의 정의, 제6장에 계약위반의 책임규정 등이다.

2) 계약에 관한 民事特別法

1999년 3월 15일 공포된 「中華人民共和國合同法」이 공포되기까지 다음과 같은 3개의 계약법이 존재하였다.[48]

---

46) 中國 擔保法에는 物權(擔保物權)이라는 용어는 사용하지 않고 있다.
47) 陣弘毅, 法治, 啓蒙與現代法的精神, 中國政法大學出版社, 1998年, 165頁
48) 「經濟合同法」「涉外經濟合同法」 및 「技術合同法」이 그것인데, 이들 3가지 법

(가) 「**經濟合同法**」

이 법은 1981년 12월13일 공포하여 1982년 7월 1일에 시행된 것으로 국내의 경제계약관계에 적용하기 위한 것이었다.

총 7장 57개 조문이며 국무원이 동법 제56조에 의거하여 7개의 계약조례를 제정하였다. 이후 1993년 9월 2일 동법은 개정된 바 있다.

(나) 「**技術合同法**」

이 법은 1987년 6월 23일 공포하여 동년 11월 1일에 시행된 것으로 국내 기술개발, 양도, 자문 및 기술 종사에 관한 계약 관계에 적용하기 위하여 제정되었으며, 총 7장 55개 조문을 두었다.

(다) 「**涉外經濟合同法**」

이 법은 1985년 3월 21일 공포하여 동년 7월 1일부터 시행된 것으로 국내기업조직과 외국기업조직 및 개인간의 경제계약관계에 적용하기 위한 것으로 국제운송계약은 제외되었으며, 총 7장 43개 조문을 두었다.

3) **기타 법률 중 계약 관련 규정**

이 중 제일 중요한 법은 海商法(1992년 공포, 1993년 시행)이며 기타 저작권법, 철로법, 中外合資經營企業法, 中外合作經營企業法 등에서 계약에 관한 규정을 발견할 수 있다.

4) **계약관련 법규**

財産保險合同條例, 借款合同條例, 技術合同法實施細則 등에 계약에 관한 규정이 있다.

(2) 기존 계약법의 결함

기존의 계약법들은 중국이 개혁·개방 과정 중에 잇달아 제정된 것으로 사회주의시장경제발전을 촉진시킨 점에서 중대한 작용을 한 바 있다. 그러나 현재 시점에서 보면 다소 결함이 있다.[49]

은 1999년 10월 1일 「合同法」이 시행됨과 동시에 폐지되었다. (中華人民共和國合同法 附則 제428조 참조)

1) 경제체제상의 원인에서 발생한 결함

기존 계약법들은 과거 계획경제하에서 제정된 것이기 때문에 많은 부분이 구체제의 특징이 나타나 있으며, 특히 「經濟合同法」은 80년대 초에 제정되었기 때문에 국가지령성계획을 강조하며, 당사자의 계약자유를 극도로 제한하고 행정 간섭이 매우 강한 편이었다.

2) 입법체제상의 원인에서 발생한 결함

기본 중국입법체제는 실제상 행정체제의 제약을 받은 것으로 기본적인 「民法通則」 등을 제외하면 다수의 단행법 및 조례를 국무원에 소속한 한 개 또는 몇 개의 위원회에서 기초한 것이었다.

이러한 위원회는 종종 전체적 국면에서 라기 보다 해당 부문의 이익을 고려한 것으로 기존계약법의 상호부조화, 중복규정, 상호저촉 등의 결점을 드러내었다. 위 3개 「合同法」은 이러한 입법체제상 나타난 결과라 할 수 있다.

3) 민법이론상의 원인에 의하여 발생한 결함

중국의 민법이론은 50년대 구 소련의 민법이론을 계수한 것으로 개혁, 개방 이후 사회경제생활에 근본변화가 생겨나 많은 부분이 폐기 또는 개정된 이론이었다.

4) 입법지도 사상상의 원인에 의하여 발생한 결함

중국의 입법지도사상은 항상 "하나가 성숙되면 하나를 제정하고"(成熱一個 制定一個)라든가 "입법은 대강하여야지 상세히 해서는 안 된다"(立法宜粗不宜細)라는 것을 강조하다보니 기존 계약법의 분산혼란 현상이 나타났다.

기존의 법규정이 종종 원칙을 너무 강조하고 너무 간략하게 한 결과 나타난 것이며, 따라서 경제생활상 허다한 중요계약의 유형을 규정하지 않은 것이었다고 할 수 있다.

---

49) 梁慧星, "從「三足鼎立」走向統一的合同法", 「中國法學」, 1995年 第3期, 10-11頁

(3) 시장경제수요에 부응하는 계약법의 통일

1) 기존 3개 「合同法」의 시장경제 요구의 부적합성

중국이 시장경제체제로 전국이 통일적인 시장이 형성됨에 따라 통일적인 시장경제활동을 규제할 법이 요구된다.

기존 3개 계약법은 "세 개의 다리가 버티어선"(三足鼎立)형국이므로 각 내용과 체제 및 기본정신이 조화롭지 못하며, 이렇게 서로 다른 표현은 문자 상의 차이 뿐 만 아니라 실제상 차이도 있을 것이다.[50]

2) 개혁, 개방의 진전에 따른 경제계약개념의 의미상실

기존법상의 경제계약개념은 구 소련의 현대경제법학을 계수한 것으로 본래 계획경제의 소산이었다. 즉 "계획성"을 본질로 하는 것이었다. 중국의 개혁, 개방이후 경제발전으로 경제 계약의 소위 계획성은 이미 소실되었다.

현재 중국의 90%이상의 소비 제품들과 80%이상의 생산 자료들은 완전히 시장조절과 당사자의 자유계약체결 및 국가계획통제를 받지 않는다.

3) 현대시장경제의 발전에 따른 계약법의 현대화 실현 요구

시장경제발전에 따라 과거 80년대 초의 계약법 규정은 충돌되며 선진국의 계약법의 새로운 경험과 판례·학설 등을 참조하여 계약법의 현대화를 실현해야 한다.

(4) 統一「合同法」

1) 「합동법」의 제정

1999년 제9기 全人大 제2차 회의에서 기존의 3개 계약법, 즉 「經濟合同法」(1981年), 「涉外經濟合同法」(1985年) 「技術合同法」(1987年)을 하나로 통일, 제정하였다.

계약법은 민법의 주요부분이며 시장경제의 기본 법률제도이다. 중국이

---

50) 예컨대 3개 계약법의 기본 원칙적 규정을 보면 「經濟合同法」에는 "平等互利, 協商一致, 等價有償", 「涉外經濟合同法」에는 "平等互利, 協商一致", 그리고 「技術合同法」에는 "自願平等, 互利有償和誠實信用"으로 표현되고 있다.

개혁, 개방이후 차례로 위의 경제계약법을 제정하여 그동안 계약당사자의 합법적 권익을 보호하고, 사회경제질서를 유지하며 국내경제, 기술 및 대외경제무역의 발전을 촉진시키고 사회주의 건설의 순리적 진행을 담당하여 중요한 작용을 하여 왔다.

다만, 개혁, 개방의 정도가 심화되고 경제무역의 꾸준한 발전에 따라 위3개 계약법의 일부규정의 적용이 불가능하게 되었다.

주요 문제점으로 국내경제계약이 3개의 다른 계약에의 적용에 있어 상호 통일이 안 되었던 점, 근년에 이르러 시장거래 중 계약형식을 이용하여 사기, 국가 및 집체, 개인의 이익을 해하는 일이 잦아 사회경제질서보호 및 보충 규정을 둘 필요가 발생하였으며, 새로운 계약 형태가 나타남으로써 이들 수요에 부응하기 위한 필요에서 통일 계약법이 제정되었다.[51)]

2) 조정범위

계약은 평등주체의 公民, 法人, 기타 조직 간의 채권 채무관계의 성립, 변경, 종료에 관한 협의이며, 정부의 경제관리 활동에 관한 것은 행정관리관계이므로 계약법의 적용이 없다. 또한 기업, 단위내부의 관리관계도 평등주체간의 관계가 아니므로 그 적용이 없으며 혼인, 收養, 감호 등 신분관계의 합의 또한 그 적용이 없다. 그러나 기업 간의 경제무역관계, 공민간의 매매, 임대, 증여 등의 계약관계에는 그 적용이 있다.

통일 계약법은 위 3개의 계약법의 범위를 서로 비교하고 조정하여 그 범위를 적당히 확대하였던 것이다.[52)]

3) 제정목적

통일 「합동법」은 사회주의 시장경제체제의 수요와 시장거래행위를 규율하고 시장경제의 통일, 질서, 건강한 발전에 부합하고, 대외경제, 무역, 기술의 교류와 합작에 유리하게, 그리고 당사자의 합법권익을 보호하며 국

---

51) 이 내용은 1998년 8월 제9기 全國人大常務委 제4차 회의 “關于「中華人民共和國合同法(草案)」的說明”을 참조할 것.

52) 위 “說明”, 「關于調整範圍」 참조.

가 및 사회의 공공이익의 보호 및 국가관할에 관하여 이에 상응한 법률 수단이 필요하며, 또한 간여하지 않을 것을 관여하지 않는다는 것 등이 그 제정 목적이다.

1993년 「경제합동법」을 개정할 때 필요부분의 개정이외에 보충규정을 추가하였으나, 근본문제의 해결이 불가능하여 통일계약법을 제정하게 되었다.

법률의 연속성을 위하여 기존 유효한 제도와 원칙은 그대로 유지하면서 부적합한 것은 개정하고 부족한 것을 보충하였다.

또한 "國際貨物銷售公約"(1986年), "國際商事合同通則"(1997年) 등을 참고하였으며, 몇몇 국가의 계약관련 법률을 따라 제정하였다. 아울러 외국의 경험과 중국의 실제, 즉 공유제 경제에서 출발하였다.[53)]

4) 「合同法」의 민법편입

향후 중국민법전이 제정될시 그 편제 등의 하나로 이를 債權法編으로 할 것인가, 合同法編으로 할 것인가에 대하여 민법학계는 장기간 논쟁해 온 바 있다.

여하튼 민법전이 제정되면 「合同法」의 기본원칙 및 내용은 바로 민법전에 편입될 것이며 아울러 계약담보에 관한 규정도 추가하여야 할 것이다.[54)]

5) 「合同法」의 내용

「合同法」은 총23장 428개조로 구성되었으며, 총칙과 分則으로 나누고 있다.

그 내용을 보면 일반규정(제1장), 계약의 성립(제2장), 계약의 효력(제3장), 계약의 이행(제4장), 계약의 변경 및 양도(제5장), 계약의 권리의무의 종료(제6장), 책임위반(제7장), 기타규정(제8장)이 총칙이다.

다음으로 分則을 보면 매매계약(9장), 전기, 물, 가스, 열의 공용계약(제10

---

53) 全國人大法制工作委員會民法室, 中華人民共和國合同法立法資料選, 法律出版社, 1999. 34-37項

54) 馬俊駒, "現代民法的發展與我國未來民法典體系的構想"「淸華法律評論」 1998, 1(總第一輯), 44-45頁

장), 증여계약(제11장), 借款合同(제12장), 租賃合同(제13장), 融資租賃合同(제14장), 承攬合同(제15장), 建設工程合同(제16장), 運輸合同(제17장), 技術合同(제18장), 保管合同(제19장), 倉儲合同(제20장), 委託合同(제21장), 行紀合同(제22장), 居間合同(제23조)들이다.

마지막 附則에서 "이 법은 1999년 10월1일부터 시행한다."와 함께 기존 「中華人民共和國經濟合同法」, 「中華人民共和國涉外合同法」, 「中華人民共和國技術合同法」은 이 법 시행과 함께 폐지한다(제428조)고 규정하고 있다.

이 법에서 계약(合同)이란 평등주체인 자연인, 법인 기타 조직간의 민사권리의무관계의 성립, 변경, 종료에 관한 합의를 말한다.[55](동법 제2조)

여기의 계약의 개념에 관하여는 이 법 이전에 나온 여러 법률, 조례 및 세칙 등에 산재해 있다.[56]

따라서 통일 「合同法」 이전에 나온 각종 법령에서 계약에 관한 정의를 내리고 있던 것을 이 법의 제정으로 계약 개념을 일반적으로 정의하고 있음을 알 수 있다.

또한 이 법의 "分則"의 계약의 종류는 민상법상의 계약형태를 망라한 것으로 중국의 私法형태가 민상통일론에 의거한 것임을 볼 수 있다.

Ⅴ. 中國民法의 現代化

1. 현대화의 방향

中國民法의 現代化는 민법내용의 현대화와 민법형식의 현대화를 나누어 고찰할 수 있다.

---

55) 합동법 제2조의 "協議"는 영미법상 agreement를 의미하는데 이 agreement 역시 合意(mutual assent)와 合同(contract)의 두 가지 의미가 있다. 여기서의 協議는 "合意"로 해석되어야 한다.(梁慧星, "論我國民法民法合同概念", 「中國法學」 1992年 第1期, 56頁)

56) 民法通則(제2조), 經濟合同法(제2조), 中外合資經營企業實施條例(제13조), 涉外經濟合同法(제2조), 技術合同法(제2조), 保險法(제9조), 鐵路貨物運輸合同實施條例(제2조), 建築安裝工程承包合同條例(제2조)등에 있다.

(1) 민법내용의 현대화

중국민법은 반드시 시장경제의 특성이 요구되며 계획경제에서 시장경제로의 전환(민법은 경제관계를 해석하는 법률원칙이며, 법률형식도 사회경제조건을 표현하는 準則이어야 함)의 실현, 민사주체의 권리를 보호하는 법, 계약자유 및 의사자치보호법이며, 동시에 국제민사거래의 우월적 법률 환경을 가능케 하여야 한다.

우선적으로 민법관념상의 현대화와 아울러 현대화된 민법의 기본원칙확립의 기초위에 민법의 구체적 제도의 현대화가 이룩되어야 한다.

(2) 민법형식의 현대화

중국 민법은 80년대 이후 하나의 「民法通則」과 다수의 민사단행법이 나타났으나, 아직 그 체계화는 부족함이 있다.

따라서 중국민법의 형식의 현대화는 전반적으로 시장경제체제가 요구하는 民法의 "法典化"의 필요성과 이를 기초로 한 각 민사 입법간의 조화가 필요하다.[57]

2. 민법의 法典化

「민법통칙」 및 각종 민사단행법체계를 가진 중국은 민법전을 제정하는 시기를 두고 논란을 거듭해 왔다.

민법통칙 제정전(제1단계), 사회주의 시장경제체제의 전환기 전후(제2단계) 및 민법통칙 실시기념10주년 좌담회(1997년) 등 3단계에 걸쳐 "조건 성숙론"과 "조건 미성숙론"의 대립이 있었으나 번번이 조건미성숙론으로 결론이 났었다.[58]

낙관론은 향후 5-10년 내에, 비관론은 적어도 30-50년의 시간이 소요된다는 주장이 있었으나, 중국의 사회경제제도 및 법제조건, 그리고 이론적 준

57) 何勤華, 載永盛, 民商法新論, 復旦大學出版社, 1999年, 24-25頁

58) 柳經緯, 吳克友, "關于制定民法典的條件是否成熟的几个問題", 「中國法學」 1998年 第4期, 27-28頁

비와 법률의식 등으로 볼 때 민법전 제정은 기본적으로 성숙되었다고 볼 수 있다. 그런데 이러한 "조건성숙"문제는 상대적인 것이며 외국의 경우를 보더라도 민법전을 제정하는 것은 반드시 완전한 조건성숙을 기다려야 한다는 것도 아니며, "하나가 성숙되면 하나를 제정"하는 종래의 입법태도 보다 적당히 앞선 입법을 할 필요성이 있다는 것이다.

또한 "조건성숙"이라는 것이 "한번에 완성한다는"(一步到位)의미보다 "점차적으로 완성 한다"(分步到位)는 방식이 중국현실에 더 부합하다는 것이다.

이렇게 선후로 민법전 각 편을 제정함으로써 불원간 한편의 완성된 현대 민법전이 탄생될 것이다.[59)]

3. 입법방식

중국은 근 100여년동안 대륙법계 민법의 전통을 가지고 있다.

중국의 민사입법은 사실상 독일방식을 채택해 왔으며, 현행 민법교과서 체계도 독일식이며, 법률종사자들이 이 체계로 교육되어졌고 또한 독일 민법전 방식이 매우 과학적이고 논리적이라는 데서 장래의 민법전도 독일 민법전의 입법 방식이 채택될 것이다.[60)]

그러나 근년에 들어서면서 영미법의 중국 민법에의 영향이 날로 고조되어가고 있다.

영어가 세계어로, 그리고 개혁개방이후 외국문물의 유입, 홍콩반환으로 인한 영미법계와 대륙법계의 충돌현상 및 경제의 세계화 현상 등에 비추어 영미법계의 영향이 신 중국 민법에 영향을 미칠 것이다.[61)]

실제로 최근 제정된 통일 계약법(合同法)에서 대륙법보다 더욱 합리적인 계약규정을 채택하고 있는 점 들을 들 수 있다.

그러나 전통적으로 시민법계에 속하는 중국 법에서 영미법규정을 채택하는 것은 기존 법체계를 파괴할 우려가 있다고 할 것이나, 전체적으로 시민

---

59) 柳經緯, 吳克友, 上揭書, 28-33頁
60) 何勤華, 殷嘯虎, 前揭書, 469頁
61) 何勤華, 殷嘯虎, 上揭書, 26-27頁

법체제에 지장을 주지 않는다는 조건하에서 영미법의 경험을 끌어 오는 것은 필요한 일이라 한다.62)

4. 편제

향후 민법전의 편제를 어떻게 할 것인가에 대하여 나타난 경향은 다음과 같다.

총칙, 물권, 채권, 人身權, 知識產權, 親屬, 繼承 및 부칙 등으로 나누는 주장과 총칙, 人格, 親屬, 물건, 合同, 繼承, 侵權(불법행위)및 부칙으로 나누는 주장이 있다.

중국 민법전 편제에 관하여 논란이 되고 있는 몇 가지를 살펴본다.

(1) 인격권법의 독립지위문제

전통적인 민법에는 인격권에 관한 규정이 없으므로 인격권이 매우 중요하다해도 이를 민사주체제도 불법행위제도 속에 개괄규정을 넣으면 된다는 견해와, 이는 "重物經人"적인 입법의 영향으로 부당하다는 견해가 대립되고 있다.

(2) 불법행위법과 채권법의 상대적 독립문제

위 두법은 서로 성질이 다르므로 불법행위법은 채권법으로부터 독립해야 하며 이것이 또한 중국 國情의 민법체계에 부합하다는 것으로, 불법행위법의 개방성과 독립성을 위하여 영미법계와 같이 재산법, 계약법과 함께 민법의 3대 지주의 하나로 하여야 한다는 주장63)과, 대륙법계와 같이 이를 채권법에 편입시키자는 주장이 있다.

(3) 지적재산권제도

지적재산권을 민법중에 포함하느냐의 문제는 그 특수성으로 인하여 독립

62) Liming Wang, "China's Proposed Uniform Contract Code",「St. Mary's Law Journal」, Vol.31:7 1999, p17

63) 張新寶, 中國侵權行爲法, 中國社會科學出版社, 1995年 5頁

적인 법률로 해야 한다는 주장과, 본질상 재산권과 인신권의 결합적인 성질을 가짐과 아울러 민법통칙에 이미 민사권리의 일종으로 규정(동법 제5장 제3절)하고 있으므로 당연히 민법전의 내용으로 포함되어야 한다는 주장이다.

(4) 民商合一 및 民商分離

민법과 상법을 통일하는가, 분리・제정하는가에 관하여 중국 학계는 民商合一체계로 하는데 공통인식을 하고 있다.

1929년 5월 「중화민국민법전」 채권편 제정에 앞서 중화민국정부 입법원장 등이 중앙위원회에 제출한 民商統一法典제정 이유는 매우 중요한 의미를 가진다.

그 이유로, 보통시민과 상인 간에 역사상 이미 구별이 되지 않으며, 민상법의 합일여부는 사회진보나 변화의 민활성에 따라 어떠한 필연적인 관계를 갖는 것이 아니며, 상법의 상대적 국제성이 반드시 민상법의 분리이유가 되지 않는다는 것이다. 또한 인간평등은 민상법규범의 평등통일을 요구하며, 상법의 상행위를 정하는 것은 실제상 그 확정이 어렵다는 것과, 각국의 상법전의 체계 역시 다르고 일정한 상법 규정의 범위가 없으며, 세계입법추세가 민상통일로 가고 있어 이를 위배해서는 안 된다는 것 등이다.[64)]

중국의 민상합일체제는 독일 등 대륙법체계를 따르는 국가로서 특색을 가지고 있는데, 이는 중국 근대입법의 전통과 신중국의 "國情"에 의하여 결정된 것이다.[65)]

중국의 私法立法이 단행법의 형식을 택할 것인가 또는 통일법전의 형식을 택할 것인가에 관계없이 민상분리방식을 채택하여 단독으로 상법전을 제정하는 것은 가능성이 거의 없다고 한다.[66)]

---

64) 鄭玉波, 民法通則, 三民書局, 1993年版, 35-36頁

65) 이태리가 통일 민상법전을 제정한 것은 파시즘의 정치원리의 적용에 의한 것이라는 견해가 있다.

66) 劉心隱, "中國大陸私法特點及發展", 「法域縱橫」, 1997年 第1期

(5) 혼인법의 민법전 편입문제

현행 중국 민사입법상 혼인법은 단행법 형태로 되어 있다(1980년 9월 10일 공포, 1981년 1월 1일 시행).

다만, 중국공산당 건국이래 혼인입법은 민사 입법상 오랜 기간 독립된 일개 법역 이었으며, 50년대에 계수한 구 소련에 따라 혼인법을 민법전에서 배제한 것 및 80년대 이래 중국 민법교과서 체계상 기본적으로 혼인법을 넣지 않은 것과, 1980년 대폭 수정된 혼인법 역시 단행법으로 되어 있다는 점 등에서 혼인법의 민법전 편입여부는 명확하지 않다.[67]

그러나 일반적으로 향후 중국 민법전의 편제를 8편으로 나누는 중 "親屬編"과 "繼承編"이 포함되어 있는 것으로 보아[68] 혼인법의 민법전 편입이 예상된다.

Ⅵ. 맺는말

중국법은 근 4000여년간 전통 중국법(중화법계)시대를 거쳐 왔으나, 19세기말부터는 서양법을 따라 대륙법 전통에 의거하여 과거 전통중국법과 형식상으로는 완전히 별개의 전통을 형성해 왔다.

이어 나타난 신중국의 사회주의 법체제는 새로운 법체제의 하나로 1950년대 이후 일정 긴간을 제외하고 70년대 후반기에 이르기까지 구 소련색채가 농후한 법률이 나왔다.

80년대 중반에 나온 「民法通則」도 주로 소련, 동구 등 사회주의 법률의 영향을 받은 것이었다.

90년대 이후 나타난 일련의 민사관계 법률은 로마-게르만 법계인 대륙법의 전통이 재현되고 있다고 할 수 있으며, 이에 머무르지 않고 영미법계의

67) 何勤華, 殷嘯虎, 前揭書, 1999年, 469頁

68) 趙中孚, "關于建立社會主義市場經濟秩序與民商立法問題研究", 「民商法理論研究」(第一輯), 中國人民大學出版社, 1999年 17-18頁
소위 가족법은 인간보편관계이며 장기적으로 안정적이어야 하기 때문에 이를 민사특별법으로 해서는 안되며 민법전속에 포함되어야 한다는 주장이 있다.(馬俊駒, 前揭書, 43頁)

합리적인 법률을 수용하고 있으며, 나아가 국제관례 등을 적극 반영한 입법이 이루어지고 있다.

전환기 또는 사회변혁기를 맞이하고 있는 중국은 계획경제, 상품경제, 고도의 집권화와 人治國에서 시장경제, 민주정치 및 법치국가로 전환가고 있다.

민법전의 제정은 입법적 예측성, 일체화, 보편성을 통하여 중국 사회주의 시장경제에 안전과 공평 그리고 효율적인 법률이 보장하는 환경을 제공하고자 하는 것이다.[69)]

전환기 중국의 민사관계법들은 민상합일의 원칙 하에서 민법통칙을 민사관계법의 기본법으로 하고 수많은 민사 단행법률을 제정하여 왔으며, 일련의 상사관계법률도 모두 민법통칙의 민사특별법으로 제정되었다.

이러한 민사관계법들의 출현원인은 여러 가지가 있다.

사회주의 계획상품경제에서 시장경제로의 체제변화가 진행되면서 완전한 하나의 민법전을 제정하는 것이 시기적으로 성숙되지 않았는 데다, 시기적으로 시급히 필요한 법을 먼저 제정할 필요성이 있음과 아울러 비교적 성숙된 부분을 단행법으로 제정하여야 했으며, 아직 경험이 부족한 점과 민법의 범위가 광범하고 복잡하다는 점 등이 「민법통칙」을 먼저 제정한 원인이라 할 수 있다.

또한 경제체제상의 원인뿐만 아니라 단행법 및 조례 등이 인민대표대회가 아닌 국무원의 일개 또는 몇 개의 위원회에서 기초하다보니 중복, 저촉되는 이른바 입법제정상의 원인과, 50년대에 계수한 구 소련 민법이론이 개혁개방 이래 사회경제상의 근본변화로 인하여 폐기되거나 수정된데서 오는 법 이론상의 원인도 있다.

한편 흥미로운 것은 중국의 입법지도사상 상의 원인인데, 입법지도 사상은 항상 소위 "하나가 성숙되면 하나를 제정하는 정책"과 "입법은 대강을 정하고 상세한 것을 정하지 않음"이라는 사상에도 그 영향이 있다고 볼 수 있다.

또한 중국정통사유방식의 특성 중 하나인 모호성과 문자의 簡約性 및 원

---

69) 史浩明, "借鑒與反思",「東吳法學, 蘇州大學百年校慶東吳法學院八十五周年院慶專號」, 135頁

칙성에 치우치는(過分原則)성질로 인하여 입법의지가 분명하지 않는 내용상의 특색도 들 수 있다.70)

개혁개방이 막 시작되던 시기에 나온 「民法總則」은 1950년대 이래 수차의 민법전 초안이 나왔지만 급속한 경제 체제 개혁에 따른 변화 때문에 구체적인 민법전 제정을 잠시 보류한 상황에서 제정되었으므로 현 사회주의 시장경제 체제에 미흡한 것이었다.

1995년에 제정된 「擔保法」은 민법통칙 중 1개의 조문을 96개 조문으로 제정된 것으로 「민법통칙」과 향후 제정될 물권법과의 중요한 매개작용을 할 것이다.

「민법통칙」이 구 소련민법의 영향을 받았지만 사회주의법이 원래 대륙법의 영향을 받았기 때문에 동법의 수많은 개념과 원칙은 대륙법의 전통에 기인하며 「담보법」 역시 대륙법의 영향 하에서 제정된 것이다.

최근에 나온 통일 「合同法」은 계약자유, 신의성실원칙 및 거래의 원활화의 목적하에 과거의 3개 계약법을 하나로 통일한 것이다. 아울러 대륙법 체제를 해하지 않는 범위 내에서 영미법도 일부 수용하고 있다.

이상에서 본고는 전환기의 중국 민사입법의 흐름을 3가지 중요한 법률을 통하여 그 변화와 특색을 살펴보았다.

이제 불원간 하나의 완성된 민법전 제정을 앞두고 있는 시점에서, 향후의 中國民法典은 대륙법의 전통과 사회주의법체에다 중국의 현실성을 반영하면서 전통적인 법문화를 가미함과 아울러 영미법계와 국제관례를 포함한 성격의 법률이 될 것이다.

통일 후 중국은 "一國多法"국가의 성격을 갖게 되기 때문에 충돌법의 해결이 필요한 것71)은 비단 민법만의 문제는 아닐 것이다.

따라서 민법전이 나오기까지 「民法通則」은 중국 民商基本法의 지위와 기타 민상법률, 법규, 사법해석의 통솔 작용은 변하지 않을 것이다.

---

70) 郝鐵川, "傳統思維方式對當代中國立法技術的影響",「中國法學」, 1993年 第3輯 32-40頁
71) 王振民, 前揭書, 278頁

中國 社會主義市場經濟法律體系와 商事法의 變化*

목 차

Ⅰ. 序

民商二法統一論을 채택하고 있는 中國은 1970년대말 개혁·개방을 시작하면서 많은 民商事關係法을 제정·공포하고 있다.

개혁·개방 이후에 나온 일련의 민상사관계법은 中外合資經營企業法(1979), 經濟合同法(1981), 婚姻法(1980), 商標法(1982), 涉外經濟合同法(1985), 繼承法(1985), 民法通則(1986), 外資企業法(1986), 技術合同法(1987), 中外合作經營企業法(1988), 著作權法(1990), 海商法(1992), 公司法(1993), 票据法(1995), 保險法(1995), 擔保法(1995), 合伙企業法(1997), 個人獨資企業法(1999), 合同法(1999) 및 信託法(2001) 등을 들 수 있다.

위의 법들은 중국이 1986년 제정한「民法通則」을 중심으로 그 전후에 나온 民事·商事·民商合一法[1]들이다.

이「民法通則」은 民法總則과 民法典의 중간에 위치하는 것이며[2] 향후

1) 예컨대 合同法의 운송계약(제17장), 창고계약(제20장), 위탁매매계약(제22장), 중개계약(제23장) 등과 같은 계약은 상사계약인데 민사계약과 함께 규정하고 있다.

2) Henry R. Zheng, "China's New Civil Law", 「The American Journal of Comparative Law」, Vol. 34(1986), pp. 672～673

민법전 제정을 앞두고 민법의 기본원칙을 제정한 중국민법전사에 중요한 이정표가 되었다.

위의 법들을 보면 中國은 商法이라는 단행법전을 두지 않으나 우리의 상법에 해당하는 단행법들이 제정되어 있고 민법의 구성부분도 거의 입법되어 있다.

향후 하나의 民法典 제정을 앞두고 민법제정의 조건이 성숙되었는가 아닌가의 논쟁이 있다[3].

中國의 商事法은 計劃經濟體制 하에서는 볼 수 없었으나 개혁・개방이후 社會主義 市場經濟體制 하에서 활발히 제정되었다.

본고는 中國社會主義 市場經濟 法律體制 하의 民商法의 현황과 미래에 관하여 살펴본 후 商事法律制度의 기본내용을 살펴봄으로써 중국 私法의 흐름을 이해하고자 한다.

Ⅱ. 中國 社會主義 市場經濟 法律體系의 構造

중국은 "사회주의 시장경제는 바로 法制經濟"라는 기치를 내걸고 2010년까지 기본적으로 사회주의시장경제체제 및 법률체계수립에 진일보 매진하고 있다.[4] 중국 사회주의시장경제 법률체계는 사회주의법률체계의 주요 구성부분으로써 다음과 같이 분류 할 수 있다.[5]

1. 시장 주체법

이는 시장주체의 조직형식 및 지위에 관한 법률규범으로 소위 시장주체, 즉 시장에서 경영활동에 종사하는 기업과 개인을 지칭한다. 그 구체적 형

3) 柳经緯, 吴克友, "关于制定民法典的條件是否成熟的几个問題, 「中國法學」1998年 第4期, 27~28頁, 최근(제9기 全人大 31차 회의) 중국은 민법제정을 위한 草案심의를 시작하였으며, 동 초안에는 총칙, 물권법, 계약법, 인격권법, 혼인법, 상속법 등 모두9편 1200여 개 조문을 설정하고 있다고 한다.

4) 丁邦开, 社會主義市場經濟法律論, 東南大學出版社, 2002, 17頁.

5) 馬洪, 什麽是社會主義市場經濟, 中國發展出版社, 1994, 253~254頁.

식은 회사(주식회사, 유한회사), 合作社, 合伙企業, (조합기업), 國有企業, 集體企業, 私營企業, 獨資企業, 經營戶 등이다.

시장주체법은 公司法(회사법), 合作社法, 合伙企業法, 國有企業法, 集體企業法 등을 들 수 있다[6].

2. 시장주체 행위규칙법[7]

시장주체의 거래행위에 관한 법률규범으로 이에는 物權法, 債權法, 票据法, 證券交易法, 保險法, 海商法, 專利法(특허법), 商標法, 著作權法 등이다.

3. 시장관리 규칙법

시장의 평등한 경쟁과 공평경쟁 질서를 보호할 규범으로, 이에는 反不正當競爭法, 독점금지법, 소비자권익보호법 및 產品質量法 등이 있다.

4. 시장 체계법

사회주의 시장체계 수립을 위하여 소비품시장, 금융시장, 노동력시장, 기술시장, 정보시장, 부동산, 건축시장 등의 시장체계에 관한 법률들, 즉 貨物賣買法, 勞動力 市場管理法, 技術交易法, 信息法 등이 있다.

5. 시장거시조정법

예산법, 은행법, 물가법, 세법, 투자법, 산업정책법 및 計劃法 등이 있다.

6. 사회보장법

이에는 노동법, 사회보험법 등이 있다.

---

6) 이 시장주체법이 중국상사법의 '商事組織法律制度' 이다.
7) 이 시장주체의 행위규칙법이 중국상사법의 '商事行爲法律制度' 이다.

Ⅲ. 中國 社會主義 市場經濟化에 따른 企業活動分野 法制

중국이 개혁・개방이후 현재까지 사회주의시장경제법률체계 하에서의 기업활동 분야에 관한 법의 발전현황을 기업법제, 도산법제, 경쟁법제, 투자법제 및 무역법제 분야로 나누어 고찰하고자 한다.

1. 企業法制

중국은 사회주의 公有制를 기초로 하고 개인경영경제 및 외국투자기업을 보완적인 지위로 두었으나(1982년 헌법) 그 후 私營經濟의 존재를 인정한 후(1988년 헌법개정) 1999년 헌법 개정에서 공유제를 주체로 하는 경제체제를 유지하면서도 다양한 소유제 경제를 인정하고, 비공유제 경제도 사회주의시장경제의 중요한 구성부분이라고 선언하기에 이르렀다.

중국의 기업은 全民所有制企業(국유기업), 集團所有制企業, 私營企業, 外國人投資企業, 株式制企業(會社) 및 連合經營企業으로 분류 할 수 있다. 여기의 기업형태는 기업의 투자방식 및 책임부담형식과 소유제의 두가지 기준에서 분류한 것이며 자세한 것은 상사조직 법률제도(Ⅴ.1)에서 언급한다.

2. 倒産法制

계획경제하에서는 국유기업이 파산할 때「關, 停 ,併, 轉[8]」에 의한 행정적인 조치로서 조정 하였다.

그 후 국유기업개혁의 촉진을 위하여 「企業破産法(試行)」을 제정 하였으나 일반 상사 기업이나 비국유기업의 파산에 적용할 법이 없는 실정이다. 비록 중국 民事訴訟法에 파산절차에 관한 규정이 있으나 이것으로 정식 파산법을 대체할 수 없다. 중국은 80년대 들어 「企業破産法(試行)」(1986)을 공포하였으나 그 실시 효과는 별로 이상적이지 못하다. 그 이유는 첫째, 이법은 全民所有制企業, 즉 國有企業에 적용하는 것으로 오늘날 상당수 국유기업이 회사제도로 전환되었기 때문에 회사에는 적용할 수 없고 또

8) 패쇄, 휴업, 합병, 전업(轉業)을 의미한다.

한 非 國有企業[9]에 적용할 법이 없다. 둘째, 국유기업의 파산은 실제 커다란 장애가 있다. 국유기업은 많은 사회적 책임을 안고 있기 때문에 사실상 국유기업의 파산은 쉽지 않다고 할 수 있다[10].

3. 競爭法制

중국은 경제체제개혁의 일환으로 「市場」개념의 도입과 동시에 「競爭」개념의 도입을 모색하였다. 1993년에 통일경쟁법에 해당하는「反不正當競爭法」을 공포하였으나, 독점금지법의 제정은 시기상조로 별도의 제정이 예상된다.

4. 投資法制

중국이 개혁・개방이후 외자도입을 위하여 「中外合資經營企業法」, 「中外合作經營企業法」및「外資企業法」을 제정한바 있다. 이것은 공유제 경제의 발전을 주된 것으로 하면서도 외자도입의 필요성으로 인하여 각종 투자 형태를 인정 한 것이다. 그리고 1995년에는 외상투자주식회사[11] 및 외국투자의 방향성[12]을 정한 잠정 규정을 공포한 바 있다.

5. 貿易法制

중국 국무원은 「對外貿易體制改革의결정[13]」을 공포하여 법률・경제수단을 운용하여 대외무역 활동을 조절하고 대외무역을 객관적인 경제법칙에 기하여 운영함과 아울러 외국무역정책의 통일성을 유지하고 외국무역의 투

---

9) 예컨데 合伙企業 및 個人獨資企業 등에 관하여 적용할 법이 없는 셈이다.

10) 중국의 국유기업은 하나하나가 小社會라 할 정도로 기업자체외에도 유치원, 초등, 중등학교, 병원등 복지기구가 부대해 있어 파산후에 야기될 많은 사회문제(직공의 재취업 등)로 인하여 사실상 파산이 불가능 하다고 할 수 있다.

11) "關於設立外商投資股份有限公司若干問題的暫行規定", 1995. 1. 10 對外貿易經濟合作部公布.

12) "指導外商投資方向暫行規定" 1995. 6. 20, 國家計劃委員會・國家經濟貿易委員會・對外貿易經濟合作部

13) "國務院關於進一步深化對外國貿易體制改革的決定", 1994. 1. 11 公布.

명성을 제고하기 위하여 1994년에 「對外貿易法」을 제정・공포하였다.

Ⅳ. 中國社會主義 市場經濟와 民商法의 關係

1. 상법의 개념

중국은 청조말년에 간단한 내용을 가진 「大淸商律」을 공포한 바 이는 서양 상법개념을 받아들인 것으로 商事立法의 시작인 것이었다. 중화민국 시기에 민법전을 제정하였으나 상법전은 제정하지 않고 單行商事法規만 있었다.

신중국 성립 후 계획경제하에서는 상품경제 및 상법은 모두 부정되었다. 경제체제개혁과 함께 사회주의시장경제가 수립된 이후 이론상 상법을 법률부문으로, 그리고 상법전 제정문제를 제기하자 논쟁이 심하였다.

학리상 상법의 정의를 내린다면 「民法通則」 제2조와 같이, 상법은 평등주체의 상품경제관계를 조정하는 법률규범의 총칭이라 할 수 있을 것이다.[14)]

2. 상법과 민법의 관계

중국은 실제상 民商合一論에 입각하고 있다. 일부에서는"민상법" 이라고 하고, 또한 일부에서는 民商法教研室, 民商法研究室이라는 학내 명칭을 사용하기도 한다. 따라서 중국은 민상합일입법제도를 택하고 있으므로 이론상 商事法規는 民法의 造成部分이거나, 民法의 特別法이라 할 수 있다[15)]. 중국은 과거 정부지령계획에 의한 자원배치작용으로부터 국가가 제정하여 공포한 시장경제운용을 위한 법률규범으로 대체함으로써 이른바 "시장경제는 곧 법제경제"라고 할 수 있다.

또한 시장경제는 私法이 기본법이며 民商法이 私法을 대표한다. 民商法은 국가의 기본법이며 시장경제의 발전에 민상법이 없을 수 없으며 민상법도 시장경제의 발전에 필수 불가결하다.

---

14) 魏振瀛, 民商法原理與實務, 北京大學出版社, 1996, 13頁.
15) 魏振瀛, 上揭書, 14頁.

중국은 民商合一主義를 채택하는 국가이므로 商法은 民法의 특별법으로 취급하며 습관상 민법과 상법을 民商法으로 부르고 있다.

광의의 民法은 私法전부를 의미하는 민법으로서, 일체의 추상적이고 평등적인 재산관계 및 인신관계를 조정하는 법을 이른다. 광의의 민법에는 상품경제영역 및 노동영역중의 재산관계와 인신관계 모두를 포함하는 개념이다. 이 광의의 민법에는 협의의 민법 - 즉 상품경제영역중의 재산관계와 인신관계를 조정하는 것으로 노동영역 및 가족 노동법 및 가족법이 포함된다[16]. 또한 「民法通則」 제2조의 규정은 광의의 민법을 의미하나 단 가족법은 포함되지 않는다[17].

3. 중국민상법의 현황

그동안 中國民商法의 立法 및 理論은 상당히 빨리 발전하였다. 많은 민상사법률, 법규가 제정되었으며 시장경제 발전에 맞지 않는, 특히 WTO규칙과 부합하지 않는 민상사법률을 개정하였다.

예컨대 「統一合同法」, 「公司法」, 「婚姻法」, 「特許法」, 「商標法」, 「著作權法」 등이 이에 해당한다. 최고인민법원은 민상사법률의 집행을 위하여 약간의 司法해석을 내 놓으므로서 민상사법의 적용에 중요한 의미를 부여하고 있다.

1) 개혁·개방 이후 20 여년 동안 중국특색의 사회주의 民商法 체계의 초보단계를 갖추었다. 비록 「민법전」은 아직 없더라도 중국이 민상사 관계를 규율하는 민법이 없는 것은 아니라 할 것이다. 이미 제정된 「民法通則」과 「合同法」, 「繼承法」 및 「收養法」은 민법전의 기본부분인 總則, 債權, 親族 및 相續의 내용을 포함하고 있다.

또한 중국이 민상사관계의 기본영역에 있어서 「海商法」과 같이 이미 선진 수준과 국제관례에 도달하고 있다.

---

16) 丁邦开, 前揭書, 176～179頁.
17) 丁邦开, 上揭書, 179頁.

2) 중국은 민상법과 시장경제간에 내재된 본질관계를 중시하여 민상사법률이 시장경제의 요구에 적응하도록 법률을 제정・개정하였다.

3) 중국 현행 민상법의 입법은 지난 경험, 특히 민사권리 보호에 중점을 두었다. 「民法通則」은 "公民, 法人의 합법적인 민사권익은 법률의 보호를 받으며, 어떠한 조직이나 개인도 이를 침해하지 못 한다"(동법 제5조)고 규정하고, 기타 단행법에도 민상사 주체가 향유할 각종 민사권리를 규정하고 있다[18].

4) 민상법이론에 대한 연구가 매우 발전되어 이제는 단순한 법률해석 단계를 넘어 이에 대한 전문적인 교과서가 나올 정도에 이르렀다.

5) 법률전문가가 대거 입법 활동에 참여하여 놀라운 성과를 내고 있다. 최근의 統一契約法(合同法)은 그 대표적인 결과물이다.

그러나 이러한 성과에도 불구하고 현행 민상법은 적지 않은 결함과 문제점을 가지고 있으며, 이러한 점이 바로 민상법의 현대화, 과학화 및 법전화를 제약하는 요소들인 것이다.

중국민상법상 존재하는 최대의 결함은 바로 아직까지 민법전을 제정하지 못하고 있다는 점이다. 이는 중국의 민상사입법이 소위 "小賣"式(零售制)이기 때문에 民法典을 먼저 제정하지 않고 각각의 조성부분을 제정하는 것에 기인한다. 이것은 급한 것을 먼저 입법하고 또한 쉬운 것을 먼저, 어려운 것을 나중에 입법하는 중국의 입법 방식이다[19]. 그러나 최근 중국은 민법전제정에 착수 하였다.

4. 중국 민상법의 문제점

1) 현행 민상법 규정이 간단하고 내용이 불건전함과 동시에 규정이 없는

18) 예컨대, 특허법에 의한 특허권, 상표법에 의한 상품권, 저작권법에 의한 저작권, 소비자보호법에 의한 소비자권익 등인데 이러한 권리들은 당연한 것인데도 중국의 경우는 매우 의의가 있는 것들이라 할 수 있다.

19) 중국의 입법태도는 "하나가 성숙하면 하나를 제정"(成熟一个 制定一个)하는 소위 소매에서 도매로 가는 정책(from the "retail" to "wholesale" policy)을 채택하고 있다.

것이 허다하다.

2) 현행 민상법 규정이 중국입법 체제상의 원인으로 서로 조화되지 않은데 이러한 현상은 기본법과 단행법간은 물론 단행법 간에도 존재 한다[20].

3) 규정의 비과학성이 많다. 이것은 중국민상법이 민상법 이론연구의 수준의 제한성과 중국특색을 지나치게 고려한데서 비롯되었다[21].

4) 현행 민상법의 행정화 경향이 심하게 나타난다. 많은 민상법의 입법은 행정법규의 형식에서 나온 것인데 예컨대, 土地法은 「土地管理法」의 형식에서, 그리고 房地産法(부동산법)은「房地産管理法」의 형식에서 나온 것이 그것이다. 또한 현행민법상에는 많은 행정 법률규정이 있다. 예컨대 「民法通則」의 벌칙과 구류에 관한 규정이 그것이다.

5) 민상법의 司法解釋이 지나치게 많은데 이는 간단한 법률과 수많은 사법해석이 서로 결합한 것으로 중국 민상법의 하나의 특색이자 결함인 것이다.

사법해석은 "司法立法"이 되며 법률의 성질을 변경시키는 것이다. 이러한 점은 민상법의 권위에 害가 되며 동시에 엄격한 법 집행에도 불리한 요소가 된다.

5. 중국 민상법의 미래

中國民商法의 가장 중요한 작업은 바로 民法典을 제정하는 것이다. 이 민법전 제정에 관하여는 조건이 갖추어 졌는가와 시기가 성숙되었는가의 문제가 있다. 이에 대한 학자들의 의견 또한 나누어져 있었다.

「民法通則」 제정 전(제1단계), 사회주의 시장경제체제의 전환기 전후(제2단계) 및 민법통칙 실시기념 10주년 좌담회(1997년)등 3단계에 걸쳐 "조건성숙론"과 "조건미성숙론"의 대립이 있었으나 번번이 조건미성숙으로 결론

20) 예컨대 「民法通則」과 「合伙企業法」는 모두 合伙(조합)에 관한 규정이 있는데 양자의 규정은 차이가 크다.

21) 예컨데, 회사법상 회사의 국유자산은 국가소유에 속한다는 규정과 어음수표법상 어음수표관계의 無因性을 인정하지 않고 대가관계의 존재를 요구한다. 또한 신탁법상 신탁재산의 재산권 이전을 인정하지 않는다는 등의 규정에서 찾아 볼 수 있다.

이 났었다[22].

중국의 현재 정황에서 볼 때 民法典 제정시기가 이미 성숙되었다고 보는 입장에서는, 첫째 경제상에서 볼 때 중국시장 발달은 이미 정식궤도에 진입했으며 특히 WTO 가입 후는 경제상 세계화를 실현하게 되었다. 따라서 민법전은 현실의 경제기초를 제공하고 현실의 수요를 제공하여야 한다.

둘째로, 이론 연구 상에서 볼 때 최근에 중국민상법의 이론연구가 최고조에 달하였으며 많은 문제점에 대한 연구가 이루어지고 있다. 統一「合同法」의 기초가 이러한 결실의 증거가 된다.

셋째로, 사상 면에서 볼 때 시장경제, 특히 WTO 가입 후 사람들의 사상관념에 이미 근본적인 변화가 일어나고 있으며 민법사상이 사람들에게 보편적으로 받아들여지고 있다. 보도에 의하면 중국은 이미 민법전제정에 착수하고 있다고 한다.

향후 民法典의 체계에 대하여 民商分離 또는 民商合一의 선택이 남아있다.[23]

중국의 역사와 현실에서 보면 중국은 民商合一原則을 견지하고 있다. 주요 이유로는 1) 民商合一論이 私法理論에 부합하며, 2) 민상합일론이 民商合體 → 民商分離 → 民商合一로 가는 민법 발전의 추세이고, 3) 民商合一이 중국입법전통에 부합하는 것으로서, 淸 末에 법전화 운동 시에 처음에는 민상분리체제를 채택했다가 그 후 民商合一體制로 간 것이다. 4) 民商合一이 中國立法實踐에 부합한다는 것인데 중국의 근래입법실천을 보면 중국은 일찍이 民商合一의 방향으로 발달해 왔다는 것이다[24].

統一「合同法」의 제정에서 중국의 민상사 입법은 民商合一 방식을 채택했다는 것이 명백하다[25].

---

22) 柳经緯, 吴克友, "关于制定民法典的條件是否成熟的几个問題, 「中國法學」1998年 第4期, 27～28頁

23) 그 이유에 관하여는 鄭玉波, 「民法通則」三民書局, 1993年, 35-36頁 참조

24) 王書江, 「中國商法」, 中國經濟出版社, 1994, 14～16頁

25) 「合同法」에는 전통적 민사계약(증여계약)과 전통적 상사계약(화물운송계약)이 규정되어있다.

중국은 民商合一論을 견지한다. 다만 형식상 이것은 民法典과 병행하여 한 부분 독립의 商法典을 제정하는 것이 아니며, 상법을 완전히 민법전에 합치는 것도 아니다. 더욱이 복잡한 민상 관계를 일부 민법전 중에 포함시키는 것도 아니며, 실질적인 상법이 소멸되는 것도 아니다.

民商合一을 절대화 할 수도 없고 또한 民商合一이 실질적 상법의 존재를 부정할 수 없으며, 실제 이것도 불가능한 일이다. 따라서 절대적인 民商合一法典의 형식을 취하는 일은 없을 것이다[26].

정확히 말하면 통일 民法典외에 商法典을 제정하지 않고 약간의 商事單行法을 제정하여 이를 民法의 特別法으로 하면서 민상법관계를 조정하도록 하는 것이다[27].

V. 中國 商事法律 制度

중국 商事法은 아직 일천한 법률제도이다. 計劃經濟下에서는 상사법률제도가 없었으나 개혁·개방 이후, 특히 社會主義市場經濟體制의 실시이후 상사법률제도가 나타나게 되었다.

現 中國 商事法律 制度는 商事主體의 商事組織法律과 商行爲의 商事行爲法律로 나눌 수 있다.

1. 商事組織 法律制度

商事主體의 규율은 社會主義 市場經濟의 건전한 발전을 위한 필요조건이며, 商事主體에 대한 法律規範은 商事法律制度의 기본적 내용의 하나이며, 각종 기업 法律制度를 일컫는다[28]. 중국은 1992년 10월 중국공산당 제 14기 전당대회에서 사회주의시장경제체제수립의 개혁을 선언한 후 중국 기업입법은 기존의 소유제와 업종에 따라 분류하던 전통적 기업 입법방식에서 시장

26) 丁邦开, 前揭書, 184頁.
27) 이 견해에 대하여 이 방법이 바로 실제상 "民商分離"가 아닌가 하는 견해가 있다(王書江, 上揭書, 19頁).
28) 사회주의 시장경제 법률체계상에서 보면 市場主體法에 해당한다(馬洪, 前揭書, 253頁).

경제체제하의 출자방식과 책임부담형식에 따르는 입법으로 전환하고 기업법의 새로운 구조체계를 정비해 나가고 있다. 좀 더 구체적으로 살펴보면 비록 중국이 기업입법 면에서 출자방식과 책임부담 형식을 기준으로 전환하였지만 소유제의 성격에 따라 기업을 분류하는 방법을 완전히 배제하지 못하고 있다. 중국정부는 사회주의시장경제체제하에서 大中型 국유기업들의 출로를 찾기 위하여 국유기업의 회사 제도로의 전환을 대규모적으로 추진하고 있다. 그러나 국가기간산업과 국민경제생활전반에 중대한 영향이 있는 기업들 중 당분간 회사형태로 전환하기 힘든 기업은 국유기업 내지 집단기업으로 별도의 법 규정으로 규율할 수밖에 없다. 따라서 현 단계 중국의 기업형태는 기업의 투자방식 및 책임부담 형식과 소유제의 두 가지 기준으로 분류할 수 있다. 따라서 중국의 기업법의 구조체계는 회사법, 조합기업법, 개인독자기업법, 주식합작기업법과 국유기업법, 집단기업법 그리고 외국인 투자기업법으로 분류할 수 있다[29].

1) 회사법 (公司法)

公司法은 1993년 12월 29일에 공포하고 그 이듬해 7월1일부터 시행된 현대기업형식 즉 회사의 주요 법률이다. 이 법은 회사의 종류, 회사의 설립, 회사의 조직기구, 주식회사의 주식의 발행 및 양도, 회사채, 재무회계, 합병, 분할, 해산 및 청산, 외국회사의 지점 등을 규정하고 있다. 이 公司法의 제정은 중국기업입법이 새로운 단계에 들어섰다는데 의미가 있다. 이것은 중국기업입법이 企業 所有制에서 企業 出資人의 책임 및 資金조성구조로 전환되었다는 것을 말한다. 중국 회사법은 회사제도를 규율하는 것을 중심으로 하고, 회사설립 조건을 명확히 하는 외국제도의 원리를 수용하였다. 예컨대, 주주평등원칙, 주주유한책임, 회사조직의 분리 및 상호제약의 원칙, 주주와 채권자의 합법적 권익보호원칙 등이다. 또한 회사최저자본제도, 자본3원칙을 강조하고 있다.

---

29) 吳日煥, "中國企業立法의 發展과 企業法의 構造", 「동북아시아의 기업법체계」, 2002, 8頁.

이 회사법은 중국의 國情과 각국의 통례에 의거하여 회사형식을 有限責任公司(유한회사)와 股份有限公司(주식회사)의 두 종류를 규정하였다.

중국 회사법은 현대적 기업제도 수립의 필요성에 부응하고 회사의 조직과 활동을 규율하며 회사, 주주 및 채권자의 권익을 보호하고 사회경제질서를 유지함으로써 사회주의시장경제의 발전을 촉진하기 위한 목적으로 제정하게 된 것이다(제1조).

이 법의 공포는 실로 중국기업입법사상 중요사건이라고 표현될 정도로「社會主義市場經濟體制若干問題的決定」에서 밝힌 바와 같이 국유기업의 경영구조를 전환하여 현대기업제도를 社會主義市場經濟體制의 기초로 하자는 데 그 뜻이 있다.

중국은 최근에 이르러 완전한 시장경제구조로 진입하면서 "사회주의시장경제는 곧 法制經濟"라고 할 정도로 사회주의시장경제법률체제의 정비에 총력을 쏟고 있으며 이「公司法」은 그 대표적인 법의 하나이다. 그동안 공포된 일련의 법들은 중국이 실시한 시장경제에 대한 경험과 외국의 선진입법례를 따라 수년간의 작업 끝에 제정되었다는 점에서는 이 공사법도 예외가 아니다.

「中國公司法」의 몇 가지 특색은 본 법의 곳곳에서 나타나고 있는 소위 "中國特色"이 반영된 것으로 보여 진다. 이 법에는 지금까지의 경제체제와 다른 회사제도의 도입에 따른 차이점을 강조하기 위한 규정들이 잔재하고 있다.

국유기업의 회사제도로의 전환에 따른 공사법의 제 규정과 회사 설립시 엄격한 요건을 요구하면서 특히 주식회사에 해당하는「股份有限公司」는 허가주의를 채택하고 있다.

또한 회사의 사회적 의무를 강조한다든가 경우에 따라서는 타 입법에서 볼 수 없는 노동조합(工會)에 관한 규정과 직원(職工)의 권익보호 규정까지 그 내용으로 하고 있으며 때로는 법리상 당연한 규정 (제4-6조) 등도 포함되어 있고 심지어 중국공산당에 관한 규정까지 내포하고 있는 점 등이 특이하다.

특히「有限責任公司」의 한 형태로「國有獨資公司」를 두어 주요 산업에 대한 국가의 주도권을 광범위하게 인정하고 있는 점도 특색의 하나라 할 것이다. 이러한 형태의 회사는 국가가 全民所有企業 制度하에서의 무한책임에서 벗어나면서도 여전히 영향력을 행사하려는 데 그 초점이 맞추어져 있으며 同公司의 인정은 기존 會社法理를 무시한 새로운 형태의 기업제도로 강조되고 있다.

앞에서도 언급한 바와 같이「中國公司法」은 중국 실제상황을 고려하면서 외국회사의 입법경험과 대만, 홍콩 및 국제통용 준칙 등을 토대로「國有獨資公司」, 주식발행 및 양도, 직공의 회사관리에 대한 참여, 회사설립 시 등기와 영업허가를 상호 결합한「有限責任公司」의 회사채 발행 등 일련의 새로운 제도를 도입하였다는 점이 특기할 만 하다.

「中國公司法」은 중국의 현실여건을 감안하여 제정된 것이기는 하나 회사제도가 아직 발전단계 중에 있는 만큼「公司法」도 회사발전과정과 함께 변화하면서 완성될 것이다. 또한 중국이 WTO에 가입함에 따라 회사법의 문제점도 적지 않다. 비록 중국이 시장경제를 표방하고 있으나 여전히 정부의 통제가 강하여 시장진입에 많은 장애요소가 되며 각종 제한과 금지를 많이 장치해 놓고 있다. 몇 가지 예를 보면 첫째, 회사 설립 시 최저자본을 요구하고 또한 총액인수주의를 채택함으로서 투자를 어렵게 하고 있다[30]. 둘째, 주식회사 설립은 허가주의라는 것이다(제77조)[31]. 이러한 허가주의는 현대 주식회사제도에 부합하지 않는다. 셋째, 국가에 의한 독점경영부분이 많아 개인자본과 외국자본 유입 시 특정업종에 대하여 제한 또는 금지조치를 행하고 있다. 향후 투자자에 대한 개방이 요구된다.

2) 조합(合伙)企業法

合伙企業(partnership enterprise)[32]은 우리의 合名會社(이하 組合企業이라한다.)와 같은 기업 형태이나 다만 법인격이 없으므로 일종의 組合이라 할 수 있다.

---

30) 주식회사의 최저자본금은 1천만元(약 16억원)이며(동법 제78조), 유한회사의 경우 업종에 따라 10만元에서 50만元 이상을 요구하고 있다(동법 제23조).

31) 유한회사는 준칙주의를 채택하고 있다(동법 제27조).

32) 「중화인민공화국 법률 휘집」(1997년판)에는 合伙企業을 "합명기업"으로 번역하고 있으나, 이를 "組合企業"으로 번역하기도 한다.

중국은 1997년에 조합기업관계를 조정하는「合伙企業法」을 공포하였다. 이 法은 조합기업의 설립, 재산, 업무집행, 조합기업과 제3자와의 관계, 가입과 탈퇴, 해산 및 청산 등을 규정하고 있다.

조합기업은 중국의 기업형태의 일종이며, 조합기업법에 의하여 설립된, 각 조합원이 조합계약을 체결하고 공동으로 출자하고 경영하며 수익을 공동으로 분배하고 위험을 공동으로 부담하며 조합기업의 채무에 대하여 무한의 연대책임을 지는 영리조직이다(동법 제23조). 조합기업은 다수인이 출자하는 기업이지만 회사와 구별된다.

그리고 조합원(合伙人)은 회사 채무에 대하여 연대·무한책임을 지는 것이 특징이다.

또한 각 조합원은 조합기업의 업무집행에서 동등한 권리를 가지며, 전체 조합원이 공동으로 조합기업의 업무를 집행할 수도 있고, 1인 또는 여러명에게 기업의 업무집행을 위임할 수 있다. 조합기업의 업무를 집행하는 조합원은 조합기업을 대표한다(동법 제25조).

업무에 참여하지 않는 조합원은 업무를 감독하고 업무의 집행상황을 검사할 권리를 가진다(동법 제26조). 조합기업은 업무집행과 기업을 대표하는 조합원의 권리를 제한함에 있어 선의의 제3자에게 대항하지 못한다(동법 제38조).

조합기업에 새로 가입하는 자는 전체 조합원의 동의를 얻어야 하며 법에 의하여 조합 협의서에 서명하여야 하며(동법 제44조) 일정한 사유가 있을 때 퇴출할 수 있다(동법 제46조). 조합기업은 일정한 사유가 발생하면 해산하여야 하며(동법 제57조), 해산된 후 청산을 하고 이를 채권자에게 통지·공고 하여야 한다(동법 제58조). 청산이 종결되면 청산보고서를 작성하고 전체 조합원이 서명·날인한 후 15일내에 기업등기기관에 청산보고서를 제출하고 조합기업의 말소등기를 하여야한다(동법 제64조). 이 조합기업은 중국「民法通則」의 非 法人組織의 聯營(민법통칙 제4절)이며 일종의 非 法人자격의 경제조직이다[33].

---

33) 郑立, 王益英, 企業法通論, 中國人民大學出版社, 1997年, 305頁.

3) 個人獨資企業法

個人獨資企業法은 근래에 공포된(1999년) 商事法律의 하나이다. 이 法은 개인독자기업의 행위를 규율하고 개인독자기업의 투자자의 합법적 권리를 보호하며 사회경제질서를 보호함과 아울러 사회주의 시장경제의 발전을 촉진시키는데 목적이 있다(동법 제1조).

이 법은 회사법, 조합기업법과 함께 시장주체법률의 기본을 이루는 것으로 개인독자기업의 시장주체 법률적 지위를 부여하였으며, 中國市場主體法律制度를 완성하는 제도로서 개혁·개방 이후 끊임없이 심화된 필연적인 결과로 생겨난 것이다.

또한 이 법은 中國憲法의 제 규정에 근거하여 입법되었다. 즉 중국은 법에 의하여 다스리며(依法治國), 사회주의 법치국가를 건설한다(헌법 제5조). 국가는 사회주의 초급단계에 있어 公有制를 주체로 각종 所有制로 경제의 공동발전을 위한 기본경제제도로 삼는다(제6조). 법률이 규정한 범위내의 個體經濟, 私營經濟 등 非公有制經濟는 사회주의시장경제의 중요조성부분이다. 국가는 개체경제, 사영경제의 合法的權益을 보호하며, 이에 대하여 감독과 관리를 한다(제11조). 그리고 국가는 사회주의 시장경제를 실행함에 있어 경제입법을 강화하고 거시조정을 도모하며, 국가는 어떠한 조직 또는 개인이 사회경제 질서를 문란하게 하는 것을 금지한다(제15조). 이러한 헌법의 제 규정들이 바로 본법의 지도원칙이며 헌법규정을 구체화한 것이다[34].

個人獨資企業은 사회경제발전 중 가장 오래된 기업형태의 일종이며, 중국내에 설립하는 자연인 1人의 투자로서 재산은 투자자 개인소유로서 투자자는 이 개인재산으로 기업채무에 대하여 무한책임을 부담한다(동법 제2조). 개인독자기업의 설립은 準則主義이나, 법률, 행정법규에서 금지하는 업무에 대해서는 유관부분의 허가를 얻어야 한다(동법 제9조). 예컨대 금융업, 담배제조업 등이 그것이다[35].

개인독자기업은 다음과 같은 특징이 있다. 첫째 출자자는 법률과 행정법규

34) 卞耀武, 中華人民共和國個人獨資企業法釋義, 法律出版社, 2000. 26頁.
35) 卞耀武, 上揭書, 51頁.

에서 영리활동에 종사하는 것이 금지된 사람은 개인독자기업 설립신청을 할 수 없다(동법 제16조). 이에 해당하는 자들은 국가공무원, 행정기관 공무원 및 사법요원 등이다.

개인독자기업의 투자자는 기업재산의 소유권을 가지며 양도 및 승계할 수 있다(동법 제17조).

개인독자기업의 투자자는 스스로 기업 사무를 관리할 수 있으며 이를 위임할 수 있다(동법 제19조).

둘째로 개인독자기업의 투자자는 기업채무에 대하여 무한책임을 지며[36] 가정의 공유재산으로 기업채무의 무한책임을 진다. 이 법은 총46개조 및 부칙으로 구성되며 그 내용은 총칙(제1장), 개인독자기업의 설립(제2장), 개인독자기업의 투자자 및 사무관리(제3장), 개인독자기업의 해산 및 청산(제4장), 법률책임(제5장), 부칙(제6장)이다.

4) 주식합작기업법(股份合作企業法)

주식합작기업은 둘이상의 주주가 합작으로 투자하여 공동으로 경영하는 기업이며 주식제 기업과 조합기업의 이중적 성격의 기업이다. 투자방식은 주식제기업과 유사하고 경영관리 상으로는 조합기업과 비슷하다. 1980년대 중국의 농촌개혁과정에서 나타난 이 기업형태는 90년대에 들어 도시집단소유제기업의 개조에도 이용되고 있다. 현재 주식합작기업법은 제정 중에 있으며,[37] 지금까지 중앙정부 관련 부처의 규칙과 지방정부의 입법으로 규율하고 있다.

5) 기타 企業法律制度

이상의 3종의 기업법률제도 이외에 중국은 全民所有制工業企業法[38], 鄉

---

36) 郑立, 王益英, 前揭書, 339頁以下.

37) 주식합작기업에 대한 전문적인 법률제정에 관하여는 찬반의견 대립이 있다.

38) 국유기업법, 즉 전민소유제기업법이란 국가가 국유기업을 조직관리하는 것을 규율하고 국유기업의 설립, 변경, 취지, 조직기구의 건립 및 생산경영활동 중에서 발생하는 각종 경제관리를 법적으로 규율하는 법률규범의 총칭으로 "全民所有制工業企業法"(1988) 및, "全民所有制工業企業經營體制轉換條例"(1992)를 제정하여 국유기업의 기업경영권의 독립성을 강조하고 기업과 정부의 관계를 재정립하였다.(吳日煥, 前揭書, 18頁.)

鎭企業法(1996), 城鎭集體所有制企業條例, 鄕村集體所有制企業條例[39] 및 특별회사 즉 상업은행의 운영에 관한 商業銀行法 등이 모두 市場經濟經營主體法律이다.

6) 중국 기업법률제도의 문제점

중국의 私人企業과 國有企業, 중국기업과 외자기업간에 불평등한 대우 및 지위가 존재하며 기업내부에서도 私人투자자와 국가주주간의 불평등한 지위가 여전히 발생하고 있다. 이러한 현상은 국유기업의 융자혜택, 주식사채발행의 용이, 외국인의 회사설립 곤란, 외국기업에 대한 특혜(기업소득세 혜택), 국유주주의 절대적 지위 등 여러 방면에서 나타나고 있으며 WTO 가입과 함께 이러한 장애요인이 제거 되어야 할 것이다[40].

2. 商事行爲 法律制度

商行爲法律制度는 商法의 중요부분을 구성한다. 중국의 상행위법률제도는 企業直接融資法律規則, 間接融資法律規則, 商業的危險을 예방 또는 분산하는 法律規則, 어음·수표 및 어음·수표교환法律規則, 海上運送法律規則 및 信託法과 破産法, 先物去來法, 投資基金法(제정예정)으로 구성되어 있다.

"民商合一"의 입법체제하에 일부 중요한 상행위 법률을(예컨대 合同法)을 제외하면 다음과 같은 법률이 주요 상행위 법률제도이다. 이러한 법률들이 社會主義市場經濟法律體系에서 보면 市場主體行爲規則法에 해당 한다[41].

(1) 證券法

증권의 발행과 거래를 규범화하고 투자자의 합법적 권익을 보호하며 사회경제질서와 사회공공이익을 수호하고 사회주의시장경제의 발전을 촉진하

---

39) 집단기업법(集體所有制企業法)은 국가가 집단기업의 내부조직관리와 생산 경영활동 중에서 발생하는 경제관계를 규율하는 법률규범의 총칭으로 이들 도시, 농촌 집단소유제기업조례는 행정법규 형식으로 국무원에서 제정한 것이다.(吳日煥, 上揭書, 19頁.)

40) 자세한 것은 施天濤(中國淸華大學法學院)교수의 「WTO與中國商法」, '동북아시아의 기업법체제' 2002 참조.

41) 馬洪, 前揭書, 254頁.

기 위하여 제정한 것이 증권법(1998. 12. 29 제정)이다. 이러한 목적을 달성하기 위하여 중국 증권거래법은 몇 가지 주요원칙을 규정하고 있다. 증권의 발행과 거래활동은 공개, 공평, 공정의 원칙을 준수해야 한다(동법 제3조). 그리고 증권거래의 당사자는 평등한 법률적 지위를 가지며 自願, 有償, 신의성실의 원칙을 준수해야 한다(동법 제4조). 증권업과 운행업, 신탁업, 보험업은 分業하여 경영·관리한다. 그리고 증권회사와 은행, 신탁, 보험 업무기구는 따로 따로 설립한다(동법 제6조).

국무원 증권감독관리기구는 전국의 증권시장에 대하여 집중통일의 감독관리를 실시한다(동법 제7조). 국가는 증권의 발행과 거래활동에 대하여 집중통일의 감독·관리를 실시하는 전제하에서 법에 의하여 증권업협회를 설립하고 자율성 관리를 실시한다(동법 제8조).

또한 공개발행증권은 법률과 행정법규가 규정한 조건에 부합해야 함과 아울러 국무원 증권감독관리기구 또한 국무원이 수권한 부서의 검토 및 심사승인을 받아야 한다(제10조). 주권(股票)의 공개발행은 회사법의 조건에 부합하여야 하며 사채(公司債券)의 발행도 회사법의 조건에 부합하여야 하고 국무원이 수권한 부서의 승인을 받아야 한다(제11조). 증권거래당사자가 법에 의하여 매매하는 증권은 법에 의하여 발생·교부하는 증권이어야 하며 非法으로 발행한 증권은 매매하지 못한다(제30조). 또한 법률상 양도기한에 대하여 제한규정이 있는 것은 한정된 기한 내에 매매하지 못한다(제31조).

그밖에도 증권의 상장(제3장 제2절), 지속적 정보공개(제3장 제3절), 거래행위의 제한(제3장 제4절), 상장회사의 매수(제4장), 증권거래소(제5장), 증권회사(제6장), 증권등록결제기구(제7장), 증권거래봉사기구(제8장), 증권업협회(제9장), 증권감독관리기구(제10장), 법적책임(제11장)을 규정하고 있다(총210조 및 부칙).

(2) 어음·手票法

1) 개요

이 법은 중국에서 제정한 어음·수표 사항을 규정하는 최초의 법률이다. 중국 어음·수표법(中國票据法)은 1995년 5월 10일 제8기 전국인민대표대회 상무위원회 13차 회의에서 통과되어 1996년 1월 1일부터 시행하였다. 전 7장 111개 조문으로 구성되어 있는 이 법은 中國社會主義 市場經濟의 法系中 市場主體의 행위를 규제하는 法중의 하나이고 또한 民事特別法의 하나이기도 한, 이른바 실질적 의의의 상법에 속한다[42].

이 법에서 "票据"라 함은 환어음(匯票), 약속어음(本票) 및 수표(支票)를 말한다(제2조). 이 법이 총칙(제1장), 환어음(제2장), 약속어음(제3장), 수표(제4장), 외국관련어음 수표의 법률적용(제5장), 법률책임(제6장) 및 부칙(제7장)으로 구성되어 있는 것으로 보아, 입법 상 환어음, 약속어음과 수표를 하나의 법으로 하는 통일입법의 형태(包括主義)를 취하고 있다. 또한 환어음법을 중심으로 약속어음과 手票法에서 환어음의 규정을 준용하는 형식을 취하고 있음을 볼 수 있다.

2) 주요내용

이 법의 구성은 총칙(제1장), 환어음(제2장), 약속어음(제3장), 수표(제4장), 섭외어음의 법률적용(제5장), 법적책임(제6장), 부칙(제7장)으로 되어있다.

제2장 환어음에는 발행, 배서, 인수, 보증, 지급, 소구권을 규정하고 약속어음의 경우 환어음 규정을 적용하며(동법 제81조), 수표의 경우 역시 환어음의 규정을 적용한다(동법 제94조)고 되어있다.

3) 어음 · 手票法의 특색

위에서 본 바와 같이 어음手票法은 社會主義 市場經濟法 體制 중 市場主體의 행위규제를 위한 법의 하나로 입법되었음을 알 수 있다. 입법목적에서 당사자의 합법적 권익을 보장하고 사회경제질서를 유지보호하며 사회주의시장경제의 발전을 추진한다는 규정은 앞에서 본 회사법의 목적과 동일한 궤도에 있다고 할 수 있다. 어음과 수표활동은 법률과 행정법규를 준수하여야 하며 사회의 공공이익에 손해를 끼쳐서는 안 된다는 규정(제3조), 신의성실의 원칙에 따라 진실한 거래관계를 요구하며 반대급부가 있어야 한다는 규정(제10조), 어음수표상의 기재사항은 반드시 진실해야 하며 위조,

42) 馬洪, 前揭書, 257頁.

변조를 할 수 없다는 규정(제14조) 등을 제1장 총칙에 둠으로서 사회주의 시장경제의 건전한 발전을 도모한다는 뜻이 나타나 있다. 이러한 내용들은 기술법의 성질을 가지는 어음·수표법에 불필요한 규정일 것이나 한편 통일된 民·商法典을 가지지 않고 단행법으로 제정하는 중국의 입법태도에서는 어느 정도 이해할 수 있는 것이기도 하겠다.

또한 어음수표의 사기행위에 대한 형사책임규정과 행정처벌, 배상책임 및 민사책임에 관한 규정을 두는 것도 위와 같은 성질의 것이다.

약속어음은 은행어음이며 발행인의 자격을 규정하며 지급기한을 최장 2월로 하고 있는 것도 우리와 다른 규정들이다.

그리고 이 법과 상이한 규정이 국제조약에 있는 경우 국제조약의 규정을 적용하며 여기에도 규정이 없는 경우 국제관례를 적용한다고 하여 국내법보다 국제조약의 적용을 우선하고 있다.[43]

부칙에서 환어음, 약속어음 및 수표의 양식을 통일되어야 하며 이들 양식과 인쇄제작 관리요령은 중국인민은행에서 제정한다고 하여 양식의 제한을 두고 있다.

(3) 保險法

1) 제정목적

1995년 6월 30일에 「中華人民共和國保險法」이 공포되어 동년 10월 1일부터 시행되고 있다. 이 보험법은 사회주의 시장경제 법률체계상 "시장주체의 행위를 규제하기 위한 법"중의 하나로 제정되었으며 중국 보험사업 법제건설의 하나의 大事라 한다. 본 법은 전적으로 상업보험활동을 조정하고 상업보험시장을 규제·관리하며 보험체계의 개혁을 심화시킴과 아울러 피보험자의 이익과 보험계약당사자의 합법적 권익을 보호함으로써 보험사업이 시장경제 가운데 적극적인 작용을 발휘할 수 있도록 제정된 것이다[44].

사회주의계획경제에서 시장경제로의 전환과 이에 부응하는 보험법의 제

---

43) 이러한 규정은 中国民法通则 제142조, 海商法 제268조 등에도 나타나는데 이것은 중국의 새로운 입법추세를 반영한 것이라 할 수 있다.

44) "法制日報". 1995. 7. 4 日字. 第1頁.

정이 필요하다는 점에서 그동안「財産保險合同條例[45]」와「保險企業管理暫行條例」의 시행으로부터 드디어「保險法」이 대두하게 되었다. 그동안 중국의 보험법이 사회주의시장경제 발전에 제대로 적응하지 못하여 체계적인 보험기업법의 필요성이 강조되어 왔다. 이 보험법은 초안에 비하여 조문수가 많이 축소되었다[46].

또한 이 법은 보험계약법과 보험업법을 동시에 입법한 것으로, 제1조는 "보험활동을 규범화하고 보험활동 당사자의 합법적 권익을 보호하며, 보험업의 감독·관리를 강화함과 아울러 보험사업의 건전한 발전을 촉진하고자 본 법을 제정한다."고 천명하고 있다. 전부 8개장에 152개의 조문을 가지며 제1장 총칙에서 제8장 부칙사이에 제2장은 보험계약, 제3장은 보험회사, 제4장은 보험경영규칙, 제5장은 보험업의 감독관리, 제6장은 보험대리인과 보험중개인, 제7장은 법률책임에 관한 규정을 두고 있다.

2) 海上保險 등

해상보험은 재산보험의 일종이나 그 위험 및 보험목적의 복잡성과 피보험이익주체의 다변성 및 적용법규의 국제성으로 인하여 일반보험과는 상이한 성질을 가진다. 중국은 이미 해상법(1992년 공포)에서 해상보험은 해상법의 관련규정을 적용하면 되고 해상법에 규정하지 아니한 것은 본법을 적용한다(제147조)고 규정하고 있다.

농업보험도 재산보험의 일종이나 위험측정이 쉽지 않고 손실에 대한 평가도 어려운 점에 비추어 손실처리는 번잡한 반면 보험수입은 매우 적은 형편이므로 본법은 국가가 농업생산을 위한 보험사업의 발전을 지원하나 농업보험에 관한 것은 법률과 행정법규에서 따로 규정하고 있다(제149조).

3) 주요원칙

중국보험법의 주요원칙으로는 첫째, 재산보험과 인신보험의 겸영금지원칙 둘째, 피보험이익의 원칙 셋째, 약자에게 유리한 원칙 넷째, 보험회사의

45) 1995년「보험법」이 나오기 전까지 두 條例는 각각 保險契約法 및 保險業法의 역할을 하였다.
46) 초안에는 전부 226개의 조문이었으나 152개로 줄어들었다.

온건・안전운영원칙을 들 수 있다.

4) 보험법의 개정

1995년 「보험법」은 최근(2002년 10월 28일)개정된바 있다.

주요 개정내용은 신의성실원칙의 강조, 보험업관리감독기구의 변경, 보험사업의 겸영금지 완화, 벌금액의 현실화 및 보험계약자의 권익보호규정의 삽입 등 이다.

(4) 海商法

1) 海商法의 주요내용

海商法律制度는 해상운송관계와 선박관계를 조정하는 상사법률제도로서 중국 해상제도에 관한 최초의 법률이다.

中國海商法은 1992년 11월 7일 제7기 全國人民代表大會 常務委員會 弟28次 會議를 통과하여, 1992년 11월 7일 中華人民共和國 主席令 제64호로 公布되었으며, 1993년 7월 1일부터 시행되는 제15장 278개의 비교적 상세한 조문을 가지고 있다. 이하에서 주요내용을 간단히 보고자 한다.

제1장은 總則으로 本法은 海上運送關係, 船舶關係를 조정하고 당사자의 합법적 권익을 보호하며 나아가 海上運送과 經濟貿易의 발전을 추진하는 것을 그 목적으로 하고 있다.

제2장은 船舶所有權, 船舶抵當權, 船舶優先權에 관한 규정 등이다.

제3장은 제1절에 一般規定, 제2절 船長에 관한 규정들이며, 제4장은 제1절에 一般規定을 두고 제2절에 運送人의 責任 그리고, 제6절에 契約의 解除, 제7절에 船舶傭船契約의 特別規定 및 제8절에 複合運送契約 特別規定을 두었다.

제5장은 海上旅客運送契約에 관하여 비교적 많은 條文을 두고 있다.

제6장은 船舶借用契約으로 제1절에 一般規定, 제2절에 定期傭船契約, 제3절에 船舶賃貸借契約에 관한 규정들이다.

제7장은 海上曳船契約이며, 제8장은 船舶衝突規定들이다.

제9장은 海難救助, 제10장은 共同海損이며, 제11장은 海事賠償責任制限에

관한 규정이다.

제12장은 海上保險契約의 장으로 제1절에 一般規定과 제2절에 契約의 種類, 解除 및 讓渡, 제3절에는 被保險者의 義務, 제4절에 保險者의 責任 및 제5절에 保險目的의 損失과 委付, 제6절에 保險金의 支給에 관하여 상세한 규정을 두고 있다.

제13장은 時效, 제14장은 涉外關係法律適用과 제15장 附則으로 구성되어 있다.

2) 中國 海商法의 특징

전체적으로 中國 海商法은 다음의 3가지의 특징을 갖는다고 하는데 이것을 "全, 實, 新"으로 표현하고 있다[47].

① "全"은 體系的이라는 뜻으로 상당히 완비된 海商法典이며 법체계가 합리적으로 조정되어 있으며 내용체계가 전반적이고 조문도 명확하고 구체적이라는 것이다.

② "實"은 실제에 부합한다는 것인데 이것은 中國의 해운실제와 결합되어 있다는 것이다. 지난 수십 년간 해운실무경험의 총결 및 체현의 산물이며, 따라서 "中國特色"을 가진다고 할 수 있다. 예컨대, 海商法 제4장(海上貨物運送契約)은 運送人과 送荷人의 합리적으로 海上危險을 분담하는 원칙에 따라 不完全過失責任制로 하고 있다. 즉 運送人은 過失로 貨物의 滅失, 損壞에 대한 보상책임을 져야 하지만(동법 제50조), 船長, 船員, 引航員 또는 運送人의 기타 使用人이 船舶 또는 管理船舶의 航海中의 과실은 그 책임이 배제된다(동법 제51조)는 것이다.

또한 海商法 제52조는 運送活動物에 관한 것인데 이것은 함부르크규칙의 정신을 반영한 것이나 동시에 중국의 대외무역활동의 실천에 의거하여 제정한 것이다.

그리고 중국은 開發途上國 社會主義國家이므로 開途國들의 주장과 중국의 경제적 이익을 옹호하면서 적극적으로 海事立法의 國際統一活動에 참여한다는 자세이다. 대체로 국제조약의 내용을 國內法化하면서 국제조약의

47) 徐平, 林智婷, 臺湾海商法, 中國廳播電視出版社, 1993, 226頁.

실질적인 조항을 국내법에 흡수한다는 것이었다.

제4장의 海上貨物運送規定은 헤이그, 비스비규칙에 근거하면서 함부르크규칙을 적당히 흡수한 것으로 비교적 3개의 국제조약을 병존적으로 채택한 것이라 할 수 있다. 중국해상법은 또한 당면한 국제해상운송에 나타난 새로운 정황과 문제를 고려하여 그 상응적인 규정을 두어 國際 海商法의 발전에 공헌하고 있다. 예컨대 海商法 제182조의 규정이 그러한데 海上環境污染이 날로 증가되어 가는데 비추어 環境污染損害行爲를 방지 또는 감소하는 규정을 두었다는 점이다. 즉 環境污染損害의 위험이 있는 船舶 또는 船上貨物을 구조하는 경우에 救助者는 法定救助經費이외에도 環境污染損害를 防止 또는 減少한 것에 대하여 선박소유자에 대하여 특별보상을 청구할 수 있도록 규정하고 있다. 이 규정은 중국해상법의 독창적인 것으로 국제적으로 호평 받고 있다.[48]

③ "新"은 새로운 立法趨勢를 반영하였다는 것인데 실제로 海商法은 적극적으로 국제해운입법의 최신 성과를 수용하였다. 涉外關係的 法律適用에 관하여 중국이 체결 또는 참가한 국제조약과 海商法의 규정이 상이할 경우에는 국제조약의 규정을 적용하도록 한 것이라든가, 중국의 법률이나 중국이 체결 혹은 참가한 국제조약에 규정이 없을 경우에는 國際慣例를 적용할 수 있다는 조문(제268조)을 보면 중국이 얼마나 새로운 해상법 발전추세에 부응하려는지를 알 수 있다.

④ 中國經濟合同法이나 涉外經濟合同法에서는 海上運送契約에 대해서는 그 적용을 배제하고 있다. 海商法의 출현으로 이는 자동 해결되게 되었다.

⑤ 마지막으로 海上保險法에 관한 것으로 이것은 원칙상 保險法의 범주에 속하는 것이나 또한 海商法의 일부분이기 때문에 해상법에 규정하였다는 것이다. 「中國財産保險合同條例」에는 海商保險契約에 관하여는 法律에 별도의 규정이 없는 경우에 본 조례를 적용한다(동 조례 부칙 제22조)고 되어 있으나 체계적인 保險契約法을 가지지 못한 中國의 현실(「해상법」 이후 「보험법」을 공포)에서 海上保險을 海商法에서 제외할 수 없는 이유도 海上保險法 規定을 海商法에 포함시킨 사유에 해당한다고 보겠다.

48) 徐孟州, '中國社會主義市場經濟的法律调整', 法律出版社, 1993. 312頁.

Ⅵ. 結論

중국은 개혁・개방 이후 지금까지 20여 년간 사회주의계획경제에서 시장경제로 전환하였으며 일련의 商事관련법들은 특히 1992년 이후부터 본격적으로 나타나게 되었다.

이러한 법들은 사회주의시장경제체제의 수립과 밀접한 관련이 있는 것으로써 상사주체 및 상행위를 규율하는데 중요한 작용을 하고 있다.

특히 현대기업제도를 확립하는데 그 역할이 지대하여 國有企業에 회사법인제도를 제공함으로써 국유기업이 시장경영의 주체로서 건전한 발전을 할 수 있게 하고 있다.

이러한 법들은 그동안 중국이 실시한 시장경제에 대한 경험과 외국의 선진 입법경향을 결합한 것으로 우리의 현행법과 별 차이가 나지 않은 것 같으나 곳곳에 "中國特色"이 반영되어 있음을 알 수 있다.

또한 위 각개의 법은 그 목적에서 나타난 바와 같이 회사, 보험 및 어음수표 활동을 규범화하는데 1차적 목적이 있으나, 회사, 주주와 채권자, 보험활동 당사자의 합법적 권익의 보호 및 어음수표활동 당사자의 권익을 보호함과 아울러 사회경제질서를 보호하며 궁극적으로는 사회주의시장경제의 발전을 도모한다는데 비중을 두고 있다고 보여 진다. 이러한 점은 각 법에서 나타나는 많은 규제에서 쉽게 찾을 수 있다. 이것은 경제발전을 우선과제로 하면서도 중국특색의 사회주의체제를 견지한다는 점에서 입법기술상의 특수함을 볼 수 있다. 또한 상사 법률의 실시에 있어 중국은 현실상 주로 행정수단에 의거하고 있으며, 이로 인하여 법률 상호간의 충돌현상 및 하위법의 상위법 위반과 아울러 행정법규를 중시한 결과 기본 법률을 경시하는 경향도 나타나고 있다.

이와 같이 중국 상사법률 제도가 아직 시장의 수요에 부응하지 못하고 있어 향후 완비가 필요하다. 중국이 WTO가입 이후 WTO규칙에 따라 관련 법률을 개정함으로써 사회주의 법제에 커다란 영향을 미칠 것이며 중국 시장경제 입법의 국제화가 가속될 것이다.49)

---

49) 丁邦开, 前揭書, 291頁.

중국 민 · 상사법의 중국 특색과 세계화*

목 차

Ⅰ. 머리말

중국은 1970년대 말 개혁·개방을 시작하면서 경제발전 형태에 따른 입법을 하여 왔다.

지난 20여 년간 사회주의계획경제체제에서 계획경제와 시장경제의 조화를 거쳐 사회주의시장경제체제로 진입하여 이른바 "시장경제는 법제경제"라는 슬로건 아래 법제건설을 통하여 고도의 경제성장을 지속하고 있다.

이러한 경제체제변화에 부응하는 일련의 입법들의 출현은 民商事關係法의 경우에도 예외는 아니다.

개혁·개방 이후에 나온 일련의 민상사관계법은 中外合資經營企業法(1979), 經濟合同法(1981), 婚姻法(1980), 商標法(1982), 涉外經濟合同法(1985), 繼承(상속)法(1985), 民法通則(1986), 外資企業法(1986), 技術合同法(1987), 中外合作經營企業法(1988), 著作權法(1990), 海商法(1992), 公司法(1993), 票据(어음·수표)法(1995), 保險法(1995), 擔保法(1995), 合伙(조합)企業法(1997), 個人獨資企業法(1999), 合同(계약)法(1992) 및 信託法(2001) 등을 들 수 있다.

위의 법들은 중국이 1986년 제정한 「民法通則」을 중심으로 그 전후에 나온 民事·商事·民商事合一法[1]들이다.

---

* 이 글은 비교사법 제10권 3호(2003)에 게재한 것임

중국은 1950년대 이후 수십 년간 수차에 걸쳐 민법제정을 위한 작업에 들어갔으나, 1982년 정부는 경제체제개혁에 따른 경제 및 재산관계의 급속한 변화로 전면적인 民法제정을 당분간 보류하면서 그 대신 계약, 상업조직, 토지, 지적재산권, 혼인, 상속 등 비교적 시급하고 성숙된 부분은 단행법을 제정하는 방식으로 진행하였다.

그러나 이들 단행법들과 조화를 위하여 총체적인 기초가 되는 민법의 기본원칙에 대한 필요성이 있어 급기야 민법전이 아닌 「民法通則」(1986)을 제정하게 된 것이다.

이 「民法通則」이 나온 후 시장경제체제선언(1992) 이후 일련의 商事關係法이 나타나게 된다. 이른바 해상법(1992), 회사법(1993), 보험법(1995), 어음수표법(1995)과 담보법(1995), 통일계약법(1999)이 제정·공포되었고, 현재 民法典 제정을 서두르고 있다.

이러한 일련의 중국 민상사법을 살펴보면 중국의 입법태도, 즉 "하나가 성숙되면 하나를 제정"(成熟一個 制定一個)한다든가, "입법은 대강하여야지 상세히 해서는 안 된다"(立法宜粗不宜細)는 것과 아울러 중국특유의 사유적 모호성과 문자의 간결성 및 원칙에 치우치는 성향 등으로 인하여 입법의지가 분명하지 않는 내용상의 특색이 있다.

또한 중국입법은 경제체제상 급속한 변화와 입법체제상의 상호보조화 및 중복규정, 상호저촉 등의 결함과 구 소련입법의 흔적 등에서 오는 결함 등의 모습도 역력하다.

그러나, 한편 중국입법은 무엇보다 현실성을 잘 반영하고 있으며, 경제체제 변화에 따라 시장경제체제에 부응하고 WTO원칙을 준수하는 적극적 방향으로 세계화를 추구하고 있다.

본고는 그 동안 중국이 제정한 민상사관계법들 중 민사관계 주요 法인 「民法通則」(1986), 「擔保法」(1995), 「合同法」(1999)과 상사관계 주요 法인 「海商法」(1992), 「會社法」(1993), 「保險法」(1995)을 중심으로 이

1) 중국은 民商二法統一論을 채택하고 있다. 예컨대 「合同法」의 운송계약(제17장), 창고계약(20장), 위탁매매계약(제22장), 중개계약(제23장)등과 같은 계약은 상사계약인데 민사계약과 함께 규정하고 있다.

들 법의 사회주의 중국특색 및 문제점, 法 繼受의 유형과 세계화 경향을 살펴보고자 한다.

Ⅱ. 중국의 주요 민상사법

1. 民法通則

(1) 입법배경

중국은 1950년대 이래 30여 년간에 걸쳐 민법제정을 위한 작업을 해온 끝에 수백차례에 걸친 조사활동과 수정 및 공청회를 거쳐 1980년 8월에 민법초안을 완성하였다.

그러나 민법초안을 완성한 중국당국은 당시의 경제체제 개혁과 이제 막 시작한 농촌개방화, 그리고 도시지역도 아직 초보적인 개방상태임을 고려할 때 민법전 제정의 조건이 성숙하지 못했다고 판단하여 우선 민사단행법규를 제정하기로 결정하였다. 즉 계약, 상업조직, 토지, 지적재산권, 혼인 및 상속 등 민법영역의 단행법을 우선 제정하였다.

그리하여 민법의 기본원칙을 제정함으로써 민법의 총체적 기초를 삼으려 한 것이 바로 1986년에 제정한 「民法通則」이며 이 법은 중국 민법전사에 중요한 이정표가 되었다.[2)]

이 법을 "通則"이라고 명명한 것은 입법을 하다 보니 일반적인 "總則"의 범위를 훨씬 초월한 것이었기에 상임위원회가 그 명칭을 "通則"으로 바꾸어 버린 것이다. 이것은 중국의 입법태도인 "하나가 성숙되면 하나를 제정"

---

2) 80년대 후반기에 나온 「民法通則」에 관한 영문논문들은
① "The Emerging Framework of Chinese Civil Law"제하의 일련의 논문, Law and Contemporary Problems. Vol.52. No.2-3(1989)
② "Some Questions regarding the Significance of the General Provisions of Civil Law of the People's Republic of China". 「Harvard International Law Journal」, Vol.28(1987)
③ Edward J. Epstein, "The Evolution of China's General Principles of Civil Law". 「American Journal of Comparative Law」, Vol.34(1986)
④ Henry R. Zheng, "China's New Civil Law", 「The American Journal of Comparative Law」. Vol.34(1986) 등이 있다.

하는 소위 "소매에서 도매로 가는 정책"(from the 'retail' to 'wholesale' policy)을 따른 타협의 소산이었다.[3)]

(2) **주요내용**

민법통칙은 모두 9개 156條로 구성되어 있다. 제1장 基本原則, 제2장 公民, 제3장 法人, 제4장 民事法律行爲 및 代理, 제5장 民事權利, 제6장 民事責任, 제7장 公訴時效, 제8장 涉外민사관계의 법률적용, 제9장 부칙으로 되어있다.

이들 내용은 일반적으로 민사주체, 계약, 대리, 재산권, 책임 및 외국과의 경제관계 규정 등 6가지로 대별할 수 있다.[4)]

이 법은 내용상 순수한 민법총칙이 아니며 또한 완전한 민법전이라고도 할 수 없다. 이와 같이 편성한 것은 단순한 민법총칙이나 각칙을 제정하는 것에 비하여 더욱 좋은 것이며, 사실상의 필요에 근거하여 규정한 내용이기 때문에 민법총칙보다 풍부할 수 있고, 민법총칙이 포함할 수 없는 것을 "통칙"에서는 이를 넣어 제정할 수 있다고 주장한다.[5)]

(3) **역할과 한계**

1) **역할**

민법통칙을 중국사회의 특수한 역사시기에 제정된 것으로 중국법제사상 하나의 이정표라 할 수 있다.

이 법은 민법의 조정대상을 확정하고 민법의 사법적 성질을 확인하였으며 법률제도상 최초로 민사 사회생활 관계와 국가 정치생활 관계를 구별함으로써[6)] 법률조정의 신 체계를 수립하였다. 민법의 기본원리(평등·공평·신

---

3) Edward J. Epstein, op.cit. p.708
4) Henry R. Zheng, op.cit. p.674.
5) 예컨대 제8장 섭외민사관계의 법률적용은 국제사법에 속하는 법률의 준거법 문제이며 단순한 민사법규가 아니다.
6) 그럼에도 불구하고 민법총칙 제6조에서 "반드시 법률을 준수해야 하고 법률규정이 없는 것은 마땅히 국가정책을 준수해야 한다"고 규정한 것은 민사활동에 있어서 정책적으로 간섭할 여지가 많음을 의미한다 하겠으며 보편적 법률관념보다도 정책을

의성실원칙 등)를 확정하고 민사권리선언의 역사적 의미를 가진다.

또한 이 법은 기본원칙, 민사주체, 민사법률행위, 민사권리, 민사책임에 관하여 규정함으로써 중국사회의 신구경제체제가 교체되던 시기에 나온 民商基本立法의 역할을 하였다.

민법통칙이 기본법의 지위를 갖고 기타 일련의 민상사 단행법 즉, 中外合資經營企業法, 經濟合同法, 涉外經濟合同法, 專利法, 商標法, 婚姻法, 繼承法(이상은 民法通則 이전에 제정), 外資企業法(同期제정), 技術合同法, 全民所有制工業企業法, 中外合作京營企業法, 著作權法, 海商法, 公司法, 票据法, 保險法, 房地産法, 擔保法, 合同法(이상은 民法通則 이후에 제정) 등은 民法通則의 특별법에 지나지 않는다.

따라서 민법전이 나오기까지 「民法通則」은 중국 民商基本法의 지위와 기타 민상법률, 법규, 사법해석의 통솔적 작용은 변하지 않을 것이다.

2) 한계

「民法通則」은 민법전제정의 역사적 조건이 성숙되지 않는 시기에 나온 과도기적 입법이었다는데서 오는 한계가 있다.

우선 이 법은 당시 계획경제체제하에서 나온 것으로 시장경제 체제의 요구에 부적합하다.

이 법도 원칙을 강조하고 간단하며 입법의지가 명확하지 않음으로써 법률적용에 곤란함이 있다는 것이다.

따라서 이 법은 불과 156개 조문을 가진 세계에서 가장 간단한 민사기본법이라 할 수 있다.

이러한 현상은 중국의 사유적 모호성과 문자의 간략성을 선호하는 전통적 사유방식의 특성에도 기인한다. 이러한 모호성적 사유방식은 현재까지 중국의 입법에 중대한 영향을 주고 있다.[7)]

또한 법률규정의 허술로 인하여 법원의 실제적 심리가 불가능하기 때문

중요하게 생각하는 과거의 흔적을 볼 수 있다.

7) 史浩明, "借鑒與反思", 「東吳法學, 蘇州大學百年校慶東吳法學院八十五周年院慶專號」, 140頁

에 중국 최고인민법원은 200개조에 달하는 보충규정을 내놓고 있다.[8)]

이상의 민법통칙의 한계의 원인은 경제체제의 불확정과 物權방면에 있어 他物權 규정의 부재와 같은 구체적 규정의 미비에 있으며 학리상의 문제, 예컨대 일반법과 특별법의 관계 및 민법과 경제법에 관한 인식차이 등에 기인한다.[9)]

2. 擔保法

이 법은 1995년 6월 30일에 공포하여 동년 10월 1일부터 시행한 것으로 총칙(제1장), 保證(제2장), 低押(저당, 제3장), 質押(질권, 제4장), 留置(유치권, 제5장), 定金(보증금, 제6장), 附則(제7장)등 96개 조문을 두고 있다.

(1) 입법례

담보법의 입법례는 두 가지가 있는데, 하나는 物的擔保와 人的擔保를 분리하는 주의이고, 다른 하나는 통일주의이다.

전자는 物權法 중에 유치권, 질권, 저당권 등의 물적담보 규정을 두고, 보증 등 신용담보 규정은 債權法 중에 두는 주의이고, 후자는 물적담보나 신용담보 구분 없이 민법 중 채권법에 통일적으로 규정하는 주의이다. 이 주의는 체코 민법전과 구 소련민법전에서 찾아볼 수 있으며 중국도 이 주의를 택하고 있다.

다만 중국은 통일주의를 채택하면서도 「民法通則」 「合同法」 중에 나타난 규정을 제외하고는 단행법 형식으로 하여 법전형식을 배제하고 있다. 이것은 중국 담보법의 특색이며,[10)] 또한 중국민사법률의 단행법제정경향중의 하나의 습관이라 할 수 있다.

---

8) 1998년 1월 26일 최고인민법원 심판위원회 토론을 통과한 "最高人民法院關于貫徹暫行 中華人民共和國民法通則若于問題的意見(試行)"을 내놓았다.

9) 魏振瀛, "中國的民法立法與民法法典化", 「中外法學」, 1995년 第3期(總39期). 3頁

10) 趙許明, 社文聰,「擔保法通論」, 中國檢察出版社, 1996, 1-2頁.

(2) 내용 및 특색

중국 담보법은 1986년의 「민법통칙」 이후 10여년 만에 나타난 민사단행법중의 하나이다.

중국 청나라말의 법제개혁은 독일의 영향을 받은 일본의 법률 전문가에 의하여 이루어 졌는데, 거의가 로마-게르만법계의 전통을 계수한 것이었다. 국민당정부가 제정한 「중화민국민법」(총칙, 채권, 물권, 친족과 상속의 5편)이 전형적인 것 중의 하나이다. 이 법은 독일민법과 스위스채무법의 내용을 거의 따른 것이었다.11)

1986년 「민법통칙」의 많은 개념과 원칙들은 대륙법의 전통을 근원으로 한다. 예컨대 자연인, 법인, 민사법률행위(Geschäftshandlung) 및 소송시효 등이다.

민법통칙 중 채권의 개념은 중화민국민법과 독일민법전의 그것과는 완전히 같지는 않으나 매우 유사하다.

중국 민법통칙에는 대만과 독일 민법과 달리 物權이라는 말이 없는데, 이 시기는 구 소련 사회주의적 요소가 영향을 준 것이라 볼 수 있다. 구 소련의 법학은 물권의 다원성을 인정하지 않았는데, 이는 그것이 자본주의 법률의 특징으로 보았기 때문이다.

생산재의 사유재를 없애고 두 개의 소유제, 즉 국가소유와 집체소유제를 중국이 채용한 것으로써12) 그 당시 중국의 계획경제와 부합하였기 때문이다.

중국은 70년대 후반부터 경제개혁으로 인하여 사실상의 재산권이 생기기 시작하였으며, 이 사실을 민법통칙을 기초한 사람들이 인식하게 되었으나, 완전히 물권을 인정하는데 까지는 가지 못하였다. 따라서 구소련과 대륙법 사이의 절충방식을 채택하게 되었던 것이다.

이로 인하여 민법통칙 제5장 제1절에 "재산소유권 및 재산소유권과 관련되는 재산권"이란 표제가 생기게 되었다. 민법통칙중의 이 부분은 경제개

11) 江平, 米建, "論民法傳統與當代中國法律(下)", 「法政論難」, 1993年 第3期, 1頁, 7頁.
12) 楊立新, "我國他物權制度的重新構造", 「中國社會科學」, 1995年 第3期, 78頁.

혁 과정 중에 나타난 소유권이라고 볼 수 없는 재산권에 대하여 법률상 인정을 한 것이다.

이러한 권리는 청부계약(承包合同)을 근거로 국가와 집체소유의 토지 및 자원을 사용하는 권리(동법 제80-81조), 全民所有企業의 국가로부터 경영관리를 받은 재산의 경영권(동법 제82조)등은 대륙법의 민법중의 물권개념에 해당하지만, 동법에는 물권개념은 사용하지 않았다.

그런데 민법통칙은 저당권과 유치권에 관하여 간단한 규정을 두었지만, 이를 제5장 제1절(재산소유권 및 그와 상관이 있는 재산권)에 두지 않고 제5장 제2절(채권, 제89조 제2관 밀 제4관)에 두었는데, 이는 대륙법 체계에 어긋나는 것이다.[13)]

"중국물권법초안건의안"에 의하면 총칙, 소유권 基地使用權, 농지사용권, 領地使用權, 全權, 저당권, 질권, 유치권, 양도담보, 점유 등을 그 내용으로 하는바, 이는 전반적으로 대륙법 체계를 받아들이고 있다.[14)]

「담보법」은 담보방식으로 채권을 보장하는 5종류를 두고 있는데, 이 중 保證과 定金은 채권성질의 담보이고, 나머지 저당권, 질권, 유치권은 물권성질의 담보종류이다.

또한 저당권, 질권, 유치권의 성질과 효력발생, 활용 그리고 집행에 관하여는 대륙법의 민법상의 물권(담보물권을 지칭)의 개념이 명확히 나타나고 있다.

또한 질권을 "動産質押"과 "權利質押"으로 나누는 것은 이전의 중화민국 민법(제3편 제6장)과 같으며, 1896년 독일민법상의 질권(pfand)의 분류와 같다.

1995년 중국 담보법은 민법통칙과 향후 물권법과의 관계에서 매우 중요한 매개역할을 할 수 있을 것이며, 중국이 90년대에 들어서서 로만-게르만 법계로 매진하고 있다는 새로운 법률 추세를 보이고 있다고 하겠다.[15)]

---

13) 錢明星, 「物權法原理」, 北京大學出版社, 1994, 64頁.
14) 梁慧星, 「中國物權法草案建議稿」, 社會科學文獻出版社, 2000年, 89頁.
15) 陳弘毅, 法治, 啓蒙與現代法的精神, 中國政法大學出版社, 1998年, 165頁.

3. 統一契約法

(1) 제정의 목적 및 배경

중국의 계약법은 민사법의 기본법인 「民法通則」에 다수규정이 있는 외에 계약에 관한 민사특별법인 「經濟合同法」(1981), 「涉外經濟合同法」(1985) 및 「技術合同法」(1987)의 3개 계약법이 있었다.

이 3개의 계약법은 중국이 개혁·개방 진행과정 중에 제정된 것으로 1980년대의 중국의 경제발전에 중요한 작용을 하였다.[16)]

그러나 현재 시점에서 보면 다소의 결함이 있었는데 그 주요결함은 다음의 제 원인에서 발생하였다.[17)]

1) 경제체제상의 원인에서 발생한 결함

기존 계약법들은 과거 계획경제하에서 제정된 것이기 때문에 많은 부분이 구 체제의 특징이 나타나 있으며, 특히 「經濟合同法」은 80년대초에 제정되었기 때문에 국가지령성계획을 강조하며, 당사자의 계약자유를 극도로 제한하고 행정간섭이 매우 강한 편이었다.[18)]

2) 입법체제상의 원인에서 발생한 결함

기존 중국입법체제는 실제상 행정체제의 제약을 받은 것으로 기본적인 「民法通則」 등을 제외하면 다수의 단행법 및 조례를 국무원에 소속한 한

---

16) 중국의 계약법은 계약이론의 체계적인 기초도 없이 계약법 규정들이 개발되기 시작하였는데 이 3개의 계약법은 수많은 규칙, 조례 등을 규제하는 근거를 마련했다는데 그 의의가 있다(John S. Mo, "The Code of Contract Law of the People's Republic of China and the Vienna Sales Convention", 「AM. U. INTL L. Rev.」 [15:209, 1999 p.121 ; Liming Wang, "China's Proposed Uniform Contract Code", 「ST. Mary's Law Journal」 Vol. 31:7 1999] p.8

17) 梁慧星, “從「三足鼎立」走向統一的合同法”, 「中國法學」, 1995年 第3期, 10-11頁

18) 1981년의 경제합동법은 제4조에서 “경제계약의 체결은 국가의 법률을 준수하여야 하고, 국가 정책과 계획에 수응하여야 한다”고 규정하였으나, 1993년도에 수정된 조문은 “경제계약의 체결은 국가의 법률과 행정법규를 준수하여야 한다”고 하였고, 1981년 법 제7조는 “법률과 국가 정책·계획에 위반한 계약은 무효로 한다”에서 “법률·행정법규에 위반한 계약은 무효로 한다”고 수정하였다. 그러나 기타의 규정 중에는 계획적인 요소는 여전히 남아 있었다.

개 또는 몇 개의 위원회에서 기초한 것이다.

이러한 위원회는 종종 전체적 국면에서라기보다 해당 부문의 이익을 고려한 것으로 기존계약법의 상호부조화, 중복규정, 상호저촉 등의 결점을 드러내었다. 위 3개 「合同法」은 이러한 입법체제상 나타난 결과라 할 수 있다.

3) 민법이론상의 원인에 의하여 발생한 결함

중국의 민법이론은 50년대 구소련의 민법이론을 계수한 것으로 개혁·개방 이후 사회경제생활에 근본변화가 생겨나 많은 부분이 폐기 또는 개정된 이론이었다.

4) 입법지도사상상의 원인에 의하여 발생한 결함

중국의 입법지도사상은 항상 "하나가 성숙되면 하나를 제정하고" 라든가 "입법은 대강하여야지 상세히 해서는 안 된다" 라는 것을 강조하다 보니 기존 계약법의 분산혼란 현상이 나타났다.

기존의 법 규정이 종종 원칙을 너무 강조하고 너무 간략하게 한 결과 나타난 것이며, 따라서 경제생활상 허다한 중요계약의 유형을 규정하지 않은 것이었다고 할 수 있다.

(2) 시장경제수요에 부응하는 계약법의 통일

1) 기존 3개 「合同法」의 시장경제요구의 부적합성

중국은 시장경제체제로 중국이 통일적인 시장이 형성됨에 따라 통일적인 시장경제활동을 규제할 법이 요구된다.

기존 3개 계약법은 "세개의 다리가 버티어선"(三足鼎立)형국이므로 각 내용과 체제 및 기본정신이 조화롭지 못하며, 이렇게 서로 다른 표현은 문자상의 차이뿐만 아니라 실제상 차이도 있을 것이다.[19]

---

19) 예컨대 3개 계약법의 기본 원칙적 규정을 보면 「經濟合同法」에는 "平等互利, 協商一致, 等價有償", 「涉外經濟合同法」에는 "平等互利, 協商一致", 그리고 「기술합동법」에는 "自願平等, 互利有償和誠實信用"으로 표현되고 있었다.

2) 개혁·개방의 진전에 따른 경제계약개념의 의미상실

기존법상의 경제계약개념은 구 소련의 현대경제법학을 계수한 것으로 본래 계획경제의 소산이었다. 즉 "계획성"을 본질로 하는 것이었다. 중국의 개혁·개방이후 경제발전으로 경제계약의 소위 계획성은 이미 소실되었다.

3) 현대시장경제의 발전에 따른 계약법의 현대화실현 요구

시장경제발전에 따라 과거 80년초의 계약법 규정은 충돌되며 선진국의 계약법의 새로운 경험과 판례학설 등을 참조하여 계약법의 현대화를 실현해야 한다.

위 3개의 기존계약법은 일종의 경제입법으로서 법제사적으로 보면 이들 경제입법이 단행법으로 먼저 제정되고, 사회의 시장 경제적 여건이 개선됨에 따라 계획경제와 시장경제를 조정하기 위한 기본입법으로서 「民法通則」(1986)이 제정된 것도 중국경제체제 및 입법지도사상에서 나온 것이다.

(3) 통일계약법의 내용 및 특징

1) 「合同法」의 내용

「合同法」은 총23장 428개조로 구성되었으며, 총칙과 分則으로 나누고 있다.

그 내용을 보면 일반규정(제1장), 계약의 성립(제2장), 계약의 효력(제3장), 계약의 이행(제4장), 계약의 변경 및 양도(제5장), 계약의 권리의무의 종료(제6장), 책임위반(제7장), 기타규정(제8장)이 총칙이다.

다음으로 分則을 보면 매매계약(제9장), 전기, 물, 가스, 열에너지의 공급계약(제10장), 증여계약(제11장), 금전소비대차(제12장), 임대차계약(제13장), 시설대여계약(제14장), 도급계약(제15장), 건설공사계약(제16장), 운송계약(제17장), 기술계약(제18장), 임치계약(제19장), 창고계약(제20장), 위임계약(제21장), 위탁매매계약(제22장), 중개계약(제23장)들이다.

마지막 부칙에서 "이 법은 1999년 10월 1일부터 시행한다"와 함께 기존 「中華人民共和國經濟合同法」, 「中華人民共和國涉外合同法」, 「中華人民共和國技術合同法」은 이 법 시행과 함께 폐지한다(제428조)고 규정하고 있다.

2)「合同法」의 특색

통일계약법[20]은 대륙법계의 채권법 내용을 기본으로 하여 영미법계의 일부 원칙들을 수용[21]하고 국제거래에 관한 비엔나협약에 관한 많은 규정을 도입하고 있다. 그밖에 채권자대위권(제73조), 채권자취소권(제74조), 불가항력에 의한 계약목적의 불능으로 인한 계약해제(제94조), 위약행위의 손해배상과 불법행위의 손해배상의 분리(제107조, 제113조) 등과 같은 규정은 불란서법계의 원리를 도입한 것이며, 청약철회가능성(제18조), 예기위약(豫期違約, 제68조, 제69조, 제108조), 위약형태의 일원화와 엄격책임의 원칙(제107조), 손해배상의 예견가능성 원칙(제113조), 손해감경의 원칙(제119조) 등은 영미계약법의 원리를 도입한 것이다.

또한 청약철회의 불가능성(제19조), 청약내용에 대한 실질적 변경(제30조), 매매계약중의 위험부담(제9장) 등은 비엔나협약(the United Nations Convention on Contracts for the International Sales of Goods, the Vienna Sales Convention)[22]에서 도입한 것들이다.

기타 외국에서 판례로 형성된 관습법원칙도 도입한 것이다[23](예컨대 제42조의 계약체결상의 과실책임).

---

20) 계약법은 보통법과 대륙법 전통의 양자에서 독립한 법 영역으로 간주된다.(Johns, Mo, op,cit. p211)

21) 전통적으로 중국법은 시민법계(Civil Law family)에 속한다. 그런데 이 통일계약법 제정에 있어 보통법체계(Common Law system)를 도입하는 것이 가능하냐는 문제가 제기 되었다. 일부 학자들은 보통 법체계의 일부 원칙의 도입은 현 체계의 작동을 방해할 것이라고 주장한 바 있다.
그러나 전체적으로 중국계약법체계를 방해하지 않는다면 미국계약법의 경험을 도입하는것은 필요하다고 한다.
예컨대 미국법의 "이행기전의 계약이행거절"(anticipatory repudiation)원칙은 시민법의 "불안 항변권"(unrest defence)보다 더 합리적이라 할 수 있다.(Liming Wang op. cit. p.17)

22) 비엔나협약은 보통법과 시민법체계를 성공적으로 결합하고 있는데 이러한 결합은 선택적인 도입이 성공할 수 있다는 예시일 뿐 아니라 중국의 신 계약법을 이끄는 근거로서의 역할에도 이바지하고 있다(Liming Wang op. cit. p.17)

23) 이정표,「중국통일계약법」, 한울, 2002, 60~62면.

4. 海商法

(1) 해상법의 주요내용

해상법률제도는 해상운송관계와 선박관계를 조정하는 상사법률제도로서 중국 해상제도에 관한 최초의 법률이다.

中國 海商法은 1992년 11월 7일 제7기 全國人民代表大會常務委員會第28次會議를 통과하여, 1992년 11월 7일 中華人民共和國 主席令 제64호로 公布되었으며, 1993년 7월 1일부터 시행되는 제15장 278개의 비교적 상세한 조문을 가지고 있다. 당시로서는 중국 건국 이래 최다조문을 가진 법률에 해당하였다.

중국은 세계 5위내의 선박을 보유한 해운대국이며 수출화물의 90%이상이 해상운송에 의존한다.

이 법은 과거 40여 년간의 해운실무경험을 바탕으로 중국의 국정에서 출발하여 국제해운입법의 발전 추세를 고려하면서 주요 국제해운조약과 접합시켜 중국 해상법을 국제적인 것으로 격상시킨 것이라 할 수 있으며, 기초 작업으로 부터 40여 년간 전후 25차의 수정을 거쳐 통과한 길고 긴 여정이었다.[24)]

(2) 중국 해상법의 특징

전체적으로 중국 해상법은 다음의 3가지의 특징을 가지는데 이것을 "全, 實, 新"으로 표현하고 있다.[25)]

1) "全"은 체계적이라는 뜻으로 상당히 완비된 해상법전이며 법체계가 합리적으로 조정되어 있으며 내용체계가 전반적으로 조문도 명확하고 구체적이라는 것이다.

2) "實"은 실제에 부합한다는 것으로 이것은 중국의 해운실제와 결합되어 있다는 것이다. 지난 수십 년간 해운실무경험의 총결 및 체현의 산물이며, "中國特色"을 가진다고 할 수 있다.

---

24) 中國人民共和國法律詮釋編寫委員會,「中國人民共和國海商法詮釋」, 人民法院出版社, 1995, 1頁]

25) 徐平, 林智婷,「臺灣海商法」, 中國廳播電視出版社, 1993, 226頁

해상법 제52조는 運送活動物에 관한 것인데 이것은 함부르크규칙의 정신을 반영한 것이나 동시에 중국의 대외무역활동의 실천에 의거하여 제정한 것이다.

그리고 중국은 개발도상국 사회주의국가이므로 개도국들의 주장과 중국의 경제적 이익을 옹호하면서 적극적으로 해사입법의 국제 통일활동에 참여한다는 자세이다. 대체로 국제조약의 내용을 국내법화하면서 국제조약의 실질적인 조항을 국내법에 흡수한다는 것이었다.

제4장의 해상화물운송규칙은 헤이그, 비스비규칙에 근거하면서 함부르크규칙을 적당히 흡수한 것으로 비교적 3개의 국제조약을 병존적으로 채택한 것이라 할 수 있다. 중국 해상법은 또한 당면한 국제해상운송에 나타난 새로운 정황과 문제를 고려하여 그 상응적인 규정을 두어 국제해상법의 발전에 공헌하고 있다. 예컨대 해상법 제182조의 규정이 그러한데 해상환경오렴이 날로 증가되어 가는데 비추어 환경오염손해행위를 방지 또는 감소하는 규정을 두었다는 점이다. 이것은 중국 해상법의 독창적인 것으로 국제적으로 호평받고 있다.[26]

3) "新"은 새로운 입법추세를 반영하였다는 것인데, 실제로 해상법은 적극적으로 국제해운법의 최신 성과를 수용하였다. 섭외관계의 법률적용에 관하여 중국이 체결 또는 참가한 국제조약과 해상법의 규정이 상이할 경우에는 국제조약의 규정을 적용하도록 한 것이라든가, 중국의 법률이나 중국이 체결 혹은 참가한 국제조약에 규정이 없을 경우에는 국제관례를 적용할 수 있다는 조문(제268조)을 보면 중국이 새로운 해상법 발전추세에 부응하려는지를 알 수 있다.

4) 마지막으로 海商保險法에 관한 것으로 이것은 원칙상 保險法의 범주에 속하는 것이나 또한 해상법의 일부분이기 때문에 해상법에 규정하였다는 것이다.

---

26) 徐孟州,「中國社會主義市場經濟的法律調整」, 法律出版社, 1993, 312頁

5. 會社法

(1) 회사법의 입법과정

중국은 1983년에 회사법 기초작업을 시작하였는데 최초의 기초작업은 國家經委, 國家經濟體制改革委員會가 맡아 진행하였으며 1986년에 有限責任公司條例와 股份有限公司條例를 기초하였다. 1992년 國家經濟體制改革委員會는 有限責任公司規範意見 및 股份有限公司規範意見을 제정하여 그 해 8월 국무원이 全國人大常委會에 有限責任公司法草案을 심의케 하였다.[27] 이와 동시에 1991년이래 海商, 深圳 양 지역의 지방정부가 회사법률 및 법규를 제정·공포하였으며 1990년 11월 상해인민정부는 「上海市證券交易管理辨法」, 1995년 5월 「上海市股票發行與交易管理暫行辯法」, 1992년 「深圳市股份有限公司暫行規定」을 공포하였다.

이상의 中央과 地方의 입법 활동으로 회사법 제정은 기초가 다져졌다. 1992년 8월 사회주의시장경제의 발전적 수요에 부응하기 위하여 상술한 條例, 規範意見 및 法律草案을 기본으로 회사법 초안을 기초하였다. 기초과정 중 지분제시럼실시도시의 회사운영·정황과 경험을 광범위하게 조사, 연구하고 몇몇 국가의 회사법 내용을 참고로 하면서 중앙관련부서, 지방, 법률전문가, 경제전문가 및 기업의 의견을 널리 받아들여 토론과 수정을 계속하여 1993년 12월 제8기 全國人大常委會 제5차 회의의 심의를 거쳐 12월 29일 「中華人民共和國公司法」을 정식 공포하기에 이르렀다.[28]

(2) 회사법의 유형

중국 회사법의 有限責任公司와 股份有限公司는 대만 회사법의 有限公司와 股份有限公司와 동일하다.

---

27) 國家體改委는 "有限責任公司規範意見"과 "股份有限公司規範意見"을 제정하여 국유기업의 경영구조를 전환해야 한다는 의견을 제시함으로써 "公司法"의 제정에 이론과 실천경험을 제공하였다(國家體改委政策法規司等, 「公司法講話」, 企業管理出版社, 1994, 3頁

28) 이 법의 공포는 중국기업입법상 중요사건이라고 표현할 정도이다.(徐杰, 徐曉松, 「中國公司法與公司實務」, 中國致公出版社, 1994, 35頁)

有限責任公司는 독일의 “Gesellschaft mit beschränkter Haftung"(GmbH), 불란서의 ”société à responsabilitée"(SARL), 일본의 “yogen-gaisha"(SA), 그리고 우리나라의 ”유한회사“에 상응하는 말이며 古份有限公司는 ”Aktiengesellschaft"(AG), "société anonyme"(SA), "Kabushikigaisha"(株式會社) 및 우리나라의 “주식회사”에 해당한다.

중국의 두 형태의 회사는 영미계통과 달리 유럽대륙의 위 두 형태의 회사와 같거나 유사한 내용을 가지고 있다. 이하 주요한 내용을 보면,

양 회사는 최저자본금을 정하고 있다(제23조, 제78조).

양 회사는 총액인수주의를 채택하고 있다(제25~27조, 제82조~83조, 제91조).

양 회사는 법정설립절차(주식인수→창립총회→설립등기)를 요구한다(제27~29조, 제82~94조).

회사정관은 영미법상 기본정관(articles of incorporation)과 부속정관(by-laws)이 아닌 불란서의 “statuts"나 독일의 ”Gesellschaftvertage"(GmbH) 및 “Satzung"(AG)와 같다(제11조, 제22조, 제79조).

주식회사는 기명식주권과 무기명식주권을 발행할 수 있다.

양 종류의 회사는 영국이나 홍콩에서 인정하는 공개회사(public company) 및 私會社(private company)와 다르다.

이상에서 알 수 있듯이 중국 회사법은 대륙법계의 회사유형을 선택하였다.

(3) 회사법 제정의 목적

중국은 1993년 11월 중국공산당 제14기 三中全會에서 “중국공산당의 사회주의시장경제수립의 약간의 문제에 관한 결정”을 의결하였다.29)

이 결정에서 중국은 사회주의시장경제체제 수립의 목표를 구체화하였으며 특히 기업제도개혁의 기본목표를 현대적 기업제도의 수립으로 설정하였다.

---

29) 이 결정은 中國共産黨 第14居 中央委員會 第3次 全體會議(1993. 11. 14)에서 통과된 것으로 총 10개의 중요 문제점에 대한 決定으로서, 國有企業의 經營構造를 전환하여 現代企業制度를 사회주의시장경제체제의 기초로 하자는 것이 그 두 번째 내용에 포함되어 있다(中共中央關于建立社會主義市場經濟體制制若于問題的決定, 人民出版社, 1993, 5頁)

그리하여 출자자의 소유제 성격과 업종의 특징 등을 기준으로 기업을 분류하고 입법하는 방식에서 벗어나 자본결합의 방식과 책임부담 형식 등 법적특징을 기준으로 기업을 분류하고 입법하는 방식을 취하는 것이 가능하게 되었다.

또한 이 결정은 대량생산과 시장경제의 수요를 충족시키기 위하여 현대기업제도를 도입하여 국유기업은 회사제도를 실시함으로서 현대기업제도의 장점을 살린다는 것으로 규범에 의한 회사, 출자자의 소유권과 기업법인의 재산권의 분리, 政企分離, 경영체제의 전환, 기업의 행정기관에 대한 의뢰에서의 탈피, 국가의 기업에 대한 무한책임의 해제 및 자본모집의 용이와 위험의 분산 등을 내용으로 하는 회사제도를 채택한다는 취지였다.

이렇듯 중국회사법은 시장경제와 현대기업제도의 요구에 부응하는 동시에 내용면에서 중국현실에 적응하며 국유기업의 회사제도로의 전환이라는 특징을 가지고 있다. 또한 선진국 회사법의 성공경험 및 판매·학설의 새로운 경향을 받아들여 국제공통의 법률개념원칙과 제도를 확립함으로서 국제시장과의 연결을 도모하고자 하는 것이다.[30)]

그러나 중국 회사법의 제정은 자본주의 시장경제국가들의 회사법의 목적과는 다르다. 이미 중국은 이 회사법 제정 이전에 외상투자기업을 유한회사형태로 도입하였으며 이 유한회사의 유형은 그 동안 제정·공포한 일련의 법규에 규정되어 있었다.

따라서 1993년 중국 회사법은 주로 국내기업 특히 국유기업을 겨냥해서 제정한 것이며 이법을 통하여 국유기업을 해방시키려는 의도였다.

이것이 회사법이 출현한 이유이며 현대기업제도수립의 중요조치로 볼 수 있다.

또한 중국이 회사법 중 有限責任公司라는 章(제2장)중에 "國有獨資公司"의 한 節(제3절, 제64~72조)을 둔 이유이며, 제4조에 회사가 가지는 "全部法人財産權"과 주주가 가지는 주주권(自益權, 共益權)을 구별하여 규정함으로써 회사재산과 주주재산의 분리를 한 이유이다.

---

30) 王文杰,「最新中國公司法」, 民理文化事業有限公司, 1994, 54-55頁

이렇게 함으로써 현대회사법의 기본원칙을 가지게 되었으며 1980년대 시작한 국유기업을 국가의 통제로부터 해방시키면서 국유기업이 시장주체로서 거듭나게 되었다.[31)]

6. 保險法

(1) 제정목적

1995년 6월 30일에「中國人民共和國保險法」이 공포되어 동년 10월 1일부터 시행되고 있다. 이 보험법은 사회주의시장경제법률체계상 "시장주체의 행위를 규제하기 위한 법" 중의 하나로 제정되었으며 중국 보험사업 법제 건설의 하나의 大事라 한다. 본 법은 전적으로 상업보험활동을 조정하고 상업보험시장을 규제·관리하며 보험체계의 개혁을 심화시킴과 아울러 피보험자의 이익과 보험계약 당사자의 합법적 권익을 보호함으로써 보험사업이 시장경제 가운데 적극적인 작용을 발휘할 수 있도록 하기 위하여 제정된 것이다.[32)]

사회주의계획경제에서 시장경제로의 전환과 이에 부응하는 보험법의 제정이 필요하다는 점에서 그동안「財産保險合同條例」(1983)와「保險企業管理暫行條例」[33)](1985)의 시행으로부터 드디어「保險法」이 대두하게 되었다. 그동안 중국의 보험법이 사회주의시장경제 발전에 제대로 적응하지 못하여 체계적인 보험기업법의 필요성이 강조되어 왔다.

이 법은 보험계약법과 보험업법을 동시에 입법한 것으로, 제1조는 "보험활동을 규범화하고 보험활동 당사자의 합법적 권익을 보호하며, 보험업의 감독관리를 강화함과 아울러 보험사업의 건전한 발전을 촉진하고자 본 법을 제정한다."고 천명하고 있다. 전부 8개장에 152개의 조문을 가지며 제1장 총칙에서 제8장 부칙사이에 제2장은 보험계약, 제3장은 보험회사, 제4장은 보

31) 王保樹, "現代企業制度的几点法律思考", 法制日報, 1995. 1. 13
32) "法制日報", 1995. 7. 45 日字. 第1頁.
33) 1995년「보험법」이 나오기 전까지 두 조례는 각각 保險契約法 및 保險業法의 역할을 하였다.

험경영규칙, 제5장은 보험업의 감독관리. 제6장은 보험대리인과 보험중개인, 제7장은 법률책임에 관한 규정을 두고 있다.

해상보험(중국 해상법 제12장)은 재산보험의 일종이나 그 위험 및 보험목적의 복합성과 피보험이익주체의 다변성 및 적용법규의 국제성으로 인하여 일반보험과는 상이한 성질을 가진다. 중국은「保險法」에서 해상보험은 해상법의 관련규정을 적용하며 해상법에 규정하지 아니한 것은 본법을 적용한다(제147조)고 규정하고 있다.

1995년「보험법」은 최근(2002년 10월 28일) 일부조항이 개정된 바 있다. 주요 개정내용은 신의성실원칙의 강조, 보험업관리감독기구의 변경, 보험사업겸영금지완화, 벌금액의 현실화 및 보험계약자의 권익보호규정의 삽입 등이다.

(2) 입법유형 및 특색

중국의「保險法」은 대체로 대륙법계의 입법례를 모델로 하였는데, 예컨대 고지의무[34], 통지의무[35], 손해방지의무[36], 보험자의 대위[37] 및 보험회사 설립 허가주의 등이 그것이다. 반면, 중국 보험법은 생명보험계약에 있어서는 피보험이익의 존재를 요구하는 영미법상의 이익주의를 채용하고 있다.[38]

중국 보험법은 사회대중의 집체역량분산과 손실분담 및 국민경제의 안정을 보장하고 인민생활과 사회주의시장경제 발전을 위한 사회주의 보험관에 근거하고 있으며 실제로도 사회주의적인 성격을 띈 조문을 곳곳에 두고 있다. 따라서 인보험보다 재산보험을 더 중시한는 점과 국가기관이 보험사업의 주체가 됨으로써 보험계약자 보호가 경시되는 점이 있는데, 특수보험계

34) 프랑스 보험법(L.113-2조 1항 2호), 스위스 보험계약법(제4조), 오스트리아 보험계약법(제3조)

35) 독일 보험계약법(제33조), 프랑스 보험법(L.113-2조 1항 4호)

36) 독일 보험계약법(제62조), 스위스 보험계약법(제61조)

37) 프랑스 보험법(L.121-12조), 독일 보험계약법(제67조)

38) 영미법사의 엄격한 피보험이익주의를 채용하고 있으나 일정한 친족관계가 존재하는 경우에는 피보험이익의 존재를 추정함으로써 엄격한 피보험이익주의를 어느 정도 완화하고 있다.

약의 해지금지,[39] 피보험자의 보험목적에 대한 안전확보의무(제35조) 및 비밀유지의무(제31조) 등이 그것이다. 전체적으로 보험계약자 등의 보호규정이 아직 미비하나 최근 개정을 통하여 신의성실의 원칙의 강조와 아울러 보험계약자 등의 보호규정이 증가되고 있다.

중국의 입법태도는 "하나가 성숙되면 하나를 제정"하는 방식에 따라 우리는 그동안 중국보험이 여건변화에 따라 「경제계약법」, 「재산보험계약조례」, 「보험기업관리잠행조례」에서 「해상법」상 해상보험계약규정에 이어 정식 「보험법」이 제정되었다는 것을 찾아 볼 수 있다.

Ⅲ. 중국 민상사법의 문제점

개혁·개방 이후 중국의 민상사법의 입법과 이론은 상당히 빨리 발전하였다. 많은 민상사법률 및 법규가 제정되었으며 시장경제 발전에 맞지 않는, 특히 WTO규칙과 부합하지 않는 민상사법을 개정하고 있다.

그러나 이러한 성과에도 불구하고 현행 민상사법은 적지 않는 결함과 문제점을 가지고 있으며 이러한 점들이 바로 민상사법의 현대화, 과학화 및 법전화를 제약하는 요소들인 것이다.

현행 중국 민상사법의 문제점을 열거하면 다음과 같다.

1. 법편제상의 문제점

(1) 「민법전」의 부존재

중국민상사법상 존재하는 최대의 결함은 바로 아직까지 민법전을 제정하지 못하고 있다는 점이다.[40] 이는 중국의 민상사 입법이 소위 "小賣"式(零售制)이기 때문에 민법전을 제정하지 않고 각각의 조성부분을 먼저 제정하

39) 화물운수보험계약과 運輸工具航程保險契約은 당사자가 이를 해지하지 못한다(제34조). 이는 중국 국내의 수로 및 철도로 운송되는 물량이 대부분을 차지함으로써 임의해지가 가져오는 경제적 손실이 지대하기 때문이다.

40) 민법전 제정의 조건에 관하여는 과거 몇 차례의 논쟁이 있었다(柳經緯, 吳克友, "關于制定民法典的條件是否成熟機個問題", 「中國法學」 1998年 第4期, 27-28頁

는 것에 기인한다. 이것은 급한 것을 먼저 입법하고 또한 쉬운 것을 먼저, 어려운 것을 나중에 입법하는 중국의 입법 방식 때문이다.

(2) 민법전의 체계문제

중국은 일찍이 民商合一방향으로 민상법을 제정하고 있다.

최근 통일「合同法」은 바로 이 원칙을 채택하였다는 것이 명백하다. 그러나 이에 관하여 이견이 없는 것은 아니다.[41)]

2. 법내용상의 문제점

(1) 현행 민상법 규정이 간단하고 내용 불건전함과 동시에 규정이 없는 것이 허다하다.

(2) 현행 민상법 규정이 중국입법 체제상의 원인으로 서로 조화되지 않는데 이러한 현상은 기본법과 단행법간은 물론 단행법 간에도 존재한다.[42)]

(3) 규정의 비과학성이 많다. 이것은 중국민상법이 민상법 이론연구의 수준의 제한성과 중국특색을 지나치게 고려한데서 비롯되었다.[43)]

(4) 현행 민상법의 행정과 경향이 심하게 나타난다. 많은 민상법의 입법은 행정법규의 형식에서 나온 것인데 예컨대 土地法은「土地管理法」의 형식에서, 그리고 房地産法(부동산법)은「房地産管理法」의 형식에서 나온 것이 그것이다. 또한 현행민법상에서 많은 행정법률규정이 있다. 예컨대「民法通則」의 벌칙과 구류에 관한 규정이 그것이다.

(5) 법이론 및 민사입법이 '전통적 원칙'에 의하여 지나치게 제한되어 있으며 또한 정치·경제체제 및 이데오르기에 너무 타협하는데 대하여 비판이

---

41) 王書江,「中國商法」中國經濟出版社, 1994. 19頁

42) 예컨대「民法通則」과「合伙企業法」은 모두 合伙(組合)에 관한 규정이 있는데 양자의 규정은 차이가 크다.

43) 예컨대, 회사법상 회사의 국유자산은 국가소유에 속한다는 규정과 어음수표법상 어음수표관계의 無因性을 인정하지 않고 대가관계의 존재를 요구한다. 또한 신탁법상 재산권 이전을 인정하지 않는다는 등의 규정에서 찾아 볼 수 있다.

제기된다. 이러한 전통적 원칙은 A.Y.Vixhinsky에 근거를 두고 또한 1950년대 소련에서 수입해 온 것으로 이런 법률이론들은 버려야하며 명확히 하여야 한다. 따라서 민상법은 조속히 개정 또는 제정되어야 한다.

(6) 公私法의 혼합현상

이런 현상은 구 소련 민법이론의 영향과 구 행정-경제체제의 반영이다. 이것은 민법활동에 있어 국가가 행정수단을 통하여 간여하는 이론적 근거를 제공하는 것이다. 시장경제를 위한 법적 질서를 수립하기 위하여 정부는 기업과 분리되어야 한다. 즉 사법자치가 지지되어야 한다. 공사법의 분리는 물론 사법이 공법에 우선 하여야 한다. 공법이 사법에 우선하는 것은 독재 및 자연경제의 소산이며 중앙행정-경제체제의 소산이다. 현재 중국은 공법이 주위치를 차지하고 있다. 공사법의 혼합은 정부가 기업에 간여하게 하였으며 관료가 이윤추구에 관여함으로서 많은 부폐의 양상을 낳았다. 법치주의 수립의 중심은 私法의 확립에 있다.44)

3. 법해석상의 문제점

민상법의 司法解釋이 지나치게 많은데 이는 간단한 법률과 수많은 사법해석이 서로 결합한 것으로 중국 민상법의 하나의 특색이자 결함인 것이다.

사법해석은 "司法立法"이 되며 법률의 성질을 변경시키는 것이다. 이러한 점은 민상법의 권위에 害가 되며 동시에 엄격한 법 집행에도 불리한 요소가 된다.

4. 법적용상의 문제점

(1) 법의 보편적 적용

모든 경제단위는 평등하게 취급되어야 하며 법은 모든 경제주체에게 보

---

44) 과거 重刑輕民의 변화이며 共有개념에서 私所有개념으로의 전환으로 私權을 강조하게 되었다(Wang Chenguang, 「Introduction to Chinese Law」 Sweet&Maxwell Asia, 1997. p.27).

편적으로 적용되어야 한다.

이제 슬로건은 '평등'(equality), 보편(universality), 사권(private rights), 계약자유. 인도(humanity)가 되어야 한다.

시장경제하에서는 막스 베버의 합리적인 법(rational law)을 요구한다.

시장경제는 법에 의하여 인도되고, 추진되며, 보호되어야 한다. 새로운 법이 제정되고 기존법령이 개정되고 통합되며 폐지되어야 한다. 그러기 위하여는 외국법의 경험에 많은 관심을 기우려야 한다.

(2) 기업법률제도의 문제점

중국의 私人기업과 國有기업, 중국기업과 외자기업 간에 불평등한 대우 및 지위가 인정되며 기업내부에서도 사인투자자와 국가주주간의 불평등한 지위가 여전히 발생하고 있다. 이러한 현상은 국유기업의 융자혜택, 주식사채발행의 용이, 외국인의 회사설립곤란, 외국기업에 대한 특혜, 국유주주의 절대적 지위 등 여러 방면에서 나타나고 있으며, WTO가입과 함께 이러한 장애요인이 제거되어야 할 것이다.[45]

Ⅳ. 중국 민상사법의 세계화[46]

중국 민상사법의 세계화는 중국시장경제의 역사적 변화과정에서 비로소 인식할 수 있다. 처음에는 경제발전을 위한 수단으로서 법을 필요로 하였으나, 시장경제체제로 들어서면서 보다 합리적인 법을 필요로 하게 되었으며 종래 외국법을 단지 입법의 참고자료로 취급하려다가 급기야 외국법의 수용태도가 달라지면서 중국 민상사법은 외국법을 과감히 받아들이면서 세계화 경향으로 나아가고 있다. 이점에서 향후 우리나라와 중국과의 민상사법의 접근현상과 함께 중국의 변화를 따라가고 있은 북한의 법 변화에도

45) 자세한 것은 施天濤, "WTO관점에서 본 中國의 商事法律" 企業法研究 제12집 2003 참조할 것.

46) 개발도상국가에서의 법의 세계화는 바로 서양법의 이식을 의미한다(Jian Fu Chen, "Market economy and internationalization of civil and commercial law in P.R.C", 「Law, Capitalism and power in Asia」 Routledge, 1999, p.99).

지대한 영향을 줄 것으로 예상된다.

1. 경제발전을 위한 법체제의 필요

개혁·개방 이후 중국정부는 法則강화를 추구하였으며 그 목표는 중국특색을 가진 사회주의 법체제의 구축이었으며, 법체제는 경제발전과정에 있어 필수적인 요소라고 생각하여 법체제가 중국경제현대화를 위하여 사회적 안정을 가져다 줄 것을 기대하였다.[47)]

다시 말하면 법이란 당과 국가가 경제개혁정책과 수단을 일반화하고 제도화하는데 쓰여져야 한다는 것이었다.

또한 1980년대 초기에는 외국법의 경험의 중요성을 강조하면서도 외국경험은 중국특색의 사회주의 법제건설에 단지 "참고"로 이용해야 한다는 것이다.

그러나 어떤 법들은 완전히 서구적이었는데 예컨대 1986년「民法通則」은 완전한 독일식 모델을 따른 것이었다.

중국이 외국법과 국제관행에 대하여 애매한 태도에도 불구하고 상거래 경제관계에 관한 1980년대에 나온 법들은 체계, 형태, 구조, 언어에 이르기까지 명백한 서구식이었다.

中外合資京營企業法(1979, 1988), 涉外經濟合同法(1985), 商標法(1982, 1993), 特許法(1984) 등은 서양법의 영향을 여실히 반영하는 표본의 일부이다.

2. 시장경제를 위한 합리적인 법의 필요

이러한 애매하고도 이념적인 용어의 사용과 중국특색의 사회주의법제건설에 있어 "외국의 경험을 참고로 이용하는" 태도로부터 1992년 공산당에서 사회주의시장경제체제를 선택하고 난 뒤부터는 중국법의 '법의 移植', 흡수(assimilation), 조화(harmonization), 국제화라는 용어를 직접 사용하게 되었다.

---

47) Percy R. Luney, JR. , "Traditions and Foreign Influences : Systems of Law in China and Japan", Law and Contemporary Problems, [Vol. 52 : No. 2 : page 129 ; spring 1989] p.129-130.

시장경제를 위한 “합리적인 법”은 포괄적이고 체계적인 외국법 및 기본 법률이론을 도입해야 한다는 요구를 강하게 하고 있으며 중국이 서양법을 빌려서 그들의 법을 만들고 있으며 중국법은 그의 사회주의 및 중국특색을 상실했다는 외국의 비판에 상관하지 않고 있다.

중국법의 국제화는 중국법의 현대화에 필요하고도 올바른 방향이며 국내외의 모든 경제활동은 국제적으로 통용되는 규범, 관습, 관행 및 규칙에 따라 규제되어야 한다고 인식하고 있다.

전통적인 막스주의자들은 법이란 그 사회의 지배계급의 의지의 표현이라 하지만 한편 법이란 모든 사회에 공통적인 계급적 성질도 갖지만 사회적인 성질도 가지므로 시장경제란 그 자체의 규범과 메카니즘을 가지며, 기술적이고도 경영적인 규범은 모든 시장경제에 공통적인 것이다.

3. 중국민상사법의 세계화

이렇듯 중국법제건설에 있어 1980년대에는 외국법과 국제관행의 수용태도가 애매했으나 1990년대에는 명백해졌다.[48)]

중국 海商法(1992)은 10여 년 동안의 작업 가운데 국제조약 및 관행을 받아들인 것인데 이 선택은 중국법의 국제관행과의 조화를 위한 좋은 본보기가 되었다.

그 후 會社法(1993), 對外貿易法(1994), 仲裁法(1994), 會計法(1994), 어음수표법(1995), 중국인민은행법(1995), 상업은행법(1995), 保險法(1995)이 채택되었으며 국제관행과 일치하지 않는 기존 법들은 빠르게 개정하였다.

위에서 본바와 같이 중국법은 1980년대에 외국법의 수용태도에서 매우 애매하고 참고적으로 사용한다는 생각에서 1990년대 들어 사회주의시장경제체제를 채택하면서부터 중국법의 ‘중국적 요소’를 더욱 포기하게 되었다.[49)]

---

48) 중국의 입법기관이 공식적으로 외국법의 대담한 수용과 직접적인 도입을 표명하였다(People's Daily, 3 July 1993, 16 March 1994)

49) 일부학자는 중국법의 ‘중국특색’을 강조하는 것은 중국법의 현대화 및 발전에 오히려 해가 된다고 비판하고 있다.

V. 맺는말

이제까지 중국이 1980년대부터 지금까지 제정한 주요 민상사 법을 개관하였다.

법제사적으로 볼 때 중국은 개혁·개방 시작부터 계획경제를 규율하기 위한 경제입법이 먼저 제정되고 시장경제적 여건이 개선됨에 따라 계획경제와 시장경제를 조정하기 위한 民商기본입법적인「民法通則」(1986)을 제정하게 되었다.

이 법은 독일식 민법방식에다가 구소련, 동구 등 사회주의법률의 영향을 받은 것이어서 그 후의 시장경제체제에 부응하지 못하는 많은 한계를 지니고 있다.

90년대 이후 나타난 일련의 민상사관계 법률은 로마-게르만 법계인 대륙법의 전통이 재현되고 있다고 할 수 있으며, 이에 머무르지 않고 영미법계의 합리적인 법률을 수용하고 있으며, 나아가 국제관례 등을 적극 반영한 입법이 이루어지고 있다.

전환기 중국의 민상사관계 법들은 민상합일의 원칙 하에서「민법통칙」을 민상관계법의 기본법으로 하고 수많은 민사 단행법률을 제정하여 왔으며, 일련의 상사관계법률도 모두「민법통칙」의 민사특별법으로 제정되었다. 이러한 민상사관계법들의 출현원인은 여러 가지가 있다.

사회주의 계획상품경제에서 시장경제로의 체제변화가 진행되면서 완전한 하나의 민법전을 제정하는 것이 시기적으로 성숙되지 않았는 데다, 시급히 필요한 법을 먼저 제정할 필요성이 있음과 아울러 비교적 성숙된 부분을 단행법으로 제정하여야 했으며, 아직 경험이 부족한 점과 민법의 범위가 광범하고 복잡하다는 점 등이「민법통칙」을 먼저 제정한 원인이라 할 수 있다.

또한 경제체제상의 원인뿐만 아니라 단행법 및 조례 등이 인민대표대회가 아닌 국무원의 일개 또는 몇 개의 위원회에서 기초하다보니 중복, 저촉되는 이른바 입법체제상의 원인과 50년대에 계수한 구소련 민법이론이 개혁·개방 이래 사회경제상의 근본변화로 인하여 폐기되거나 수정 된데서 오는 법 이론상의 원인도 있다.

한편 흥미로운 것은 중국의 입법지도사상 상의 원인인데, 입법지도 사상은 항상 소위 "하나가 성숙되면 하나를 제정하는 정책"과 "입법은 대강을 정하고 상세한 것을 정하지 않음"이라는 사상에도 그 영향이 있다고 볼 수 있다.

또한 중국전통사유방식의 특성 중의 하나인 모호성과 문자의 간략성 및 원칙성에 치우치는(過分原則) 성질로 인하여 입법의지가 분명하지 않는 내용상의 특색도 들 수 있다.[50]

중국은 90년대 들어 사회주의시장경제체제를 채택한 후 일련의 商事法律이 나타나게 되었다.[51] 이에는 상사조직법의 하나인 회사법, 그리고 상사행위법인 보험법, 해상법 등이 있다.

「회사법」(1993)은 독일, 불란서 등 대륙법계의 회사법 유형을 따르고 있으며 주로 국내기업 특히 국유기업을 겨냥해서 제정된 것으로 80년대에 시작한 국유기업을 국가로부터 해방시키면서 현대기업제도의 수립을 위하여 제정되었다.

유한회사의 한 형태로 "國有獨資公司"를 두어 일반회사 법리를 무시한 중국특유의 회사제도를 만들고 있다.

상사행위법의 하나로 제일 먼저 제정한 중국「해상법」은 10여 년간의 작업을 통하여 그간의 해운실무경험의 총결 및 체현의 산물로서 '중국특색'을 반영하면서도 국제조약 및 관행을 대폭 수용한 법으로 중국법의 국제화에 좋은 본보기가 되었다.

이어 나온 중국「보험법」은 과거 보험계약법과 보험입법 역할을 한 두 條例를 근거로 양법을 함께 입법하고 있다. 이 법도 대체로 독일, 불란서 등의 대륙법을 모델로 하면서 영미법상의 원칙을 도입한 것이다.

1995년에 제정된「擔保法」은 민법통칙 중 1개의 조문을 96개 조문으로 제정된 것으로「民法通則」과 향후 제정될 물권법과의 중요한 매개작용을 할 것이다. 이 법은 통일주의 를 택하고 있으나 법전형식을 배제한 단행법 형식으로 되어 있는데 이것 또한 중국 담보법의 특색이라 할 수 있다.

---

50) 郝鐵川, "傳統思維方式對當代中國立法技術的影響", 中國法學, 1993年 第3輯 32-40頁
51) 王保樹, "中國現行商事法律制度的基本內容", D412民商法學, 2000, 79-82頁

「민법통칙」이 구 소련민법의 영향을 받았지만 사회주의법이 원래 대륙법의 영향을 받았기 때문에 동법의 수많은 개념과 원칙은 대륙법의 전통에 기인하며 「담보법」 역시 대륙법의 영향 하에서 제정된 것이다.

최근에 나온 통일 「계약법」은 계약자유, 신의성실원칙 및 거래의 원활화의 목적 하에 과거의 3개 계약법을 하나로 통일한 것이다. 아울러 대륙법 체제를 해하지 않는 범위 내에서 영미법도 일부 수용하고 있으며, 비엔나협약도 대폭 수용하고 있다.

이상에서 본바와 같이 중국은 법을 경제발전의 도구로 인식하여 경제여건의 변화에 따라 점진적으로 입법해 나오고 있었다.

사회주의계획경제와 시장경제체제의 와중에서 민법통칙을 제정하였으며 담보법에 이어 과거 산재한 계약법을 하나로 통일하고 있다.

시장경제체제로 진입하면서 1980년대의 소위 중국특색은 점차 사라지고 국제성을 띄게 된다.

기본적으로 대륙법체계를 따르는 것은 변화가 없으나 영미법 내지 국제관행을 대폭 수용하는 방향으로 나아가고 있음을 알 수 있다.

이제 불원간 하나의 완성된 민법전제정을 앞두고 있으며 WTO에도 가입한 중국의 民商事法은 “중국특색의 사회주의시장경제체제”라는 슬로건에서 향후 중국특색과 사회주의성격이 희미해지면서 “시장경제”라는 보편성이 주도할 것이라 생각된다.

이와 관련하여 지금까지 중국은 대만과 민상사법의 상호접근을 시도하고 있다. 이러한 경향은 중국의 변화를 따라가는 북한에 영향을 줄 것이며 이 또한 우리나라와 남북 민상사법의 접근현상으로 이어가야 할 것이다.

중국 회사 및 기업법의 개황*

목 차

Ⅰ. 머리말

중국은 1970년대 말부터 경제체제의 개혁 및 대외개방 정책을 실시한 이래 1990년 초반에 사회주의 시장경제체제를 채택하여 괄목할 경제성장을 지속하고 있다.

이러한 성장의 배경에는 여러 관련 기업법들이 제정·실시되어 왔다. 즉 사회주의시장경제체제 선언 이전에는 중국 기업법 들은 기존의 기업소유제와 업종에 따라 입법을 하였으나 그 이후에는 기업재산권의 구조 및 조직형식과 책임의 성질을 기준으로 전환하고 있다.

따라서 '92년 이후에 나온 회사법(1993), 조합기업법(1997) 및 개인독자기업법(1999) 등은 기업법의 새로운 입법의 내용과 형식을 갖게 되었으며 중국특유의 기업형식인 주식합작기업법(股份合作企業法)도 제정 · 계획 중에 있다.

반면 중국의 실정상 과거 소유제를 기준으로 한 국유기업과 집단기업법도 존재하고 있다.

중국은 기업개혁과 시장경제 발전을 통하여 최종적으로 선진국과 같은 국가를 건설하는데 목적이 있으므로 이를 위하여 국유기업의 경영구조를 현대기업제도로 전환시키는데 총력을 기울이고 있다.

중국의 WTO 가입은 그간 입법의 '중국특색'현상에서 '세계화'로 매진할 것이며 그간 기업법 들도 이에 부응한 개정을 하고 있다.

또한 시장경제구조로 진입하면서 "사회주의시장경제는 바로 法制經濟"라고 할 정도로 사회주의시장경제 법률체제의 정비에 전력을 투구하고 있는 실정이다.

중국의 기업법은 현대기업제도의 대표격인 회사법 및 조합기업법을 중심으로 기타의 기업법을 형성해 나갈 것이다.

본문은 WTO 가입 이후 대내·대외법제의 통일화를 시도하고 있는 현시점에서 중국기업법의 체계와 특색을 살펴봄으로써 중국 기업법을 이해함과 아울러 한중양국의 경제교류에서 상호접근을 도모할 수 있을 것이다.

Ⅱ. 중국 회사 및 기업입법

1. 중국 회사 및 기업법의 개념

기업법은 기업의 법률적 지위 및 기업의 설립, 조직구조, 권리의무 관계를 규율하는 법규의 총칭이다.

기업법의 기본적 특징은 조직법의 일종으로 기업의 각종 조직형식을 규정하는 것이다.

기업법은 전통적인 민상사법 중 상사주체의 내용, 예컨대 개인독자기업, 조합기업 및 회사 등에서 민상법의 일부원칙 및 제도의 성질을 가지며, 또한 민상법의 상사주체의 내용을 확대한, 예컨대 국유기업, 집체기업, 외상투자기업 등이 그 설립, 운행 및 종료과정에서의 경제행정관리제도를 포함하는 것이다.

따라서 기업법은 민상법의 특유한 원칙과 제도와는 구별되는 비교적 강한 公法색채를 띄게 된다.[1)]

---

* 이 글은 대구가톨릭대학교 사회과학연구소 「사회과학논총」제2집(2003. 12)에 게재 됨

1) 許冬·黃俊輝·黃惠萍, 企業法與公司法教程, 廣東人民出版社, 2002, 9~11頁

2. 외국 회사 및 기업입법의 예

외국의 기업입법은

1) 회사법전을 기업입법의 주요형식으로 하는 것으로 불란서와 같이 전형적인 민상법분리국가의 경우

2) 상법전을 기업법의 기본형식으로 하는 동시에 단행 기업법을 제정하는 것으로 독일의 경우가 여기에 해당한다.

3) 지방성 기업법률제도를 기업법의 기본으로 하는 형식으로 미국의 경우가 이에 해당한다.

4) 민법전을 기업입법의 주요형식으로 하는 것으로 민상합일 국가가 이를 채택하며 민법전 중에 각종 상사 기업을 규정한다.

3. 중국 회사 및 기업법의 현황

중국은 1970년대 말까지 계획경제체제와 통일경제관리체제로 기업입법은 발달하지 않고 기업 관리는 주로 당과 국가정책 및 정부지령으로 하였다.

그러나 제11기 三中全會 이후 경제체제의 개혁 및 대외개방으로 기업개혁은 경제체제개혁의 중심과제가 되었다.

기업입법은 특히 국유기업 입법이 국가입법활동의 중심이 되었다. 우선 외상투자기업의 외자유치를 위하여 다음과 같은 법령을 공포하였다.

「中國合資經營企業法」(1979), 「外資企業法」(1986), 「中外合作經營企業法」(1988)및 관련 規章, 예컨대 「中外合資經營企業法實施條例」(1983), 「關干鼓勵外商投資的規定」(1986), 「中外合資經營企業住册資本與投資總額比例的暫行規定」(1987), 「中外合資經營企業合營各方出資的若干規定」(1988), 「外資企業法實施規定」(1990), 「中外合作經營企業法實施細則」(1995) 등 WTO의 요구에 부응하여 외상투자기업법에서 "越國民" "次國民" 대우규정[2)]을 개정하고 삼자기업법 및 세칙을 개정하였다.

---

2) 중국이 외상투자기업 유치를 위하여 내국기업보다 우대한 것을 "超國民", 오히려 제한을 가한 것을 "次國民"이라는 표현을 하고 있다.

다음으로 국유시업개혁을 둘러싸고 다음과 같은 대량의 법규가 제정되었다. 예컨대, 「關干廣大國營工業企業經營經理自主權的若干規定」(1979), 「國營工業企業職工代表大會暫行條例」(1980), 「國營工廠廠長工作暫行條例」, 「企業職工裝懲條例」(1983), 「關干進一步擴大國營工業企業自主權的暫行規定」(1984), 「關干增强大衆型國營企業活力若干問題的暫行規定」, 「國營企業固定資産折旧試行條例」(1985), 「關干進一步推動橫向經營聯合的若干問題的規定」, 「全民所有制工業企業廠長工作條例」, 「全民所有制工業企業職工代表大會條例」, 「關干深化企業改革增强企業活力的若干規定」, 「企業破産法(試行)(1986), 「全民所有制工業企業法」, 「全民所有制工業企業承包經營責任制暫行條例」, 「全民所有制小型工業企業租賃經營暫行條例」(1988), 「全民所有制工業企業轉煥經營機制條例(1992)등이 있으며, 1992년 國家體改委等部門에서 「股份制企業試点辦法」및 "規範意見" 등 주식제실험정책법규를 내 놓았다. 2000년 國務院은 「國有企業監事會暫行條例를 공포하였다.

또한 사영기업 및 집체기업입법으로 「私營企業暫行條例」(1988), 「鄕村集體所有制企業條例」(1990), 「域鎭集體所有制企業條例」(1991) 등이 제정되었다.

그런데 이상의 기업법률들은 기업소유제형식을 표준으로 진행된 입법이다.

1990년대 들어 사회주의 시장경제체제의 수립으로 기업개혁의 방향과 목표가 진일보 명확하게 되어 기업입법은 현대기업제도와 시장경제체제로 나아가게 되었다.

이로써 종전의 기업소유제의 한계를 탈피하여 기업입법을 하게 되었다.[3)]

선후로 회사법(1993), 조합기업법(1997) 및 개인독자기업법(1999)을 제정・공포하였다.

기업개혁의 심화와 시장경제의 발전에 따라 중국은 최종적으로 선진국가 같은 모습을 갖게 될 것이며, 회사법과 조합기업법을 위주로 하고 기타 기업법을 보조로 하는 기업법체계를 형성하게 될 것이다.[4)]

---

3) 자세한 것은 吳日煥, "中國企業立法의 發展과 企業法의 構造", 「企業法硏究」 제12집, 2003, 14~18면 참조.

Ⅲ. 중국 회사 및 기업법의 체계와 특색

1. 회사법(公司法)

公司法은 1993년 12월 29에 공포하고 그 이듬해 7월1일부터 시행된 현대 기업형식 즉 회사의 주요 법률이다. 이 법은 회사의 종류, 회사의 설립, 회사의 조직기구, 주식회사의 주식의 발행 및 양도, 회사채, 재무회계, 합병, 분할, 해산 및 청산, 외국회사의 지점 등을 규정하고 있다, 이 公司法의 제정은 중국기업입법이 새로운 단계에 들어섰다는 의미가 있다. 이것은 중국기업입법이 企業 所有制에서 企業 出資人의 책임 및 資金造成構造로 전환되었다는 것을 말한다. 중국 회사법은 회사제도를 규율하는 것을 중심으로 하고, 회사설립 조건을 명확히 하고, 외국제도의 원리를 수용하였다. 예컨대, 주주평등원칙, 주주유한책임, 회사조직의 분리 및 상호제약의 원칙, 주주와 채권자의 합법적 권익보호원칙 등이다. 또한 회사최저자본제도, 자본3원칙을 강조 하고 있다.

이 회사법은 중국의 國情과 각국의 통례에 의거하여 회사형식을 有限責任公司(유한회사)와 股份有限公司(주식회사)의 두 종류를 규정하였다.

중국 회사법은 현대적 기업제도 수립의 필요성에 부응하고 회사의 조직과 활동을 규율하며 회사, 주주 및 채권자의 권익을 보호하고 사회경제질서를 유지함으로서 사회주의시장경제의 발전을 촉진하기 위한 목적으로 제정하게 된 것이다.(제1조).

이 법의 공포는 실로 중국기업입법사상 중요사건이라고 표현될 정도로 「社會主義市場經濟體制若干問題的決定」에서 밝힌 바와 같이 국유기업의 경영구조를 전환하여 현대기업제도를 社會主義市場經濟體制의 기초로 하자는 데 그 뜻이 있다.[5]

4) 許冬 等, 前揭書, 14頁.

5) 1993년 11월 中共中央 第14期 三中全會에서 “사회주의시장경제체제의 약간의 문제에 대한 결정”이 통과되었는데 이 決定은 中國共産黨 第14屆 中央委員會 制3次 全體會議(1993. 11. 14)에서 통과된 것으로 총10개의 중요 문제점에 대한 決定으로 國有企業의 經營構造를 전환하여 現代企業制度를 사회주의시장경제체제의 기초로 하

중국은 최근에 이르러 완전한 시장경제구조로 진입하면서 " 사회주의 시장경제는 곧 法制經濟"라고 할 정도로 사회주의시장경제법률체제의 정비에 총력을 쏟고 있으며 이「公司法」 은 그 대표적인 법의 하나이다. 그동안 공포된 일련의 법들은 그동안 중국이 실시한 시장경제에 대한 경험과 외국의 선진 입법례를 따라 수년간의 작업 끝에 제정되었다는 점에서는 이 공사법도 예외가 아니다.

「中國公司法」 의 몇가지 특색은 본 법의 곳곳에서 나타나고 있는 소위 "中國特色"이 반영된 것으로 보여 진다. 이 법에는 지금까지의 경제체제와 다른 회사제도의 도입에 따른 차이점을 강조하기 위한 규정들이 잔재하고 있다.

국유기업의 회사제도로의 전환에 따른 공사법의 제 규정과 회사설립 시 엄격한 요건을 요구하면서 특히 주식회사에 해당하는「股份有限公司」는 허가주의를 채택하고 있다.

또한 회사의 사회적 의무를 강조한다든가 경우에 따라서는 타 입법에서 볼 수 없는 노동조합(工會)에 관한 규정과 직원(職工)의 권익보호 규정까지 그 내용으로 하고 있으며 때로는 법리상 당연한 규정 (제4-6조)등도 포함되어 있고 심지어 중국공산당에 관한 규정까지 내포하고 있는 점 등이 특이하다.

특히 「有限責任公司의 한 형태로 「國有獨資公司」를 두어 주요 산업에 대한 국가의 주도권을 광범위하게 인정하고 있는 점도 특색의 하나라 할 것이다. 이러한 형태의 회사는 국가가 全民所有企業 制度하에서의 무한책임에서 벗어나면서도 여전히 영향력을 행사하려는 데 그 초점이 맞추어져 있으며 同 公司의 인정은 기존 會社法理를 무시한 새로운 형태의 기업제도로 강조되고 있다.[6)]

자는 것이 그 두 번째 내용에 포함되어 있다.(中共中央關與建立社會主義市場經濟體制若干問題的決定, 人民出版社, 1993, 5頁)

6) 國有獨資公司는 서구의 "一人會社"와는 다르다. 이 공사는 회사제도의 발전의 산물이 아니라 국유기업개혁의 특수수요에서 생겨난 것이다. 바로 중국대중형국유기업을 회사제도로 개혁하는데 있어 설계된 일종의 회사조직형식에 불과하다(柳經緯, 論國有獨資公司, 法學研究, 第18卷 第5期 (總 第106期).

앞에서도 언급한 바와 같이 中國公司法은 중국 실제상황을 고려하면서 외국회사의 입법경험과 대만, 홍콩 및 국제통용준칙 등을 토대로 「國有獨資公司」, 주식발행 및 양도, 직공의 회사관리에 대한 참여, 회사설립 시 등기와 영업허가를 상호 결합한 「有限責任公司」의 회사채발행 등 일련의 새로운 제도를 도입하였다는 점이 특기할 만하다.

그러나 중국 회사법의 제정은 자본주의 시장경제국가들의 회사법의 목적과는 다르다. 이미 중국은 이 회사법 제정 이전에 외상투자기업을 유한회사 형태로 도입하였으며 이 유한회사의 유형은 그 동안 제정·공포한 일련의 법규에 규정되어 있었다.

따라서 1993년 중국 회사법은 주로 국내기업 특히 국유기업을 겨냥해서 제정한 것이며 이법을 통하여 국유기업을 해방시키려는 의도였다.

이것이 회사법이 출현한 이유이며 현대기업제도수립의 중요조치로 볼 수 있다.

또한 중국이 회사법 중 有限責任公司라는 章(제2장)중에 "國有獨資公司"의 한 節(제3절, 제64~72조)을 둔 이유이며, 제4조에 회사가 가지는 "全部法人財産權"과 주주가 가지는 주주권(自益權, 共益權)을 구별하여 규정함으로써 회사재산과 주주재산의 분리를 한 이유이다.

이렇게 함으로써 현대 회사법의 기본원칙을 가지게 되었으며 1980년대 시작한 국유기업을 국가의 통제로부터 해방시키면서 국유기업이 시장주체로서 거듭나게 되었다.[7)]

2. 조합기업법(合伙企業法)

合伙企業[8)]은 우리의 合名會社(이하 合名企業이라 한다.)와 같은 기업 형태이나 다만 법인격이 없으므로 일종의 組合(partnership)이라 할 수 있다.

중국은 1997년 조합기업관계를 조정하는「合伙企業法」을 공포하였다.

이 法은 조합기업의 설립, 재산, 업무집행, 합명기업과 제3자와의 관계,

---

7) 陳弘毅, 法治, 啓蒙與現代法的情神, 中國政法大學出版社, 1998, 178~179頁

8) 일부에서는 合伙企業를 '조합기업'으로 번역하고 있다.

가입과 탈퇴, 해산 및 청산 등을 규정하고 있다.

合伙企業은 중국의 기업형태의 일종이며, 조합기업법에 의하여 설립된, 각 조합원이 조합계약을 체결하고 공동으로 출자하고 경영하며 수익을 공동으로 분배하고 위험을 공동으로 부담하며 조합기업의 채무에 대하여 무한의 연대책임을 지는 영리조직이다(동법 제23조). 조합기업은 다수인이 출자하는 기업이지만 회사와 구별된다.

그리고 조합원은 회사 채무에 대하여 연대·무한책임을 지는 것이 특징이다.

또한 각 조합원은 조합기업의 업무집행에서 동등한 권리를 가지며, 전체 조합원이 공동으로 업무를 집행할 수도 있고, 1인 또는 여러 명에게 기업의 업무집행을 위임할 수 있다.

조합기업의 업무를 집행하는 조합원은 조합기업을 대표한다(동법 제25조).

업무에 참여하지 않는 조합원은 업무를 감독하고 업무의 집행상황을 검사할 권리를 가진다(동법 제26조). 조합기업은 업무집행과 기업을 대표하는 조합원의 권리를 제한함에 있어 선의의 제3자에게 대항하지 못한다(동법 제38조).

새로 가입하는 자는 전체 조합원의 동의를 얻어야 하며 법에 의하여 조합 협의서에 서명하여야 하며(종법 제44조) 일정한 사유가 있을 때 퇴출할 수 있다(동법 제46조).

조합기업은 일정한 사유가 발생하면 해산하여야 하며(동법 제 57조), 해산된 후 청산을 하고 이를 채권자에게 통지·공고 하여야 한다(동법 제58조). 청산이 종결되면 청산보고서를 제출하고 조합기업의 말소등기를 하여야 한다(동법 제 64조). 이 組合企業은 중국「民法通則」의 비 법인조직의 聯營이며(민법 통칙 제4절) 일종의 비 법인자격의 경제조직이다.[9]

그런데 중국의 경우 匿名組合(隱名合伙)과 合資會社(有限合伙)에 관한 투자형식은 규정하지 않고 있다.[10]

---

9) 鄭立, 王益英, 企業法通論, 中國人民大學出版社, 1997, 305頁

10) 학계에서는 이의 필요성을 강조하고 있다(甘培忠, 前揭書, 70~71頁).

3. 個人獨資企業法

(1) 내용 및 특색

개인독자기업(enterprise of sole proprietorship)은 個人業主制企業, 個體企業으로 불리는 것으로 일개 자연인이 단독으로 투자・경영하는 기업이다. 중국이 개혁・개방 이래 公有制를 주체로 하면서 多種의 경제단위의 공동발전을 추구하는 가운데 개인사영기업[11]이 급속도롤 발전을 하였다.

이러한 경제주체를 위한 전문적인 법률이 필요하여「개인독자기업법」(1999)을 제정하였다.[12]

개인독자기업법[13]은 개인독자기업의 행위를 규율하고 개인독자기업의 투자자의 합법적 권리를 보호하며 사회경제질서를 보호함과 아울러 사회주의 시장경제의 발전을 촉진시키는데 목적이 있다(동법 제 1조).

이 법은 회사법(公司法), 조합기업법(合伙企業法)와 합계 시장주체법률의 기본을 이루는 것으로 개인독자기업의 시장주체법률적 지위를 부여하였으며, 中國市場主體法律制度를 완성하는 제도로서 개혁・개방 이후 끊임없이 심화된 필연적인 결과로 생겨난 것이다.

또한 이 법은 中國憲法의 제 규정에 근거하여 입법되었다. 즉 중국은 법에 의하여 다스리며(依法治國), 사회주의 법치국가를 건설한다(헌법 제5조). 국가는 사회주의 초급단계에 있어 公有制를 주체로 각종 所有制로 경제의 공동발전을 위한 기본경제제도로 삼는다(제6조). 법률이 규정한 범위내의 個體經濟, 私營經濟 등 非 公有制經濟는 사회주의시장경제의 중요조성부분이다. 국가는 개체경제, 사영경제의 合法的權益을 보호하며, 이에 대하여 감독과 관리를 한다(제11조). 그리고 국가는 사회주의 시장경제를 실행함에 있어 경제입법을 강화하고 거시조정을 도모하며, 국가는 어떠한 조직 또는 개인

---

11) 個人獨資企業은「私營企業暫行條例」에서 조합기업과 유한책임회사 등 3종 私營企業의 하나이다.

12) 許冬 等, 前揭書, 108頁

13) 중국에서 '獨資'의 의미는 공유제를 기본으로 다종의 소유제가 병존하는 경제제도상 個人獨資, 法人獨資 및 國家獨資의 3가지 뜻을 가지고 있다(李伯僑, 獨資企業法探徵, 中國法學, 2002年 第3期 112頁).

이 사회경제 질서를 문란하게 하는 것을 금지한다(제15조). 이러한 헌법의 제 규정들이 바로 본법의 지도원칙이며 헌법규정을 구체화한 것이다.[14]

個人獨資企業은 사회경제발전 중 가장 오래된 기업형태의 일종이며, 중국내에 설립하는 자연인 1人의 투자로서 재산은 투자자개인소유로 투자자는 이 개인재산으로 기업채무에 대하여 무한책임을 부담한다(동법 제2조). 개인독자기업의 설립은 準則主義이나, 법률, 행정법규에서 금지하는 업무에 대해서는 유관부분의 허가를 얻어야 한다(동법 제 9조). 예컨대 금융업, 담배제조업 등이 그것이다.[15]

개인독자기업은 다음과 같은 특징이 있다. 첫째 출자자는 법률과 행정법규에서 영리활동에 종사하는 것이 금지된 사람은 개인독자기업 설립신청을 할 수 없다(동법 제16조). 이에 해당하는 자들은 국가공무원, 행정기관 공무원 및 사법요원 등이다.

개인독자기업의 투자자는 기업재산의 소유권을 가지며 양도 및 승계 할 수 있다(동법 제 17조). 개인독자기업의 투자자는 스스로 기업 사무를 관리할 수 있으며 이를 위임할 수 있다(동법 제 19조).

둘째로 개인독자기업의 투자자는 기업채무에 대하여 무한책임을 지며 가정의 공유재산으로 기업채무의 무한책임을 진다.[16] 이 법은 총 46개조 및 부칙으로 구성되며 그 내용은 총칙(제1장), 개인독자기업의 설립(제2장), 개인 독자기업의 투자자 및 사무관리(제3장), 개인독자기업의 해산 및 청산(제4장), 법률책임(제5장), 부칙(제6장)이다.

(2) 개인독자기업과 1人 會社

주식회사나 유한회사는 주주 또는 사원이 1인이 된 때 이를 해산사유로 하지 않고 있다. 그러나 중국은 이와는 달리 시장경제의 초보단계에 있으므로 1인 회사는 현 단계에서는 중국실정에 맞지 않다는 것이다. 중국의 회사기업법 중 국가는 외국의 개인이 중국경내에서 투자하는 것을 허용하

14) 卞耀拭, 中華人民共和國個人獨資企業釋義, 法律出版社, 2000, 26頁.
15) 卞耀拭, 上揭書, 51頁.
16) 許冬 等, 上揭書, 111頁.

며 외자기업의 기본조직형식은 유한회사이므로 중국에서 등록한 외자기업 중 사실상 1인 회사가 많다 그러나 이러한 상활은 중국의 대외개방, 외자유치에 의한 일종의 특수정책의 표현이며 회사법에서는 보편적인 의의를 가지지 않는다고 한다.[17)]

4. 주식합작기업법(股份合作企業法)

주식합작기업은 1980년대 초 가정도급제 및 향진기업이 핵심적인 농촌경제개혁을 하는 과정에서 창출되어, 도시집단소유제기업과 국유중소형기업으로 퍼져나가 비교적 광범위한 기업조직형태의 하나로 자리 잡게 되었다. 이 기업은 주식제와 합작제의 합리적인 점을 채택한 일종의 신형기업제도이다.[18)]

(1) 주식합작제기업의 성질

학계에서 이 기업에 대한 인식이 통일이 되지 않고 있는데[19)] 다음 4가지가 주요 견해이다.

1) 공유제의 실현형식의 일종이라는 견해

이 견해는 농민주식합작기업이란 노동농민의 합작경제이며 사회주의 노동군중집체소유제경제라는 것이다.

2) 中性의 기업조직형식이라는 견해

3) 사유제형식의 일종이라는 견해

4) 사회주의 제도하에 생긴 개인소유제라는 견해

현행법률 및 행정법규 상에서 볼 때 국가가 주식합작기업의 성질을 기본적으로 公有制의 실현형식으로 일종의 신형의 집단소유제경제조직이라는 것이다.[20)]

---

17) 甘培忠, 企業與公司法學, 北京大學出版社, 2002, 45~46頁.
18) 許冬 等, 前揭書, 31頁.
19) 徐學鹿, 前揭書, 138頁.
20) 1997년 國家遞改委에서 발표한「關于發展域市股份合作制企業的指導意見」에서 이

(2) 타 기업형태와의 구별

1) 개인독자기업과의 구별

개인독자기업(전자)은 투자주체에서 단일, 자연인투자이나, 주식합작기업(후자)의 투자주체는 다양하며 자연인에 한하지 않으나 직공투자가 주를 이룬다.

전자는 非법인이며 무한책임을 지나, 후자는 일반적으로 법인자격과 유한책임을 진다.

재산귀속은 전자가 개인투자, 개인소유, 독자경영, 독자수익향유인대 반하여, 후자는 노동自愿조합, 공동투자, 공동점유 및 사용, 공동경영, 민주관리, 노동 및 투자에 따라 노동성과 분배이며, 또한 전자는 사영경제에 속하나, 후자는 집단소유제경제에 속한다.

2) 회사와의 구별

양자는 법인자격을 가지고 유한책임을 지며 기업관리 및 이윤분배도 주식액의 비례에 따르는 등 일종의 특수한 회사라 할 수 있다.

그러나 다음과 같은 점에서 구별된다.

투자주체에서 회사(전자)는 자연인, 법인의 구별이 없으나 주식합작기업(후자)은 투자주체를 반드시 기업노동자여야 하며 기타 사회투자주체는 엄격한 제한을 받는다.

자본구성에 있어 전자는 사회투자이나 후자는 자본전부가 기업직공의 주식 가입(入股)이 주가 되고 소량의 사회투자를 흡수한다.

전자는 1주 1표이나 후자는 1인 1표와 1주 1표의 결합된 표결원칙을 택하고 있다.

전자는 출자에 비례하여 분배하나, 후자는 노동과 투자의 결합방식에 의하여 분배한다.

기업은 사회주의시장경제 중 집단경제의 새로운 조직 형태의 하나라고 한다.

3) **조합기업과의 구별**

양자는 자연인이 주가 되며, 공동출자, 공동관리·공동수익향유, 위험공동부담 등 유사점이 많으나 다음 2가지 방면에서 차이가 있다.

전자는 자연인에 한하며 법인이나 기타 사회조직은 조합원이 될 수 없으며, 조합원이 반드시 기업의 직공이 主가 되어야 하나 법인이나 기타 사회조직도 투자가 허락된다. 또한 기업직공이 반드시 기업의 노무에 참여하여야 한다.

또한 전자의 조합원은 기업채무에 무한연대책임을 지나 후자는 유한책임을 진다.

그리고 전자는 법인자격이 없으나 후자는 있으며, 전자는 私營기업의 일종이나 후자는 집단기업, 즉 공유제경제에 속한다.[21)]

(3) **주식합작기업입법의 현황**

1) **전국성 立法文件**

「農民股份合作企業潛行規定」(1990)및「關于發展城市股份合作制企業的指導意見」(1997)등이 있다.

2) **지방성 立法文件**

최초의 지방성입법은 浙江省에서 나온 「關于農村股份合作制企業問題的潛行規定」(1987)이며 북경, 상해, 관동, 안휘, 강소 등지에서 이와 관련 법규를 제정하였다.

이상의 문건들이 이 합작기업의 발전에 중요한 작용을 하였지만 이들 입법에는 많은 문제점이 있어 주식합작제의 발전에 장애가 되고 있다.

이 주식합작기업에 관하여 전문적인 법률을 제정하여야 하는가는 반대의견도 많으며 향후 많은 연구가 있어야 할 것이라 한다.[22)]

---

21) 許冬 等, 前揭書, 39~41頁.
22) 주식합작기업의 입법의 문제점에 대하여는 許冬 等, 前揭書, 46~47頁을 참조할 것.

5. 국유기업법

(1) 國有企業의 개념

중국에서 "國有企業"이라는 말은 1990년대에 들어 유행하기 시작한 것으로 계획경제시기에는 자산은 국가에 속하고 행정명령에 의하여 경영하는 기업은 "國營企業"이었다.

1980년대에 경제체계개혁과정 중에 國營은 기업개혁의 요구에 부합하지 않아서 원래의 國營企業을 "全民所有制企業"으로 개칭하였다.[23)]

(2) 국유기업의 법률적 지위

국유기업의 재산은 全民所有에 속하고 국가는 소유권과 경영권의 분리원칙에 의하여 기업경영관리를 기업에 부여하고, 기업은 국가가 부여한 그 경영관리재산을 점유·사용하고 법에 따라 처분할 수 있다.

자주경영, 손익자체부담, 독립채산 및 법인자격을 가지고 민사책임도 부담한다.

(3) 국유기업법

협의의 국유기업법은「全民所有制工業企業法」(1988)이며 이 법은 全民所有制의 교통운수, 우편전신, 상업, 문자, 농림, 수리 등 기업에도 적용되는 국유기업법률체계의 기본법이다.

광의의 국유기업법은 전민소유제공업기업법 외에 다수가 있다.[24)]

(4) 국유기업개혁과 현대기업제도

국유기업은 중국국민경제의 지주이며 국가재정수입의 주요 근원이다. 개

---

23) 국유기업의 개념은 여러 가지 의미가 있으나 여기서는 국유기업을 원래의 의미의 전민소유제기업을 가리키는 것으로 한다(許冬 等, 前揭書, 17頁).

24) 주요한 것으로는 1987년 공포된「全民所有制工業企業廠長工作條例」,「全民所有制工業企業職工代表大會條例」,「中國共産黨全民所有制工業企業基層組織工作條例」, 1988년 공포된「全民所有制工業企業承包經營責任制暫行條例」, 1992년 7월 23일 국무원서 공포한「全民所有制工業企業轉換經營機制條例」, 2000년 공포된「國有企業監事會暫行條例」등이다.

혁・개방 이후 중국의 국유기업은 3단계의 개혁을 단행하였다.25)

이러한 현대기업제도의 건립이 중국국유기업개혁의 방향이며, 회사제도는 현대기업제도의 주요조직형식이다. 그러나 회사제도가 현대기업제도의 유일한 것은 아니나, 현재 많은 국유기업들이 회사제도로의 개혁을 점차 실시중이라 할 것이다.

6. 集體企業法

(1) 집체기업법의 개념

집체기업 즉 집체소유체기업은 생산수단의 노동대중 집단소유제를 기초로 집단적으로 경영하고 노동에 따라 배분하는 사회주의 경제조직이다. 전민소유제기업과의 근본적인 차이는 기업재산의 소유제 관계에 있다.26)

또한 사영기업과의 차이는 집체기업의 재산은 일종의 公有관계의 재산이나, 사영기업의 재산은 공민 개인이 소유하거나 개인들이 공동으로 소유하나 公有는 아니다.27)

(2) 집체기업의 입법현황

집체기업의 소재구역에 따라 나누어 입법하고 있다.

이에는 「鄕村集體所有制企業條例」(1990)와 「城鎭集體所有制企業條例」(1991)가 있다.

집단소유제기업과 관련되는 법률제도로는 「鄕鎭企業法」(1996)이 있다.

(3) 도시집단소유제기업(城鎭集體所有制企業法)

이 기업은 도시범위 내에서 주로 비농업인원을 취업대상으로 하는 기업으로 재산은 노동군중의 집체소유, 공동으로 노동하는 노동에 따른 분배제

---

25) 제1단계는 국유기업의 자주권을 지속적으로 확대하고, 제2단계는 소유와 경영원의 분리 및 도급제 실시 단계, 제3단계는 기업경영체제의 전환 및 현대기업제도로의 개혁 단계이다.

26) 甘培忠, 前揭書, 2002, 104頁.

27) 徐學鹿, 企業法, 人民法院出版社, 2001, 255頁.

도를 위주로 자주적인 경영을 실행하는 특징이 있다.

향진집체기업과는 도시, 농촌이라는 격차가 여러 면에서 존재하므로 입법상 두 기업형태로 구분하여 규정하고 있다.

(4) 농촌집단소유제기업법

이 기업은 鄕鎭, 村의 농민들이 집단으로 설립한 여러 가지 기업으로서 재산은 향, 농촌 농민들의 집단 소유하는 사회주의 상품생산과 경영단위를 말한다.

이 기업의 발전은 농촌경제를 발전시키고 농업현대화를 실현하며 농업경제의 집약화, 규모화체제로의 전환을 촉진하고 기본적 생활수준을 충족시키는데 큰 기여를 하였다.[28]

이 기업은 그 명칭 면에서 社隊企業, 鄕鎭企業, 鄕鎭集體企業으로 불리어지고 있다. 향진 기업의 명칭하에 사실상 私營企業도 존재하고 있다.

이 기업형태는 그 특수성 때문에 특별법으로서 규율하여야 할 것이지만 현재 회사법, 조합기업법이 제정되어 있고 위장집단기업들과 집단기업 중에서 회사와 조합기업형태로 변경이 가능한 것은 변경시키고 집단기업으로 남아야 하는 것은 집단기업법으로 규율되어 있다.

7. 私營企業法

(1) 개념 및 특징

사영기업은 기업자산이 사인소유에 속하며 고용원 8인 이상의 영리성 경제조직이다. 그 특징은 1) 사인의 직접투자로 자산은 사인소유에 속한다는 점에서 국유, 집체기업과 구열된다. 2) 사영기업은 노동자 고용을 기업의 주요 노동력으로 하며 3) 영리성의 경제조직이므로 個體工商戶와 구별된다.

(2) 법적지위

사영기업은 유한책임회사, 獨資企業 및 조합기업(合伙企業)의 3종 형식이

---

28) 甘培忠, 前揭書, 113頁.

있다.

유한책임회사일 경우에는 법인자격을 취득하고 기업재산으로 독립적으로 민사책임을 부담하며, 독자기업 및 조합기업형식을 취할 경우 법인자격은 없으며 기업은 전부재산으로 민사책임을 지고 부족할 시 투자자가 그 책임을 진다.

(3) 입법현황

이에 관한 주요 법은「私營企業暫行條例」(1988)가 있다.

8. 外商投資企業法

(1) 외자기업의 개념 및 형식

외상투자기업이란 중국법률규정에 의하여 중국경내에 설립한 중국과 외국투자자 및 외국투자자 단독의 기업을 말한다.

이 기업은 中外合資經營企業, 中外合作經營企業, 外資企業의 3종 형식으로 되어 있어 이들은 "三資企業"으로 불리고 있다.

3자 기업 중 中外合資 및 合作企業은 中外쌍방이 투자자가 되는데 이중 전자는 공동투자, 공동경영, 공동이윤분배, 공동위험 및 손실부담하나, 후자는 合作기업계약 약정에 따라 수익, 위험, 손실 등을 정한다. 외자기업은 외국투자자만의 기업이다.

(2) 외상투자기업의 우대조치

외상들의 직접투자유치를 위하여 중국은 외상투자기업에게 우대조치를 하고 있다. 이에는 稅收우대, 토지사용비, 노무비용 우대 및 제반 수속이 우대 조치 등이 있다.

(3) 외상투자기업법의 입법현황

외상투자기업법이란 외상투자기업의 설립, 변경, 종료 및 생산 경영과정 중에 발생하는 각종 경제관계를 조정하는 법률규범의 총칭이다.

중국은 1979년 이래 외상투자기업에 대하여 특별입법형식을 취하여 이에 관한 일련의 법률, 법규 등의 입법체계를 갖추어 갔다.[29)]

이에 따라「中外合資經營企業法」(1979년 제정, 1990년 개정, 2001년 개정) 및 「中外合資經營法實施條例」(국무원 발포),「中外合作經營企業法」(1988년 제정, 2000년 개정) 및 「中外合作經營企業法實施細則」(對外貿易經營合作部 제정, 국무원 비준 발포),「外資企業法」(1986년 제정, 2000년 개정) 및「同實施細則」등이다.[30)]

(4) 회사법(公司法)과의 관계

중국 회사법은 외상투자기업 중 유한책임공사에 적용하며 외상투자기업법을 보충하는 법인데, 외상투자기업이 회사법의 특별법이므로 양법이 불일치 할 경우 전자가 우선적용 된다(中國公司法 제18조).

(5) WTO 가입 후 외상투자기업법의 개정

외상투자기업은 앞에서 본 바 "超國民" 대우를 받고 있는 반면, 외상투자기업법은 원료구매지역제한, 무역평형요구 및 수출실적의 각종제한 등 "次國民" 대우도 동시에 받고 있다.

이러한 내용은 WTO 규정에 부합하지 않으므로 2001년 이를 개정하여 소위 "國民대우"로 하였다.[31)]

---

29) 법제사적으로 볼 때 계획경제를 규율하기 위한 '중화인민공화국 경제계약법'·'중화인민공화국섭외경제계약법' 등의 경제입법이 먼저 제정되고, 사회의 시장경제적 여건이 개선됨에 따라 계획경제와 시장경제를 조정하기 위한 기본입법으로서 '중화인민공화국 민법통칙'이 제정되었다는 점을 주목하여야 한다.(이정표, 중국통일계약법, 한울, 2002, 32면)

30) 이밖에 국무원이 공포한 것으로는「中外鼓勵外商投資的規定」있으며, 國家工商局에서 공포한「中外合資經營企業注册資本與投資總額比例的暫行規定」및「中外合資經營企業合營各方出資的若干規定」對外貿易經濟合作部에서 공포된「中外合資經營企業經營期限的若干規定」, 國家計委, 國家經貿委, 對外貿易經濟合作部制訂, 經國務院批准聯合에서 공포한「指導外商投資方向的暫行規定」과「外商投資産業指導目錄」, 對外貿易經濟合作部에서 공포한「外商投資企業清算辦法」, 對外貿易經濟合作部와 國家工商局聯合에서 공포한「關于外商投資企業合併與分立的規定」등이다.

31) 許冬 等, 前揭書, 145頁.
외상투자기업법은 향후 중국이 외국인투자기업들에 대한 內國民대우원칙에서 점차

9. 기업파산법

(1) 정의

破産法(bankruptcy Law)이란 채무자가 채무상환을 하지 못한 경우 파산선고하고 청산과 분배를 진행하며 파산과정 중 당사자의 권리의무를 확정하는 법률규범의 총칭이다.[32)]

(2) 중국파산입법

중국은 사회주의국가로 일반적으로 파산제도와는 무관한 것으로 인식되어 그간 파산입법을 하지 않았다.

그러나 경제체제개혁이 진행되면서 기업의 소유권과 경영권이 분리되면서 파산제도가 거론되었다. 「企業破産法(試行)」(1986)이 제정되어 全民所有制企業에 적용되었다. 그러나 그 실시효과는 별로 이상적이지 못하다. 그 이유는 첫째, 이법은 全民所有制企業, 즉 國有企業에 적용할 수 없고 또한 非國有企業에 적용 할 법이 없다. 둘째, 국유기업의 파산은 실제 커다란 장애가 있다. 국유기업은 많은 사회적 책임을 안고 있기 때문에 사실상 국유기업의 파산은 쉽지 않다고 할 수 있다.[33)]

Ⅳ. 맺는말

이상에서 주요 중국기업법의 체계 및 특색에 관하여 살펴보았다. 중국의 기업입법은 사회주의시장경제체계를 채택하기 전까지는 주로 기업의 소유제 성격과 업종에 따라 입법하던 것을 탈피하여 시장경제의 요구에 따라 선진국형인 기업의 구조와 조직 및 책임의 성질을 기준으로 제반 기업법을 제정・개정하여 왔다.

국내기업법에 흡수될 것이다.

32) 甘培忠, 前揭書, 337頁.

33) 중국의 국유기업은 하나하나가 小社會라 할 정도로 기업자체외에도 유치원, 초등, 중등학교, 병원등 복지기구가 부대해 있어 파산 후에 야기될 많은 사회문제(직공의 재취업 등)로 인하여 사실상 파산이 불가능하다고 할 수 있다.

그간 중국특색을 강조하면서 중국의 현실을 중시하고 입법도 여건성숙에 따라 하는 방식을 추구해온 중국은 WTO 가입과 법의 세계화 추세에 밀려 사회주의적 요소나 중국특색과 같은 관념에서 벗어나 본격적인 서구화를 추구하고 있다.

그동안 중국의 기업법은 경제발전에 따라 단계적으로 입법·시행하여 오면서 갖가지 문제점이 드러나고 있었다.

중국의 私人企業과 國有企業, 중국기업과 외자기업 간에 불평등한 대우 및 지위가 존재하며 기업내부에서도 私人투자자와 국가주주간의 불평등한 지위가 여전히 발생하고 있다.

이러한 현상은 국유기업의 융자혜택, 주식사채발행의 용이, 외국인의 회사설립곤란, 외국기업에 대한 특혜(기업소득세혜택), 국유주의의 절대적 지위 등 여러 방면에서 나타나고 있으며 WTO가입과 함께 이러한 장애요인이 제거되어야 한다.

이미 외상투자기업은 WTO 규정에 부합하지 않은 내용을 2000년 및 2001년도에 개정하였으며 외상투자기업도 중국 국내기업과 같은 취급을 받게 될 것이다.

또한 국유기업도 회사제도로의 전환을 통하여 현대기업제도로 변신할 것이다.

아직 중국은 국유기업과 집단기업 및 주식합작기업 등이 중요한 작용을 하고 있으나 이들도 장기적으로 현대기업제도로 전환할 것이다.

결국 중국의 기업은 회사제도 및 조합기업의 주도로 제반기업의 현대화를 시도할 것이므로 중국 기업법에 관한 연구도 세계기업제도의 공통현상인 회사법을 중심으로 완성되어 갈 것이다.

중국 상사입법방식의 선택*

목 차

Ⅰ. 머리말

중국은 현재 민법과 상법을 각각 단행법의 방식으로 입법하고 있다. 예컨대 민법에 해당하는 것으로 民法通則(1986), 擔保法(1995), 통일계약법(合同法 :1999), 婚姻法(1980), 繼承法 (1985) 등이 있고, 상법에 해당하는 것으로는 海商法(1992), 公司法(1993), 票据法(1995), 保險法(1995) 등이 있다.[1)]

중국은 民·商法의 체계에 관하여 民·商法合一論에 의거하며 위의 단행상사법들은 민법의 특별법으로 취급하는 경향이 있으며 현재 제정중인 민법전은 일시에 편찬하는 방식이 아니고 단계적으로 제정하여 이를 종합적으로 완성하는 방향으로 나아가고 있다. 그런데 중국 민법전의 체계는 알려진 바에 의하면 대체로 總則, 物權, 債權, 不法行爲, 親族, 相續 등을 그 내

* 이 글은 비교사법 제13권 4호(통권 35호)(2006)에 게재한 것임

1) 중국은 1979년 12월 中共 11기 三中全會에서 사회주의 현대화 건설 전략 하에 사회주의 법제의 기본방침을 수립하여 1979년 이래 중요 민사법률을 많이 제정하였다. 1. 주체제도방면 : 公司法, 合伙企業法, 中外合資經營企業法, 中外合作經營企業法, 外資企業法, 個人獨資企業法 2. 契約法方面 : 合同法 3. 物權法方面: 土地管理法, 都市房地産管理法 4. 知識所有權方面 : 商標法, 專利法, 著作權法 5. 親族法方面 : 婚姻法, 繼承法, 收養法 등.

용으로 하고 있는 바 이는 전형적인 민·상법합일주의를 취하는 입법례와도 상이한 체계를 채택할 것 같다.2)

한편 민·상법합일론과 분리론으로 격렬히 논쟁하는 동안 중국 입법기관은 보다 실질적인 입법정신에 의거하여 불과 10여년의 짧은 기간에 회사법, 어음수표법, 보험법, 해상법 등 중요한 상사 법률을 제정하였다. 이것은 독립적인 단행 상사법률의 입법방식으로서 초보적이지만 중국 고유의 특색 있는 상법체계를 세웠다. 이러한 가운데 중국에서 민·상법의 체계를 둘러싸고 수많은 논쟁이 계속되어 오고 있는데 이러한 논쟁은 대체로 완전한 의미상 민·상법합일의 민법전을 제정해야 한다는 주장, 완전한 의미상 민·상법분리의 독립적인 상법전을 제정하자는 주장, 전통 민법전에 단행법 방식의 상법을 추가하자는 주장(현행 채택 방식)및 전통적 민법전에 「商事通則」을 제정하고 이에 단행 상법을 추가하자는 주장 등 크게 4가지로 나눌 수 있다.

이 논문에서는 이러한 중국의 민·상법체계를 둘러싸고 벌어지는 여러 논쟁들을 위의 4가지 주장을 중심으로 살펴보고 이를 정리함으로써 민·상법합일주의로 대표되는 중국의 私法體系의 이론과 상법의 독립적 지위 및 사회주의 시장경제체제로 나아가는 중국의 독자적인 특색이 있는 私法立法의 실제를 파악함과 아울러 中國商事立法方式의 선택방안을 고찰하고자 한다.

Ⅱ. 중국에서의 상법지위에 관한 논쟁

중국에서 상법의 지위에 관한 문제는 최대 논쟁중의 하나이다. 이 논쟁은 민법학자간의 문제일 뿐만 아니라 상법학자와 경제법학자 간에도 존재한다. 대다수의 민법학자나 경제법학자는 상법은 중국 법률체계상 독립부문은 아니라는 것에 공통된 견해를 가지는데 반하여 상법학자는 상법은 중국 법률체계 중 반드시 독립부문을 형성해야 한다고 주장하고 있다.

---

2) 그런데 이 방식은 법전의의상의 민・상법합일도 아니고, 그렇다고 법전의의상의 민・상법 분리도 아니라 할 것이다(石少俠, "我國応實行實質商法主義的民商分立", 「商法論文選萃」, 中國法制出版社 2004, p.9).

1. 민법학자들의 상법지위에 관한 이론

대다수 민법학자들은 민·상법분리체제에는 반대하며 민법 이외의 독립적인 상법제정을 반대하고 있고, 또한 상법의 독립성을 언급하는 학자는 극히 적으며 심지어 민·상법관계를 언급조차 하지 않고 있는 실정이다.

다시 말하면 상법은 본래 단독으로 법학의 한 부문이 될 수 없고 민법중의 한 부문에 불과하므로 기업과 일반인을 상인과 비상인으로 나누며 경제활동을 상행위와 민사행위로 나누는 것은 실제상 통할 수 없는 일이다고 주장한다.3)

2. 경제법학자들의 상법지위에 관한 이론

상법은 독립적인 법학부문이 아닐 뿐만 아니라 독립적이 될 수도 없다는 견해인데, 그 이유는 세계 대다수 국가가 상법전을 갖지 않고 있으며, 상법은 그 특유의 조정대상이 없으므로 이러한 경제관계는 민법과 경제법으로 조정하면 된다는 것이다.4)

3. 상법의 독립지위 인정 이론

상법의 독립지위를 인정하는 학자들이 주장하는 이유는 대체로 다음의 3가지로 압축된다.

(1) 상법은 독특한 조정대상, 기본원칙이 있는 완전한 체계를 갖춘 상사주체와 상사거래를 조정하는 법률규범의 총칭이다. 오늘날 상사주체는 과거 상법상의 상인계급이 아니고 상품과 서비스 거래활동의 주체이며, 상사거래도 과거 상법상의 협의의 상행위가 아니라 시장거래행위, 시장거래규칙을 포함하는 넓은 개념을 말한다.5)

(2) 중국 상법은 90년대 계획경제에서 시장경제로의 전환 시기에 이르러

---

3) 王利明, "論中國民法全的制汀",「政法論壇」, 1998 第5期, p.52.
4) 楊紫暄, 經濟法, 北京大學出版社, 1990年11月版, pp.47-48.
5) 徐學鹿, "論商法的概念"「商法硏究」第2輯, 人民法院出版社, 2000, pp.3-22.

국가권력기관의 주도로 국가기본법의 지위와 작용을 하게 되었다.

(3) 중국의 WTO가입으로 세계무역대국의 반열에 서면서 상법의 독립적인 법률부문으로서의 지위가 더욱 공고하여 졌다.[6)]

Ⅲ. 중국 상사입법방식

중국 상사 입법방식은 대체로 다음의 4종으로 나누어 볼 수 있다. 다만 현재 민법전이 제정 중에 있으므로 보다 실증적인 각도에서 고찰하고자 한다.

1. 완전한 의미의 민·상법합일의 민법전의 제정

완전한 의미상으로 민·상법합일(민·상법통일론)의 민법전 제정은 민법전 속에 상사에 관한 기본 법률제도의 내용이 포함되며 전통 및 현대의 구체적인 상사관계 법률제도의 내용은 따로 단행법으로 제정하여 이를 추가하는 방식이다.[7)] 이 방식의 입법례로 중요한 것으로는 최근에 제정한「러시아민법전」을 들 수 있다.

그러나 이 방식에 대하여는 중국의 현실상 실제성이 적은 환상이라는 비판이 있다.

2. 완전한 의미의 민·상법이 분리된 독립적 상법전의 제정

민법전 외에 독립 상법전을 제정하여 전통 및 현대 상법 영역의 각종 법률관계를 규정하는 방식(민·상법분리론)으로 이 방식은 현재까지 전 세계적으로 지배적 지위를 차지하고 있다.[8)] 그러나 중국의 경우 상법전의 독립적

---

6) 胡鴻高, "試論新時期中國商法的地位",「復旦民商法學評論」, 2001年9月, pp.5-6.

7) 민·상법합일 방식을 채택한 국가로는 스위스, 중화민국민법전, 이태리, 러시아, 스웨덴, 몽골 등이 있다.

8) 민·상법분리 방식을 채택한 국가유럽
불란서, 독일, 오스트리아, 벨기에, 포르투칼, 스페인, 룩셈부르크, 아일랜드, 리히텐스타인, 그리스 등 20여 개국.
(가) 미주 및 대양주

인 제정은 부정적이며 시의 적절하지 않다는 비판이 있다.

3. 전통적 민법전에 단행 상사법 추가 방식

전통 민법전의 내용을 규정하되 독립된 상법전은 제정하지 않고[9] 전통 및 현대 상사관계에 관한 법 내용은 따로 단행법의 형식으로 추가하는 방식으로 현재 중국이 채용하고 있는 방식이다. 중국은 이미 해상법, 회사법, 보험법, 어음수표법 등을 각각의 단행법의 형식으로 입법한 바 있다.

4. 전통적 민법전과「商事通則」의 동시 제정방식

전통적 내용의 민법전을 제정함과 동시에 總綱性 상사 기본법률 즉「상사통칙」을 제정하여 기본적 상사법률 제도 및 관계를 규정하고, 구체적인 상사법률제도 및 관계는 단행법으로 제정하는 방식이다.

이 방식에 해당하는 주장으로는 독립적인 상법전을 제정하지 않고 민상분리를 기초로 상법의 상대적 독립성을 인정하자는 "실질 상법주의적 민·상분리" 주장과 상법전의 제정은 필요하나 이를 격하하여「상사통칙」수준으로 제정하고 단행 상사법의 제정도 필요하다는 "복합방식주의"의 주장이 있다[Ⅶ 2의 (1) 및 (2) 참조].

미국, 아르헨티나, 브라질, 멕시코, 칠레 등 10여국(상법전 제정국).

(나) 아시아

일본, 한국, 이란, 터키, 인도 등10여 개 국가(민·상법분리).

(다) 아프리카

약 20여 개국.

9) 상법의 법전화의 한계에 관하여 1) 상법 법전화의 인식론의 기초 및 역사와 전통면에서 볼 때 상법의 법전화는 한계성을 지닌다. 2) 상법이 조정하는 상사관계는 다양성과 복잡성 때문에 상법의 법전화가 쉽지 않다. 3) 상사관계는 그 변동성과 시세성 때문에 법전화가 쉽지 않다는 주장이 있다(彭眞明 等, 商法前沿問題硏究, 中國法制出版社, 2000, p.13-19).

Ⅳ. 완전한 의미의 민·상법합일의 민법전 제정

1. 중국적 입법 전통

중국은 청말 서양법을 계수한 이래 최초에는 獨·日을 모방한 민·상법분리 체계에서 후에 민·상법합일의 입법례로 바꾸었다. 예컨대, 1930년 당시 국민정부입법원은 "민상획일제안심사보고서"를 제출하면서 역사관계, 사회진보, 세계교통, 각국 입법추세, 인민평등 및 민법과 상법의 관계 등 8개항을 들면서 중국은 민·상법합일 입법체계를 채택해야 한다고 하였다.[10]

그 후 신 중국성립 후 지금까지 중국에서 입법전통이 된 민·상법합일론은 사실상 현재의 중국 민·상법의 현상과는 다르다 할 것이다. 현재 제정중인 민법전은 이른바 전통적 민법전의 내용을 유지하고 있는 점을 볼 때 이러한 모습은 중국 민·상법이 민·상법합일도 민·상법분리도 아니라는 것이다. 따라서 현재 중국에서 완전한 의미상 민·상법합일의 민법전을 제정한다는 것은 실질적으로 부적절한 환상에 불과하다고 할 수 있다.[11]

그런데 이런 입법형식을 취한 민법전이 최근 러시아에서 제정되어 과거 러시아와 비슷한 과정을 밟은 중국에 영향을 줄 가능성이 비쳐지고 있다.

2. 러시아 민법전

러시아는 시장경제를 향한 과도기 진행 중 과거의 경제체제에 중대한 변혁과 아울러 시장관계와 관련된 민법의 내용과 조정방법을 수립함으로써 근본적인 변혁과 갱신을 추구해 왔고, 이러한 경제개혁에서 얻은 성과를 기초로 하여 제3차 民法典化를 실현할 수 있었다. 이러한 변화가 바로 러시아가 제정한 신민법에 집중되어 있다고 할 수 있다. 1922년 및 1964년 민법전과 비교하면 이번에 제정된 민법전은 러시아가 10월 혁명 이후 처음으로 민법을 私法으로 정식 승인한 것이다. 동 민법전은 러시아가 과거 공법성질의 법률조정방식을 포기하고 민법 고유의 사법정신을 회복한 것으로

10) 鄭玉波, 民法通則, 三民事局, 1993, pp.35-36.
11) 任爾昕, 我國商事立法模式之選擇及商事通則的制定, 民商法律評論, 2005, p.233.

서 현대 시장경제관계를 형성함에 있어 통일된 법률규정을 확립하여 제시하고 있는 점을 지적할 수 있다. 이러한 러시아의 시장경제를 향한 과도기에서의 민법 제정과 발전에 관한 연구와 검토는 중국 민사입법의 완성과 중국 민법전화의 추진 과정에서 반드시 참고가 될 수 있을 것이다.[12)]

현재까지 러시아 민법전은 세계 최신의 민법전으로 그 공포시기(제1부분 : 1995. 1. 1., 제2부분 : 1996. 3. 1., 제3부분 : 2002. 3. 실시)에 있어 최신일 뿐만 아니라 구조와 내용에서도 참신성이 있다. 그 내용 면에서 특별한 점은 여러 가지가 있으나, 특히 지적하고 싶은 것은 동 민법 중에 상당수의 전형적인 상사관계 규정이 포함되어 있는 점이다. 그러므로 동 민법전은 완전한 의미상의 민·상법합일체계를 채택한 최신 민법전이라 할 수 있다.[13)]

현재 중국에서 민법전 제정에 관한 논의는 1-2백년전의 불란서, 독일, 일본 등의 민법전 제정에 관한 사고형식을 수용할 것은 아니라고 한다. 구소련과 중국은 과거 서로 동일한 정치체제 및 경제제도를 가지고 있었으나, 오늘날 러시아에서는 이미 상당한 변화의 결과 계획경제에서 시장경제로 향하여 가는 것이 중국과 서로 같으므로 러시아의 이러한 민·상법 입법경험을 반영하여 중국도 이를 중시·연구할 필요성이 있다고 할 수 있다.[14)]

3. 이 방식의 문제점

현재 중국이 완전한 의미상 민·상법합일 체계로 가는 것에는 몇 가지 장애요인이 존재한다.

(1) 지식, 경험, 입법기술의 흠결

중국에서 대다수 학자들은 응당 민·상법합일 체계를 주장하고 있지만, 현재 제정 중인 민법 초안 중에 러시아, 이태리 등 전형적인 민·상법합일 국

12) 鄢一美, “俄羅斯第三次民法典化”「比較法研究」第14券 第1期, 中國政法大學比較法研究所, 2000.1月, p.54.
13) 余能斌, 程淑娟, “我國民商合一立法借鑑的新選擇”,「當代法學」, 第20券 第1期, 2006. p. 36. : 鄢一美, 上揭書, p.65.
14) 余能斌, 程淑娟, 上揭書, p.45.

가가 민법에 규정하고 있는 상사총칙, 주체 및 행위 등의 기본제도에 대한 규정은 없으며, 또한 저명한 민법학자의 연구 성과 중 상사규칙을 민법전 중에 어느 부문에 안배하고 민법 중에 민·상사관계 규정을 어떠한 방식으로 조정하여 조화롭게 민법을 제정하느냐에 관하여 언급하고 있는 경우는 극히 적다는 점을 지적한다면 민·상법합일 과정 중에 당면한 큰 문제는 바로 지식, 기술 장애 및 경험부족이 그 주요 원인이라 할 수 있다.[15)]

(2) **민·상법합일 체계의 비현실성**

사회가 부단히 발전해 감에 따라 법이 통제하는 사회영역도 확산되므로 기본적으로 적용대상 및 적용 주체가 다른 민·상사관계 규정을 하나의 민법전에 통합하는 것은 날이 갈수록 현실성이 없다. 따라서 상사관계에 관한 기본규칙을 민법전에 체현하는 방법은 현실성이 없다고 할 수 있다.

또한 중국이 대륙법 체계의 국가에 속하지만 상사법 영역에서는 미국의 영향을 많이 받았기 때문에 대륙법계의 영향을 많이 받은 민법전에 상사관계 규정을 포함하는 통합된 민법전의 형식으로 제정한다는 것은 현재 중국의 입법수준 상 조화가 되지 않는다.[16)]

V. 완전한 의미의 민·상법이 분리된 독립적 상법전의 제정

1. 중국적 법률 전통의 문제점

民國政府의 민법 제정 시 민·상법분리편제 체계를 버리고 민·상법합일편제 체제를 채택하였다. 그 이유는 즉, 민·상법합일 체제가 현대 입법조류에 부합한다고 생각한 것에서 비롯되었다.

민국정부는 소위 현대 입법형식 발전 조류의 주요한 예로 스위스민법, 구소련민법 및 태국 민법 등으로 보았으며 이러한 국가들이 민·상법합일편제체제를 택하고 있었다. 그러나 실질적으로 이러한 국가의 입법체제는 현

15) 任爾昕, 前揭書, p.235.
16) 任爾昕, 上揭書, p.237.

대 입법형식의 발전조류를 대표하지 못한 것이었다. 이러한 편제는 그 나라마다 특수한 시기에 형성되었으며 즉, 계획경제체제 하에 제정되었으므로 시장경제체제에 맞지 않는 것이었다.

따라서 민법전과 독립된 상법전을 제정하여 시대상황에 부응하여야 한다[17]는 주장을 수용하여 중국 법률 체계 중 상법의 독립적 지위를 인정해야 한다는 것은 설득력을 가진다고 볼 수 있다.

2. '중국 상법전'의 구체적 편제

일부 학자들은 중국에서 독립적인 상법전을 제정하는 시기는 이미 기본적으로 성숙되었으며, 어떻게 보면 민법전 제정시기보다 더욱 성숙되었다고 볼 수 있다고 한다. 따라서 이미 제정된 많은 단행 상사법을 정리하고 상사총칙을 부가하여 상법전을 제정해야 한다는 것이다. 즉 선진국의 상사입법례를 참고하고 중국에 이미 존재하는 입법의 실제정황을 결합하여 상법전을 제정하는 것이다.

중국 상법전에는 다음과 같은 내용이 포함될 수 있을 것이다.

제1편 상사법총칙 : 상사법의 기본원칙, 상인, 상행위, 상사대리, 상호 및 상사등기 등

제2편 상사조합(合伙)법 : 일반 상사조합법, 유한조합법

제3편 회사법 : 긴밀성의 유한책임회사, 公共持股公司, 상장회사 등

제4편 증권거래법 : 증권의 발행, 증권의 거래 등

제5편 어음수표법 : 환어음, 약속어음, 수표

제6편 보험법 : 인신보험과 재산보험

제7편 신탁법 : 신탁법의 기본이론, 신탁당사자의 권리의무, 각종 형식의 신탁 등

제8편 해상법 : 선박, 해상운송계약, 해상사고 및 해상보험 등의 내용

---

17) 張民安, 論商法在我國法律體系中的獨立地位, 復旦民商法學評論, 2004, pp.93-95.

따라서 먼저 상사 총칙을 기초하여야 하면 有限合伙法, 및 有限責任公司法, 股分有限公司法을 단독으로 제정함과 아울러 기타 단행 상사법은 개정하여 이를 기초로 중국 상법전을 편제하면 된다.[18)]

3. 상법전의 독립제정에 대한 비판

(1) 대륙법계 상법전의 변화

중국 법률의 근대화 과정 중 서양법제 특히 대륙법계의 법률전통이 지대한 영향을 끼쳤음을 부인 할 수 없다. 중국법계와 대륙법계가 문화배경이나 관념형태가 비슷하며 민족주의나 국가주의 관념도 서로 근사하다. 또한 중앙집권과 국가통일입법권 등을 강조함으로서 중국의 법전편찬 방식상 통일 국가적 명의로 법전을 편찬하는데 치중하며, 법전의 권위성, 안전성과 보편성을 강조하며, 나아가 상하식의 국가주도성에 적절한 점 등이다. 따라서 대륙법계의 상법전의 연혁과 특징을 고찰하는 것은 당면한 중국의 상법전 입법방식 연구에 그 의미가 있을 것이다. 이하에서는 상법전의 대표적 부문인 회사법과 보험법을 중심으로 상법전의 변화를 살펴보고자 한다.

1) 상법전과 회사법

(가) 독일

중소기업을 위한 새로운 기업형태로서 유한책임회사제도를 입법화한 유한책임회사법(1892)과 주식회사 및 주식합자회사제도를 상법에서 독립하여 입법화한 주식법(1937), 그리고 2차 대전 후 신주식법(1965)을 제정하였으며 통일이후 소규모 주식회사를 위하여 규제가 완화된 법률(1994)이 시행되고 있다. 따라서 독일 상법은 합명회사, 합자회사, 주식회사, 주식합자회사의 4종류 중 합명회사, 합자회사만 남게 되었다.

(나) 프랑스

프랑스는 상법전(1807) 제1편 제3장에서 회사에 관한 규정을 두었으나

---

18) 張民安, 上揭書, p.95.

1867년 주식합자회사 및 주식회사에 관한 회사법을 제정한 후 수차의 개정을 거쳐 1966년에 불한서상사회사법을 제정하기에 이른다. 이 법은 그때까지의 단편적인 회사법규를 통합하여 새로운 체제 아래 회사의 기본법으로 만들었다.

(다) 일본

'회사법제의 현대화에 관한 요강'이 2005년 6월에 국회를 통과함으로써 상법에서 독립한 신회사법을 제정하였다.

2) 상법전과 보험법

(가) 독일

해상보험에 관하여는 1807년 독일 상법전 제4편 제10장에 규정되어 있고 육상보험에 관여하는 상법에서 독립한 1908년의 보험계약법(Versicherungsvertragsgesetz)이 있다.

(나) 프랑스

프랑스 보험법은 민법전에 사행계약의 일종으로 규정이 있는 것 외에 1807년 상법전 제2편 제9장에 해상보험에 관한 규정과 1930년의 육상보험에 관한 보험계약법 및 보험감독법규까지 포함시켜 단행법으로 집대성한 1976년의 보험법전(Code des Assurances)이 있다.

이상에서 본 바와 같이 프랑스 상법전은 원래 648개 조문에서 현재 계속적으로 유효한 것은 불과 140개 조문에 불과하며 그 중 30여개 조문만이 1807년의 조문을 보유하고 있는 실정이다. 이러한 변화로 보아 현재의 프랑스 상법전은 그 통칙부분만 남아 있다고 할 수 있을 정도이다.[19] 또한 독일 상법전도 백년 이래 40여 차례 개정이 되었다. 전형적인 민·상법 분리국가인 독일, 프랑스, 일본의 상법은 이미 상당한 변화를 겪고 있음을 알 수 있다.[20]

---

19) 任先行 · 周林彬, 比較商法導論, 北京大學出版社, 2000, p.159.
20) 謝懷栻, 外國民商法精要, 法律出版社, 2002, p.58.

(2) 상법전의 쇠퇴 추세

1990년대 들어 중국에서는 상법의 실천 및 연구의 부흥기가 도래 하면서 현재 민법전 외에 형식적 의의의 상법제정의 필요성에 대한 주장이 대두되면서 상법전의 제정은 상법의 독립과 발전의 고급단계라고 한다.[21] 이러한 주장은 대게 다음 두 가지이다.

첫째는 독일, 일본, 불란서와 같이 대륙법 전통의 상법전을 모방하는 것이고, 둘째는 대륙법계 국가의 추리방식의 상법전 제정 방식과 미국식 실증방식의 상법전 제정 방식의 장점을 결합하는 것이다.[22]

첫째 방안은 중국이 20세기 초 서양법을 계수할 때 민·상법 영역에서 최초로 독일, 일본을 모방하여 '大淸民律' '大淸商律'로 구분하였고, 1930년대에 민·상법합일 입법례를 채택하였으며 다시 현재에 이르러 민법전 제정의 절차를 밟고 있다. 현재 중국의 정황 하에 다시 독일 등의 상법전을 모방하는 것은 필요하지도 가능하지도 않다. 이 점에 대하여는 이미 학자들의 전면적 논증이 있었다.

또한 독일, 불란서 등의 국가에서 상법전은 사회발전에 따라 점차 쇠퇴의 추세에 있다.[23] 독일의 경우 100년의 상법전의 역사는 사실상 상법의 쇠퇴역사라 할 수 있으며, 불란서의 경우도 처음 648개조에서 불과 140개조만 유효한 실정이다. 독일, 불한서 등의 국가에서 상법전이 형성된 역사적 요인과 현재의 운명을 감안하여 중국 상법이론의 발전현황과 상사입법의 실태에서 볼 때 현재 중국에서 완전무결한 상법전의 제정은 완전 불가능 하다는 것이다.

둘째 방안은 추리방법과 실증방법을 결합한 장점을 채택하는 방식으로 중국 미래의 상법전 체계를 총칙, 시장주체법, 시장행위법, 구제 및 부칙으로 나누고 있다. 이 사고는 전통적인 대륙법계국가의 상법전과 미국 통일

---

21) 趙万一, 商法基本問題研究, 法律出版社, 2002, p.12.

22) 일종의 "회색영역" 방식의 상법이라 할 수 있다(徐學鹿, 商法總論, 人民法院出版社, 1999, pp. 181-186).

23) 그러나 민법전은 큰 변화가 없다는 점이 상법전의 경우와 다르다고 한다(謝懷栻, 前揭書, p.58).

상법전을 합치려는 흔적이 역력하나, 그 형식과 내용면에서 볼 때 대륙법계 상법전의 번역판에 불과하며 다만 새로운 거래행위의 규제를 추가한 것에 불과하다는 것이다.[24)]

(3) 상법의 독립과 상법전의 유무

민·상법 분리주장은 중국의 입법현상과 법전편찬의 가능성에서 볼 때 가능하지도, 필요하지도 않다는 것이다. 중국은 상법의 독립은 바로 실질상법주의적인 독립이지 形式商法主義(法典意義上)적인 독립은 아니라는 것이다. 다라서 중국에서 독립적인 상법전을 제정하자는 주장은 시의 적절한 것은 아니라는 것이다.

다시 말하면 상법의 독립은 법전의 유무에 달려 있지 않고, 상법의 기능과 그 발휘는 통일된 법전의 존재를 전제로 하지 않는다는 것이다. 중국입법기관이 상법의 기술처리에서 채택한 것은 단행 상사법률의 방식이었다. 이 종류의 입법방식 객관적 수요와 실용적이며 빠르고 간편한 것을 원칙으로 하고 있기 때문에 민·상법합일이나 분리의 영향은 받지 않는다. 이러한 입법 사상 하에 중국은 이미 회사법, 어음수표법, 보험법, 해상법 등 가장 중요한 상사법률을 제정하였다.[25)] 따라서 독립적인 상법전이 없다고 하더라도 상사법률은 이미 완성되었다고 할 수 있다.[26)]

Ⅵ. 전통적 민법에 단행 상사법 추가 방식

중국에서 민·상법 합일론과 분리론이 격렬한 논쟁을 벌이고 있을 때 입법당국은 실사구시의 입법정신에 입각하여 불과 10여년이란 짧은 기간 안에 회사법, 어음수표법, 보험법, 해상법 등 중요한 상사법률을 내 놓았다. 이렇듯 단행 상사 법률을 입법방식으로 도입하면서 초보적인 중국 특색의 상법체계를 수립한 셈이 된 것이다.

---

24) 任爾昕, 我國商事立法模式之選擇及商事通則的制定, 民商法律評論, 2005, pp.237-238.
25) 따라서 이 주장은 時宜的으로 부적합한 주장이라고 한다(任爾昕, 上揭書, p.237).
26) 石少俠, 前揭書, p.11-12.

소위 "먼저 단행법을 제정하고 조건이 성숙하면 다시 기본법을 제정"하는 중국식 입법방식을 채택한 것이다. 이러한 방식은 중국 법률의 법전화를 더욱 어렵게 하는 원인이 되고 있다.[27)]

이 방식은 현재 중국 대륙과 대만에서 채용하고 있는 방식으로 이 상사입법방식이 통상 학자들에 의하여 민·상법합일로 인식되고 있으나 실제상 입법기관은 아직 이 형태에 대하여 확인을 하지 않고 있으며 민법학자들은 이미 모든 단행 상사법률은 민법의 특별법으로 보는 것이 습관화 되어 있다. 따라서 이 종류의 민·상법합일은 학자들 간에 '법전의의상의 합일'이 아니고 '관념의의상의 합일'로 보는데 이는 실질상 '상법의 민법화'의 전형적인 표현이라고 할 수 있다.[28)]

Ⅶ. 전통적 민법전과 「商事通則」의 동시 제정방식

1. 이 방식의 채택 이유

현재 채용하고 있는 단행 상사입법형식은 그 민활성과 간편성 등의 장점이 있으나 다음과 같은 폐단도 있다.

(1) 단행 상사입법방식은 총강성 법률이 없으면 각 법률은 고립, 단일의 법률이 되어 상법내의 연관성을 가지지 못한다.

(2) 각 단행법은 통일된 시장의 요구에 부응하지 못한다.

(3) 각 단행법은 분산 및 중복입법의 경향이 있다. 예컨대 현행 중국의 상사주체등기에 관한 법률은 "企業法人登記管理條例", "公司登記管理條例", "企業名稱登記管理規定" 등 수개가 있는데 이러한 종류는 동일사항을 분산 입법하여 입법자원을 낭비하고 있는 실정이다.

(4) 총강성 상사 법률이 없기 때문에 완전한 상사법률 기본이론이 형성되어 있지 않다.

---

27) 任爾昕, 前揭書, p.246.

28) 石少俠, 我國応實行實質商法主義的民商分立, 商法論文選萃, 中國法制出版社, 2004, p.7.

중국은 현재 상사입법의 기본방향을 "선 소매"에서 "후 도매" 즉 먼저 단행법을 제정하고 후에 조건이 성숙되면 다시 일반 기본법을 제정(一个成熟, 一个制定)하는 것이다. 상사통칙을 제정하자는 주장도 실질상 이러한 입법방식을 탈피하지 못한 때문이며 이러한 결과는 중국법률의 법전화를 곤란하게 하고 있다.

2. 상법의 독립과 상사기본법적 상법의 필요성

중국 법률 체계에서 상법의 상대적 독립성은 인정하되 따로 상법전은 제정하지 않고 상사기본법적 商事通則(상법전의 격하)을 제정하고 이에 단행상사법을 추가로 제정하는 방법을 생각할 수 있다. 이러한 주장은 소위 실질 상법 주의적 민·상법분리 견해와 복합방식 주의로 나누어 볼 수 있다.

(1) 실질상법주의적 민·상법분리

형식상법주의적 민·상법 분리는 독립적인 상법의 제정을 입법론의 기본으로 하므로 민법과 상법의 철저한 분리를 실현하는 것이다. 그러나 실질상법주의적 민·상법 분리는 독립적인 상법을 제정하지 않고 민·상법 분리를 기초로 상법의 상대적 독립성을 인정하는 것이다. 따라서 민법으로 상법을 대체한다든가 또는 그 반대의 경우를 반대하는 입장이다.

중국은 현재 독립된 상법전도 없고 그렇다고 체계가 완비된 민법전도 없는 전통적인 민법, 상법에 속하는 법률, 법규 등으로 여전히 단행법률 형식으로 존재하고 있다.

학리상 소수의 학자들이 민·상법합일의 민법전의 제정을 주장하는 외에 法典意義上의 민·상법합일에 관한 공감대가 형성되어 있지 않다고 할 수 있다. 따라서 중국은 현재 민법과 상법관계에 대한 처리에 있어 전형적인 민·상법분리체계도 민·상법합일 체계도 아니다.[29] 이러한 상황에서 실질 상법주의적 민·상법분리론을 주장하기 위하여는 먼저 상법의 독립성을 견지할

---

29) 그러나 실제에 있어서는 법전의의상의 민·상법합일론이 상법의 독립을 위협하므로 실질상법주의적 민·상법분리방식의 주장이 절박하다고 한다(石少侠, 前揭書, p.13).

필요가 있다. 중국의 상법학자들도 상법독립의 이론적 기초를 제시하고 있다. 요컨대 사법의 이원구조가 상품경제발전에 필연적인 산물이며 상법의 상대적 독립의 기초가 된다는 것과, 무역본위의 효율성, 거래의 안정, 거래의 공평가치 증 상법 특유의 가치관이 있다고 한다. 그리고 영리성과 경영성의 특징상 상법의 조정대상은 민법의 그것과 다르다는 것과 상사거래와 민사거래는 그 주체, 목적, 특징 등에서 커다란 차이가 있다는 것이다.

이상에서 상법의 독립성이 인정된다면 실질상법주의적 민·상법분리방식이 주장될 수 있을 것이다. 즉 통일된 시장의 법률조정에 적응하기 위하여 상법통칙(상사통칙)을 제정하여야 하며 그 이유는 다음과 같다.

중국이 현재 단행 상사법률의 입법방식을 취하고 있으며 이는 민활함과 간편성 등이 있으나 그 총칙의 부족함으로 인하여 단행 상사법률은 고립된 단일의 법률이 됨으로서 상법상의 체계형성이 불가능하고 중국시장관계의 통일규제 및 단행 상사법규의 원칙, 제도, 규칙의 통일된 이해가 곤란하며, 또한 그 실시는 더욱 불리하다.

또한 민법전의 제정을 통하여 상법총칙의 흠결을 해결할 수 없으며 중국의 단행 상사법률의 방식을 근본적으로 변경시킬 수도 없다는 것이다.

마지막으로 지금까지의 국내, 국외시장의 분리관리에서 세계로의 접목을 위하여 먼저 법제의 통일을 기하고 통일 법제는 시장의 통일을 가능하게 할 것이다.30)

(2) 복합방식주의

이는 상법을 기초로 함과 동시에 각종 상사 단행법을 제정하는 방식이다.

이 방식은 상법전의 안전성을 유지하면서 또한 상사법률제도가 부단이 발전하는 새로운 변화에 적응하도록 하는 방식인데 이는 민·상법분리방식의 국가들에게도 나타나고 있다. 즉 상법전을 상법 유일의 입법방식으로 국한하지 않고 상법 전을 중심에 두고 그 상대적 안정성의 기초위에 다시 각종 상사 단행법을 제정하는 것이다.

---

30) 石少俠, 前揭書, pp.13-15.

그 결과 상법은 하나의 총강성을 가지며 상법체계를 완전하고 엄격하면서도 순수 단행입법의 산만함을 극복할 수 있으며 또한 상법의 다변성과 진보성의 수요에 충분히 적응함으로서 제때에 이를 개정할 수 있다는 점이다. 사실상 민·상법분리방식은 이 방식대로 되었거나 점차적으로 이 방식대로 나아가고 있다고 할 수 있다. 이 방식은 현재 상법의 주된 입법방식으로 발전하고 있다고 할 수 있다.[31)]

이상에서 보건데 중국은 私法二元 構造의 입법방식을 채택해야 한다. 즉 민·상법분리방식으로서 민법전 이외에 다시 단독으로 상법전을 제정해야 한다.[32)]

중국의 대표적인 민법학자의 한 사람인 江平교수는 "법의 기초과정에서 모두가 중국은 단독으로 상법전을 다시 제정할 필요는 없다고 하였는바 이에 찬성하면서도 다만 상사활동에 대한 통칙은 필요하다고 생각한다. 민법과 상법의 관계에 있어서는 첫째, 민·상법융합이 추세라는 것과 민·상법구분의 필요성을 들 수 있는데 형식상 이미 회사법 어음수표법, 해상법 보험법이 공포되었는데 이를 다시 하나의 상법전에서 통일할 필요는 없으므로 이를 그냥 두는 것이 순리이다. 상법총칙에 관하여는 이를 민법전 중에 규정하여 완전 민·상법합일을 도보하는 것과 민법전 이외에 상사통칙을 제정하여 당초 민법통칙과 같이 해당 상사통칙의 내용을 추가로 규정하는 것이다. 나는 두 번째 방법이 훨씬 간편하다고 생각 한다"[33)]라고 피력하고 있다.

이렇듯 私法一元化는 현대 시장경제체제에 부적합하며 따라서 중국은 마땅히 민·상법분리의 私法 二元構造를 채택해야 한다는 것이다.

그러나 민·상법분리라는 것이 거대한 상법을 제정한다는 것은 아니고 단지 상사영역의 기본법이며 따라서 상사단행법 또는 상사특별법이 동시에 존재하는 것이 될 것이다. 즉 기존의 상사 단행법들은 독립해서 존재

---

31) 范建, 商事法律報告, 中信出版社, 2004, pp.32-33.
32) 范建, 上揭書, p.33.
33) 江平, 民法典 : 建設社會主義法治國家的基礎, 1998年 第3期.

하고 다만 상법전을 격하하여 상법통칙으로 하면 상사법규의 공생문제는 총괄성, 일반성, 원칙성규정이 될 것이다.34)

3.「商事通則」의 구조

중국의 경우 단행 상사법률이 제정되었으므로 위에서 언급한대로 이를 다시 하나의 상법전으로 할 필요는 없으나 다만 단행 상사법의 획일성 및 체계성을 위하여「상사통칙」을 제정할 것을 주장하는 견해들이 많이 있다. 여기서 이들 주장의 대표적인 견해들을 소개하고자 한다.

(1) 상사통칙의 구조에 관한 견해 (1.)

실사구시적 태도에서 민법과 상법은 서로 분리될 수 없으므로 사법의 통일을 실현하기 위하여 사회경제생활상 민·상법의 일원화로의 조정이 더욱 현실적이며 필요한 것이다. 따라서 민법전이외에 독자적인 상법전을 두지 않아야 한다. 그렇다면 상법에 관한 입법방식은 단독으로 상법전을 제정하지 않고「상사통칙」을 제정하여 구체적인 상사제도는 단행법의 형식으로 이를 추가·규정하는 것이다.

그 이유는 다음과 같다.

(가) 민법은 일반사법이고 상법은 특별사법이나 민·상법의 일원화는 민법과 상법을 똑같게 취급하는 것은 아니다. 그리고 상법의 특수성을 완전 부인할 수 없다. 대체적으로 민·상법의 구분은 필요한 것이기 때문이다.

(나) 민법전 이외에 독립적인 상법전을 두지 않는 것이 상법의 존재를 부정하는 것은 아니라는 것이다. 즉 상법전을 제정하지 않는다는 것인데 이는 상법의 가치나 기능을 부인하는 것은 아니며 상법을 독립된 부문으로 연구하는 것을 방해하지도 않는다는 것이다.35)

(다) 「상사통칙」을 제정함으로서 민법전의 문제점을 해결할 수 있다.

(라) 현실 조건하에서 민법전속에 상법규정을 대거 삽입하는 것은 곤란

---

34) 范建, 前揭書, p.38.

35) 彭眞明 等, 商法前沿問題硏究, 中國法制出版社, 2005, pp.21-23.

하다. 이러한 규정들은 총칙성의 "상사통칙"에 안배하는 것이 효율적이다. 실제로 "중화인민공화국민법초안"에는 상법의 일반성에 관한 규정은 아예 없다.

(마) "상사통칙"에 단행법을 추가하는 이 입법방식의 수립은 원칙성과 민활성을 가지며 상법의 개방체계에도 유리하며 상법이 급격히 변화하는 사회경제생활에 적응하는데 유리하다.

「상사통칙」의 대체적인 구조는 다음과 같다.

제1장 총칙 : 상법의 적용범위 및 적용규칙

제2장 상사주체 : 상사주체의 기본형식 및 종류

제3장 상행위와 상사대리 : 상사행위와 상사대리의 구성, 일반상행위와 특수상행위

제4장 상업등기 : 상사등기기관, 등기범위와 등기절차

제5장 상업명칭 : 상업명칭의 취득, 종류 상호권 등

제6장 상업장부 : 상업장부의 종류 내용 비치 등

제7장 상사소송시효 : 소송시효의 적용범위 소송시효기간의 起算, 중단, 종지 및 연장, 소송시효 기간만기의 법률효과 등

제8장 상사책임 : 상사책임의 종류 및 부담방식 등

제9장 부칙 : 상사부문법의범위 및 그 제정 술어적 含意 효력발생 및 해석기관 등

(2) **상사통칙의 구조에 관한 견해** (2).

중국 민법전에 관하여는 독일 민법전을 주요 참고로 하여 제정하면 되나, 중국 상사통칙체계에 관하여는 어느 것을 참조해야 할지 어려운 문제가 있는데 그 이유는 다음과 같다.

(가) 독, 불, 일의 근 100여년이 된 상법들은 그동안 많이 변질되어 많은 결점을 가지고 있으므로 중국은 역사적으로 증명된 실패한 국가의 상법체계를 상사통칙의 제정에 참고한다는 것은 불가능한 일이다.[36)]

---

36) 任爾昕, 前揭書, pp.250-251.

(나) 가령 성숙한 상법전의 체계가 있더라도 상사통칙만 제정하므로 이를 전부 참조하는 것은 불가능한 일이다. 상법전이 추구하는 것은 규범내용의 전면성과 체계적 완전성이나 상사통칙은 규범내용의 총강성과 각 상사단행법관계에 관한 협조성 및 보충성을 추구하고 있다.

따라서 중국에서 상사통칙을 제정할 실사구시로 중국의 현실적 이론과 입법 및 실천에 따라 스스로의 상사통칙의 체계를 수립해야 한다. 이상에서 볼 때 상사통칙 제정의 총체적 방향은 기본원칙, 상사주체, 상사행위와 대리, 상호, 상업등기, 상사책임의 일반규정, 부칙 등 7개장을 확정해야 한다.[37)]

Ⅷ. 결 론

중국은 민국정부가 민·상법합일체계를 채택하면서 이 체계가 현대 입법조류에 부합하다고 생각한데서 민·상법분리체계를 채택하지 않았다. 그러나 민·상법합일체계는 과거 계획경제체제에서 제정되었으므로 사회주의시장경제를 지향하는 중국의 실정에는 부합하지 않는 것 같다. 이러한 추세에 힘입어 중국에서는 상법의 중요성과 함께 상법을 독립적인 법률부문으로서 인정하자 주장이 설득력을 얻고 있다.

또한 현재 중국의 민·상사법률을 보면 중국입법기관이 현실적인 필요성에서 그동안 논쟁을 거듭하던 민·상법합일론이나 민·상법분리론과는 상관없이 단행법의 방식으로 민·상사 입법을 해 오고 있는 실정이다. 이러한 현상은 중국의 입법방향이「먼저 단행법을 제정하고 후에 조건이 성숙되면 다시 일반 기본법」을 제정하는(一个成熟, 一个制定) 입법형태에서 유래한 것이라고 보여 진다.

현재 중국은 많은 민·상사법률을 제정하였으며 조만간 민법전의 제정이 완성될 것이다. 이러한 실정에서 볼 때 앞에서 제기한 중국 민·상법체계의 선택에 있어 완전 의의상의 민·상법합일의 민법전의 제정은 실제와 맞지 않은 환상일 뿐이라는 견해와 민·상법을 독립적으로 제정해야 한다는 의견

---

37) 任爾昕, 前揭書, p.251.

도 시의 적절한 것이 아니라는 견해가 있다. 또한 민법전의 제정과 동시에 소위「商事通則」을 제정하는 것이 현실에 부합하면서 미래를 위한 최선의 선택이라는 견해들도 있다.

완전한 의미상 민·상법 합일론이나 분리론은 스스로 이론상 결함을 극복할 수 없으며 중국의 입법의 실제에도 부합하지 않는다. 따라서 민법제정 시에 민·상법 합일론자나 분리론자 모두 근 1세기 가까이 벌여온 논쟁을 버리고 현실에 직면하여 이상적이기 보다 한층 더 이성적이어야 한다는 것이다.[38)]

생각건대 중국의 경우 민·상법 합일론의 입장에서 상사법의 내용이 포함된 민법전을 제정하는 완전한 의미의 민법전의 러시아민법전 제정의 영향을 받을 만하지만 민·상법합일론은 시대적으로 중국이 추구하는 사회주의시장경제체제에 부응할 수 없다는 것이다. 또한 중국이 현재 추진 중인 민법전의 내용도 이 방식으로 진행되지 않는다는 점 등에서 실제성이 없으며, 민·상법분리론도 중국이 그동안 견지해온 민·상법합일의 원칙상 일단 상법을 독자적으로 제정하는 것은 일부의 상법학자를 제외하고는 대부분 부정적인 입장을 견지하는 점이다. 그리고 독일, 불란서, 일본 등이 채택한 독립된 상법전의 제정은 그들 상법전이 이미 시대조류에 맞지 않는 그야말로 쇠퇴 일로에 있다는 이유 등으로 부정적인 입장을 보이고 있는 실정이다.

따라서 현재 이미 제정된 단행 상사 법률을 기정사실로 인정하면서 상법의 독자성도 대체로 인정하는 추세에 있으므로 결과적으로 전통적 의의의 민법전을 제정하면서 각각 단행법으로 제정된 상사법률을 보다 체계적이고도 획일적으로 만들기 위해서「商事通則」을 제정할 수밖에 없을 것이다.

이러한 현상은 신속하게 발전하는 사회주의시장경제에 적응하기 위하여 우선 단행 입법 형식으로, 그리고 민·상법합일의 입법체계로 밀고 나갈 수밖에 없었을 것이며, 또한 여건 성숙을 기다려 입법하는 소위 중국특색을 볼 수 있다.

이러한 중국의 입법방식은 연역적이기 보다는 귀납적인 것으로 중국 상사

---

38) 石少俠, 前揭書, pp.11-12.

입법방식의 선택은 외국의 상법전의 형성과 현재의 변화추세 및 중국상법의 이론과 실제에서 볼 때 무소불위의 상법전의 제정은 완전 불가능할 것이므로 상법전을 단독으로 제정하지 아니하되 상법의 독립성은 인정하는 방향에서 기존의 단행 상사법률 간의 체계성을 유지하고 그 원칙 및 규정의 통일적인 이해와 실시를 위하여「商事通則」을 제정하는 것이 대다수 상법학자들의 주장이며 또한 가장 현실적인 것 같다.

중국 "상법통칙" 및 상법전의 입법*

목 차

Ⅰ. 머리말

중국 상사법은 그동안 많은 우여곡절을 겪어 왔다, 중국의 전통적인 重農抑商은 청 말에 이르러 수정을 강요받게 되었다. 상공업의 진흥을 위하여 일련의 상사입법을 제정하게 되면서 먼저 독일 등 대륙법계의 상사법에 접근하게 되었다. 그런데 중국의 民國政府는 독일의 民商分離主義 입법체계와 달리 民商合一主義 입법체계를 채택하게 되었고, 신 중국 성립 이후 구소련의 영향으로 민·상 합일 체계 영향 하에 민법초안을 기초하였으나 몇몇 상사규범이 민법 속에 포함되는 것에 불과하였던 것이다. 그 후 중국은 1986년에 民法通則을 제정하였으나 이 법의 한계성으로 인하여 회사법, 해상법, 보험법, 어음·수표법 등 단행 상사법을 제정하였다. 그러면서도 입법기관은 상사입법을 채택하는데 대한 명확한 표명은 없었으며 대부분 상사 단행법은 경제입법으로 취급되었다. 따라서 20세기 중국의 민·상합일 추세는 비교적 명확했으며 상법의 독립성 문제는 언급하지 않았던 것이다.[1] 이렇듯 계획경제 하에서 상법은 독립적인 지위를 상실하게 되었는데 개획·개방이후 경제발전의 영향으로 상법에 관한 관심이 고조되기 시작하

* 이 글은 商事判例研究 제20집 제4권(2007)에 게재된 것임
1) 何勤華, "商法法系新探, 「中國商法評論, 北京大學出版社」, 2006, p.16.

였다. 많은 학자들이 상법의 독립성을 주장하고 있으며 현재 제정 중인 민법전도 상법의 일반성에 관한 규정을 두지 않는 완전한 의미의 민법전을 추구하고 있다. 법학계도 민법경제법연구회에서 中國法學會商法學研究會로 분리·독립시키고 있다. 또한 단행 상사법들의 획일성 및 체계성을 위하여 이 법들의 총론 격으로 '상법통칙'을 제정해야 한다는 주장도 제기되고 있다. 이러한 현상을 볼 때 중국에서의 민·상 입법 체계의 선택은 단지 이론상의 문제만은 아닌 것이며 경제 및 정치의 변화와 불과분의 관계에 있는 것이 분명하다고 하겠다.[2] 특히 "하나의 여건이 성숙하면 하나의 법을 제정"(一个成熟 一个制定)하는 중국 특유의 입법방식을 고려할 때 이제 상법통칙 및 상법전의 제정도 이미 성숙한 것이 아닐까 한다.

이 논문은 그간 민·상법의 입법체계를 둘러싸고 벌어지는 여러 논쟁들을 살펴보고 이러한 논쟁들이 중국의 경제적, 정치적 변화와 더불어 어떻게 변화할 것인가에 대하여 입법적, 사법적 및 법학계 등의 동향을 파악함과 아울러 상사법의 독립성을 전제로 상법통칙과 상법전의 제정에 관하여 그 입법적의 방향을 모색하고자 한다.

Ⅱ. 중국의 법률 전통

중국은 청 말에 비로소 민·상입법의 체계 문제에 봉착하였으며 그 후 민·상 합일주의 원칙을 견지하는 가운데 시장경제 체제에 이르러 상법의 독립문제가 제기 되고 있다.

1. 제1단계 상사입법

근대 서양국가의 법률이 중국에 들어 올 때 상법도 들어오기 시작했다. 중국 고대사회는 장기간 여러 법이 혼합되어 있었기 때문에 독립된 상법부문이 없었다고 할 수 있다. 중농억상으로 인하여 상품경제는 발달하지 않았고 율령 중에 보이는 것은 매매 등에 관한 규정들인데 이러한 규정들은

2) 王璟, 商法特性論, 知識産權出版社, 2007, p.184.

대부분 행정법이나 형법에 속한 것들이었다.

청조 말 중국의 발전상 자본주의 경제의 영향으로 인하여 청 정부는 역대 중국의 통치자들이 일관되게 실시해온 중농억상 정책을 조정하지 않을 수 없었으며, 내외적 형세 하에 ‘變法’을 추진하게 되었다. 대외무역의 열세를 변화시키고 중국 상공업을 진흥시키기 위하여 商律의 제정을 주장하게 된다. 청말 상사입법은 대략 2단계로 나눌 수 있는데 제1단계(1903-1907)의 상사입법은 商部의 소관이었다. 주요 상사입법으로 欽定大淸商律(1904)[3]과 破産律(1906)[4]등이 있다. 이 법률들은 원래 대륙법계 민·상 분리 체계로 주로 독일법계를 모방하였다.

2. 독일 상법의 영향과 의문점

독일 상법은 대륙법계 상법 중 중국에 최대의 영향을 미친 법이 라 할 수 있으며 그 주요 내용은 다음과 같다.

(1) 입법 체계상의 영향

19세기 말에서 20세기 초 독일 상법이 대륙법계 국가 상법의 대표로서 그 영향을 주었으며 비록 상법전이 실시되지는 못하였으나 대량의 상사법규 즉 회사법, 어음·수표법, 파산법, 해상법 등이 상대적으로 독립된 법률법규형식으로 제정·공포 되었다. 이러한 종류의 상법의 법전화와 상사법규의 전문화는 근본적으로 중국 전통의 입법방식을 변화시켰으며 입법체계상 중국 상법을 독일 등 대륙법계 국가의 상법에 한층 더 접근시켜 지금까지 영향을 주고 있다.

---

3) 이 당시 주요 상사입법은 欽定大淸商律(1904)인데 이것에는 商人通例와 公司律로 구성되었고 그 중 商人通例 9조에는 상인의 의의와 조건, 婦女經商, 상호 및 상업장부 등 상업총칙성의 내용이었다. 또한 公司律 131조는 공사분류, 주식, 주주권리, 이사, 이사회, 주주총회, 정관개정, 벌칙 등 11절로 구성되어 있었다.

4) 이에는 파산, 이사선거, 채권자회의, 재산처분, 부칙 등 9절 69개조로 구성되어 있다.

(2) 입법 기술상의 영향

현대 서양상법이 중국에 전파됨에 따라 서양국가, 특히 대륙법계 국가의 상법 중 허다한 개념들이 중국에 유입되었다. 이러한 개념과 용어는 중국으로 보아서는 일종의 새로운 창조일 수 있으며 또 어떤 것들은 중국이 원래 가지고 있던 개념을 개조하는 의미가 된 것이다.

(3) 입법 이념상의 영향

현대 대륙법계 국가의 상법 특히 독일 상법에 내재한 논리성, 체계의 완벽성, 규범구조의 엄밀성, 개념의 추상·개괄성 등은 중국 상사 입법에 큰 영향을 미쳐 20세기 초 중국 상법전의 제정 및 그 이후 대량의 상사 단행법규의 제정 등 모두가 이러한 특징이 나타나고 있다고 하겠다.

(4) 상법제도와 규칙상의 영향

현대 서양상법의 전파로 수많은 상사제도와 규칙이 중국에 들어오게 되었다. 예컨대 보험제도 중 보험자와 보험계약자 등 상호간의 권리의무관계, 회사제도 중 주주출자책임과 회사 독립의 재산책임 등 이러한 제도와 규칙이 중국 상법에 전적으로 새로운 모습으로 계수되었다.

(5) 중국의 성문법 국가성

독일 상법이 대륙법계 국가의 상법을 대표하는 것은 중국 상법 탄생에 중요한 영향을 끼친 점인데 그 중 매우 중요한 원인으로 들 수 있는 것은 바로 중국도 성문법 국가이었다는 점 일 것이다. 중국 고대사회의 법전 편찬은 입법 기술상 이미 상당한 수준에 있었기 때문에 대륙법계 국가의 상법을 중국이 계수하는데 좋은 기초가 되었을 것이다.

(6) 중국의 상사입법 선택의 모순

대륙법계 국가의 상법을 계수하면서 중국은 모순된 선택을 하였다. 중국은 독일 상법의 신 개념, 신 용어, 신제도 등 많은 부분을 계수하였으나, 한편으로는 독일이 채택한 민·상 분리 입법체계를 부정하였던 것이다. 즉 중국은 독일 상법의 정신은 계수하였으나 그 형식은 계수하지 않았던 것이다. 이것은 중국이 독일 상법의 입법체계의 가치를 진정으로 이해하지 못하였거나 아니면 독일 상법의 입법체계의 가치를 수용해야 하는 것에 회의를 가진 것인지 수십 년이래 이것은 줄곧 중국 법학 계를 혼란하게 한 미해결의 난제인 것이다.[5)]

3. 제2단계 상사입법

제2단계의 상사입법은 修正法律館의 소관인데 이 시기 주요 상사입법은 運送章程(1911), 大清銀行則律(1908), 銀行注册章程(1908) 등이 있으며 동시에 기초는 되었으나 공포하지 않는 것으로 商法草案(1909)[6)] 등 여러 상법초안들이 있다. 이 상법초안은 어음수표법을 제외하고는 일본과 독일의 신상법과 서로 같다. 이후 北洋政府 통치 시 공포된 商人通例와 公司條例(1914)가 있는데 이 법률들은 1904년의 欽定大清商律과 1909년의 改訂大清商律草案에 그 뿌리를 두고 있다.

1929년에 이르러 민・상합일의 실행으로 민법과 상법을 통일하여 中華民國民法典을 제정하고 통상 상업행위에 속하는 보험, 계약, 화물운송 등은 민법의 채권 편에 포함시키고 그 중 통합이 불가능한 것은 단행법규로 제정하는 것이었다. 1928년에 성립한 상법기초위원회는 票据法, 海商法, 保險法, 公司法, 交易法, 商標法, 破産法 등 상사 단행법을 선후로 제정 또는 개정하였다. 국민당정부가 민・상합일을 채택한 이유는 아마도 1929년에 6월 국민당 제183차 중앙정치회의를 통과한 民商劃一提案審査報告書에 의한 것이었을 것이다.

이 보고서 및 민・상 통일법전 제정 이유의 주요 내용을 보면,

① 보통 시민과 상인 간에 역사상 이미 구별이 되지 않으며,

---

5) 范楗, 前揭書, p.66-67
6) 이 초안은 일본 상법학자 志田甲太朗이 기초한 것으로 總則, 公司. 商行爲, 票据(5편)으로 구성되었으며 일본 明治32년 상법체계를 따르고 있다.

② 민·상법의 합일여부는 사회진보나 민활성에 따라 어떠한 필연적인 관계를 갖는 것은 아니며 상법의 상대적 국제성이 반드시 민·상법의 분리 이유가 되지 않는다.

③ 상법의 상행위를 정하는 것은 실제상 그 확정이 어렵다는 것과 각국 상법전의 체계 역시 다르고 일정한 상법규정의 범위가 없다는 것이다.

④ 각국의 입법 추세에 따라 마땅히 민·상 통일법전을 제정하여야 한다. 이태리는 상업이 가장 일찍 발달한 국가인데도 민·상 합일을 택하고 있으며, 영미의 상법은 세계적인데도 양국은 특별한 상법전이 없는 점 및 스위스, 러시아도 민·상 합일을 취하고 있는 등 민·상합일은 세계 입법의 새로운 추세인 것이다. 중국은 이러한 추세에 거스를 필요가 없다.

⑤ 인간은 평등하므로 민·상통일 법전을 제정하여야 한다.[7]

이후 중화민국은 계속 상법전은 제정하지 않고 단행법 형식을 채택하였다. 1949년 이후 이러한 상사입법은 대만지역에서 계속 되었다. 신 중국 성립 후 중국은 대체로 소련의 법률체계를 이식하였으며 계획경제적 사회배경과 소련의 민사입법으로 인하여 민·상합일 방식의 영향을 받았으므로 중국은 1949년 해방이후 상법전의 입법계획을 기초하지 못하고 있었다. 그러한 가운데 1950년대, 60년대, 70년대에 3차에 걸쳐 민법초안을 기초하였으나 몇몇 상사규범이 민법 속에 포함된 것에 불과한 실정이었다.

4. 민법통칙의 제정

1986년 중국은 중화인민공화국 민법통칙을 제정·공포하였다. 이 통칙의 조정대상은 "평등주체간의 공민, 법인 및 공민과 법인 간의 인신관계와 재산관계"이다. 이를 광의로 해석하면 모든 상사거래법, 비평등 주체의 상사조직법의 공민(個體工商戶, 個人合伙), 법인(公司, 聯營)까지 추가 조정범위에 포함된다. 그런데 민법통칙의 한계로 인하여 중국은 이후 계속하여 公

7) 鄭玉波, 民法通則, 三民書局, 1993年版, p.35-36.

司法, 票据法, 海商法, 保險法, 破産法 등 단행 상사법규를 제정・공포하였다. 그러면서도 입법기관은 상사입법을 채택하는데 대한 명확한 표명이 없었고 따라서 대부분의 상사단행법은 경제입법으로 취급되었다. 20세기 중국의 민・상합일 추세는 비교적 명확했으며 상법의 독립성 문제는 언급하지 않았다.

5. 중국 역사전통과 현행 입법체계의 영향

중국은 국민정부가 민법전을 제정할 때 민・상합일의 편제체계를 채택하면서 민법전 외에 상법전은 제정하지 않기로 했으며, 신 중국 성립이후 구소련의 민・상합일의 편제체계를 채택하였던 것이다. 현행 民法通則, 合同法[8], 擔保法은 모두 민・상합일의 입법례이며, 海商法, 公司法, 票据法, 保險法, 證券法등은 모두 민법제도에 관한 법에 속한다. 살피건대 중국은 응당 민・상합일 편제체계를 견지해야 한다는 것이다.[9]

위의 주장들에 대하여는 아래와 같은 이류로 그 설득력이 없다고 한다.

① 현대 사회에서 상인신분이 없어진 것이라기보다는 오히려 강화되었다고 볼 수 있으며,

② 민사행위와 상사행위는 그 구분이 가능한 것이며,

③ 중국 전통법률이 민・상합일 편제체계를 채택한 것은 중국의 고도의 집중적인 경제체계의 반영일 뿐이며 시장경제체계에 부합하는 것은 아니라 한다.[10]

---

8) 예컨대 合同法의 운송계약(동법 제17장), 창고계약(제20장), 위탁매매계약(제22장), 중개계약(제23조) 등과 같은 계약은 상사계약인데 동법에서 민사계약과 함께 규정하고 있다.

9) 梁慧星, 「民法總論」, 法律出版社, 2001年 5月 第2版, p.15.

10) 張民安, "論商法在我國法律體系中的獨立地位", 「復旦民商法學評論」, 2004年 12月, (總第三集), p.86.

Ⅲ. 중국에서의 상법지위에 관한 논쟁

1. 중국 私法의 통일성과 2분법의 주장

중국에서 사법의 통일성과 2분법을 주장하는 학자들은 비단 민법학뿐만 아니라 상법학자 간에도 의견이 다르다.

(1) 민법학자들의 주장

민법학자들 중 민·상합일 편제체계를 주장하면서 민법전 이외에 상법전은 제정하지 않아야 한다는 주장이다.[11] 이러한 견해는 중국이 민법전 제정 시 민·상합일 체계를 견지해 왔기 때문에 민법전 이외에 독립된 상법전은 인정할 수 없다는 것이다. 다시 말하면 상법은 본래 단독으로 법학의 한 부문이 될 수 없고 민법의 한 부분에 불과 하다는 것이다.[12]

또 다른 민법학자들은 민·상 분리 편제체계를 주장하면서 민법전이외에 단독의 상법전을 제정하여야 한다고 주장한다.[13]

(2) 상법학자들의 주장

또한 상법학자 간에도 민·상합일의 입법체계를 주장하면서 민법전 외에 독립된 상법전은 제정하지 않아야 한다는 의견과 민·상 분리 체계를 주장하면서 민법전 이외에 독립된 상법 전을 제정하여야 한다고 주장한다.[14]

민·상합일 편제체계를 주장하는 학자는 단독으로 민법전을 제정하되 민법전이외에 상법전은 제정하지 않아야 하는 이유는 다음과 같다.

① 상법은 이미 존재의 필요성을 상실했다는 것이다. 즉 근대 상법전의 전신은 중세 유럽의 상인단체의 관습법 즉 상인법이며 현재 소위 상인이라는 이러한 특수 계층은 이미 존재하지 않으며 심지어 특수한 상행위 또한 그 특수성을 상실했다는 것이다. 예컨대 '어음수표제도', '보험제도' 등 과

11) 梁慧星, 前揭書. p.2-15.
12) 王利明, "論中國民法典的制汀", 「政法論壇」, 1998 弟5期, p.52.
13) 傅靜坤, 「民法總論」, 中山大學出版社, 2002年 8月版, p.11-13.
14) 趙中孚, 「商法總論」, 中國人民大學出版社, 1999年 11月版, p.33-34.

거 상인이 이용한 제도는 현재 사회생활의 각 방면에 보급되어 전 사회인들이 이용하고 있다는 것이다.15)

② 민 · 상 분리 국가에서도 민사행위와 상사행위를 구분하는 것은 곤란하다는 것 등의 이유로 민법전과 상법전의 병존은 곤란하며 혼란을 야기할 수 있다는 것이다.16)

(3) 경제법학자들의 주장

경제법학자들의 상법에 관한 관심은 민법학자에 비하여 훨씬 요원한 편이다. 즉 상법은 독립적인 법학부문이 아닐 뿐 아니라 독립적이 될 수도 없다는 견해로서 경제관계는 민법과 경제법으로 조정하면 된다고 한다.17)

2. 중국 상법의 독립성

(1) 민 · 상 문리 주장의 주요 이유

중국에서 민 · 상합일과 민 · 상 분리의 선택은 줄곧 학자들 간의 열띤 논쟁이 되어 왔다. 그러나 사회주의시장경제의 발전과 경제의 전지구화의 가속으로 민 · 상 분리의 주장이 고조되고 있는 실정이다. 그 중요 이유를 보면,

1) 상법의 독특한 조정대상성

민사행위는 비경영활동과 경영활동은 포함하나 상행위는 비경영 활동은 포함하지 않는다. 또한 민사관계는 재산 및 인신관계를 포함하나 상사관계는 인신관계는 포함하지 않는다. 그리고 민사관계는 재산의 지배권을, 상사관계는 재산의 관리권과 경영권을 포함한다. 마지막으로 민사관계는 주체의 사법상의 권리를 강조하나 상사관계는 사법상의 평등권은 물론 공법상의 국가 商主體의 관리권 등을 강조한다.18)

---

15) 梁慧星, 「爲中國民法典而鬪爭」, 法律出版社, 2002年7月版, p.21.
16) 梁慧星, 上揭書, p.21.
17) 楊紫暄, 「經濟法」, 北京大學出版社, 1999, p.47-48: 劉隆享, 「經濟法概論」, 北京大學出版社, 2001, p.42.
18) 范健, 商法, 高等教育出版社, 北京大學出版社, 2002年版, p.8-10.

2) 상법의 독특한 가치관

민법은 개인본위를 기초로 하는 반면 상법은 사회본위를 기초로 하고 있다. 따라서 상사입법은 사회공공이익을 옹호하는 것에서 출발한다.

3) 상법의 독특한 조정원칙

상법은 전문적 상품거래제도법이다. 예컨대 거래간편·신속원칙, 거래확정 안전원칙, 사회책임원칙 등 민법의 일반원칙과 다른 것이 많다.

4) 상법 자체의 독특성

상법의 공법화 경향 및 국제화 경향, 기술성 및 易變性 등이 있다.

5) 민·상 분리의 현실적 수요

상품경제 발전에 따른 전문가(상인), 전문상품교환업(상업) 및 거래의 안전을 조정하는 전문적인 법률의 수요 등 민·상 분리는 현재 발전하는 시장경제의 객관적인 수요를 위하여 상사입법을 강화해야 한다.

6) 상사 법률규범과 민사 법률규범의 존재제도의 차이

상사법의 민사법에 대한 특징은 매우 많이 있다. 예컨대 무과실 택임원칙, 유인성과 무인성 및 민사대리제도와 상사대리제도 등이 있다.

7) 민·상 분리는 역사의 선택이자 현재의 발전의 주류

세계 상사입법 발전추세를 보면 주요 자본주의국가들은 모두 민·상 분리방식을 채택하고 있다. 그리고 민법은 점차 상법화 하는 것이 선진국가의 주도적 추세이다.[19]

8) 민·상합일의 결함

형식상 상법전을 없앤다 해도 이론상 상사법학의 존재를 부정 할 수 없다.

이상에서 민·상합일의 입법형식은 분명 역사발전 조류에서 볼 때 부적합한 것 같다. 민·상합일이나 민·상 분리나 이론상으로 볼 때 둘 다 선택할 수 있는 입법형식이기는 하나 실제적이고도 실증주의 연구방식으로

---

19) 周林彬, 任先行, 比較商法導論, 北京大學出版社, 2000年, p.69.

문제를 해결해 가야 할 것이다.[20]

(2) 상법과 민법 및 경제법과의 관계

중국 상법의 독립성 문제는 민법과 경제법의 도전을 받고 있다.

1) 중국 민법과 상법의 관계

중국은 20세기 상반기에 민・상합일 또는 민・상 분리 논쟁에서 민・상합일 주장이 승리를 거두었는데 이 논쟁의 주요점은 입법기술의 논쟁이었다. 민・상 합일론의 주장은 입법 상 단독의 상법전을 제정하지 않고 상사입법은 단행법규 형식을 채택하는 것이 좋겠다는 것이었다. 이러한 관점은 상법의 객관적 존재나 그 독립성을 부정하는 것은 아니었다는 점이다. 그 밖에 그 시절 중국은 반식민지 내지 반봉건사회였으며 시장경제는 발달하지 않았다. 따라서 그 당시의 판단으로 현대 상법의 독립성을 부정할 수 없다. 민법과 상법은 법의 기능과 원칙에서 일정한 공통성이 있으나 본질상 구별이 있다. 역사 발전의 흔적과 경제적 기초에서 볼 때 민법은 상품경제의 산물이고 시장경제의 기본법이다. 반면 상법은 자본주의 시장경제의 산물이고 상품경제의 기본법이다. 민법은 공민을 핵심으로 하며 개인과 개인간의 민사관계를 주요 조정대상으로 한다. 반면 상법은 기업을 핵심으로 하며 기업간의 상사관계를 주요 조정대상으로 한다. 민법은 공평을 추구하고 상법은 효율과 함께 공평을 추구한다. 따라서 민・상합일 이라든가 상법은 단지 민법의 보충부문이라는 관념을 버려야 한다.

2) 중국 상법과 경제법의 관계

경제법은 독립된 법률부문 중의 하나이며 그 생성의 역사도 상법에 비하여 훨씬 늦은 것이다. 그러나 신 중국, 특히 개혁・개방 이래 법학계의 경제법에 대한 열정이 매우 높았다. 문화혁명이 끝난 후 党中央에서 경제활동을 중심전략으로 함에 따라 경제 건설에 법률이 긴급히 필요하게 되었다. 그 당시는 민법과 상법이 없었으므로 소련이나 동구의 경제법이론을

---

20) 吳弘, 程勝, 代明明, 民商分立論的理由及其檢討, 中國商法年刊, 創刊號, 2002年, p.143.

중국에 도입하였고 이로 인하여 경제법연구가 날로 번성하여 갔다. 이로서 중국은 상법은 필요하지 않고 경제법으로 상법을 대치할 수 있었다.

그러나 상법과 경제법 입법원칙상, 법률 기능상, 조정대상 및 그 내용상, 그리고 법률 성질상 본질적인 차이가 있다.[21]

위에서 본 바 어떤 영역에서는 상법과 민법, 경제법은 상호 침투, 상호 영향, 내용 교차, 경계 불명확 현상 등이 있다. 실제상 이러한 점은 현대법 상호간에 영향을 주며 상호 흡수가 이루어지는 등 오히려 정상적인 현상이라 할 수 있다. 그러나 이러한 현상이 존재한다 하더라도 이것이 상법의 독립성에 영향을 주지는 않는다.[22]

또한 중국의 민법 경제법학자들의 상법에 대한 비판은 바로 무지에서 비롯된 것이라는 견해도 있다.[23] 중국 교육부도 이미 상법의 독립적 지위를 인정하고 있으며 상법은 중국 법과대학 필수 핵심과목 중 하나이다.

상법의 독립성은 사회발전의 필연적인 결과이며 그 왕성한 생명력에서 결정되며 자기 스스로의 영역을 가지고 있다.[24]

(3) 민법전 편찬과 상법의 독립성

민·상합일 또는 민·상 분리에 관한 논쟁은 법률편찬의 기술문제이며 이것이 민법전 편찬에 영향을 주는 것은 아니라는 주장들이 있다. 왜냐하면 민법전의 편찬과 상법의 독립부문의 법적지위는 결코 모순되지 않는다는 것이다.[25]

중국 상법의 독립은 소위 실질 상법주의적 독립이지 형식(법전상) 상법주의적인 상법의 독립은 아니라는 것이다. 그러한 의미에서 회사법, 보험법, 해상법 등 가장 중요한 상사 법률은 이미 완성되었다고 할 수 있다는 것이다.[26]

---

21) 任榮明, "關于我國商法若干問題的思考", 「中國商法評論」, (2006年 券), 北京大學出版社, 2008, p.8.

22) 任榮明, 上揭書, p.9.

23) 張民安,"論商法在我國法律體系中的獨立地位",「復旦民商法學評論」,2004年12月,(總弟三集), pp.72-73

24) 張民安, 上揭書, p.74-75

25) 胡鴻高, "試論新時期中國商法的地位",「復旦民商法學評論」, 2002, p.6.

Ⅳ. 중국 상사입법 방안

중국의 상사법은 전통적 경제, 정치, 사상, 문화 등 제 요소의 종합작용으로 변화를 거듭하여 왔다. 앞에서 언급한바 중국 고대사회는 근대적 의미의 사법적 성질인 민법과 상법은 존재하지 않았으며 민·상 입법 체계에 관한 연구는 겨우 청 말에 최초로 이루어 진 것이라 할 수 있다. 처음은 독일법계의 영향으로 민·상 분리 체계를 채택하였다가 민·상합일 체계로 결정되었다. 신 중국 성립이후 계획경제하에서 상법은 독립적인 법부문의 위치를 상실하게 됨으로서 민·상 입법 체계 문제는 법학연구문제에서 사라지게 되었으나 그 후 중국의 경제발전에 힘입어 상법학 연구는 부흥하게 되었다. 특히 중국이 시장경제 체제와 사회주의 법치국가의 목표를 확립한 후 민상법학자들이 민상법체계 문제에 다시 관심을 갖게 되었다. 이렇듯 민·상 입법 체계의 선택과 중국 경제 정치의 변화는 상호 작용을 하고 있으며 또한 양자는 매우 중요한 관계가 있다. [27]

대체로 중국의 상사 입법방안으로 생각할 수 있는 것으로는 우선 완전한 의미의 민·상합일의 방안과 민·상 분리의 방안을 들 수 있다. 또한 현재까지 진행된 일련의 상사 단행법을 두고 전통적 민법전과 결부시키자는 안과 전통적 민법전 제정과 함께 기존 단행 상사법들의 총론 격으로 소위 '상법통론'을 제정하자는 방안을 들 수 있을 것이다.

1. 완전한 의미의 민·상 합일의 민법전의 제정

이 방안은 민법전 속에 상사에 관한 기본 법률제도의 내용이 포함되며 전통 및 현대의 구체적인 상사관계 법률제도의 내용은 따로 단행법으로 제정하여 이를 추가하는 것이다. 이 방식은 과거 국민정부가 채택한 것으로 지금까지 꾸준히 주장되어 왔다. 저명한 민법학자인 楊慧星교수는 "현행 民法通則, 合同法, 擔保法은 바로 민·상합일의 입법례이며 公司法, 保險法,

---

26) 石少俠, "我國應實行實質商法主義的民商分立

27) 王璟, 「商法特性論」, 知識產權出版社 2007, p.181-184

海商法 등은 모두 민법제도에 속한다"고 하면서 중국은 응당 민·상합일 체계를 견지해야 한다고 하고 있다.[28)]

그런데 주목할 것은 최근 러시아에서 민법전을 제정(1995, 2002)했는데 이 민법전 중에 상당수의 상사관계규정이 포함되어 있다. 구소련과 중국은 과거 서로 동일한 정치체제와 경제제도를 가지고 현재 시장경제를 지향한다는 점에서 중국도 이를 중시하고 연구할 필요성이 있다는 주장도 있다.[29)]

그러나 현재 제정중인 중국 민법전은 독일식 민법 즉 전통적 민법전의 내용을 유지라고 있는 점에서 민·상합일의 민법전을 제정한다는 것은 실질적으로 부적절한 환상에 불과 하다고 할 수 있다.[30)] 또한 민·상합일 체계로 가기에는 그동안의 이에 대한 지식, 경험 및 입법기술이 갖추어져 있지 않다는 점과 상사관계에 관한 기본규칙을 민법전에 체현하는 방법은 현실성이 없다고 할 수 있다.

마지막으로 중국의 민법전은 대륙법계의 영향을 많이 받은 반면 상사법 영역에서는 미국의 영향을 많이 받았기 때문에 양자 간에 조화가 되지 않는다는 주장도 있다.[31)]

2. 완전한 의미의 민·상 분리 상법전의 제정

이 방안은 민법전 외에 독립 상법전을 제정하는 것으로 전 세계적으로 지배적 지위를 차지하고 있다. 그러나 중국의 경우 독립적인 상법전의 제정은 부정적이며 시위적절하지 않다는 비판이 있다.[32)]

중국 법률의 근대화 과정 중 대륙법계, 특히 독일법계가 지대한 영향을 끼쳤음은 주지의 사실이나 중국은 독일식의 민·상 분리 입법체계를 채택하지 않았던 것이다. 그런데 독일, 프랑스, 일본 등 전형적인 민·상 분리

---

28) 楊慧星, 前揭書, p.15.
29) 余能斌, 程淑娟, "我國民商合一立法借鑑的新選擇",「當代法學」 弟20卷, 弟1期, 2006, p.36.
30) 任爾昕, "我國商事立法模式之選擇及商事通則的制定",「民商法律評論」, 2005, p.233.
31) 任爾昕, 上揭書, p.237.
32) 任爾喧, 前揭書, p.237.

국가의 상법은 이미 상당한 변화를 겪고 있으며 상법전의 쇠퇴 추세도 보이고 있다.[33] 이러한 가운데 현재 중국의 정황도 다시 독일 등의 상법을 모방하는 것은 필요하지도 가능하지도 않다는 주장도 있다.

그러나 앞에서 언급 한 바 현재 및 미래의 중국은 과거의 중농억상 체제나 계획경제체제가 아닌 시장경제 체제 및 국제화를 가속화할 나라로서 지금까지 입법방식을 주도해 온 점진적인 성숙주의는 그 한계가 있다고 생각된다. 따라서 현재 제정중인 민법전과는 별도로 현재 시행중인 여러 상사 단행법들은 종합하고 총칙을 부가하여 독립된 상법전을 제정하는 것이 시대적 추이에 부합하는 것이 될 것이라 사료 된다.[34]

3. 전통적 민법적에 단행 상사법의 추가 방안

이 방안은 중국 입법 당국이 이미 회사법, 보험법, 해상법 등 중요한 상사 법률을 제정 하였는바 소위 먼저 단행법을 제정하고 조건이 성숙하면 다시 기본법을 제정하는 중국식 입법 방식을 채택한 것이다.[35]

이 방식은 현재 중국 대륙과 대만에서 채택하고 있는 것으로 통상 학자들에 의하여 민·상 합일로 인식되고 있으나 실제상 입법기관은 아직 이 형태에 대하여 명확한 표명을 하지 않고 있다. 민법학자들은 단행 상사 법률은 민법의 특별법으로 보는 것이 습관화 되어 있는데 이는 실질상 '상법의 민법 화'의 전형적인 표현이라 할 수 있다.[36]

4. 전통적 민법전과 '상법통칙'의 동시 제정 방안

전통적 내용의 민법전을 제정함과 동시에 총강성 상사 기본법률 즉 상법통칙을 제정하여 기본적 상사 법률제도 및 관계를 규정하고 구체적인 상사 법률 및 관계는 단행법으로 제정하는 방식이다. 현재 채택하고 있는 단행

---

33) 謝懷植, 「外國民商法精要」, 法律出版社, 2002, p.58.
34) 張民安, 前揭書, pp.93-95.
35) 이러한 방식은 중국 법률의 법전화를 더욱 어렵게 하는 원인이 되고 있다(任爾喧, 前揭書, p.246).
36) 石少俠, 前揭書, p.7.

상사입법 방식은 그 민활성과 간편성 등의 장점이 있으나 단행법간의 연관성이 없다든가, 분산 및 중복입법의 경향을 피할 수 없으며, 상사 법률의 기본이론이 형성될 수 없는 점 등의 단점이 있다.

이 방안은 중국 법률 체계에서 상법의 상대적 독립성은 인정하되 상법전은 따로 제정하지 않고 상사 기본법적 상법(상사통칙)을 제정하고 이에 단행 상사법을 추가로 제정하는 방법을 주장하고 있다. 이러한 주장은 소위 실질 상법주의적 민·상 분리주의와 복합방식 주의로 나누어 볼 수 있다.

(1) 실질 상법주의적 민·상 분리주의

이 주장은 독립적으로 상법전을 제정하지 않고 민·상 분리를 기초로 상법의 상대적 독립성을 인정 하자는 주의이다.

중국은 현재 민법과 상법관계에 있어 전형적인 민·상 분리 체계도 민·상합일 체계도 아니라 할 수 있다. 그러나 실제에 있어서는 법전상의 민·상 합일론이 상법의 독립성을 위협 하므로 실질 상법 주의적 민·상 분리 방식의 주장이 절박하다고 한다.[37)]

(2) 복합방식주의

이는 상법전을 상법 유일의 입법방식으로 국한하지 않고 상법전을 중심에 두고 그 상대적 안정성의 기초위에 다시 각종 상사 단행법을 제정하는 것이다. 이것은 민·상 분리 즉 사법체계의 2원화를 전제로 하는 것이다. 그러나 민·상분리라는 것이 거대한 상법을 제정 한다는 것은 아니고 단지 상사 영역의 기본법으로서 상사단행법 또는 상사특별법이 동시에 존재하는 것이다. 즉 기존의 상사 단행법들은 독립해서 존재하고 다만 상법전을 격하하여 상법통칙으로 하면 상사법규의 공생문제는 총괄성, 일반성, 원칙성 규정이 될 것이다.[38)]

---

37) 石少侠, 上揭書, p.13.
38) 范健, 前揭書, p.38.

Ⅴ. ‘상법통칙’의 제정의 필요성

1. ‘상법통칙’ 제정의 필요성

현재 중국은 公司法, 合伙企業法, 獨資企業法(상사조직법 체계)과 合同法, 證券法, 保險法, 信託法, 破産法, 海商法(상행위법체계) 등 각각의 상사 단행법을 가지고 있다. 따라서 총칙성 규정이 없는 동시에 각각의 법은 그 기초한 배경, 역사 및 법률기술 등에서 어느 정도 차이가 날 수 밖에 없으며 각 단행법 각 단행법 간의 상호 모순이 나타날 수밖에 없다. 이러한 경향은 법률의 효력과 권위성에 영향을 주게 된다. 따라서 이들은 융합하여 통일 입법을 만들 필요가 있다. 상법총칙은 상사법의 공통성규칙인데 대륙법계로 말하면 상사원칙, 상인법, 상행위법, 상사대리, 상사시효, 상업등기, 상업장부, 상호권 등 통일성의 법률규범이 될 것이고, 영미법계로 말하면 미국 통일상법전의 입법방식에서 제1편에 총칙규정과 제2편 매매에서 제9편 동산담보제도까지 상사거래가 중심이 될 것이다. 총칙규정은 본법의 약칭, 해석 및 적용, 일반 정의와 해석원칙, 보편 적용의 원칙, 보통의미의 용어의 정의, 해석규칙, 법률충돌 시 해결 할 기본원칙 등이다.

그런데 20세기 하반기 이래 대륙법계 상법은 점차 상사 단행법으로 전화되는데 반하여 영미법계 상법은 점차 상사 통일법으로 전환 하고 있다. 현대 시장경제의 조건하에서 양대 법계는 점차 융합 되어 가는데 이는 상사거래법의 국제화뿐만 아니라 상사조직법도 날로 융화되어 가고 있다.[39)]

20세기이래의 상법의 국제화 추세를 보면 통상 그 채택 방법이 다음 3가지로 나타나고 있다. 첫째, 본국의 상법 제정 시 국제관례와 외국 상사법의 성공 경험을 참고하는 것이다. 예컨대 일본은 20세기 초 상법전의 제정 시 독일과 불란서의 경험을 대량으로 받아 들였으며 제2차 세계대전 후 끊임없이 미국회사의 원칙, 제도 및 규범을 받아들임으로서 그 회사법은 대륙법계를 기초로 하면서 영미법계의 실질적 내용을 혼합하고 있다. 또한 미국 통일법전의 제정법계도 그 주요 원칙은 독일과 유럽 국가들의 경험을 대량

---

39) 何動華, 前揭書文, p.7.

흡수했던 것이다.

둘째로 국가 간의 무역협정과 국제경제구역내의 무역정책의 통일과 각국 상법의 협조 및 상법의 통일의 진척 면에 있어 구주공동체는 상당한 성과를 거두고 있다.

셋째로, 국제 조직이 적극적으로 국제 범위 내에 국제실체법과 절차법을 제정하여 상사법의 국제화 과정을 전적으로 가속화 시키는 일이다. 상법의 국제화 경향은 현대 사회의 경제발전에 주류를 이루고 있으며 중국도 이러한 추세를 중시하여 상법의 창신과 완성에 적극 참여하여야 한다.[40]

2. 상법통칙의 내용에 관한 제 견해

(1) 일본의 상법 경험 계수하여 상법통칙 제정

일본의 상법 법계의 경험을 빌어 따로 상법통칙의 형식을 채택하고 이를 상사단행법 총칙으로 한다. 상법통칙의 구체적 내용은 21 세기 시장경제에 진입하여 정보화와 사회적 수요 및 시대의 요구에 적응하여야 한다.

그 내용으로, 상법의 정의, 적용범위, 상사주체에 관한 일반규정(회사, 조합), 기본원칙(신의성실, 외관원칙, 공시원칙, 공평거래원칙), 상행위 개념 및 전형영역, 상사조직 및 상사거래의 교차영역(대리상, 중개상, 신탁상), 상호, 상업장부, 상사시효, 상사 및 민사의 법률 적용과 상사분규 등을 들 수 있을 것이다.[41]

(2) 민・상법 합일 하에 상법통칙 제정

사법의 통일을 실현하기 위하여 민・상의 일원화로의 조정이 현실적이다. 따라서 민법전 이외에 독자적인 상법전을 두지 않고 상법통칙을 제정하여 구체적인 상사제도는 단행법의 형식으로 추가하는 것이다.

이 견해는 상법의 특수성은 인정하나 상법전을 두지 않으며 상법통칙을

---

40) 范健, “當代中國商法發展的幾个問題, 「中國商法年間」 創刊號, 上海人民出版社, 2002년, p.66.

41) 何勳華, “商法法系新探”, 「中國商法評論」 創刊號, 2006, p.18.

제정함으로서 민법전의 문제점을 해결할 수 있다는 것이다. 그리고 현실적으로 민법전 속에 상법규정을 대거 삽입하는 것은 불가능한 일이라는 것인데 실제로 제정 중인 민법 초안에는 상법의 일반성에 관한 규정은 아예 없다는 것이다. 또한 상사통칙의 제정 방식은 원칙성과 민활성을 가지며 상법의 개방체제에도 유리하며 상법이 급격히 변화하는 경제생활에 적응하는데 유리하다고 한다.42)

상법통칙의 구조는 제1장 총칙, 제2장 상사주체, 제3장 상행위와 상사대리, 제4장 상업등기, 제5장 상호, 제6장 상업장부, 제7장 상사소송시효, 제8장 상사책임, 제9장 부칙으로 나눈다.

(3) 중국 특유의 상법통칙 체계 수립

독, 볼, 일의 근 100년이 된 상법들은 그동안 많이 변질되어 더 이상 참고 한다는 것은 불가능한 일이다. 그리고 상사통칙은 규범내용의 총강성과 각 상사 단행법 관계에 관한 협조성 내지 보충성을 추구하므로 이에 접합한 예가 흔치 않을 것이기 때문에 상사통칙을 제정할 시 실사구시로 중국의 현실적 이론과 입법 및 실천에 따라 스스로 상사통칙의 체계를 수립해야 할 것이라 한다.

이상에서 볼 때 상사통칙의 총체적 방향은 기본원칙, 상사주체, 상사행위와 대리, 상호, 상업등기, 상사책임, 부칙 등 7개 장을 확정해야 한다.43)

Ⅵ. 중국 상법전 제정의 필요성

중국에서는 상법의 독립성을 인정하는 지경에 이르렀음에도 불구하고 아직도 독자적인 상법전을 제정한다는 대체로 부정적이거나 소극적이라 할 수 있다. 이것은 중국 상법역사에 기인하는 바가 큰 것으로 주로 과거의 원칙에 얽매여 있거나 상법전의 중요성을 제대로 인식하지 못한 무지의 소치에서 비롯된 점도 있다고 하겠다. 이러한 과정에서 보면 중국에서의 법학

42) 彭眞明 等, 商法前沿問題研究, 中國法制出版社, 2005, pp.21-23.
43) 任爾喧, 前揭書, pp.250-251.

연구 특히 상법의 연구에서 물론 국가 및 사회적인 환경과 요인이 있겠지만 세계적인 조류를 따르지 않고 중국의 현실만을 고려한 아론제기는 독자적인 것이라고 볼 수만은 없을 것 같다. 이하에서 중국학자가 제기한 상법제정의 문제점을 살펴 본 후 상법제정의 필요성을 밝히고자 한다.

1. 중국 상법 제정의 이론상 문제점

중국 상법 발전은 향후 대륙법 및 영미상법의 경험을 계수 할 필요성이 있다고 할 수 있다 현 단계에서 서양국가의 경험을 계수 하는데 당면한 최대의 문제는 중국이 하나의 통일된 상법전을 필요로 하는지와 하나의 통일된 상법전의 제정이 가능한 것인지 바로 여기에 문제점이 있는 것이다.

① 법전 제정의 경험에서 볼 때 독일 상법전을 포함하여 대륙법 국가의 상법들은 모두 성공하지 못하였는데 어떻게 보면 그것들은 모두 역사적 산물이었다는 것이다. 독일 상법은 세계의 수많은 국가의 상법제정에 중요한 영향을 끼쳤지만 모두 특정 역사적 시기의 영향이라 할 수 있다. 독일 민법전에 비하여 독일 상법전의 성숙정도는 훨씬 미치지 못한 것이었다. 또한 현대 상업의 신속한 발전으로 독일 상법은 시대 조류에 순응하기가 곤란하므로 21세기에 접어들어서 까지 독일 상법전을 대표적인 대륙법 국가의 입법 경험으로 하여 이를 계수하여 중국 상법전을 제정하는 것은 매우 불합리한 일이라 할 수 있다.

② 미국 통일상법전이 20세기 중반에 제정되어 현대 상업사회의 발전조류나 입법기술면에서 상당한 수준이라 하더라도 이 법전은 본래 영미법의 기초위에 제정된 것이므로 현 중국의 상법기초방식에서 볼 때 완전히 미국의 경험에 따라 상법전을 제정 하는 것은 매우 힘든 것이 될 것이다.

③ 중국 자체의 역사적 원인에서 볼 때 통일 상법전을 제정하는 것은 줄곧 미약한 상태로 되어 왔다. 1929년 국민당정부가 육법전서 제정 시 민·상합일 원칙에 따라 민법전은 제정하되 상법전은 제정하지 않는다는 것이었다. 그 후 중국 법학계의 상법연구는 공백상태가 되었으며 상품경재가 급속

히 발달되고 있음에도 이러한 상태는 바뀌지 않고 있는 실정이다. 중국의 私法立法이 단행법의 형식을 택할 것인가 또는 통일법전의 형식을 택할 것인가에 관계없이 민·상 분리 방식을 채택하여 단독으로 상법전을 제정할 가능성은 거의 없다는 견해도 이런 점을 대변하고 있다.

④ 당대의 상사거래방식의 복잡다변화로 통일된 상법전을 제정하는 것은 곤란하다는 것이다. 100년 전의 독일 상법전이나 50년 전의 미국 통일상법전이나 현대 사회의 상사거래의 방식이나 종류를 규율하기는 곤란하다는 것이다. 중국법학계의 사법연구 특히 민상법의 연구는 여전히 반성숙의 상태에 있어 통일 상법전의 제정에 대한 인식이 곤란하다는 점이다. 근 20년 동안 중국법학계의 사법연구는 주로 민법에 집중되어 왔기 때문에 중국 상법전 제정을 힘들게 하고 있다.

⑤ 중국의 시장경제체제가 기초 단계에 있어 시장경제법제에 대한 인식이 아직 통일적으로 일어나지 못하고 있다. 따라서 경제체제가 성숙해 가면 상법전의 가치에 대한 인식도 성숙되어 갈 것이다.[44]

이상에서 언급한 상법전 제정의 문제점들은 대체로 과거의 중국상법의 곡절의 역사를 집어보는 것에 지나지 않는다고 사료 되며 경제체제도 이미 상당히 성숙되었다고 볼 수 있을 것 같다.

2. 중국 상법전 제정의 필요성 증대

경제가 발전하에 따라 민사 및 상사의 이성은 날로 노정되어 상사조직과 상사거래에 관한여 점차 특수입법에 대한 수요가 강하게 나타나고 있다. 따라서 상법의 가치도 이미 상인을 특수 보호하는 '근대 상인법'에서 상인의 특수성·엄격성을 요구하는 '현대상인법'으로 추세가 바뀌었다. 또한 상사입법은 이미 민법통칙의 조정범위를 넘어 중국법률체계는 대륙의 전통과 독일방식에 구속되어 있었다. 이에 20세기말에서 21세기 초 미국 통일상법전의 세계적 영향에 힘입어 국제통일 상사입법조류가 나타나게 되었다.

---

44) 范楗, 前揭書, p.69.

이에 중국의 입법, 사법, 법학 계에서도 상법전 또는 상법통칙의 제정을 원하게 되었다. 우선 입법 상에서 보면, 민법통칙이라는 총칙제도는 이미 모든 상사조직과 상사거래의 특수요구를 반영할 수 없으며, 현재 제정중 인 중화인민공화국민법전은 독일민법의 총·분칙 체계를 채택하고 있으며 독일은 민·상 분리체계를 채택하여 민법전 외 상법전을 두고 있다. 그러나 스위스채무법과 유사한 中華人民共和國合同法에 상사매매거래인 위탁, 대리, 도급 및 운수관계가 포함되어 있으나 증권거래, 선물거래, 상사대리, 보험계약 등 중요한 상사거래 등은 포함하지 않고 있다. 또한 민법통칙의 민사주체에 관한 간단한 규정으로는 상사조직을 조정 할 수 없다. 따라서 상사통일입법의 중요성은 날로 입법기관의 인식을 고취시키고 있는 것이다.

다음으로 사법제도의 발전과정에서 보면 중국은 1990년대에 인민법원의 經濟庭 체제를 없애고 통일된 大民事 심판방식을 채택하여 여러 民事庭을 설립하고 그 중 民二庭은 상사거래분규를 주요소관업무로 하고 있다. 또한 海商法院은 전국에 설립된 전문성 법원으로서 海事와 해상안건을 관할하고 있다. 이렇듯 해사분규가 사법상 특수성을 가지게 되었다는 것을 나타내고 있다.

또한 법학 계에서도 2001년 中國法學會는 원래의 中國法學會民法經濟法研究會를 분리하여 전문성의 中國法學會商法學研究會를 성립시켰다. 상법학연구회는 중국 법학회에서 상법학의 연구와 실천에 종사하는 회원 조직이며 첫 상법학 연구토론회에서는 상법의 독립성, 상법전, 상사행위 및 상사주체, 상인자치 등의 문제를 연구·토론한 바 있다.

Ⅶ. 결론

이상에서 본 바 중국의 상사입법은 곡절의 과정을 겪어 왔다고 할 수 있다. 그런데 중국은 대륙법계 국가의 상법을 계수하였으나 민·상 분리의 입법체계는 계수하지 않은 모순된 선택을 하게 된 것이었다. 그 이유는 민·상합일 체계가 현대 입법조류에 부합하다고 생각한 데서 비롯된 것이었다. 그러나 실질적으로 이러한 국가들의 입법체계는 현대 입법형식의 발전조류를 대표하지 못한 것이었다고 할 수 있다. 어쨌든 이 선택은 지금까지 줄곧 중국 법학 계를 혼란하게 한 미해결의 난제인 것임은 분명하다고 할 수 있다. 1949년 신 중국 성립이후 중국은 대체로 소련의 법률체계를 이식하였으며 계획 경제적 사회배경과 민・상합일의 영향을 받았으므로 상법전의 입법계획을 기초하지 못하였던 것이다.

따라서 20세기 중국의 민・상합일 추세는 비교적 명확했으며 상법의 독립성 문제는 언급하지 않았던 것이다. 이렇듯 계획경제하에서 상법은 독립적인 법부문의 위치를 상실하게 됨으로서 민·상입법체계 문제는 법학연구문제에서 사라지게 되었다. 중국의 개혁・개방이후 괄목할 경제발전이 계속되자 상법학 연구가 부흥하게 된 것이다. 따라서 민・상 입법 체계의 선택과 중국의 경제 및 정치의 변화는 불가분의 관계에 있는 것이 틀림없다 하겠다. 그동안 민상법학자들의 민·상 입법체계를 고수하는 방향에서 주장된 것이 대부분이라 할 수 있다. 어느 학자는 이러한 주장들에 대하여 민법학자나 상법학자들의 무지한데서 비롯된 것이라고 한다. 이렇게 볼 때 중국에서 민・상 합일을 주장하는 견해는 이미 그 설자리를 상실한 것 같다. 그리고 대부분의 학자들은 상법의 독립성을 인정하고 있다. 이러한 추세에 따라 중국 법학 계에서도 이미 제정·실시중인 단행 상사 법률에 대하여 문제점을 지적하며 이를 다시 하나의 상법전으로 할 필요는 없으나 다만 단행 상사법의 획일성 및 체계성을 위하여 이들 상사 단행법의 총론 격으로 '상법통칙'을 제정해야 한다는 견해들이 많이 나오고 있다. 이러한 주장들은 그동안의 민·상합일 주장이나 민법전과 함께 단행 상사법이 추가된 현행체계대로 두자는 견해보다는 현실을 감안한 합리적인 선택일 수 있다고 생각된다.45)

그런데 중국의 그동안의 입법의 기본방향은 '先小賣'에서 '后 都賣' 즉 먼저 단행법을 제정하고 후에 조건이 성숙되면 다시 일반 기본법을 제정하는 것이다. 따라서 상법통칙을 제정하자는 주장도 실질상 이러한 입법방식을 탈피하지 못한 때문이며 이러한 입법 방향은 중국법률의 법전화를 곤란

---

45) 이홍욱, "中國 商事立法方式의 選擇" 「比較私法」, 제13권 제4호, 韓國比較私法學會, 2006, p.608.

하게 하고 있다고 할 수 있다.[46)]

생각건대 중국이 위와 같은 방식으로 입법을 해온 것을 감안한다면 그동안의 민·상합일론 주장한데서부터 차츰 여건이 성숙하여 마침내 상법의 독립성을 인정하게 되면서 기존의 상사 단행법의 총론으로 상법통칙을 제정하자는 주장에 까지 이른 것이라 할 수 있다. 그런데 위에서 본 바 이 상법통칙을 제정하는 전제조건은 거의 대부분 상법의 독립성은 인정하면서도 상법전을 독립하여 제정하는 것에 대하여는 여전히 부정적인 태도를 보이고 있다.[47)]

중국은 계획경제시절에 제정된 민법통칙의 한계성으로 인하여 그 후 민법에 해당하는 계약법, 담보법 및 물권법 등을 제정하면서 동시에 독립된 하나의 중국민법전을 제정 중에 있다. 또한 그동안 상사 법률에 해당하는 회사법, 보험법, 해상법, 어음수표법 등을 제정할 정도로 독립적인 상법전이 없다고 하더라도 상사법률은 이미 완성되었다고 할 수 있다.[48)]

따라서 별도로 상법통칙을 제정하는 것보다 이미 제정된 단행 상사법을 정리하고 상법총칙을 추가하여 바로 독립적인 상법전을 제정하는 것이 시대적 요구에 부합하는 것이 아닐까 생각된다. 즉 선진국의 상사입법례를 참고하고 중국에 이미 존재하는 입법의 실제상황을 결합하여 상법전을 제정하는 것이다. 중국 특유의 입법방식은 그런대로 장점을 가지고 있으나 원칙이 없다는 점에서 입법 상 오히려 법률의 획일성과 체계성을 가지지 못하고 있는 문제점을 나타내고 있는 것이라 생각 된다.

---

46) 任爾喧, 前揭書, p.246.
47) 彭眞明, 前揭書, p.21.
48) 石少俠, 前揭書, pp.11-12.

중국 신 회사법상 법인격부인제도의 수용과 발전 방안*

목 차

Ⅰ. 서론

중국 경제체계개혁은 1993년 시장경제체제 확립 이후 더욱 발전을 거듭하였으며, 2001년 WTO에 가입한 후 경제체제는 국제사회 속의 중추적인 역할을 하고 있다. 2006년 회사법의 개정은 1993년의 회사법이 고도성장하는 중국경제에 대처할 수 없었기 때문에 국내외에서 예견된 일이었다.[1] 2005년 10월 27일에 공포되어 2006년 1월 1일부터 시행된 회사법의 개정 내용은 광범위하게 이루어졌다. 전체 조문 수 229개조 중 삭제한 조문은 46개, 신설한 조문은 41개, 수정한 조항은 137개에 달하였다. 개정 전 회사법에 비해 전체적으로는 11개의 조문이 감소하였지만 내용면에서는 실질적인 입법에 상응할 만큼 그 내용이 풍부하다.[2]

---

* 이 글은 비교사법 제15권 1호(통권40호)(2008)에 이지한교수와 공동으로 게재한 것임.
1) 상세한 것은 Nicholas C. Howson, China' Company Law : One Step Forward, Two Steps Back? A Modest Complaint, 11 Colum. J. Asian L. 127, 140~172(1997).
2) 그 내용을 살펴보면 회사설립의 간편화(제23조 · 제78조), 출자형식의 완화(제27조), 전환투자 완화(제15조), 1인유한회사의 인정(제24조), 회사지배구조의 투명화 및 주주 권리의 보장(제34조 · 제41조 · 제102조 · 제106조 · 제125조 등), 회사의 사회적 책임(제5조) 등 환골탈퇴하여 선진국의 회사법의 내용을 모두 포함하고 있다고 해도 과언이 아니다.

중국은 1993년 회사법 시행 이래 적지 않은 회사 주주들이 회사유한책임을 악용하여 채무를 면탈하고 주주의 의무를 해태하여 회사채권자들의 권리를 침해하는 일이 많았으나, 1993년 회사법은 입법배경의 한계로 이러한 문제에 대한 직접적인 규정을 두지 않아 문제해결을 기대할 수 없었다. 이러한 차원에서 보면 신 회사법의 주요한 내용 중 하나는 중국 회사법체제에서 법인격부인제도(제20조 · 제64조)의 공식적인 확립일 것이다.[3] 이것은 성문법 중 가장 명확한 법인격부인에 관한 입법례 일 것이다.[4]

법인격부인의 개념은 회사법의 오래된 특징 중 하나이다. 그 내용은 주식회사의 사원은 유한책임이고, 그 속성은 주식회사 운영 중 발생한 회사채무에 대해 사원이 개인적으로 책임을 부담하지 않는다. 채무변제 및 불법행위에 대한 손해배상을 원하는 채권자들은 단지 회사재산에 대해서만 법적조치가 가능하고, 주주의 개인재산에 대해서는 불가능하다. 그러나 일정한 경우 法院은 회사의 법인격을 무시하고 회사 채무를 주주의 채무로 간주하여 책임을 물을 수 있다.[5]

법인격부인에 대한 개념은 2006년 이전에는 중국에서 존재하지 않은 것이나,[6] 신 회사법은 법원으로 하여금 일정한 상황 하에 법인격을 부인하는 것을 허용하고 있다. 따라서 본 논문에서는 2006년부터 시행 중인 신 회사법의 법인격부인제도의 수용과정과 이를 규정하고 있는 제20조 및 제64조를 중심으로 그 적용요건, 적용범위 및 발전 방안 등을 살펴보고자 한다.

---

3) 개정된 내용 중 상세한 설명은 Baoshu Wang & Hui Huang, China's New Company Law and Securities Law : An Overview and Assessment, 19 Austl. J. Corp. L. 229, 231~32(2006).

4) 王保樹 · 崔勤之, 中國公司法原理, 社會科學文獻出版社, 2006, p. 48.

5) 이철송, 제14판 회사법강의, 박영사, 2007, 45면; Robert Charles Clark, Corporate Law, Boston: Little, Brown and Company, 1986, p. 71(corporate creditors to satisfy their claims out of the personal assets of the corporation's shareholders, despite the general rule of limited. liability)

6) Junhai Liu, Protection for Shareholders' Rights in Corporations Limited by Shares, Beijing Law Press, 1997, p. 362.

Ⅱ. 주요국의 법인격부인제도 개관

법인격부인에 관해서 국내외에서 이미 많은 연구·검토가 있음은 주지의 사실이다. 따라서 여기서는 간단하게 이론의 전개를 살펴보고 이를 근거로 중국의 신 회사법상의 법인격부인제도를 살피기로 한다.

1. 미국

법인격부인제도는 19세기 후반부터 미국의 판례에 의해 생성·발달된 것으로 법인격은 그것이 공공의 편익을 해하거나, 위법을 정당화하거나, 사기를 비호하거나, 범죄를 옹호하기 위하여 이용되었을 때에는 부인되어야 한다는 것을 기본입장으로 하여 전개되어 왔다.[7] 따라서 미국에서는 계약상의 책임문제 뿐만 아니라 불법행위로 인한 책임문제 또는 채권자를 사해하는 행위의 효력을 다투는 문제 기타 매우 광범한 경우에까지 적용되어 왔으며, 회사의 책임을 주주에게 묻기 위해서뿐만 아니라 역으로 주주의 책임을 회사에게 묻기 위하여도 적용되었다.[8]

2. 영국

영국에서 법인격부인의 발전은 판례보다는 입법을 통하여 이루어졌다고 할 수 있다. 그 이유는 법인격남용에 대한 최초의 판결인 Salomon판결[9] 이

---

7) United States v. Milwaukee Refrigerator Transit Co., 142 F. 2d 247(ED Wis 1905), 255.
8) 이철송, 전게서, 46면.
9) Salomon v. Salomon [1897] AC 22.(Salomon은 구둣방을 경영하던 중, 이를 주식회사 형태로 전환하여 자신, 부인, 딸, 4명의 아들을 발기인으로 하여 각각 1주씩 인수함으로써 Salomon사를 설립한 후 구둣방 영업을 39,000파운드에 매각하였다. Salomon은 후에 20,000주(1주당 1파운드)를 청약하였고, 영업양도 대가 중 20,000파운드를 납입대금으로 처리하였다. 그러나 여전히 회사는 영업양수 대금 중 10,000파운드를 지급하지 못하였기 때문에 Salomon에게 10,000파운드의 사채증서를 발행하면서 동시에 회사재산에 대하여 포괄담보를 설정하였다. 그 후 회사가 파산하여 청산절차에 들어갔고 Salomon은 자기에게 우선변제권이 있으므로 당연히 잔여재산을 다른 채권자들보다 우선해 변제 충당해야 한다고 주장하였다. 이에 대해 청산인은 우선변제는 커녕 Salomon은 구둣방을 개인적으로 운영했을 때처럼 다른 채권자에게 채무이행의 책임을

후에는 이와 관련된 판례가 나타나지 않았고, 1948년 회사법에서 회사와 사원의 분리원칙의 적용을 배제하는 규정을 입법하였기 때문이다. 따라서 영국은 법인격부인에 관한 적용범위·적용요건·효과 등에 일반적인 기준을 제시하고 있지 못하나 Gower교수가 제시한 기준을 살펴보면, ① 법원은 *Salomon*판결의 원칙에 따라 주주가 회사의 법인격을 사기 또는 위법한 행위를 감추는데 이용하였을 때는 회사를 주주가 회사의 법인격을 사기 또는 위법한 행위를 감추는데 이용하였을 때는 회사를 주주의 변명, 대리인, 수탁자 또는 명의인에 불과한 것으로 보고, ② 특정 거래 및 회사업무 전반에 걸쳐 사실상 대리관계가 입증되는 경우 회사를 대리인으로 간주하며, ③ 지배주주가 회사인 경우 각각 회사의 법주체성을 인정하기 보다는 기업전체를 하나의 경제적 주체로 보며, ④ 회사는 법에 의해 의제된 인격이므로 일정한 목적을 위하여 법인격을 박탈할 수 있으며, ⑤ 회사설립이 범죄적·준범죄적인 경우, 신탁관계가 포함되어 있는 경우, 계약이 공익에 반하여 유·무효가 다투어지는 경우 법원은 *Salomon*판결의 원칙에 관계없이 법인격을 부인할 수 있다고 하고 있다.[10)]

3. 일본

일본에서는 1969년 최고재판소판결[11)]에서 채택한 이래 회사법의 해석원리로 수용되었다. 그 적용요건·이론적 근거 등의 문제에 있어서는 아직 명확한 해결을 보지 못하고 있으나, 대체로 회사의 기관운용이 유명무실하고, 주주와 회사의 업무·재산이 혼융되고, 자본이 과소한 경우 회사가 形骸化된 것으로 보아 법인격부인의 객관적 요건으로 삼고 있으며, 다수설은

부담해야 한다고 항변하였다. 1심 및 항소심은 청산인의 주장을 인용하였으나 상원에서는 Salomon이 회사설립을 주도하였으나 Salomon과 Salomon사는 별개의 독립된 인격체라고 판결하였다); 판결의 상세한 내용은 Andrew Hicks & S. H. Goo, Cases & Materials on Company Law, Blackstone Press Ltd., 1997, pp. 216~217.

10) Paul L. Davies & L.C.B. Gower, Gower's Principle of Modern Company Law, Stevens & Sons, London, 1997, pp. 216~217.

11) 日最裁判 1969. 2. 27, 最民判集 23卷 2號 511면(판결에서 법인격이 형해화하고, 법률적용을 회피하기 위하여 남용된 경우에 법인격이 부인되어야 한다고 판시하였다).

위법・부당한 목적으로 법인격을 이용하려는 주관적 의도가 갖추어졌을 때 법인격을 부인할 수 있다고 한다.[12]

4. 우리나라

우리나라에서는 1974년 서울고등법원이 처음으로 법인격부인을 적용한 판결을 하였으나,[13] 상고심에서 배척되었으나,[14] 1988년에 이르러 법인격부인을 적용한 대법원판례가 처음 등장하였다.[15] 이어 1989년 편의치적된 선박의 수리비 때문에 선박을 가압류한데 대해 법상 소유자인 간판회사가 第3者異議의 訴를 제기한 사건에서 대법원은 1988년의 판례와 동일한 취지로 판결을 하였다.[16] 위에서 언급한 두 사건의 판결은 제3자이의의 소에서 다루어진 것이나, 본안소송에서 법인격부인을 다룬 판례가 2001년[17]과 2004년[18]에 나왔다. 두 번째 판결은 주주와 회사와의 관계로 연결되지 않은 두 개의 회사를 대상으로 그 실질이 같다고 하여 하나의 법인격을 부인하였다는 점에서 특이하고 법인격부인제도의 적용범위를 크게 넓힌 판례로 해석되고 있다.

---

12) 이철송, 전게서, 47~48면.
13) 서울고법 1974. 5. 8 판결, 72나2582.
14) 대법원 1977. 9. 13 판결, 74다954.
15) 대법원 1988. 11. 22 판결, 87다카1671.
16) 대법원 1989. 9. 12 판결, 89다카678.
17) 대법원 2001. 1. 19 판결, 97다21604(X가 완전히 지배하고 있는 Y회사가 오피스텔을 신축・분양하였고, 자금난으로 인해 공사를 계속하지 못해 분양계약자들이 분양계약을 해제하고 분양대금의 반환을 청구하였으나, Y회사에는 자산이 없어 분양계약자들이 Y의 지배주주인 X를 상대로 분양대금을 반환을 청구하였다. 대법원은 법인격부인론을 원용하여 X에게 분양대금의 반환을 명하였다).
18) 대법원 2004. 11. 12 판결, 2002다66892(X가 건설업자인 Y회사에서 임차보증금반환채권을 가지고 있던 중, Y회사의 주주와 임원들이 채무를 면탈할 목적으로 Y_1 이라는 새로운 회사를 설립하여 Y회사의 건설업면허를 양수받아 Y회사와 동일한 회사인 것으로 홍보하며 Y회사와 관련된 건설공사를 수주하였다. 이에 X가 Y_1 회사는 Y회사와 동일한 회사임을 들어 Y_1 을 상대로 임차보증금의 반환을 청구하였는데, 원심 및 대법원은 Y_1 의 설립은 법인격의 남용에 해당한다고 하여 청구를 이용하였다).

5. 소결

위에서 살펴본 바와 같이 국내외의 각국은 법인격부인제도를 정면으로 수용하여 적용하고 있다. 특히 각국은 법인격부인에 대한 법리적 근거를 회사법 내지 특별법으로 규정하여 수용하는 방식을 취하지 않고 판례를 통하여 다양한 이론적 근거를 찾고 있다. 우리나라도 위에서 설명한 판례들의 이론적 근거를 민법 제2조의 신의성실의 원칙·권리남용금지의 원칙을 들어 전개하고 있다.[19] 이는 법인격부인이 미국의 판례법에 의해 형성되었고, 판례에서 다양한 적용요건·적용범위를 다루고 있어 이러한 내용을 동시에 적용 할 수 있는 규정의 입법상 어려움에 기인한다고 생각된다. 이에 반해 중국의 2006년 신 회사법에서는 정면으로 법인격부인을 수용하면서 회사법 속에 조문화시킨 점이 특색이 있다 할 수 있다. 따라서 아래에서는 중국에서의 법인격부인제도의 발전과 규정의 해석상의 문제점을 이미 수용하여 판례를 통해 전개하고 있는 각국의 적용요건·범위와 비교·검토하기로 한다.

Ⅲ. 중국에서의 법인격부인제도의 발전

1. 법인격부인제도의 필요성

중국 民法通則은 전민소유제기업, 중외합자경영기업 등은 법인조건을 갖추며 기업자산으로 민사책임을 지도록 하고 있으며(제41조, 48조), 회사법은 유한책임회사와 주식회사를 기업법인으로 하고 주주는 출자액을 한도로, 회사는 회사 재산으로 회사 채무를 부담하도록 하고 있다(제3조). 이는 회사의 독립책임과 주주의 유한책임 원칙을 확립한 것이다. 그러나 회사법에 법인격부인제도는 규정하지 않았다.

그러나 민법통칙 48조에 중외합자경영기업법인, 중외합작경영기업법인 및 외자기업법인은 기업소유의 자산으로 민사책임을 부담하나 법률에 별도

---

19) 이철송, 전게서, 50면.

의 규정이 있으면 제외된다고 하여 법률상 유한책임의 예외로 할 수 있음을 규정하고 있다.

개혁개방 초기 회사입법 지체로 유령회사(皮包公司)가 성행하여 회사법인격남용 현상이 보편화되었다. 이러한 가운데 법인격부인제도와 유사한 많은 정책성 문건 및 사법해석들이 通知, 規定, 批复 등의 이름으로 나왔다.[20] 80년대 말부터 국무원과 최고인민법원은 회사 관련 행정법규와 사법해석을 계속 발표하였다.[21]

이들 중 1990년 국무원의 통지와 1994년 최고인민법원의 사법해석은 회사 정돈의 중점이 바로 유령회사 정리와 가장납입의 정리에 있었다. 개혁개방 초기 회사문제는 주로 유령회사에 집중되었으나 오늘날에는 주주의 회사법인격남용과 주주유한책임의 남용에 있다. 그러나 중국의 기존 회사법 체계로는 이러한 문제를 유효하게 해결할 수 없었다. 따라서 사법규칙의 일종으로서 서양의 법인격부인법리를 빌려 중국의 현행 법인제도를 보충 완성하는 방향으로 나아가야 했다.

법인격남용에 관하여 회사법 및 유관법률과 사법해석이 있다고 하나 이들은 행정책임이나 형사책임에 관한 것이면 민사책임에 관한 것은 아니다. 따라서 회사법인격남용행위를 저지, 예방을 위하여 법인격부인제도를 채택하야 할 필요성이 있었다.[22]

2. 중국의 시장 환경과 법률 환경

(1) 중국의 시장 환경

회사형태가 시장주체로서 절대다수를 차지하면서 주주 특히 대주주의 회사법인격남용현상이 속출하고 있다. 예컨대 가장납입, 투입자본 유출, 부당

---

20) 이들 중 중요한 것으로 國務院關于清理整頓公司中被撤并公司債權債務清理問題的通知(1990. 12. 12) 및 1994 최고인민법원 사법해석(關于企業開辯的企業被撤銷或者歇業后民事責任承擔問題的批复)등을 들 수 있다.

21) 이러한 것들은 중국이 입법 중 법인자격의 부인, 출자자의 자산책임추구에 의거한 것이었으며 진정한 의미의 법인격부인제도는 아닌 것이다(趙旭東, 新公事法制度設計, 法律出版社, 2006, p. 371).

22) 曺康泰, 新公司法修訂研究報告(下册), 中國法制出版社, 2005, p.18.

경영, 회사와 주주의 인격혼동, 모회사의 자회사 과도조종, 악의파산 등이 이러한 경우에 해당한다. 중국은 개정 전 회사법에 주주 유한책임을 최대한 보호하는 방향으로 입법함으로서 투자를 유발하고 경제발전을 이끌어 내기 위하여 주주의 유한책임남용의 제한에 관하여 입법하지 않았다. 그로 인하여 시장에 유한책임남용이 범람하고 채권자의 이익이 심히 훼손되고 있었다. 따라서 채권자의 이익을 보호하기 위한 일환으로 법인격부인제도를 도입하게 되었다.[23)]

(2) 중국 국정에의 부합 여부

회사법 개정 시 이 제도 도입을 거절한 이유 중의 하나는 중국 회사제도의 미발달로 도입시기가 미성숙 되었다는 것이었다.

그러나 중국이 미국, 독일 등과 달리 이 제도를 성문입법으로 상승시킨 것은 중국 사법실천 중 대륙법계 채택사유와 부합된 것이며 입법자의 예지와 용기로 중국 회사법이 세계 회사법이 세계 회사법에 일대 공헌을 했다고 한다.[24)]

(3) 중국의 법률 환경

중국에서 법인격부인제도에 관한 입법단계는 대체로 3단계로 나눌 수 있다.

1) 제1단계

1993년 회사법 제정 전으로 행정법규가 주도한 시기이다.

2) 제2단계

최고인민법원의 주도하에 회사법인격부인을 입법하였다.

가) 1994년 3월 30일 광동성 고급인민법원의 “개업기업이 취소 또는 휴업 후 민사책임부담문제에 관한 회신”을 각급법원들이 이 종류의 심리에 의거하였다.

---

23) 顧功耘, 公司法律評論, 上海人民出版社, 2007, p. 52~53.
24) 劉俊海, 新公司法的制度, 法律出版社, 2006, p. 87.

나) 2003년 11월 최고인민법원은 전 사회에 "회사분규안건심리상 약간의 문제에 관한 규정"을 공포하였다. 동 규정 제48조는 회사인격부인제도의 확립을, 그리고 제49조, 제50조, 제51조에서 ① 과도지배(회사법인격남용), ② 실질 1인 회사(형식상 다수주주이나 실질상 1인 지재주주인 회사), ③ 엄중혼동(지배주주와 회사 간의 자금혼동, 업무혼동 재무혼동, 지배주주와 회사의 어디에 소속되는지 불분명한 경우)의 경우에 채권자는 회사법인격부인의 소송을 청구할 수 있으며 직접 지배주주의 회사 채무에 관하여 연대책임을 요구할 수 있게 하였다.

3) 제 3단계: 회사법의 주도 시기

2006년 1월 1일 실시된 회사법에 이 제도를 규정하였다. 총칙 제20조 제3관에 "주식회사의 주주가 독립된 법인격 또는 주주 유한책임을 남용하여 회사채무의 변제를 회피하는 경우, 이로 인해 회사채권자의 이익을 중대하게 침해한 경우 회사의 채무에 대해 연대책임을 부담 한다"(법인인격부인)고 규정하고 있으며, 제64조는 "1인 유한책임회사의 주주는 회사의 자산이 주주자신의 자산과 별개임을 증명하지 못할 경우 회사 채무에 대하여 연대책임을 진다"(1인 회사 법인격부인)고 하고 있다.

이러한 법인격부인제도의 도입은 중국 입법의 일대 진보이며 중국이 이 문제에 관하여 입법가치를 '효율'의 추구에서 '공평'의 추구로 전환하였음을 나타낸다고 하겠다.[25)]

3. 중국 회사법상 법인격부인제도의 수용

위에서 살펴 본 바와 같이 2006년 이전 중국에서의 법인격부인은 불확실한 상태에서 운영되었다. 1990년대 들어서 중국에서 회사의 형태로 주식회사가 등장하고서야 법인격부인의 개념이 중요하게 인식되었다. 1993년에서야 중국은 공식적으로 주주의 출차한도 범위 내 또는 지주비율을 한도로 유한책임을 부담하는 주주가 포함된 법인으로서 주식회사를 인정하였다.[26)]

---

25) 顧功耘, 前揭書, p. 53-54.

그러나 1993년 회사법은 중국법원이 법인격을 부인할 수 있는 여지를 주지 않았을 뿐만 아니라 다른 어떤 법도 그런 권한을 부여하지 않았다. 그 결과 대부분의 중국법학자들은 중국법은 법인격부인을 포함하고 있지 않다고 해석하였다.[27)]

명백한 제정법의 부재에도 불구하고 몇몇 진취적인 중국 판사들은 이 기간 동안 비공식적으로 법인격 부인의 개념을 채택하였다. 예를 들면, 관동지역의 고등법원에 의해 이루어진 심리에 대한 답변에서 최고인민법원은 주식회사에 대한 실제 자본출자액이 주식회사의 장부상 등록자본보다 적을 경우 법인격부인이 허용될 수 있음을 시사하였다.[28)] 최고인민법원은 아울러 주식회사의 법인격을 부인한 하급법원의 판결을 수용하였다.[29)]

그러나 이러한 판결들은 세 가지 점에서 법인격부인 이론을 명확하게 정립하는데 실패하였다. 첫째, 중국은 대륙법 체계를 표방하기 때문에 판례가 선례로서의 가치를 가지지 않는다는 점이다.[30)] 둘째, 최고인민법원의 판례들은 일관된 판례를 보여 주지 못한다는 점이다. 법인격부인이 인정된 사례와 실질적으로 유사한 사건에서 하급법원이 법인격부인을 인정한 판결을 최고인민법원이 파기하고 있다는 점이다.[31)] 마지막으로 법인격부인이 단지

---

26) 중국 회사법은 1993년 12월 29일 제8기 전국인민대표회의 상무위원회 5차 회의를 통과하여 1994년 7월 1일에 발효되었고, 1999년 11월 25일 일부개정이 있었고, 2004년 8월 28일 일부개정 되었으며, 2005년 10월 27일 제10기 전인대 상무위원회 18차 회의를 통하여 전면 개정되었다.

27) Zhang Xianchu, Piercing the Company Veil and Regulation of Companies in China, LEGAL DEVELOPMENTS IN CHINA: MARKET ECONOMY AND LAW 129, 132(Wang Guiguo & Wei Zhenying eds., 1996); Ciyun Zhu, A Study on the Disregard of Corporate Personality, Beijing: Law Press, 1998, p. 368(According to the General Principles of Civil Law of China and the Company Law, China is strictly adhering to the limited liability. First, shareholders are responsible to the company only to the extent of their capital contribution/shares; secondly, shareholders are not directly liable to the creditors of the company).

28) 광동성 고등법원에 대한 최고인민법원의 답변(1994. 3. 30).

29) Zhang Xianchu, op.cit. pp. 134~35.

30) 그러나, 최고인민법원은 일정한 주제에 관하여 해석을 하급법원에 대해 구속력 있는 법적 원칙을 발할 수 있다. 그러므로 중국 사법체계에서는 선례를 통해서 보다는 사법적 해석을 통하여 최고인 민법원이 제정법상의 해석 기능을 수행하고 법적 원칙을 제정하는 기능을 담당하기도 한다.

선택된 일정한 지역의 법원에서 이루어지고 있다는 점이다.[32] 즉 중국 전체를 통하는 통일된 원칙은 존재하지 않았다.

따라서 위에서 언급한 바와 같이 중국에서 법인격부인의 필요성은 시장경제체제 도입에 따른 변화로부터 기인한다고 볼 수 있고, 당시 법인격부인의 도입에 대한 각계의 의견으로는 첫째. 人民代表大會는 회사법에 법인격부인제도의 수용을 해야 하고, 둘째, 證券管理監督委員會는 회사와 지배주주, 실질지배자의 업무와 재무가 혼동될 시 관련자는 회사에 대하여 연대책임을 진다. 셋째, 상법학회는 주주가 법인격 및 유한책임원칙에 관하여 주주와 회사재산의 혼동, 관련 회사 간의 부당한 통제, 주주가 회사를 이용하여 불법행위를 할 경우, 기타 법인격 및 주주유한책임원칙을 남용한 형태 중 하나를 남용한 경우 회사의 채무에 대하여 연대책임을 져야 한다. 넷째, 上海會社法修訂研討會에서는 법인격부인제도는 일본, 구미 등 국가 모두가 판례에서 확립한 제도이므로 다시 신중히 연구할 것을 건의하였다. 위와 같은 각계의견을 종합하면 중국 회사법에 법인격부인제도를 명확히 규정해야 하나 유한책임은 회사제도의 기초이므로 적용상 특별히 신중해야 한다는 의견이었다.[33]

아울러 법인격부인제도의 입법형식으로는 회사법에 규정하는 안, 최고인민법원 사법해석에 규정하자는 안, 최고인민법원이 개별 안건 회신 시 이 제도를 확립하는 방안 및 법원에 자유재량권을 부여하자는 안 등이 있었으나 최종적으로는 회사법(제20조 제3관)에 법인격부인제도를 채택하게 된 것이다.[34]

이러한 결과 중화인민공화국 회사법(公司法) 제20조에서 “주식회사의 주

31) Zhang Xianchu, ibid. pp.135~37(여기서 필자는 인민최고법원이 주식회사가 과소자본화 된 경우 법인격을 부인한 판결을 파기한 경우와 모회사가 사실상 자회사에 대한 지배권을 행사하고 있음에도 불구하고 법인격을 부인한 판결을 파기한 경우를 지적하고 있다).

32) Beijing Chengxing Haodu Constr. Co. v. Yang Jinggui, CHINALAWINFO(Beijing High People's Ct., July 31, 2002); Japan Yueliangren Zhenzhi Co. v. Nantong Richu Fuzhuang Co., CHINALAWINFO(Nantong interm. People's Ct., Nov. 14, 2001).

33) 曺康泰, 新公司法修訂研究報告(上册), 中國法制出版社, 2005, p. 176.

34) 劉俊海, 前揭書, p. 87~88.

주가 독립된 법인격 또는 주주 유한책임을 남용하여 회사채무의 변제를 회피하는 경우, 이로 인해 회사채권자의 이익을 중대하게 침해한 경우 회사의 채무에 대해 연대책임을 부담 한다" 고 규정하고 있다.

또한 제64조에서 "1인 주식회사의 주주는 1인 주식회사의 재산이 주주 개인의 재산과 별개임을 증명하지 못하면 회사 채무에 대해 연대책임을 부담해야 한다"고 1인 주식회사의 법인격부인에 대해 규정하게 되었다. 이것은 중국입법의 일대 진보이며 중국이 이 문제에 관하여 입법가치를 효율성의 추구에서 공정성의 추구로 전환하였음을 나타낸다고 하겠다.[35]

법인격부인을 수용하고 법원에서 인정하고 있는 각국은 특별하게 회사법 내에 따로 규정을 두고 있지 않고 법원의 해석에 의한 방법으로 그 적용범위·적용요건 등 운용하고 있음은 이미 설명한 바 있다. 2006년 중국이 회사법 내에 법인격부인에 관한 규정을 두고 있음을 특별하다고 생각되나, 중국에서 제정법 제정과정에 대한 투명성이 상대적으로 부족하기 때문에 중국의 입법자들이 신 회사법에 법인격부인을 포함해야만 했는가에 대해서는 단지 추측할 수 있을 뿐이다.

여기에는 적어도 세 가지 측면에서 추측이 가능하다. 첫째, 중국의 급성장하는 경제상황과 주식회사 중요성의 부상을 감안하여 볼 때, 중국 정부는 투자자들과 채권자들에게 만일 필요하게 될 때 법인격부인이 발동될 때와 같은 명확성을 제공하고자 합니다. 다시 말하면, 의도적으로 주식회사의 성장과 발달을 구속하는 법적 불확실성을 원하지 않은 것이다. 둘째, 정부가 기업적 판단에 대한 지배력을 원하였을지도 모르고 하급법원 전반에 걸쳐 원칙의 적용에 대한 통일성을 확실히 하기 위함일지도 모른다. 셋째, 정부는 기업경영에 대한 사기와의 분쟁에서 사법부의 힘을 강화하기를 원하였을 것이다. 넷째, 중국 사법부의 판사들의 재판능력이 일정한 수준에서 고르지 않는다는 점도 작용했을 것이다.

35) 顧功耘, 前揭書, p. 54.

Ⅳ. 신 회사법상 법인격부인제도에 관한 규정의 검토

2006년 중국의 신 회사법상 법인격부인에 관한 입법은 일응 환영할만한 것이나, 이번 신 회사법은 법인격부인제도에 대한 중요한 문제점을 간과하고 있는 것으로 보인다. 우선 이러한 문제점은 법인격부인제도를 수용하여 법원에서 인정하는 판결을 하는 국내외 국가의 동향을 통하여 간단하게 살펴보기로 한다. 법인격부인제도를 수용한 국가는 따로 법인격부인을 다루는 조문을 회사법 내에서 규정하지 않고 판례를 통하여 그 적용범위·적용요건 등을 법리적으로 확립하고 있다.

법인격부인이 어떠한 경우에 적용될 수 있는가 하는 것이 문제이나, 이는 나라마다 다소 차이가 있다. 미국에서는 법인격부인을 할 수 있는 범위 및 영역은 채권자사해행위, 계약상의 책임회피, 탈법행위, 범죄행위, 신의칙위반행위, 강제집행 면탈행위, 불법행위법상 책임회피, 과소자본 등 광범위하게 적용되고 있다. 특히 1인 회사나 가족적 주식회사, 모회사에서 회사의 운영이 배타적으로 단독 또는 지배주주에 의해 이루어지고 그 결과 회사는 자신의 독립된 의사로 존재하지 못하고 그 단독 또는 지배주주의 導管으로서의 역할밖에 못하는 상황에서 특히 회사채권자를 보호하기 위하여 광범위하게 적용되어 왔다.[36] 아울러 1인 주주나 지배주주가 1인 회사 또는 폐쇄회사의 채권자로 등장하거나 모회사가 자회사의 채권자로 등장하여 다른 채권자와 경합하는 경우에는 이들의 청구를 다른 채권자보다 후순위로 위치시키기 위해서도 적용되었고, 이를 Deep Rock Doctrine이라 한다.[37]

일본에서는 채권자사해행위, 계약상의 의무회피, 탈법행위 등과 같은 법인격 남용행위와 1인 주주나 지배주의에 의한 회사실질지배, 회사와 주주재산의 혼융, 회계구분의 결여, 회사운영의 법절차무시 등 법인격의 형해와

---

36) Robert W. Hamilton, The Law of Corporations, West Publishing Co, 1996, pp.101~112; Franklin A. Gevurtz, Corporation Law, West Group, 2000, pp.72~108.

37) Frankiln A, Gevurts, ibid., pp. 147~152(이 경우 1인 주주나 지배주주의 채권을 인정하지 않고 회사에 대한 자본금의 출자로 간주하고 다른 채권자들이 변제받은 후 잔여재산이 있을 경우 잔여 재산분배의 형식으로 회수할 수 있도록 한다). 상세한 것은 안경봉, 과소자본의 법리, 정보와 법 연구, Vol. 3, 2001.

에 적용하고 있다.[38)]

우리나라는 1인 주주나 지배주주(또는 모회사)의 채권자사해행위, 계약상 의무위반, 탈법행위, 신의칙위반행위, 범죄행위, 불법행위, 회사를 지배주주가 개인영업처럼 운영하는 경우 법인격을 부인할 수 있다고 보고 있고, 종래 사법이론과 법 규정으로 해결할 수 없는 예외적인 경우 법인격을 부인할 수 있다고 해석하고 있다.[39)]

법인격부인은 회사 자체의 존립에는 영향을 주지 않고 특히 문제된 법률관계에서 법형식을 떠나 실질적인 책임의 주체를 찾아내는 방법으로 발전된 것이고 수용하고 있는 각국도 실정법에 근거한 것이 아니라는 점이다. 또한 법인격부인은 주식회사의 기본질서인 유한책임제도의 기초를 위태롭게 하는 것이기 때문에 현실적인 적용에 있어 적용요건·적용범위의 확정에 어려움이 있어 이를 수용하고 있는 각국들도 특정 조문을 두어 해결하고 있지 않고 법원의 판결의 다양성을 통하여 그 목적을 꾀하고 있다고 보인다.

그러나 중국 신 회사법 제20조 및 제64조는 단지 부분적으로 위해서 언급한 부분을 성공적으로 달성하고 있다고 보인다. 법인격부인에 관한 규정이 중국 회사법에 추가된 것은 환영할 만한 일이나 양 조문에서 규정한 내용은 두 가지 점에서 부족함이 보인다. 첫째, 2006년 신 회사법은 어떠한 방식으로 법원이 법인격부인에 관한 사례를 분석할 것인가에 대한 분석할 것인가에 대한 충분한 기준을 제공하고 있지 않다는 것이다. 둘째, 규정하고 있는 영역이 모호하다는 점 및 다르게 해석한다면 규제의 범위가 너무 협소하다는 점이다. 이러한 결점은 주식회사에 대해 투자를 하거나 자금을 빌려주는 자들에게 상당한 불확실성을 의미하는 것이고, 아울러 법인격을 부인하는 법원의 결정권의 한계와 권한의 범위가 명확하지 않게 된다는 점이다.

양 규정과 관련하여 직접적으로 법원은 법인격부인을 판결하게 될 때 다음과 같은 문제점이 발생한다. 즉 신 회사법 제20조는 법원이 고려해야만

---

38) 강희갑, 법인격부인법리, 사회과학논총 21집, 2004, 11면; 이철송, 전게서, 48면; 北澤正啓, 會社法, 青林書院新社, 1993, 16~19면; 江頭憲治郎, 會社法人格否認の法理, 東京大學出版會, 1980, 68면.

39) 이철송, 전게서, 45면

할 점을 단지 두 가지만을 직접적으로 규정하고 있다. 첫째, 법인격남용의 결과 채무의 지급을 회피하고 있는가이다. 둘째, 이러한 채무지급의 회피가 당사자에게 실질적인 손해를 발생시키는가이다. 또한 신 회사법 제64조는 회사재산의 혼융이라는 다른 요소를 제기하고 있다. 조문의 해석상 이러한 점들만이 법원이 고려해야 할 사항인가 아니면 법인격부인의 요구를 판결해야 할 때 법원이 다른 추가적인 요소를 고려해야 하는가에 대해서는 명확하지 않다.

예를 들면, 사기의 존재 여부가 법원이 고려해야 할 요소인가 아닌가에 대해서 신 회사법 규정에는 언급되어 있지 않다는 점이다. 영미법체계에서는 사가는 필수불가결한 요소는 아니다. 즉 주식회사가 채권자들을 속여 횡령하지 않을 경우에도 원고는 법인격부인에 호소할 수 있고, 대륙법체계에 속하는 일본, 독일 및 우리나라에서도 이러한 점은 유사하다.[40] 그러나 불란서에서는 원고는 법원에 법인격부인을 구하기 전에 세 가지 종류의 사기 - 주식회사가 불법행위를 알고 행하거나, 의도적으로 거래의 내용을 숨기거나, 고의적으로 회사의 법인격과 관련하여 사기행위가 있다는 것 - 중 하나를 회사가 하였다는 것을 입증하도록 하고 있다. 중국의 신 회사법은 위에서 언급한 분류의 어느 곳에도 속하지 않고, 조문의 해석상 사기의 입증을 요구하고 있는 것으로 보이지는 않는다. 그렇다고 법원이 판결시 추가적인 요소로서 사기를 고려하는 재량권을 가지고 있는 것으로 해석하거나 신 회사법 제20조 및 제64조에 기술된 요소에 의해서 구속받는다고 해석할 수는 없는 것 같다.

---

40) Gerhard Wirth, Michael Arnold & Mark Greene, Corporate Law In Germany, pp. 23~24(독일 법원은 재산의 혼융, 사실상 지배, 전반적인 경영에 대한 태만행위 및 과소자본을 고려 요소로 하고 있다고 지적하고 있다); Misao Tatsuta, A Parent Corporation's Liability for Its Subsidiary's Obligations, Law and Investment in Japan 338, 340(Yukio Yanigada er al. eds., 2000); 이철송 전게서, 52~54면(법원이 법인격부인을 할 경우 고려해야 할 객관적 요소로는 지배의 완전성, 재산의 혼융을 들고, 주관적 요건으로 법인격 남용의 의사여부에 대해서는 대법원 2006.8.25 판결, 2004다26119에서 주관적 의도를 인정하고 있으나 입증의 어려움이 있어 그 효용성을 반감시킬 것이라고 하고 있고 채권자를 보호할 필요성은 주주의 남용의 의사와는 무관하게 생겨난다고 하고 있다).

만일 신 회사법이 법원에게 추가적인 요소를 고려할 수 있는 재량권을 부여하고 있다고 보면 신 회사법이 법원이 법인격부인에 대해 판결할 경우 명확한 기준을 제시하지 못하는 것이기 때문에 문제점이 있는 것이 되게 된다.[41] 판결이 지역 보호주의자의 이해관계를 반영할 가능성이 있을 때 특정 지역의 법관은 그들 자신만의 여러 가지 요소를 만들 수 있는 가능성이 있다는 점이다.[42] 이러한 명확한 기준의 결여는 의도된 결과를 성취하기 위해 고안된 자신들의 인위적 기준을 근거로 하는 법인격부인에 관한 하급심의 판결을 상급심이 지지할 것인가 파기할 것인가를 효과적으로 결정할 수 있기 때문에 상급법원의 판결의 구속력을 약화시킬 수 있다.

반면에 신 회사법 제20조 및 제64조에 열거된 요소가 한정적이라면 신 회사법은 단지 채권자의 권리만을 명백하게 다루어야 한다는 점이다. 회사가 파산한 경우 법인격부인에 의해 해결해야 함에도 불구하고 법인격부인은 결코 해결책이 될 수 없다는 점이다. 즉 중국 법원은 법인격을 남용하지 않은 파산의 경우 법인격부인의 요구에 직면하게 될 것이다. 중국은 현재 환경문제에 따른 환경소송이 증가하고, 제조물의 안전문제 또한 증가하고 있으므로 중국 소비자들은 강력한 소비자보호법의 발효를 요구하게 될 것이다. 문리적으로 해석할 때 신 회사법의 법인격부인에 대한 규정은 이러한 소송의 유형을 감당하지 못할 것이고, 제20조는 단지 채권자의 상황에만 적용될 것이다. 결과적으로 신 회사법의 법인격부인에 대한 규정은 적용범위에 있어 내용이 너무 협소하거나 모호하다는 것이다.

결국 위에서 언급한 법적 모호성은 두 가지 점으로 압축된다. 어떠한 방식으로 법을 적용하는가와 어느 정도의 영역으로 적용할 것인가이다.[43] 이

---

41) Liu Jun Hai, An analysis of the Controversial Issues of Piercing the Corporate Veil in the Context of the New Corporate Law, 17 TONGJI U. J. SOC. SCI. SEC. 111,115(2006)(신 회사법의 문제점의 하나는 법원으로 하여금 제20조 남용을 어떻게 구성하는가에 대한 기준을 제공하지 못하고 있다고 지적하고 있다).

42) 중국 법관의 지역보호주의에 관한 문제점을 다룬 것으로는 Donald C. Clark, China's Legal System and WTO: Prospects for Compliance, 2 Wash. U. Global Stud. L. Rev. 97, 106~07(2003); Pitman B. Potter, The Legal Implications of China's Accession to the WTO, CHINA Q., Sept. 2001, 601~02.

점은 법인격부인을 이미 수용하고 있는 각국에서도 어려운 문제로 대두되고 있음은 이미 살펴보았다. 이러한 결점은 두 가지 방법으로 해결이 가능하다. 첫째, 신 회사법에 관련된 추가적인 규정을 제정하는 것이고, 둘째, 최고인민법원이 하급법원에 신 회사법이 어떻게 해석되어야 하는가에 대한 지침서를 발행하는 것이다.[44] 만일 이러한 선행 조치가 받아들여지지 않는다면 채권자, 투자자 및 주주는 동일하게 언제 법원이 법인격을 부인할 것인가에 대한 불확실성에 직면하게 될 것이다. 또한 중국 법관의 소질과 수준으로 보아 판단 결과가 심히 의문시 되며 또 다른 법인격부인의 남용이 될 수 있을 것이다.[45]

Ⅴ. 신 회사법상 법인격부인제도의 발전 방안

법인격부인에 관한 사례들의 사안은 특정적이고 일정한 범위에서 법원의 재량권 부여가 바람직하다고 보면, 오히려 신 회사법은 법원이 법인격부인을 판결해야 할 경우 고려해야 할 요건과 적용범위가 명확하다는 점도 있다.

최고인민법원은 법인격부인이 필요한 경우 법원이 고려해야 할 기준을 명확하게 해야 한다. 신 회사법 제20조 및 제64조에서 언급하고 있는 요소들이 배타적이지 않고, 그러한 사건을 법원이 판결할 때 고려해야 할 추가적인 요소들을 명확하게 해야 한다. 이렇게 하는 것이 법인격부인 사건이 진행될 때 어떠한 방법으로 법적 분석이 진행될 것인가를 법원, 주주, 투자자 및 채권자들에게 명확한 기준을 제시하는 것이 된다.[46]

이러한 문제를 해결하기 위해 각국의 구체적인 적용요건을 간단하게 살펴보면, 미국에서 판례법상 확립된 요건으로서는 ① 회사에 대한 지배 내지 통제여부, ② 과소자본의 경우, ③ 회사자산의 혼융의 경우, ④ 회사운

43) 顧功耘, 前揭書, p. 55.

44) 최고인민법원의 중국사법체계에서의 역할에 대해서는 Peter Howard Corne, Creation and Application of Law in the PRC, 50 AM. J. COMP. L. 369(2002).

45) 顧功耘 , 上揭書, p. 54~55.

46) Zhu Yunfang, Piercing the Corporate Veil: Essential Elements of Shareholder's Joint Liability, 20 J. Jinling Inst. Tech. 29, 31(2006).

영에 관한 법절차를 무시 등이다. ①의 경우, 회사에 대한 지배 내지 통제 여부의 경우 단순히 지배주주의 회사지배 사실만으로 회사법상 주주유한책임원칙을 부정하지는 않았다. 그 이유는 미국 법원이 법인격부인의 법리의 이론적 근거인 대리이론, 도구이론, 동일체이론, 주주의 신분이론을 모두 감안하여 판단하기 때문이라고 보인다.47) 특정 주주가 회사주식을 다량으로 보유하고 지배력을 행사하는 것만으로 법인격을 부인할 수 없고, 주주가 사기의 형식이나 부정을 가리기 위한 행위 또는 계약상의무를 회피하기 위한 방패로 법인격을 이용하는 경우에 법인격을 부인할 수 있다고 한다.48) 일반적으로 미국에서 법인격부인에 대한 명확한 적용요건을 판례를 통하여 확립하는 주된 목적은 모자회사에서 발생되는 문제를 해결하고자 함이다. 법인격부인의 근거로 모회사의 자회사에 대한 지배와 통제력의 존재, 모회사가 자회사에 대한 지배를 통해 사기적·부정적 행위 및 법적의무의 위반행위의 존재, 회사 채권자의 손해 발생과 모회사의 행위 사이의 인과관계가 존재할 것을 들고 있다.49)

②의 경우, 회사의 사업규모와 성질에 비해 회사자본이 현저하게 과소한 경우 사원에게 그 책임을 전가시킬 수 있다는 것이다. 미국에서 과소자본을 법인격부인의 요건으로 하고 있는 것은 대부분의 州會社法이 최저자본금제도를 도입하고 있지 않아 회사채권자에 대한 충분한 보호가 이루어지지 않고 있기 때문이다.50) 그러나 과소자본만으로는 법인격을 부인하는 경우는 드물고 회사채권자에 대한 사기, 부정, 불공정, 등의 사실이 있어야 한다고 해석하고 있다.51)

---

47) Carsten Alting, Piercing The Corporate Veil in American and German Law-Liability of Individuals and Entities: A Comparative View, 2 Tulsa J. Comp. & Int'l L. 187, 199(1995).

48) Maurice I. Wormser, Disregard of Corporate Fiction and Allied Corporation Problems, New York: Baker, Voorhis and Co., 1927, pp. 24~26(고재종, 법인격부인의 법리에 관한 고찰, 외법 논집 11권 1호, 2001, 주)67에서 재인용).

49) Phillip I. Blumberg, The Increasing Recognition of Enterprise Principles in Determining Parent and Subsidiary Corporation Liabilities, 28 Conn. L. Rev. 295, 331(1996).

50) William P. Hackney & Tracey G. Benson, Shareholder Liability for Inadequate Capital, 43 U. Pitt. L. Rev. 837, 852~57(1982).

③의 경우는 회사재산과 주주 개인재산이 회계적 구분이 없이 혼융되어 있어 주체를 구분하기 어려워야 한다는 것이다. 그러나 단순한 재산의 혼융만으로는 법인격을 부인하기 어렵고 사기·부정 등의 사실이 함께 입증될 것을 요구하고 있다.52) ④의 경우 주주총회 및 이사회의 절차를 무시하고 안건을 수용하거나 법정기관을 구성하지 않고 주식을 발행하지 않는 행위, 회사의 영업상·회계상 장부기록의 불정비 등을 말하고, 이러한 점은 법인격부인의 요건이 되는 것에 틀림없으나 그 자체만으로는 법인격부인이 된다고 보지는 않는다.53)

독일은 법규해석에 의해 해결될 수 있는 것은 전통적인 법해석에 의해 해결하고 그러하지 않는 경우에는 책임실체파악이론에 의해 해결해야 한다는 것이 다수설이다. 독일 판례에 의하면 제3자 사해행위, 계약상의 책임회피, 탈법행위, 신의칙위반행위 등에 적용되고 주주가 회사채권자로 등장하는 사원소비대차의 경우에는 미국과 같이 주주의 청구를 배척하는 방법으로 이용되었다.54)

우리나라에는 학자들의 견해가 여러 가지로 나누어져 있으나, 대체로 법인격이 남용된 경우 또는 법인격이 형해화된 경우 적용할 수 있고, 구체적으로 지배의 완전성과 재산의 혼융을 적용요건으로 하고 있고, 판례는 회사의 법인격이 지배주주에 대한 법률 적용을 회피하기 위한 수단으로 함부로 사용되거나 채무면탈이라는 위법한 목적 달성을 위하여 회사제도를 남용하는 등의 주관적 위도가 있어야한다고 보고 있으나,55) 남용의사를 요한

51) 이철송, 전게서, 53면; Carpentry Health & Welfare Fund of Philadelphia and Vicinity By Gray v. Kenneth R, Ambrose Inc., 727 F. 2d 279,284(3rd Cir. 1983); West v. Costen, 558 F. Supp. 564, 585(W. D. Va. 1983).

52) Vuitch v. Furr, 482 A. 2d 811(D. C. 1984); 사건의 내용을 살펴보면, 한 전문병원과 종합병원은 모두 한 의사의 소유에 속하였으나 각각 독립한 회사로 설립되었는데, 원고가 전문병원에서 치료 중 상처를 입었는바 이에 대한 손해배상청구를 전문병원의 법인격을 부인하고 종합병원을 상대로 하였고, 법원은 재산의 혼융을 중심으로 두 회사의 이익의 공유, 회사법인격의 남용에 의한 부정 및 불법을 입증하도록 원고에게 요구하여 결국 법원은 야간진료정책의 법률위반을 들어 법인격을 부인하였다.

53) Robert W. Hamilton, opcit., p. 108.

54) 이철송, 전게서, 47면; 강희갑, 전게논문, 11면.

다면 그 입증의 어려움이 법인격부인의 효용을 반감시킬 뿐만 아니라 회사를 완전히 지배하고 회사의 사업을 주주 개인의 사업처럼 운영한다는 사실 자체만으로도 회사제도의 이익인 주주유한책임을 향유할 가치가 없다고 보아 주관적인 남용의사를 요건을 하지 않는 견해도 있다.[56)]

신 회사법의 법인격부인에 관한규정은 그 범위가 협소하여 미국과 같이 법인격이 남용되거나 회사재산에 대한 불법행위, 과소자본의 문제 등의 경우에 법원이 모회사에 대한 불법행위책임을 인정하거나[57)] 독점규제법을 우회하기 위하여 설립된 명목회사를 부인하기 위해 법원이 채택한 공공정책에 대한 예외[58)] 등과 같이 회사 채권자가 관련되어 있지 않은 상황에서 적용할 수 있을 것인가의 문제가 대두된다. 이런 문제 해결방법으로는 여러 가지가 있을 수 있으나 최고 인민법원 또는 전국인민대표자회의의 상무위원회 등에서 신 회사법에 규정된 법인격부인의 적용범위·요건 등을 명확하게 할 필요성이 있다.[59)]

결국 중국법원이 위에서 언급한 다양한 요소를 법인격부인에 관한 판결을 할 때 균형 있게 고려해야 하는 것이 문제로 대두된다. 현재 중국의 급속한 경제성장을 감안하면 법인격부인이 필요한 사건에서 전반적인 상황을 고려해야 할 것이다. 위에서 살펴 본 바와 같이 법인격부인을 판결을 통하여 인정하고 있는 각국은 적용범위 및 적용요건에 관한 다양한 판례의 집적이 이루어져 있다. 이러한 다양성을 수용하기 위해서는 신 회사법이 중국이 현재 당면한 경제성장의 가속을 꾀하기 위한 시도로 본다면 법원으로 하여금 법인격부인에 관한 판결을 할 때 사건마다 개별적인 요건을 고려할 수 있도록 하는 확실한 기준이 필요할 것이다.

---

55) 대법원 2006. 8. 25 판결, 2004다26119.

56) 이철송, 상게서, 53~54면.

57) Robert B. Thompson, Piercing the Corporate Veil: An Empirical Study, 76 Cornell L. Rev. 1036, 1058~59, 1068~70(1991).

58) Love v. State, 972 S. W. 2d 114(Tex. App. 1998); 사건에서 법원은 공해방지법을 피하기 위하여 회사의 유한책임원칙을 사용하는 것은 공공정책에 반하기 때문에 법인격의 부인을 인정하였다.

59) 顧功耘, 前揭書, p. 55.

Ⅵ. 결론

중국은 1993년 회사법 시행 이후 회사유한책임을 남용하여 채무를 면탈하고 주주의 의무를 해태하여 회사 채권자들의 이익과 사회공공이익을 침해하는 일이 많았으나 이를 직접적으로 다루는 규정이 없어 여러 가지 어려움이 있었고, 이에 2006년 신 회사법에 법인격부인에 관한 규정을 신설하여 이러한 문제점의 해결을 꾀하고자 개정하였음을 살펴본 바와 같다.[60] 법인격부인에 관한 규정의 신설은 단순히 주식회사의 주주가 유한책임의 원칙을 남용하는 것을 막는 것 이상으로 급속하게 발전하고 있는 중국의 경제성장을 저해하는 이러한 요소를 막기 위한 필요성도 많음은 기정사실이다.

현재의 현실을 고려해 보면 중국의 사법부는 2006년 신 회사법에 규정된 법인격부인에 관한 규정의 적용에 대한 사법실무경험이 부족한 것은 주지의 사실이다. 결국 법인격부인에 관한 사건에서 법원이 신 회사법 제20조·제64조를 적용할 경우 규정 범위의 협소성에만 국한하지 않고 법인격부인에 관한 판례의 직접이 이루어진 각국에서 인정하는 적용범위·적용요건을 인정하여 판결하는 것이 바람직하다. 그러나 현재 규정으로는 이러한 면을 수용하는데 한계가 있으므로 최고인민법원 및 전국인민대표자회의의 상무위원회에서 법인격부인에 관한 판결을 할 경우 하급법원으로 하여금 참고할 수 있는 적용기준을 지침의 형태이든 아니면 새로운 입법을 통하여든 마련할 필요성이 시급하다고 생각한다.

결국 이러한 적용기준을 마련할 경우 법인격부인에 관한 판례의 집적이 이루어진 각국의 경험을 무시할 수 없을 것이므로 적용범위는 채권자사해

---

60) 1993년 회사법은 제23조와 제78조에서 등록자본(注册資本)의 최저 한도액을 유한회사는 산업별로 인민폐 10萬元·30萬元·50萬元 등으로 주식회사는 인민폐 1000만元으로 하고 있었다. 이러한 규정은 회사자본에 대한 신뢰도는 높여주는 면이 있었으나 시장경제가 강조되는 시기에 민간 자본의 시장진입이 불리한 점도 지적되어 왔다. 아울러 회사설립의 문턱을 대폭 낮추어 유한회사의 최저자본등록은 인민폐 3만원으로 낮추었고(제26조 제2항), 주식회사의 최자 등록 자본은 인민폐 500만元으로 낮추었다(제81조 제3항). 또한 회사에 많은 자치권이 부여되는 1인회사의 설립을 허용하고 있기 때문에 상대적으로 거래안전에 대한 위협에 노출되어 있음도 사실이다.

행위가 있는 경우, 계약상의 의무위반행위, 탈법행위, 불법행위책임의 회피, 1인 회사의 경우 등을 참고해야 할 것이며, 적용요건으로는 회사에 대한 지배를 통한 사기 및 부정이 있는 경우, 회사가 과소자본인 경우, 회사재산의 혼융의 경우, 회사의 법정요건의 무시 등을 참고하여 신 회사법에 도입한 법인격부인에 관한 규정을 위주로 하여 법원에서 구체적인 상황에 근거로 할 수 있는 탄력성을 부여해야 한다고 생각한다.[61] 이렇게 하는 것이 중국의 법인격부인제도를 더욱 국제적인 기준에 맞추고 향상시키는 길일 것이다.

61) 王文杰, 2005年中國大陸公司法修正評釋, 月旦法學雜誌(臺灣), 2006, 168면.

중국의 독립이사 제도의 문제점과 개선방안*

목 차

Ⅰ. 서론

세계적으로 널리 알려진 미국의 Enron사 및 Worldcom사의 회계 부정 사례 이후 회사지배구조에 대한 관심은 고조되었다. 중국은 1970년대 후반 경제개혁을 추진한 이래 연 평균 9.73%의 성장을 이루었고, 1990년대에 상해증권거래소(Shanghai Stock Exchange, SSE)와 심천증권거래소(Shenzhen Stock Exchange, SZSE)를 열었으며,[1)] 또한 2005년 4월 46개 상장회사를 중심으로 주식분산제도개혁을 발표하여 비유통주식을 소유하고 있는 주주의 주식을 유통주식으로 변경시키는 내용을 포함시켰다.[2)] 2007년 11월 20일에는 상장회사지배구조에 관한 지침[3)]을 중국증권감독관리위원회(China Securities Regulatory Commission, CSRC)[4)]에서 발표한 바 있다.

이러한 내용은 전부 중국 내 회사지배구조를 개혁하기 위한 노력이었으나 여전히 지배구조 순위는 하위권을 맴돌고 있다. World Economic Forum의 조사에 의하면 중국은 조사대상 49개국 중 44위에 그치고 있다.[5)] 바람

* 이 글은 비교사법 제16권 4호(2009)에 김세돈교수(서라벌 대)와 공동 게재

1) http://www.csrc.cn 참조.

2) Yong Kang & Lu Shi & Elizabeth D. brown, Chinese Corporate Governance: History and Institutional Framework, Center for Corporate Ethics and Governance, 2008, pp.1~3.

3) "Code of corporate governance for listed company in china"(http://www.crsc.cn)

4) 이하에서 증권감독관리위원회는 CRSC로 한다.

5) Liu, Q., Corporate governance in China: Current Practices, Economic Effects and

직한 회사지배구조를 취하고 있다는 것은 자본시장 및 경영에 대한 신뢰 및 신용을 제공하고 있으므로 한 국가에서 경제성장 및 안정에 중요한 역할을 하는 것은 사실이고, 2001년 중국이 WTO 가입 이후 중국시장이 세계에서 차지하는 비중은 아주 높으므로 중국 당국이 회사지배구조 개선에 관심을 기울이고 있는 것은 당연한 일이다.[6)]

중국의 회사지배구조 발달사는 크게 4단계로 구분해 볼 수 있는데, 1단계는 1949년에서 1983년까지로 국유독자회사(State-Owned Enterprises, SOE)가 중국경제를 지배하던 시기로 정부 당국이 모든 경제에 대한 통제권을 가지고 있던 때이다. 2단계는 1984년에서 1993년까지로 중국 내에서 기업과 정부가 분리되기 시작하는 시기이다. 이 시기에 중국은 상해 및 심천에서 증권거래소를 설치하였고, 이러한 주식시장을 규제하기 위한 새로운 정부기구로 중국증권감독관리위원회(CSRC)를 신설하였다. 3단계는 1994년에서 2005년까지로 중국에서 처음으로 현대 회사의 책임과 권리를 내용으로 하고 있는 회사법이 도입되어 현대 회사제도에 대한 경험이 시작되는 시기이다. 4단계는 2006년 이후의 단계이다. 이 시기는 현재 진행 중에 있고 다양하게 회사지배구조를 개선하기 위한 조치가 이루어지고 있는 시기이다.[7)]

위 내용으로 볼 때 중국은 계속적으로 바람직한 회사지배구조 확립을 위한 개선책을 강구하고 있다. 중국은 이러한 개선책의 일환으로 2001년 8월 16일 CSRC는 "상장회사 독립이사제도 수립에 관한 지도의견(關于上市公司建立獨立董事制度的指導意見: 이하 지도의견, the Guidance Opinion on the Establishment of an Independent Director System in Listed Companies)"[8)]을

Institutional Determinants, CESifo Economic Studies vol. 52, No. 2, 2006 참조.

6) 중국의 독립이사제도의 채택은 회사지배구조의 향상을 위한 첩경이 된다.(林廷機, 陳俊仁, Business As Usual - An Analysis of the Role of Independent Directors In Mainland China, Hong kong and Taiwan, 財金論文總刊, 2004.6. p.57.

7) Yong Kang & Lu Shi & Elizabeth D. Brown, op.cit., pp.5~10.; Angang Hu & Guangyu Hu, Corporate Governance in China in the Traditional Era: A review and Foresight, Center of China Studies Tsinghua Univercity, 2002(저자는 이 논문에서 중국의 회사지배구조 발달단계를 1978년 이전 단계, 1979년에서 1992년 단계, 1992년에서 2002년 단계, 2002년 이후 단계로 구분하고 있다. 아마도 이 논문이 작성된 시기가 2002년 이어서 이렇게 구분한 것으로 보이나 그 내용은 대동소이하다고 보인다).

발표하였다. 이 내용은 2005년 10월 27일 개정되어 2006년 1월 1일부터 시행되고 있는 중국 회사법에 반영되어 회사법 제123조에서 "상장회사는 독립이사를 두어야 하며, 구체적인 방법은 국무원 규정에 따른다"고 규정하고 있다. 현재 제123조 규정에서 국무원 규정에 따른다고만 하고 있어 그 구체적인 내용은 알 수 없으나 2001년 발표한 지도의견의 내용을 통하여 유추할 수밖에 없을 것이다.

독립이사(獨立董事) 제도는 주식의 분산이 넓게 이루어져 있어 주주들이 회사에 무관심하게 되어 경영자들이 강력한 경영권을 이용함으로서 발생하는 문제점을 해결하기 위하여 미국에서 처음으로 등장하였다.[9) 즉, 독립이사는 회사가 기업의 사회적 책임 및 주주들에 대한 가치를 효과적으로 극대화하기 위하여 경영을 감독하기 위해 도입된 것이다.[10) 이에 반해 중국에서 독립이사를 도입한 것은 경영을 감독하기 위한 것 보다는 오히려 지배주주를 주요한 대상으로 하고 있다는 점이다. 중국 회사지배구조 상의 문제점은 주식소유구조가 고도로 집중되어 있고, 지배주주는 소수주주에게 손해를 끼치며 지배주주의 지위를 유용한다는 점이다.[11)

독립이사 제도를 중국 회사법에 도입한 것은 회사지배구조를 향상시키는 방향으로 나아가는 것은 분명하다. 그러나 상장회사의 주식소유구조가 개선되기 전까지 독립이사제도가 지배주주 및 경영진에 의한 회사자산 유용 등과 같은 행위를 안전하게 막을 수 있다고 기대하는 것은 현실적이지 못하다. 결국 이러한 상황에서는 미국에서 독립이사제도가 내포하고 있던 문제점, 즉 감시능력 부족, 독립성 결여 및 객관적으로 경영을 다룰 동기부족 등을 피할 수 없을 것이 분명하다. 독립이사 제도가 적절하게 작용할 수

8) 상세한 내용은 http://www.csrc.cn 참조.; 이하에서 "상장회사 독립이사제도 수립에 관한 지도의견"은 지도의견으로 한다.

9) Betty M. Ho, Restructuring the Boards of Directors of Public Companies in Hong Kong: Barking Up the Wrong Tree, 1, Sing. J. Int'l & Comp. L. 507, 507(1997).

10) Victor Brudney, The independent Director - Heavenly City Or Potemkin Village?, Harv. L. Rev. 597, 602(1982).

11) Cindy A. Schipani & Junhai Liu, Corporate Governance in China: Then and Now, Colum. Bus. L. Rev. 1, 36~37(2002).

있는 법적 및 사회적 환경이 중국보다 훨씬 나은 미국에서 이러한 문제점들이 지적되고 있다면 이러한 환경조차 조성되지 못한 중국에서 독립이사 제도가 그 기능을 발휘할 수 있다고 기대하기는 어려울 것이다. 우리 상법도 2009년 상법개정에 의하여 상법상의 제도로 수용된 사외이사 및 그밖에 상무에 종사하지 아니하는 이사에 관한 규정을 신설함에 따라 사외이사에 관한 논의가 본격적으로 시작될 것으로 보인다. 따라서 본 논문에서는 우리와 밀접한 관계를 가지는 중국의 독립이사 제도에 관한 문제점과 그 개선안에 대한 고찰을 통하여 그 역할과 효용성을 살펴보고자 한다.

Ⅱ. 중국의 독립이사 제도의 도입

1. 독립이사의 개념

현재 각국에서 회사 지배구조의 투명성을 강조하기 위하여 사용하는 이사의 명칭은 다양하다. 이해관계 없는 이사(non-interested),[12] 독립이사(independent),[13] 사외이사(outside),[14] 비집행이사(non-executive),[15] 비고용이사(non-employee),[16] 이해관계 없는 이사(disinterested)[17] 등이다. 이러한 용어는 각각 다른 것으로 정의되고 용어가 의미하고 있는 이사의 역할은 각각 다른 것으로 이해되나 결국 이사가 하는 역할의 일정한 부분에 초점을 맞추고 있다는 면에서 보면 전부 하나의 용어라고 볼 수 있다. 즉 이들은 영미 회사법상의 이사회 일원화 구조아래 집행이사에 대한 상대어에 불과하다. 이 명칭들은 통상 서로 교체해 사용되어지나 다만 약간의 잠재적인 구별은 있다. 비집행이사란 어떠한 경우에도 관리인원은 아니어야 하며(영국에서 널리 사

12) 15 U.S.C. § 80a-2(a)(19), 2000.
13) Sarbanes-Oxley Act of 2002 § 301.
14) 한국 증권거래법 2조 19항, 한국 상법 제382조; 일본 회사법 제400조.
15) Financial Reporting Council, London Stock Exchange, Report of the Committee on the Financial Aspects of Corporate Governance § 4.1.
16) the Securities Exchange Act Rule 16b-3.
17) Del. Code Ann. tit. 8, § 144(2001); Model Bus. Corp. Act § 8.31(a)(iii)(2005).

용). 사외(외부)이사란 현재 해당 회사에 전적으로 고용되지 않는 자(미국에서 널리 사용)이다[18]. 또한 비집행이사는 회사의 일상적인 경영관리에 종사하지 않는 자이며[19] 사외이사는 회사관계와의 소밀정도를 강조하는 뜻을 가지고 있다고 한다. 이 두 용어는 독립의 형식은 가지되 반드시 독립을 뜻하는 것은 아니라고 한다. 독립이사의 '독립'은 형식 요건적 의미를 제외한 즉 회사의 이사를 맡지 않는 외에도 기타 이해충돌관계의 직무를 맡지 않는 것과, 실질적 요건 즉 이사의 통제나 영향 하에 회사의 결정이나 관련 사무에 대하여 독립적인 의견이나 판단에 영향을 받지 않는 것이다[20]. 독립이사는 경영에 참여하지 않는 이사의 형태를 논의할 때 가장 자주 언급되는 용어이다. 회사 지배구조상의 주요한 문제 중 하나인 주주의 이익에 관련된 경영진의 활동을 감독할 수 있는 수단으로 경영에 참여하지 않는 이사가 필요하고, 이러한 이사가 경영진을 효과적으로 감독한다면 분명히 경영진으로부터 독립적임에 틀림없다는 것이다. 즉 경영에 호의적일 필요도 없고 주주의 이익을 보호하기 위하여 경영진의 잘못을 이사회의 내외에서 지적할 수 있다는 관점에서 독립이사의 전형적인 개념이 정의되어진다.[21] 후술하는 바와 같이 Sarbanes-Oxley Act, NYSE 규칙, NASDAQ 요건 모두 전부 경영진 및 지배주주로부터의 독립성을 다루고 있다.

사외이사는 독립이사와 개념상 혼란이 있으나 이사에게 요구되는 독립성 기준에 관계없이 회사의 피고용인이 아닌 개념으로 이해된다.[22] 이러한 개념으로 이해하는 것은 미국의 접근법은 아니나, 런던증권거래소(LSE)의 통합규범(Combined Code)은 일정한 수의 사외이사를 이사회에 둘 것을 요구하고 있고 일정한 독립성의 기준을 두고 있으나 피고용인이 아닐 것을 요구하고 있다.[23] 결국 용어는 다르나 이사로서 경영감독을 위한 독립성 기

18) 官欣榮, 獨立董事制度的公司治理, 中國檢察出版社, 2004, pp. 154~155.
19) 우리 상법상 "그 밖에 常務에 종사하지 아니하는 이사"(상법 제317조 2항 8호)는 여기의 비집행이사의 개념에 속할 것이다.
20) 國家工商行政管理總局培訓中心, 新公司法教程, 中國工商出版社, 2005, p.289.
21) Donald C. Clarke, Three Concept of the Independent Director, 32 Del. J. Corp. L. 73, 84(2007).
22) Donald C. Clarke, Ibid., p.99.

준이 있는 것으로 보아 독립이사와 같은 개념으로 보인다.[24)]

이해관계 없는 이사는 추상적인 독립성 기준과는 전혀 다른 특별한 거래의 이해관계 유무에 따른 것이다. 델라웨어주 회사법(DGCL) 및 모범사업회사법(MBCA)는 특정한 거래에 관계되지 않은 이사들에 의한 승인 및 공시를 통하여 이해관계가 얽힌 거래의 해결을 꾀하고 있다. 즉 추상적인 독립이사제도를 요구하는 것이 아니라 거래에 따라 이해관계의 유무가 결정되도록 하고 있다. 결국 이해관계 없는 이사란 경영진에 대한 감독보단 이사와 회사 간의 이해관계 유무에 초점을 맞춤 개념으로 이해된다.

이러한 맥락에서 볼 때 중국 CSRC에서 발표한 지도의견 상의 독립이사란 용어는[25)] 결국 경영진 및 지배주주에 대한 이사의 감독기능을 확보하기 위한 것으로 보이므로 미국에서 사용하는 독립이사와 맥락을 같이 하는 개념으로 이해한다.

2. 독립이사의 도입배경

(1) 미국

독립이사의 개념은 20세기 초반 미국에서 처음으로 등장하였다.[26)] 당시 미국의 주식소유구조는 고도로 분산되어 있었고, 이러한 구조는 주주의 경영진 및 이사회에 대한 지배력의 약화를 초래하였다.[27)] 또한 이러한 소유구조는 경영과 소유의 분리를 초래하였고 회사의 경영진은 회사의 부의 극대화 목적에 부합하도록 행동하기 보다는 회사 임무를 게을리 하고 회사자

23) The Combined Code on Corporate Governance(Jun. 2006), § 1.A.3.

24) 한국 상법 제382조 3항에서 사외이사란 회사의 상무에 종사하지 않는 이사로서 1호~7호에 달하는 자는 사외이사 자격을 상실한다고 규정하고 있다. 그 내용을 보면 위에서 언급한 미국의 독립이사의 독립성에 관한 기준과 유사하므로 우리나라는 단지 용어를 사외이사라고 사용하고 있을 뿐 그 실질은 독립이사와 같다고 보인다. 입법론으로 사외이사를 독립이사로 바꾸어야 한다는 주장도 있다(김성화, 사외이사 제도의 개선에 관한 연구, 순천대학교 박사학위논문, 2005, 128면).

25) 중국은 독립이사란 용어를 직접 계수하였다(官欣榮, 前揭書, p.155).

26) Victor Brudney, op.cit., pp.597~600.

27) Adolf A. Berle & Gardner C. Means, The Modern Corporation and Private Property, New York, The Macmillan Company, 1956, p.69 이하 참조.

산의 유용 등의 문제를 야기하였다. 이러한 상황에서 독립이사는 주주의 충실한 대리인으로서 이사회가 기능할 수 있도록 하기 위해 도입되었다. 아울러 독립이사는 경영진으로 하여금 회사 부의 극대화를 적절하게 수행하도록 자극하고 주주와 경영진 사이 회사 자산의 분배에 청렴을 기할 수 있도록 할 뿐만 아니라 비록 어느 정도까지 기업이 사회적 책임을 부담하는 가에 대한 합의는 없을지라도 기업의 사회적 책임에 관한 문제를 해결할 수 있는 것으로 예상되었다.[28)]

이러한 독립이사 제도는 특히 1970년대 Watergate 사건 등 일련의 뇌물사건에서 밝혀진 고삐 풀린 회사권력의 남용에 대응하여 급속도로 수용되었다. 비록 주법 및 연방법 그 어느 것도 이사회의 구성에 관해 규정을 하진 않았지만 독립이사 제도는 확고하게 자리 잡았다.[29)] 미국 증권거래소(SEC)는 주요 회사의 권력남용을 방지하기 위하여 회사지배구조를 실질적으로 증진시켜왔다. 1977년 초 미국 증권거래소의 승인 아래 뉴욕증권거래소(NYSE)의 모든 상장회사는 회계위원회를 전부 독립이사로 구성하여 유지하는 내용의 규정을 하였다. 2002년에 뉴욕증권거래소는 모든 상장회사는 과반수의 독립이사를 두도록 하고, 특히 이사지명위원회, 보수위원회 및 회계위원회는 전부 독립이사로 구성하도록 상장기준을 강화하였다. NASDAQ(미국 장외시장)도 상장기준을 유사하게 변경하였다.[30)] 미국 법률가협회(ALI)도 모든 공개회사의 이사회는 회사의 경영진과 관계가 없는 과반수의 이사로 구성되어야 한다고 규정하고 있다.

이렇게 독립이사 제도가 널리 수용되었음에도 불구하고 독립이사제도가 미국의 회사지배구조를 향상시켰는가에 대해서는 여전히 논란이 있다. 일부는 독립이사 제도가 회사지배구조를 향상시키는데 중요한 역할을 하였다고 주장한다.[31)] 1998년의 조사에 의하면 활동적이고 독립적인 이사회로 구

28) Victor Brudney, op. cit., pp.602~605.

29) A.L.I., Principles of Corporate Governance: Analysis and Recommendations § 3A.01.

30) Harold S. Bloomenthal & Samuel Wolff, Securities and Federal Corporate Law § 1:195(2004).

31) Ira M. Millstein & Paul W. MacAvoy, The Active Board of Directors and Performance

성된 154개의 공개회사가 수동적이고 독립성이 결여된 회사보다 회사 경영에서 성공적이었다고 밝히고 있다.[32] 2000년에 이루어진 또 다른 조사에 의하면 독립이사가 이사회의 구성 비율에서 높은 회사가 상대적으로 재정적인 공시에 포괄적이었음이 밝혀졌다. 그러나 독립이사로 구성된 특별소송위원회에 대한 연구에서 소송위원회는 피고인 이사에 호의적으로 판정하였고 이것은 독립이사의 편견에서 기인하였음이 밝혀졌다.[33] 1993년에서 2003년까지 미국의 공개회사 934개 사(General Motor, IBM, Kodak, Chrysler, Westinghous사 등)의 독립이사에 대한 연구에 의하면 독립이사의 수를 증가시키는 것에 의해 회사지배구조 상의 경영 효율성이 증가되지 않았음이 밝혀졌다. Texas Gulf Sulfur사를 시작으로 이사회 부정사건에 연루된 회사의 이사의 구성은 내부와 외부의 비율 중 외부의 비율이 높았다는 점이다. 내부거래 위반인 Texas Gulf Sulfur사는 2:10, 불법정치자금 위반인 Lockheed사는 5:12, 재무구조 파산상태인 Penn Central사는 4:18, 파산으로 끝난 Northrup사는 3:9, W.T Grant사는 6:11, 외국관리에 대한 뇌물사건에 연루된 Gulf Oil사는 3:9, 회계부정에 연루된 Enron사는 2:15로 압도적으로 외부의 비율이 높았다.[34]

이러한 맥락에서 독립이사제도에 대한 비판이 가해진다. 첫째, 경영진이 독립이사의 선출에 중요한 지배권을 가지고 있기 때문에 실질적인 독립성은 존재하지 않고, 또한 독립성에 대한 기준이 아무리 높다할지라도 독립이사는 사회적으로 독립적이 될 수 없고, 둘째, 독립이사는 회사에 이해관계가 없기 때문에 능동적으로 적절하게 경영을 감독할 동기가 없고, 셋째, 심지어 진실하고 정직한 독립이사라 할지라도 효과적으로 경영을 감독하기 위한 정보 및 자료가 부족하다는 점이다. 따라서 미국에서 독립이사 제도가 널리 인정되어 수용되고 있음에도 불구하고 많은 비판이 있고, 제도 자체에 상당한 양의 결점이 있다는 설득력 있는 비판이 가해지고 있다.

---

and Lon-term Firm Performance, 27 J. Corp. L. 231, 232(2002).

32) Tong Lu, supra note 11.

33) Betty M. Ho, op.cit., p.523.

34) Brent A. Olson, Publicly Traded Corporations: Governance & Regulation, § 2:26(2004).

그렇다면 독립이사 제도가 효율적인 이사제도가 아니라면 미국의 상장회사에 이 제도가 널리 수용되어 정착되고 있는가의 의문이 제기된다. 한가지 이유는 상장회사의 내부 경영진들이 독립이사 제도를 경영에 대한 책임 및 공명정대한 업무처리에 대한 방패로서 사용한다는 것이다.[35] 예를 들면, 이사회는 이해관계 없는 이사로 위원회를 구성하여 주주대표소송을 종종 방지할 수 있다는 것이다. 또한 미국 변호사협회(ABA)도 적절하게 구성된 이사지명위원회는 정책결정과정에 대한 전반적인 공정성의 사법적 판단을 유리하게 이끌 수 있는 중요한 요소라고 지적하고 있다.[36]

(2) 중국

1990년대까지 미국을 제외한 다른 국가에서는 독립이사의 개념을 찾아볼 수 없었으나, 특히 1990년에 아시아를 휩쓴 금융위기는 바람직한 기업의 지배구조의 중요성에 대한 교훈을 깨닫게 해주었고 인도, 말레이시아, 타이, 대한민국, 필리핀, 싱가포르 및 멕시코 등의 국가에서 독립이사를 이사회의 구성원으로 지정하기 시작하였다.[37]

처음으로 독립이사의 개념이 중국에 도입된 것은 1997년 CSRC에 의해 공포된 상장회사 정관에 관한 지도의견[38]에서이다. 지도의견에 의하면 상장회사는 선택에 의해 독립이사를 둘 수 있다고 규정하고 있다. 1993년 제정된 중국 회사법은 독립이사에 관한 규정이 없었고 CSRC의 지도의견 이전에는 독립이사에 관한 규정은 여러 곳에 산재되어 있었다. 2000년 11월 3일 상해증권거래소는 상장회사 지배구조에 관한 지도의견을 공포하였고, 이에 따르면 이사회에 독립이사의 수는 적어도 2명이 되어야 하고 독립이사의 수는 전체 이사회 구성원 중 20%에 달해야 한다고 규정하고 있다.

2001년 8월 6일 CSRC는 8월 16일 상장회사 이사회에 독립이사 도입에

35) Donald E. Pease, Outside Directors: Their Importance to the Corporation and Protection from Liability, 12 Del. J. Corp. L. 25, 35~40(1987).

36) Brent A. Olson, op.cit., § 2:26.

37) Tong Lu, Development of System of Independent Directors and the Chinese Experience in Corporate Governance Reform: China and World(2002); http://cipe.org참조.

38) 上市公司章程指引(1977.12.16).

관한 지침(Guideline for Introducing Independent Directors to the Board of Directors of Listed Companies, 이하 지침이라 한다)을 공표하였고 2002년 6월 30일 전까지 상장회사는 독립이사를 이사회 구성원 중 최소한 1/3 선까지 또한 적어도 1명은 회계전문가를 두도록 하고 있다. 지침은 일반적인 이사보다 독립이사에게 더 많은 권한을 부여하고 있는데, 이해관계의 충돌이 있는 거래를 승인 및 거절권, 회계사를 해고 또는 공용 추천권, 이사회 소집권, 임시주주총회 소집권 등이다. 또한 이사 및 고위 임원의 지명, 선임, 해고권 및 보수결정권 등도 포함한다. 이러한 권한을 수행하기 위하여 독립이사는 변호사와 회계사와 같이 독립적으로 자문할 수 있어야 한다.

중국 입법자들은 1990년 초반부터 시작된 회사개혁 이래 상장회사를 둘러싼 회사지배구조에 관한 문제를 풀기 위한 제도로 독립이사 제도에 기대를 걸어 왔다.

특히 CSRC는 독립이사 제도의 확립을 회사지배구조를 향상시키기 위한 중요한 과정으로 환영하였다. 그러나 독립이사제도는 영미국가에서 기원(일원제)하며 감사회가 없는 경우 일정 범위에서 감사회의 기능을 발휘하는 역할을 하고 있는 실정이라 할 수 있다. 그런데 중국은 이미 대륙법계의 회사지배구조 체계(이사회와 감사회로 구성되는 양원제)를 확립한데다 새로이 독립이사제도를 도입하게 되었다는 사실이다. 따라서 독립이사의 지위와 적용범위의 확정이 필요하다고 할 수 있다[39]. 중국 국무원은 2004년 1월 31일 '자본시장의 지속적인 성장, 개혁 및 개방을 향상시키기 위한 몇 가지 의견(Some Opinions on Promoting the Reform, Opening and Steady Growth of the Capital Market)'을 발표하였다. 이 내용은 중국 자본시장의 개혁 및 발달에 독립이사의 중요성을 강화시키고 있다.[40]

---

39) 실제로 중국 법학계에서도 독립이사 도입에 관한 의견이 불일치하고 있다(成濤 · 徐意恒 · 張葉平, 關于獨立董事制度的比較研究, 中國商法評論, 北京大學出版社, 2007, p.141).

40) 국무원은 의견에서 상장회사의 지배구조의 중요성을 강조하고 있다. 표준화된 방법에 의한 상장회사의 운영 즉, 회사 운영상 감독기관, 경영기관 등 선진화된 회사지배구조 개혁이 이루어져야 한다고 강조하고 있다.

3. 중국에서의 입법적 수용과정

위에서 언급한 바와 같이 중국에서 바람직한 회사지배구조를 지향하기 위하여 도입한 독립이사 제도는 2006년 시행된 현행 회사법에 규정되기에 이르렀다. 여기서는 1997년 CSRC에 의해 도입되기 시작한 독립이사 제도에 대한 입법적 수용과정을 살피기로 한다.

(1) 증권거래소

중국의 상해 및 심천 증권거래소는 스스로 규제를 할 수 있는 독립적인 기관이라기보다는 정부에 의해 설립되었고 정부에 의해 보호받는 기관이다. 그러나 양 증권거래소에 의해 발표되는 지침은 속성상 정식의 입법과정을 거친 법률규정과 같은 효력을 지니고 있다. 양 증권거래소에 의해 공표되는 지침을 위반하는 경우 상장폐지라는 강력한 무기를 지니고 있기 때문이다.

2000년 11월 상해증권거래소(이하 SSE라 한다)는 상장회사의 회사지배구조에 관한 지침을 공표하였다. SSE 지침에 의하면 상장회사는 적어도 2명의 독립이사를 두어야 하고 독립이사는 이사회의 20% 이상이 되도록 규정하고 있다. 또한 독립이사는 이사지명위원회에 의해 선출되거나 발행주식 최소한 5%를 소유한 주주들에 의해 선출되어야 하고, 지배주주는 1명 이상의 이사를 선출 할 수 없도록 하고 있다. SSE 지침에 따르면 이사회의 모든 하위위원회는 독립이사로 구성되고 의장직도 독립이사가 되어야 한다고 규정하고 있어 독립이사 제도를 지배주주 및 경영진의 권한남용에 대한 방패로서 인식하고 있는 것 같으나 독립이사의 개념을 정의하고 있지는 않다.

2001년 초 심천증권거래소는 상장회사에 독립이사의 실행을 위한 지침을 공표하였다. 지침에 의하면 심천증권거래소에 상장된 회사에 적용하기 위한 독립이사의 기능 및 자격에 관해 상세하게 규정하고 있다.

(2) 지방정부

지방정부 차원에서 독립이사에 관해 여러 가지 규정이 있었다. 2000년 5월 강서성 정부는 주식회사의 정책결정과정을 과학적이고 객관적이게 할 목적으로 회사법 규정에 따라 주식회사로 전환되는 대규모 국유독자기업의 이사회에 두어야 할 독립이사의 “적절한 수”를 발표하였다.[41] 2000년 10월 복건성 정부는 복건성 관할의 국유독자회사의 경영에 관한 지침을 공표하였다. 관할 내의 국유독자회사는 지주회사를 설립할 수 있고 지주회사는 그 수가 지정되지는 않으나 전문가 또는 사회에서 명망 있는 독립이사를 두어야 한다고 규정하였다.[42]

2000년 10월 광동성 정부는 관할 하에 있는 국가가 지배권을 가진 상장회사의 운영에 관한 지침을 공표하였다. 지침에 의하면 위의 회사는 독립이사를 설치하여야 하고 독립이사는 이해관계의 충돌이 있을 경우 중소주주의 이익을 우선하며 전체 주주에 대해 책임을 부담한다고 규정하고 있다.[43] 하북성 정부는 2000년 12월 주식회사는 이사회의 독립이사를 경제, 재정, 법 및 증권 분야의 전문가로 구성해야 하며, 이사회에서 차지하는 비율을 특정하지는 않았으나 그 수는 정관에 위임하는 내용을 공표하였다.[44]

심천자치정부는 2001년 1월 심천시 내의 국유재산을 관리하는 국유독자회사 내에 적절한 수의 독립이사를 설치하는 개혁을 공표하였다.[45] 제남시 자치정부는 2002년 3월 제남시 내에 있는 주식회사의 이사회에 사외이사와 독립이사의 점진적인 설치를 공표하였으나 양자를 정의하여 구분하고 있지는 않았다.[46] 2002년 7월 절강성 항주시 자치정부는 회사지배구조를 개선하기

41) Jianxi Provincial Government Commission on Reform of the Economic System, Opinion on Accelerating the Shareholding Reform of State-Owned Enterprises and Promoting the Diversification of Investing Bodies, § 2(1), May. 29, 2000.

42) Fujian Provincial Government, Guidance Opinion on Accelerating the Reform of the System of Monitoring and Operation of Fujian State-Owned Assets, Art.16, Oct. 18, 2000.

43) Guangdong Provincial Government, Opinion on Strengthening the Administration of High-Level Management Personel in Guangdong State-Controlled Listed Companies and Perfection the Corporate Governance Structure § 2(1)(2), Dec. 11, 2000.

44) Hebei Provincial Government, Provisional Measures for Standardizing the Governance of Company Legal Persons, Art.19, Dec. 25, 2000.

45) Shenzhen Municipal Government, Opinion on Implementing the Further Acceleration of the Reform and Development of Shenzhen State-Owned Enterprise, Jan. 11, 2001.

46) Jinan Municipal Government, Opinion on Accelerating the Citywide Development of

위해 회사 내에 사외이사 및 독립이사를 설치할 것을 공표하였으나 제남시의 경우와 같이 양자를 구별하지 않았다.[47] 또한 감숙성 정부는 구속력은 없으나 2002년 8월 관할 내의 주식회사의 이사회에 독립이사 및 채권자 대표의 설치를 요구하였다.[48] 2003년 1월 베이징 자치정부는 시가 소유하거나 지배하는 회사의 지배구조 기준을 발표하면서 적어도 1/3 이상의 독립이사를 회사의 주주 및 고용관계가 없는 자로 구성할 것을 공표하였다.[49]

위에서 설명한 지방정부 차원의 규정 및 정책은 독립이사의 개념·수를 특정하지 않은 것을 보면 독립이사를 이사회에 설치하는 것 이상의 고민은 없는 것으로 보인다. 단지 독립이사 제도는 회사지배구조에 좋은 것이라는 것 이상도 이하도 아닌 추세에 맞추어 설치하려는 것으로 보인다. 그러나 실질적으로 지방정부가 그들 회사의 지배주주임을 감안해 보면 입법자들이 독립이사에 대해 깊은 이해가 있거나 독립이사가 지방정부에 반대적일 것이라고 예상하지는 않은 것으로 생각된다.

(3) 중국증권감독관리위원회(CSRC)

CSRC는 회사지배구조에 관한 실질적인 규정 및 지침을 발표하였다. 이러한 규정 및 지침 속에는 독립이사에 관한 내용이 포함되어 있어 살피기로 한다.

1) 상장회사 정관에 관한 지침

CSRC는 1997년 12월 16일 상장회사 정관에 관한 지침을 공표하였고, 모든 상장회사는 CSRC가 예외를 허락하지 않는 한 지침에 따라 정관을 수정할 것을 요구하였다. 1997년 지침은 독립이사에 관한 것은 적다. 단지 독립

Industry, § 2(1), Mar. 7, 2002.

47) Hangzhou Municipal Government, Several Opinions on Further Fostering the Development of Large Enterprise Groups, § 1(2), July 16, 2002.

48) Gansu Provincial Government, Proposals on Several Important Issues Concerning the Implementation of the Industrial Province-Strengthening Strategy, § 3(2), Aug. 24, 2002.

49) Beijing Municipal Government, Standards for Assessment of the Initial Establishment of a Modern Enterprise System in Beijing Large and Medium-Sized State-Owned Enterprises, § 1(9), jan. 22, 2003.

이사를 실질적인 필요가 있을 경우 설치할 수 있고 다음의 경우에 해당 하는 자는 독립이사가 될 수 없다고 규정하고 있다. 첫째, 회사에 고용된 자 또는 주주인 자, 둘째, 경영진 또는 피고용인과 같은 회사 내부에 있는 자, 셋째, 회사의 경영 또는 관련회사와 이해관계가 있는 자 등이다.[50)]

2) 해외에 상장된 회사의 심도 있는 개혁 및 표준적인 운영을 증진시키기 위한 의견

1999년 3월 29일 CSRC와 SETC(State Economic and Trade Commission, 국가경제통상위원회)는 해외에 상장된 회사의 심도 있는 개혁 및 표준적인 운영을 증진시키기 위한 의견을 공표하였으나[51)] 의견에 불과하여 법적인 구속력이 있는 것은 아니었다. 의견에서는 독립이사는 매우 강한 용어이므로 사외이사[52)]가 적어도 이사회의 과반수를 구성되도록 하고 독립이사는 이사회에 최소한 2명이 되어야 한다고 밝히고 있다.[53)] 또한 회사와 관련회사 사이의 어떠한 거래도 효력이 발생하기 위해서는 독립이사에 의해 승인되어야 한다고 규정하고 있다.

3) CSRC의 회사지배구조원칙

CSRC는 2001년 9월 11일 중국 상장회사의 지배구조 원칙에 관한 초안을 발표하였다. 이 초안은 2002년 1월 7일 회사지배구조 원칙으로 최종적으로 공표하였다. 이 원칙은 OECD의 회사지배구조 원칙을 기본으로 중국의 특수한 상황에 맞게 수정한 것이다. CSRC 원칙에 의하면 회사는 관련 법률에 따라 독립이사 제도를 도입해야 한다고 규정하고 있다.[54)] 이 내용

---

50) China Securities Regulatory Commission, Guidelines for the Articles of Association of Listed Companies, Art. 112, Dec. 16, 1997.

51) China Securities Regulatory Commission & State Economic and Trade Commission, Opinion on Further Promoting the Standard Operation and Deeper Reform of Companies Listed Overseas, Art. 6, Mar. 29, 1999.

52) 의견에서 용어를 정의하고 있지 않다.

53) 의견에서 독립이사는 회사에서 어떠한 지위도 갖지 않아야 하고 회사의 주주로부터 독립적이어야 한다고 밝히고 있다.

54) China Securities Regulatory Commission, Principles of Corporate Governance for Listed Companies, Art. 49. Jan. 7, 2002.

은 이사회의 과반수가 독립이사이어야 한다는 초안보다는 약화된 것이다.

원칙에 의하면 회사는 이사회 내에 각종 위원회를 설치해야 하고 이들 중 회계위원회, 보수위원회, 평가위원회에는 독립이사가 반드시 과반수가 되어야 하고 위원회의 위원장 역시 독립이사여야 하고, 회계위원회의 독립이사 중 적어도 1명은 회계사여야 한다고 규정한다.[55] CSRC 원칙은 독립이사의 의무에 관해 많은 것을 포함하고 있지만 회사 기관으로서 독립이사에게 특별한 권력을 부여하는 것을 규정하지는 않는다. 다시 말하면 독립이사의 구성이 각종 위원회에 필수적이지만 독립이사가 아닌 이사와 독립이사의 의결권의 차이에 대해서는 전혀 언급이 없다는 점이다. 아울러 독립이사는 회사 및 지배주주로부터 독립적이어야 한다고 규정하고 있고 회사의 지배주주, 사실상의 지배그룹, 회사와 이해관계가 있는 자에 의해 영향을 받지 않고 독립적으로 의무의 이행을 하여야 한다고 규정하고 있으나[56] 정작 독립이사가 회사 내에서 다른 이사에 비해 특별한 지위를 보유한다고 규정하고 있지는 않아 실질적으로 독립이사 제도의 효율성에 의문이 있다.

4) CSRC의 상장회사에 있어 독립이사제도 확립에 관한 지도의견

CSRC는 2001년 8월 16일 상장회사에 있어 독립이사제도 확립에 관한 지도의견(이하 지도의견이라 한다)을 공표하였다. 이 지도의견은 해외에서 상장된 중국회사를 포함하지는 않고 중국 내에서 상장된 회사만을 대상으로 한다. 내용을 분석하면 차후 국무원에 의해 발표될 독립이사에 관한 중국 정부의 향방을 알 수 있을 것이다.

(가) 독립이사에 대한 기본적인 요구

기본적으로 지도의견은 상장회사의 독립이사는 회사에서 이사직 이외의 어떠한 직무도 맡지 않고 독립적으로 객관적인 판단을 위해 회사의 지배주주 및 회사와 어떠한 관계도 있어서는 안 된다고 한다.[57] 독립이사도 이사

---

55) China Securities Regulatory Commission, Ibid., Art. 52.

56) China Securities Regulatory Commission, Ibid., Art. 49, 50.

57) China Securities Regulatory Commission, Guidance Opinion on the Establishment of an Independent Director System in Listed Companies, § 1(1), Aug. 16, 2001.

이므로 원칙적으로 회사와 전체 주주에 대해서 선관주의의무와 충실의무를 부담하나 지도의견은 독립이사는 회사와 이해관계를 가지고 있는 자, 실질적으로 지배력 있는 자 및 주요 대주주에 의해 영향을 받지 않아야 한다는 점을 언급하면서 단순히 중소주주의 이익에 특별한 주의를 기울여야 한다는 점만을 지적하고 있다.[58] 내용적으로 볼 때 독립이사는 회사와 중요한 이해관계를 가진 모든 자로부터 독립적이어야 하고 경영진과 지배주주에 대해 중소주주의 보호자로서의 역할을 강조하고 있다고 생각된다.

(나) 독립이사의 자격

독립이사의 자격에 대해서 지도의견은 긍정적인 면과 부정적인 면으로 나누어 규정하고 있다. 긍정적인 면에서 독립이사는 다음의 자격을 갖추어야 한다. 내용을 보면 ⓐ 법률과 규정에 따라 상장회사의 이사가 되기 위해 필요한 자격을 갖출 것, ⓑ 지도의견에서 규정하고 있는 독립성을 갖출 것, ⓒ 상장회사의 운영에 관계된 기본적인 지식을 갖추고, 관계 법령 및 행정적인 규정에 익숙할 것, ⓓ 독립이사로 적절한 기능을 수행하기 위해 법조계, 경제계 및 다른 필요한 분야에서 적어도 5년 이상의 근무경력을 보유할 것, ⓔ 그밖에 회사 정관에서 요구하는 자격을 갖출 것 등이다.[59]

부정적인 면으로 독립이사가 될 수 없는 자는 다음과 같다. 내용을 보면 ⓐ 회사 및 회사와 관계있는 회사에서 일정한 지위에 있거나, 직계혈족 및 인척관계가 있는 자, ⓑ 회사의 발행주식 중 직·간접적으로 1% 이상의 주식을 보유한 자 또는 회사의 10대 주주의 순위에 포함되는 자연인 및 그 직계혈족, ⓒ 직·간접적으로 회사 발행주식의 5% 이상을 보유한 회사 내 그룹에서 일정한 위치를 보유한 자, ⓓ 전 회계연도에 위에서 언급한 3가지 중 한 가지라도 충족한 자, ⓔ 회사 및 관계회사에 회계·법적·상담 업무를 제공하고 있는 자, ⓕ 회사 정관에서 특정된 자, ⓖ CSRC에 의해 특정된 자 등이다.[60]

58) China Securities Regulatory Commission(Guidance Opinion), op.cit., § 1(2).
59) China Securities Regulatory Commission(Guidance Opinion), op.cit., § 2.
60) China Securities Regulatory Commission(Guidance Opinion), op.cit., § 3.

지도의견에서 관련 있는 회사와의 관계가 있는 자의 독립이사 자격을 금지하고 있는데 관계가 있다는 것에 대해 정의를 하고 있지 않고 있다. 관계 회사의 관련성을 금지하는 것은 1997년 상장회사 정관에 관한 지침에도 언급되고 있는데[61] 거기에서도 용어의 정의는 없다. 단지 회사와 관계있는 자만을 언급하고 있는지 아니면 회사와 관계있는 어떠한 자도 포함하는 개념인지는 불명확하다. 만일 후자의 개념이라면 관계라는 개념은 아주 넓은 개념이 될 수밖에 없을 것이고 이를 충족하는 독립이사는 찾기가 힘들 수도 있을 것이다.

아울러 지도의견 초안[62]에서는 5년이 아닌 15일로 규정하고 있었는데, 양자 모두 효력 면에서나 독립이사 제도의 목적에 맞지 않는 것으로 보인다. 단지 규정에서 언급하고 있는 것은 독립이사로 될 자가 보낸 시간에 대해 언급할 따름이고, 독립이사로 선출 될 자의 대부분은 다른 회사의 이사로 역임하지 않는 것으로 밝혀졌다. 2001년 심천 증권거래소의 조사에 의하면 8명의 독립이사는 5개 회사의 이사회에서 업무를 수행하였고, 95명은 2개 회사의 이사회에서 업무를 수행하였고, 212명은 1개 회사에서 독립이사의 업무를 수행하였음이 밝혀졌다.[63] 또 다른 조사에 의하면 조사에 응한 독립이사의 63%가 단지 한 개 회사의 이사회에서 업무를 수행하였음이 밝혀졌다. 독립이사의 대부분은 회사에서 15일에 못 미치게 업무를 수행하고 있고, 대부분 5~9일 동안 이사회에 참석하고, 1~5일 동안 회사에 출근하여 업무를 수행하는 것으로 조사되었다.[64] 결국 5년이란 제한은 아무런 의미가 없는 규정인 것이다.

---

61) Supra note 34) Art. 112.

62) China Securities Regulatory Commission, Draft Opinion on the Establishment of an Independent Director System in Listed Companies, May., 2001.

63) Panorama Net, Ranks of Independent Directors Quickly Enlarged, Mar. 22, 2003(http://www.p5w.net); 이 숫자는 3개, 4개, 5개 또는 5개 이상의 이사회에서 업무를 수행한 내용은 없으므로 불명확하다고 할 수 있다.

64) Jin Xin Securities, Analysis and Suggestions Concerning the Situation of Implementation of the Independent Director System in China's Listed Companies, Aug. 8, 2003.

(다) 독립이사의 권한

다음으로 지도의견에서는 회계, 지명, 보수위원회의 독립이사의 수를 최소한 과반수로 구성할 것을 요구하면서 독립이사에게 특별한 권한을 부여하고 있는 것으로 보인다. 현재 관계회사와의 거래가 ⓐ 최근 회계 보고서상 3억 위안을 넘거나 회사 순자산의 5%를 넘는 거래에 대한 동의권, ⓑ 회사의 회계처리 회사에 대한 해임 및 추천권, ⓒ 임시주주총회 소집권, ⓓ 이사회 소집권, ⓔ 외부감사기관 고용권, ⓕ 주주총회 전에 의결권에 대한 위임장 권유권[65] 등이다.

독립이사가 실질적으로 주주총회 및 이사회의 소집권한을 보유할 수 있는 가라는 면에 대해서 모호한 점이 있다. 왜냐하면 독립이사에게 직접 이러한 권한을 부여한 것이 아니라 관계법령 및 회사법의 규정에 의해 회사로 하여금 이러한 권리를 부여하도록 하고 있기 때문이고, 위와 같이 CSRC의 지도 의견에 따르지 않는 회사는 CSRC로부터 적절한 변화에 대한 압력은 받을 수 있으나 그 자체가 불법행위를 구성하지는 않기 때문이다. 또한 위의 권한은 독립이사가 단독으로 행사할 수 있는 것이 아니라 과반수가 찬성해야 실행될 수 있고 이러한 동의를 얻지 못한 경우 관계회사와의 거래를 금지하고 있는 것이 아니라 회사는 단지 관련 정보를 공시하면 되도록 하고 있어 결국 독립이사의 승인 여부가 관계회사와의 거래에 중요한 작용을 하는 것은 아님을 스스로 밝히고 있다는 점이다. 총체적으로 볼 때 독립이사에 대한 CSRC의 전반적인 시각을 나타내 주고 있다고 생각되고, 이는 향후 다른 CSRC의 규정 및 지침에 영향을 줄 것이다.

(라) 독립이사의 선출과정

이미 위에서 언급한 바와 같이 중국에서 독립이사 제도의 도입배경은 지배주주 및 경영진의 전횡으로부터 소수주주를 보호하고자 하는 것이다. 이론상 이사는 주주에 의해 선임된다. 지배주주 및 경영진은 독립이사 제도의 채택을 투자자들에게 경영의 청렴성에 대한 신호로서 인식되기를 희망

---

65) China Securities Regulatory Commission(Guidance Opinion), op.cit., § 5(1)a,b,c,d,e,f.

하고 이해관계 있는 거래에 대한 독립이사의 승인을 추후 발생하게 될 수도 있는 법적 책임에 대한 방패로 사용되기를 희망한다. 이러한 점에서 보면 경영진 및 지배주주의 입장에서 독립이사의 선임을 일반적인 이사의 선임과 다르게 볼 하등의 개념적 혼란은 없다는 것이다.

독립이사의 후보지명권을 단독주주권으로 하게 되면 후보의 난립을 초래하고 군소주주의 의결권의 분산으로 인해 지배주주에게 예상한 것 이상으로 비정상적인 의결권의 확대 효과를 야기하게 된다. 그리고 지배주주에게만 후보지명권을 부여한다면 군소주주의 이익을 보호하는 것을 독립이사의 임무로 생각하는 후보자를 지명하지는 않을 것이 분명하다. 지도의견 초안에서는 발행주식의 5%를 보유하는 개인주주 및 회사 내의 그룹에게 독립이사 지명권을 부여하였으나 최종안에서는 1%로 그 비율이 낮아 졌다. 이러한 점은 분명하게 중국 입법자들에게도 쉽게 해결할 수 없었던 것이었음을 나타내준다고 생각된다.

(마) 효력발생

일반적으로 회사지배구조에 대한 다양한 기준이 제시된 경우 가장 중요한 문제는 그것이 어떻게 효력을 발생될 수 있느냐 일 것이다. 현재 지도의견에는 회사가 지도의견에 따란 지배구조를 수정하지 않을 경우 어떠한 방식으로 제재를 가할 것이라는 내용에 대해서는 언급이 없다. 지도의견 초안에는 회사가 합리적인 이유 없이 지도의견에 따라 수정하지 않으면 CSRC에 의해 공개적으로 비난받으며 특정기간 내에 규정의 준수를 명령받게 되며 공개적으로 그 내용을 공시하도록 하고 있다. 그러나 최종안에서는 위의 내용마저 빠졌다. CSRC의 의도는 지도의견에 따라 수정한 회사 안한 회사를 목록 작성 등의 방법을 사용하여 그 내용을 공시함에 의해 간접적인 강제력을 이용할 것으로 보인다.

이상의 규범성 문건은 중국 독립이사제도의 건립과 발전에 중요한 작용을 하였다. 그러나 그 내용들은 비교적 원칙적이고 간단하며 전면적이지 않으며 현재 중국의 회사지배구조의 개혁과 독립이사제도의 절박한 수요에 미치지 못하고 있다고 할 수 있다[66].

(4) 신 회사법에의 규정

신 회사법(2005.10.27. 공포)은 제123조에 “상장회사는 독립이사를 둘 수 있다. 구체적인 방법은 국무원의 규정에 의한다”라고 규정하고 있다. 이것은 우선 법적측면에서 중국의 독립이사제도의 법적지위의 확립일 뿐만 아니라 중국의 독립이사제도의 완성을 위한 새로운 요구의 분출이라 할 수 있다.[67)]

Ⅲ. 중국 독립이사제도의 문제점 및 개선방안

1. 중국 독립이사제도의 문제점

중국 상장회사의 주식소유구조는 미국의 구조와는 아주 다르다. 주식의 분산이 고도로 이루어진 미국과는 달리 중국의 주식 소유구조는 역으로 고도로 특정인에게 집중되어 있다. 국가 또는 국유독자회사가 대부분의 상장회사의 상당한 양의 주식을 소유하고 있고, 연구에 의하면 상장회사의 최대주주는 평균적으로 10% 미만을 소유한 2대 주주에 비해 50%에 이르는 것으로 조사되었다.[68)] 이러한 구조에서는 지배주주에 의한 이사회 통제가 당연히 예상된다. 지배주주는 이사의 70%를 지명할 뿐만 아니라 경영진을 지명하고 있으므로 지배주주로 하여금 회사 및 소수주주의 이익으로 돌아갈 비용으로 주주총회와 이사회를 조종하여 지배주주에 이익이 되는 자기거래를 할 수 있게 된다.[69)]

앞서 언급한 바와 같이 중국 상장회사의 주요한 회사지배구조의 문제는 지배주주에 있기 때문에 독립이사 제도의 도입은 주로 경영진에 대한 감시 목적 보다는 오히려 지배주주를 대상으로 하고 있다. 미국의 경우 경영진

---

66) 成濤 等, 前揭書, p.141.

67) 成濤・徐意恒・張葉平, 關于獨立董事制度的比較研究, 中國商法評論, 北京大學出版社, 2007, p. 130.

68) Danhan Huang, Problems Concerning Independent Directors Institution and Its Legal Environment in Corporate Governance Reform: China and World(2002); http://www.cipe.org 참조.

69) Cindy A. Schipani & Junhai LIu, Corporate Governance in China: Then and Now, 2002 Colum. Bus. L. Rev. 1, 47(2002).

이 이사회를 통제하는데 반해 중국은 지배주주가 이사회를 통제한다. 따라서 중국에서 독립이사 제도의 도입은 지배주주로 하여금 자신의 지배력을 회사 및 소수주주의 손해를 유발하는 곳에 유용할 수 없도록 하는데 주안점이 있다고 보인다. 지도의견에 의하면 독립이사는 양심적으로 관계법령 및 법률에 따라 의무를 수행하여야 하고, 회사 전체의 이익을 보호하기 위하여 중소 투자자의 이익과 권리가 침해받지 않도록 특별한 주의를 기울여야 한다는 점을 명확히 하고 있다.[70)]

결국 중국에서 독립이사의 역할 중 경영진의 업무수행 등에 대한 감시는 상대적으로 중요성이 덜하다는 점이다. 지배주주가 이사회를 지배하고 있음에도 불구하고 주식의 소유와 경영의 분리는 여전히 중국에서 문제가 되고 있고, 중국 회사지배구조의 큰 특징 중 하나는 상장회사의 지배주주가 국가 또는 국유독자회사라는 점이다. 이러한 구조에서는 상당한 규모의 국유독자회사에 대해 국가가 감독을 하기가 불가능하고 이러한 회사를 운영하도록 위임 받은 관리는 불법자금을 만들기 위하여 이러한 경영공백 상태를 이용하고 있다.

따라서 중국에서 독립이사는 두 가지의 감독기능을 수행하여야 한다. 첫째, 지배주주가 자신의 지위를 이용하여 소수주주에게 손해를 미치는 것을 방지해야 하고, 둘째, 내부적인 문제를 완화하기 위하여 독립이사의 감독 아래 경영을 하도록 해야 하는 것이다. 중국 신문에 난 "국가나 지배주주는 독립이사를 경영진의 청렴을 확실하게 하는 회사내부의 KGB로 간주하는 반면 소수주주는 지배주주 및 내부자의 유용을 막아 줄 백기사(white knight)로 예상한다"는 기사는 시사하는 점이 많다.[71)] 그러나 경영감독권을 독립이사가 제대로 발휘할 수 있는가에 대해서는 의문이 있다.

통계에 따르면 독립이사의 약 42.6%가 기술적인 전문가이고, 현재 많은

70) Minkang Gu, Will an Independent Director Institution Perform Better than a Supervisor? Comments on the Newly Created Independent Director System in the People's Republic of China, 6 J. Chinese & Comp. L. 59, 60(2003).

71) Yian Deng, Independent Directors Compete with Independent Directors, Fin. & Econ. Times, Mar. 29. 2002.

상장회사가 독립이사로 기술적인 전문가를 선택하고 있는데 이러한 전문가들은 사업계획의 초안을 작성하고 조언을 하는데 있어 중요한 역할을 할 수 있지만 이들 중 상당수는 회사경영에 대한 경험과 지식이 없기 때문에 상대적으로 감독기능이 약화된다. 미국에서 독립이사의 중심적인 임무는 다른 이사 및 경영을 감독하는 것이고 기술적인 전문가는 이사들을 감독하기 보다는 오히려 기관으로서의 의미로 행동한다.[72] 현재 중국에서 독립이사의 주요한 역할을 회사 내의 이해관계의 충돌을 감독하는 것이다. 독립이사를 선정할 경우 회사는 독립이사의 감독기능을 염두에 두고 회사업무에 친숙한 자를 선정해야할 것이다. 이러한 점을 고려할 때 일부 지배주주들이 회사업무보다는 오히려 자연적으로 기술적인 문제에 관심을 주고 지적하게 될 기술적인 전문가를 선정할 가능성을 배제할 수 없을 것이다.

독립이사제도는 중국에서 수년 동안 시행되어 왔고, 2003년 6월 이래 중국의 양 증권거래소에 상장된 1250개사 중 1244개사는 이사회에 독립이사를 두고 있다.[73] 중국사회과학원 기업지배연구센터가 발간한 중국 100대 상장회사의 지배평가 연구보고에 따르면 중국 상장회사의 이사회 규모는 최소 5명, 최대 19명, 평균 11.45명이고 이 중 독립이사의 수는 최소 2명, 최대 8명, 평균 3.90명이며 독립이사가 이사회에서 차지하는 비율은 34.1%인 것으로 조사되었다.[74] 남개대학 기업지배연구센터가 발표한 중국기업지배지수 및 2004~2006년 중국 기업지배 평가지수 연구보고에 따르면 상장회사 이사회 지배지수는 각각 52.50%, 53.15%, 55.35%로 3년 연속 상승하는 추세에 있다.[75] 위의 통계를 보면 중국에서 독립이사 제도가 시행된 역사

---

72) Minkang Gu, ibid., p.61; James D. Cox, Managing and Monitoring Conflicts of Interest: Empowering the Outside Directors with Independent Councels, 48 Vill. L. Rev. 1077, 1082(2003).

73) Jian Lin, Head of CSRC Raises Four Issues to Improve the Independent Director Institution, Shanghai Securities Daily, Feb. 6. 2004.

74) 중국사회과학원 기업지배연구센터, 2007年度中國上市公司100强公司治理平價, 2007, p.20 表7.

75) 中國公司法理平價報告, 2004~2006 南開指數: 中國公司法理狀況與趨勢, 南開大學公司治理結構綱, 2007.5.9.

는 짧으나 이미 자라가는 것으로 보인다. 중국에서의 독립이사제는 감사회의 실패를 종식시키려는 직접적인 반응에서 비롯되었다고 할 수 있다. 실제 조사에 의하면 초보적이기는 하나 독립이사제는 회사의 지배구조를 개선하는데 공헌하였다고 볼 수 있다는 것이다. 그리고 그들이 회사의 지배주주의 권력에 어느 정도 견제할 수 있다는 것이다. 그러나 이 제도의 효율성을 논하기에는 시간이 일천하며 영미 등의 국가와는 환경이 다르므로 낙관적으로만 보기가 쉽지 않다는 점이다[76]. 또한 독립이사 제도를 둘러싼 중국 회사지배구조에 내재된 내적·외적 결함 때문에 독립이사 제도의 원래의 기능 및 효과를 기대한다는 것은 너무 빠른 판단이 아닌가 한다.

2. 중국 독립이사제도의 개선

중국이 앞으로 지향해야 할 것은 회사지배구조에는 사회의 다양한 요소들이 작용하고 있으므로 어떠한 지배구조가 이상적인 지배구조라고 말할 수 있는 가란 의문에 대해 명백한 해답을 할 수 없다는 점을 인식해야 한다는 것이다. 또한 실천적인 관점에서 완전이란 있을 수도 없을 것이다. 우리가 회사지배구조를 연구할 때 척도로 삼을 것은 어떠한 제도가 완전한 것이냐 또는 부작용이 없는 것이냐가 아니라 비용보다 효용이 더 큰 것이냐 또는 현재의 제도보다 나은 것이냐가 되어야 할 것이다. 따라서 독립이사 제도가 바람직한 회사지배구조를 위한 수단으로 도입되었으므로 제도의 옳고 그름을 떠나서 효용성을 발휘할 수 있도록 보완하는 것이 일응 빠른 방법일 것이다. 일반적으로 중국의 독립이사는 불충분한 정보, 약한 독립성, 낮은 열정, 그리고 능력의 부족 등이 실제 중국에서 보이는 문제점들이다[77]. 현재 독립이사 제도의 취지에 맞도록 효용성을 강화하기 위해 논의되고 있는 것은 대체로 네 가지로 압축된다. 첫째, 독립이사에게 진정한 의

---

76) JiangYu Wang, The strange Role of Independent Directors in a two-tier Board Structure of China's Listed Companies, Compliance & Regulatory Jounal 2007 Issue 3, p.54.

77) Yurong Dhen & Weixing Wang, Study on Independent Director System in Corporate Governance, Asian Social Science 2009, p. 65.

미에서 독립성이 있는가, 둘째, 독립이사가 효과적으로 기능을 수행하기 위한 필요한 정보 및 자료의 부족, 셋째, 경영진 및 지배주주를 좌절시킬 수 있는 동기부족, 넷째, 감사회와 일이 겹칠 때 독립이사가 중복기구로 비칠 가능성 또는 각각의 의견을 낼 수 있는가 등이다[78].

(1) 독립성

독립이사의 독립성 여부에 대한 절대적이고 통일적인 기준은 없을 뿐만 아니라[79] 독립성의 기준은 회사 지배구조에 대한 규제의 입법적 필요성에 따라 다양하다.[80] 미국의 경우 독립성 여부에 대한 주요한 판단기분은 경영진으로부터의 독립이므로 NYSE는 회사 주식의 소유 여부가 이사가 독립적인가의 여부를 결정하는데 결정적인 요인으로 판단하고 있지는 않다.[81] 이것은 Sarbanes-Oxley Act에서도 주식소유 여부에 대해서는 문제 삼고 있지 않다.[82] 이에 반해 중국의 지도의견에서는 독립이사에게 회사 발행주식의 1% 이상을 소유하지 않을 것과 지배주주와 관계가 없을 것을 요구하고 있다.[83] 미국에서 독립이사의 독립성 결정에 회사 주식 소유가 문제가 되지 않은 것은 일련의 회사부정이 이해관계 충돌 및 회계 부정 등이 주를 이루고 있고 중국과는 비교가 되지 않을 정도로 주식소유의 분산도 등에서 차이가 있고 소유와 경영의 분리가 고도로 확립된 회사 지배구조에서 단순

78) Chien-Chung Lin, Independent Director in China, Waseda Law School, Mar. 9, 2006, p.3.

79) Victor Brudney, op.cit., p.599.

80) Victor Brudney, op.cit., p.645.

81) NYSE Coporate Governance Rules § 303A.02(http://www.nyse.com); "이사들이 회사와 어떠한 유형적 관계를 가지고 있지 않다는 것을 이사회가 긍정적으로 결정하지 않는 한 어떠한 이사도 독립적으로 인정될 수 없다(직접적으로 또는 회사와 관계있는 조직의 임원, 동업자, 주주 등). 회사는 이사들이 독립적이라는 것을 공시해야 하고 또한 그러한 결정의 근거를 공시해야 한다."; James A. Fanto, Directors' and officer's liability-chapter 3. board committes-, Practising Law Institute, 2006, pp.106~107.

82) Sarbanes-Oxley Act of 2002 § 301; "본 규정에 적합한 독립적인 것으로 간주되기 위하여 회사의 회계위원회의 구성원은 회계위원회의 구성원으로서의 능력에 관계없이 이사회 또는 다른 위원회의 구성원이 아니어야 한다. i) 회사로부터 상담, 조언 또는 다른 보상적 대가를 수령해서는 안 되고, ii) 회사와 관련 있는 자 또는 종속회사와 관련 있는 자이어서도 안 된다"

83) China Securities Regulatory Commission(Guidance Opinion), op.cit., § 3(2).

히 일정한 수량의 주식보유가 독립이사의 기능을 해하거나 독립성에 영향을 주지 않는다고 판단하는 것 같다. 그런데 중국은 처음부터 지배주주의 경영전횡을 막을 목적으로 회사와 이해관계가 없는 자를 독립이사로 선출하려는 의도가 깔려 있어 일정한 수량의 이사의 주식보유는 이해관계의 충돌 시 독립적이지 못할 것으로 판단되어 삽입된 것으로 생각된다.

독립이사가 명백하게 필요한 경우는 잠재적인 이해관계의 충돌을 해결할 때 일 것이다. 독립이사 제도를 회사의 전반적인 이익에 대한 보호 방법이고 목적이라고 본다면 독립이사는 경영진과 지배주주의 영향으로부터 자유로워야 하는 것은 자명하다. 혹자는 경영진이 이사선임에 대한 중요한 지배력을 유지하고 있기 때문에 미국에서 독립성은 단지 이론적으로만 존재한다고 비판한다. 즉 독립성에 대한 어떠한 정의도 사회에서의 친구, 동일한 클럽 및 협회의 회원을 독립이사에서 배제한다는 내용을 포함하고 있지 않다는 것을 지적한다.[84] 따라서 경영진이 친척도 아니고 회사와 관계가 없으며 단지 이사의 업무 목적을 위하여 종사하거나 자신을 이사회의 구성원으로 선임해 준 경영진에 반대하기 보다는 오히려 쉽게 사표를 낼 수 있는 이사들을 찾는다는 것은 아주 쉬운 일이다.[85]

미국과 달리 중국에서 독립이사의 독립성은 지배주주로부터의 독립성을 의미한다는 것은 이미 언급한 바 있다. 중국은 사회적으로나 업무적으로나 '꽌씨(Guanxi)'로 칭해지는 문화적 환경이 아주 강하게 작용하고 있으므로[86] 독립이사의 선출과정에서 지배주주 및 경영진의 영향을 피하는 것은 아주 어려운 일이다. 비록 지도의견에서 엄격하게 독립성을 요구하고 있지만 진정한 독립이사의 독립성을 확보하기는 어려운 일이다. 또한 지도의견 제4조에 의하면 독립이사는 현직 이사들, 감독위원회 및 발행주식의 1% 이상을 소유하는 개인주주 또는 소수주주에 의해 지명되도록 규정하고[87] 있어 Guanxi의 영향을 배제하기는 처음부터 불가능하다는 점이다. 현실적으로도

84) Betty M. Ho, op.cit., p.507.
85) Brent A. Olson, op.cit., § 2:26.
86) JiangYu Wang, op. cit p.53.
87) China Securities Regulatory Commission(Guidance Opinion), op.cit., § 4(1).

중국에서 독립이사는 배타적으로 지배주주에 의해 아니면 지배주주에 의해 선임된 이사회에 의해 선출되고 있으므로 지배주주 및 경영진은 그들 편에 설 수 있는 자 또는 그들과 관계있는 자를 독립이사로 선출하려고 할 것이다. 이러한 점은 CSRC도 인정하고 있고 지도의견에 의하면 독립이사로 선출된 자의 승인여부를 15일 이내에 결정할 수 있는 권한을 CSRC가 보유하고 있으므로 지배주주 및 경영진과의 관계를 이유로 독립이사의 승인을 거절하고 있다.88)

독립이사를 보유하고 있다는 것은 항상 체계적으로 경영진으로부터 독립적인 그룹을 보유한다는 것이므로 결국 실질적인 독립성 확보를 위해서는 초점은 독립이사의 선발과정에 맞춰져야 한다. 독립이사 제도가 중국에서 도입된 취지인 소수주주를 위해서는 전적으로 독립이사로 구성된 독립이사 지명위원회가 독립이사 후보를 지명하는 것이 가장 바람직할 것이다. 아울러 지배주주의 영향을 선출과정에서 배제하기 위해서는 지배주주가 독립이사지명권을 행사하지 못하게 하고 그들이 지명한 독립이사 후보에 대한 의결권도 제한하는 것이 마땅하고 집중투표제도 한 방법이다. 독립이사 선출 후 CSRC 같은 기관이 상장회사 모두를 감사한다는 것은 현실적으로 불가능하므로 소수주주에게 그들이 더 이상 신뢰하지 않는 독립이사에 대한 각종 소송권을 부여하는 것이 이론적으로 합리적일 것이다.

(2) 독립이사의 업무수행에 대한 동기

독립이사의 독립성이 강화되면 주주의 이익을 극대화하기 위한 독립이사의 동기는 약화되고, 역으로 더 많은 동기 부여는 독립성의 결여를 초래하게 된다. 이러한 점은 독립이사 제도에 내재한 문제를 지적하고 있다. 미국에서 독립이사는 주주의 이익을 극대화하기 위한 적절한 동기가 없고 그들

88) 우리나라 한국상장회사협의회는 2007.4.1.부터 2008.3.31.까지 정기주주총회를 개최한 상장회사 679개사 중 설문에 응답한 278개사를 분석하였고, 사외이사의 독립성 저해요인으로는 '대주주나 경영진과의 친분관계'라는 응답이 63%로 가장 많았고, 다음으로 '경영진 등의 사외이사제도에 대한 인식부족'이라는 응답이 27.2%로 많았다(한국상장회사협의회, 상장회사 주주총회 백서, 2008.10, 197면).

이 업무를 보는 회사로부터 수입의 대부분을 벌어들이지는 않는다는 것은 잘 알려져 있는 사실이다.[89] 재정적인 수입이 없는 경우 독립이사의 유일한 동기는 그들의 직업적인 명성일 것이다. 일반적으로 독립이사는 경영진의 정보제공 불충분 등을 이유로 자신의 무죄를 주장하면서 이사회에서 사임할 것이다.[90] 독립이사의 지위에서 누리는 혜택에 비해 독립이사에게 부담될 잠재적인 책임은 단지 위험관리 차원에서 생각해 볼 경우에도 비율적으로 맞지 않다는 점이다. 따라서 독립이사가 회사업무에 대해 정보제공을 충분히 받고, 독립적으로 활동하면서 사려 깊게 내린 결정에도 일정한 경우 경영진에 의해 소송제기가 될 수도 있을 것이다. 이렇게 보면, 오히려 경영진의 경영전략 등에 대해 반대할 동기가 없다는 결과가 된다. 이러한 업무에 대한 정보 불충분은 우리나라에서도 보여 지는 현상이다. 우리나라 한국상장회사협의회가 2007년 8월 464개사(주권상장 253사, 코스닥상장 211사)를 대상으로 사외이사 운영·실태를 설문·분석한 결과에 의하면, 주권상장법인의 39.2%와 코스닥상장법인의 63.0%가 중요한 경영정보가 있을 경우에만 사외이사에게 정보를 제공하였고, 주 1회 이상 정기적으로 사외이사에게 경영정보를 제공하는 기업은 주권상장법인과 코스닥상장법인의 각각 1.6%와 1.9%에 불과하며, 이사회나 위원회 개최를 앞두고 안건에 관한 자료를 이사회 또는 위원회 개최 1주전에 전달받아 이를 충분히 검토할 시간이 없어 사외이사가 이사회 안건에 대하여 전문적인 의사결정을 하기 어렵게 한다.[91]

결국 독립이사에게 업무수행의 동기를 부여할 수 있는 방법은 금전적인 보상 밖에 없을 것이다. 그러나 금전적인 보상이 독립이사에게 동기를 부여한다고만은 볼 수 없는 면이 있다. 즉 임금의 액수가 높을 경우 자신들을 선택한 경영진에 대해 굳이 반대할 필요는 없다는 것이다. 한 보고에 의하면 중국에서 독립이사의 년 수입은 1000위안($120)에서 80,000위안($9,700)에 이른다고 한다.[92] 조사에 의하면 대부분의 독립이사는 40,000위

89) 상세한 것은 Minkang Gu의 전게 논문 참조.

90) Enron사 및 Worldcom사의 이사회에 독립이사로 누가 그 당시 재직하고 있었는가를 기억하는 경우는 아주 드문 점을 생각해 보면 자명하다.

91) 한국상장회사협의회, 사외이사의 독립성 및 전문성제고방안, 2007.12, 64~70면.

안($4,900)에서 50,000위안($6,000) 사이의 수입을 평균적으로 받는다고 한다. 독립이사 후보자는 독립이사를 할 만한 가치가 있는 가 및 그들의 임무를 어떻게 수행할 것인가를 결정하는데 있어 확실하게 직업적인 윤리 및 경제적인 동기에 대해 생각할 것이 분명하다. 경제적인 보상이 너무 낮은 수준이면 독립이사는 경제적 동기가 부족할 것이고 반대로 너무 높다면 독립성이 손상될 것이다. 지도의견은 한 사람이 5개 이상의 상장회사의 이사회에서 독립이사를 겸직하는 것을 금하고 있다. 이러한 금지는 사람들이 1개 또는 수개의 회사로부터 수입을 얻는 직업적인 독립이사가 되는 것을 방지하려는 것이다.

독립이사의 임금이 어느 수준이 적정한 것인가의 문제는 우리나라에서도 보이는 현상이다. 한국상장회사협의회의 2008년 상장회사 주주총회백서에 의하면, 상장회사 사외이사 가운데 연간 보수 평균이 1,000만원 이하인 경우도 19.6%에 달하고 있고, 2007년 사외이사의 보수 평균이 2,339만원에 불과하며, 특히 코스닥상장법인의 경우 44.4%가 월간 200만원에도 못 미치는 대우를 받는 것으로 조사되었다.[93)]

경제적 보상의 다른 측면은 책임의 문제이다. 책임제도의 확립은 독립이사가 장식을 위한 꽃병 수준을 벗어나 업무를 수행하도록 유도할 것이다. 그러나 과도한 책임이 독립이사에게 부담되면 독립이사는 업무를 수행할 때 과도하게 보수적인 경향을 띠게 되는 것이다. 예를 들면, 독립이사는 위험을 피하기 위하여 이해관계가 충돌하는 거래에 대한 판단을 피하려 할 것이고, 이는 사람들이 독립이사의 지위를 맡는 것을 꺼려하게 될 것은 자명하고, 아울러 이러한 점은 독립이사에 적절한 후보자를 찾기가 어려운 결과를 야기하게 될 것이다.

---

92) Wu Jianxiong, How Are Independent Directors Doing? An Investigation and Analysis of the Current Situation in the Implementation by Listed Companies of the Independent Director System, Securities Times, Jan. 10, 2002; 독립이사의 임금에 대한 통계는 그것이 이루어진 년도가 최근이든 오래 전이든 그 신뢰성이 아주 없다는 점이다. 일부 회사는 내역을 공개하기를 꺼리고 일부는 그 액수를 줄이거나 틀리게 발표하기도 하는 것으로 조사되었다.

93) 한국상장회사협의회, 전게보고서, 90~92면.

2002년 Zhengbaiwen의 독립이사였던 Jiahao Lu는 회사가 거짓으로 회계보고서를 제출하였을 때 아무런 행동도 하지 않았음을 이유로 CSRC로부터 100,000위안의 벌금을 부과 당했고 CSRC는 소송을 제기하였으나 북경 인민법원은 소송을 기각하였다. Jiahao Lu는 중국에서 처벌받은 첫 번째 독립이사였고 당시 Jiahao Lu는 Zhengbaiwen으로부터 독립이사 직위에 대한 보수는 받지 않았다. 이 사건 이후 66명의 독립이사가 사임하였다. 현재 Zhengbaiwen는 대부분의 상장회사보다 많은 $14,000을 독립이사의 보수로 지급하고 있다.[94] 지배주주 및 경영진이 자신들의 업무수행을 감시할 독립이사의 보수를 결정한다는 것은 이치에 맞지 않으므로 이사와 경영진의 보수를 결정하기 위한 독립적인 보수위원회를 이사회 내에 설치해야 할 것으로 보인다. 또한 독립이사의 보수지급의 방법으로 현금보다는 스톡옵션, 양도가 제한된 주식 등의 지급이 바람직할 것이다. 주식의 보유는 독립이사의 시각을 주주의 이익과 동일하게 하고 감독의 동기를 부여할 수 있을 것이기 때문이다.[95] 현금으로 독립이사에게 임금을 지급하는 경우에 어느 정도가 적정한 수준인가에 대해서는 객관적인 기준이 없으므로 위와 같은 방법이 현실적이고 독립이사에게 회사를 감독할 수 있는 동기를 부여할 수 있을 것이다.

(3) 독립이사의 능력

현재 중국에서 독립이사의 대부분은 대학교수 및 학자이다.[96] 여기에서 두 가지 문제점이 발생한다. 첫째, 교수 및 학자들은 동시에 두 가지 직업에 충실할 수 있는 시간이 절대적으로 부족하다는 점이다. 둘째, 반드시 필요한 회사운영의 경험 및 지식이 부족하다는 점이다. 이들은 자신이 속한 각각의 분야에서는 상대적으로 뛰어나지만 회사운영에는 친숙하지 않고 이사로서 어떻게 행동해야 할 것인가를 모른다는 것이다. 다시 말하면 독립이사로 지명된 자가 자신의 분야에서 성공적일지라도 전적으로 다른 분야

94) http://www.chinatoday.com.cn 참조.

95) Charles M. Elson & Christopher J. Gyves, The Enron Failure and Corporate Governance Reform, 38 Wake Forest L. Rev. 855, 870(2003).

96) Bei Hu, Independents Shunned by China Firms, S. China Morn. Post, Feb. 7, 2004; CSRC에 따르면 상장회사 독립이사의 약 42%가 학자라고 한다.

에서 독립이사로서의 능력을 발휘할 수 있을 것인가에 대해서는 의문이다. 현재 중국의 회사제도는 역사가 짧기 때문에 회사업무에 경험 있고 자격이 검증된 전문가는 부족한 현실이다. CSRC는 독립이사를 훈련시키는 과정을 제공하는 기관과 이미 협력을 시작하였고, 이러한 과정을 수료한 자에게 독립이사의 지위를 허용하는 추세에 있다.97) 비록 이러한 짧은 과정의 효용성에 의문이 있을지라도 독립이사의 질을 높이는 한 방법일 것이다. 2001년 이후 1000개 이상의 상장회사, 비상장회사, 펀드매니저 중 10,000명 이상이 독립이사로 재직할 수 있는 훈련과정을 수료하였다.98)

심지어 충분한 시간과 능력이 있을지라도 한 사람의 지배주주에 의해 통제되는 이사회에서 독립이사가 자신의 능력을 발휘하는 것은 거의 불가능하다. 지도의견에서는 이사회의 1/3이 독립이사일 것을 요구하고 있다. 역으로 말하면 2/3는 지배주주에 의해 선임되거나 관계있는 이사라는 점이다. 미국의 경우 외부에서 영입된 이사가 수적으로 내부에서 선임된 이사의 수를 능가하는 경우에도 여전히 다양한 방법에 의해 이사회에 영향력을 행사하는 것은 사실이다. 그렇다면 2~3명에 불과한 독립이사가 수적으로 열세임에도 불구하고 어떠한 방법으로 내부에서 선임된 이사들의 분위기를 누르고 독립적으로 업무를 추진할 수 있는지는 여전히 의문이다. 지도의견에서 제시된 독립이사의 수는 여전히 낮다는 점이다. CRSC는 이사회의 구성원 중 독립이사를 과반수로 수를 높여야만 하고, 보수 및 회계위원회는 완전히 독립이사로만 구성되도록 규정을 강화해야 한다. 이렇게 강화된 경우 독립이사는 지배주주의 참석여부에 관계없이 반대의견을 자유로이 표현하는 것이 가능할 것이다. 물론 독립이사들도 회사업무에 대해 특별한 지식을 보유할 수 있도록 훈련 등의 통하여 강화해야 할 것이다.

다시 말하면 독립이사가 경영을 효율적으로 감독할 수 있는 것인가에 대해서는 여전히 어려운 점이 있고 효율적인 결과를 보장하지도 않는 상황이

97) 지도의견에 독립이사 및 그 직을 맡는 인사는 중국증권감독관리위원회의 요구에 따라 증감되나 그 수권기구에서 훈련에 참가하여야 한다는 원칙 규정만 두고 있다(指導意見 제1조 5관).

98) Bei Hu, op.cit., 참조.

나 독립이사 제도는 중국 회사지배구조를 향상시키는 방법임은 틀림없고 2006년 회사법에서 독립이사를 명문으로 규정한 것은 바람직한 회사지배구조에로의 발전임도 틀림없다.

(4) 감사회와의 관계

중국에서 독립이사제도를 도입한 것은 이미 독일식 이원제 회사지배구조를 채택한 것에 비추어 이상한 역할을 기대한 것 같다. 즉 독립이사제는 감사회의 실패를 종식시키려는 직접적인 반응이었다고 한다. 따라서 독립이사의 지위와 적용범위의 확정이 중요하다. 이 두 제도의 권한과 책임을 분명히 하지 않으면 두 기구사이의 분쟁과 발뺌은 심리적 편승현상으로 나타나 유일한 감독 작용마저 무용화 시킬 수 있다. 독립이사가 이론적으로는 감사회의 불비를 메워주는 역할을 할 수 있다고 하나 실제는 그렇지 않다. 따라서 회사는 양자의 기능을 정해 주어야 하며 차례로 상호 회의를 갖도록 함으로서 양자의 기능을 조화시켜야 할 것이다. 독립이사는 보조적 기구이므로 감사회의 권한을 강화시켜야 할 것이다.[99)]

Ⅳ. 결론

중국이 현재 기존의 법 구조 및 제도 하에서 단순히 독립이사 제도를 도입한 것으로 독립이사의 역할에 많은 기대를 하는 것은 비현실적이다. 그리고 특히 일 년에 2주 정도 실질적으로 근무하는 상황에서 독립이사가 감독해야 할 지배주주 및 경영진에 의해 선택되어 제공되는 회사업무에 대한 정보를 가지고 독립이사 본연의 임무를 할 것이라고 생각하는 것도 무리일 것이다. 독립이사가 내부자에 의해 제공된 정보에 의존하고 회사업무를 실질적으로 파악할 수 없다면 단순히 독립이사 제도를 도입하였다는 사실이 중국의 회사 지배구조를 일정한 수준으로 향상시키지는 않는다는 점이다. 제도의 운영이 뒷받침 되어야 할 것이나 현실적으로는 독립이사의 역할은

99) Yurong Dhen & Weixing Wang, Study on Independent Director System in Corporate Governance. Asian Social Science 2009, pp.66-67.

지배주주 및 경영진과 밀접한 관계를 가진 이사들 보다 일정한 거리가 있으므로 회사업무에 대해 적절한 질문을 하고 그들의 답에 대해 정확하게 평가하는 정도를 기대하는 것이 바람직할 것이다.

독립이사 제도는 회사지배구조 차원에서는 중요한 요소이나 그 자체로 바람직한 지배구조를 완성하는 것은 아니다. 중국에서 회사 지배구조를 향상시키기 위한 첫 번째 단계일 뿐이다. 즉 독립이사 제도는 시장경제, 건전한 법 제도, 공정한 사법부 및 건전한 기업문화 등과 어울려야 그 힘을 발휘할 수 있고 단순히 독립이사 제도가 중국 회사지배구조에 내재된 모든 문제를 해결하는 만병통치약은 아니라는 것이다. 중국의 근본적인 문제는 정치 경제 법률 환경 등에 깊이 뿌리내려져 있다. 즉 독립이사의 진정한 독립성의 결여와 법원칙을 위반했을 시 독립이사에게 권한과 특권을 주는 것에 대한 미온적 태도가 문제가 된다고 하겠다.[100] 현재 중국 회사지배구조의 주요한 문제 중 하나가 지배주주의 회사지배 문제이다.[101] 이러한 문제를 해결하기 위해서는 근본적으로 금지할 수 있을 수는 없을지라도 적어도 지주비율을 줄여나가는 것이 바람직할 것이다. 중국 입법자는 우선 균형 잡히지 않은 주식 소유구조를 변경할 수 있는 입법을 강구하여 회사 업무에 대한 영향을 줄이는 것이 관건일 것이다. 다시 말하면 독립이사 제도가 중국 회사지배구조를 향상시킬 수 있는 첫 걸음은 분명하나 단순히 제도의 도입으로 산재된 지배구조 상의 문제가 해결되기를 기대하는 것은 어려운 일이고, 주주대표소송, 주주제안권, 집단소송권 등 독립이사 제도가 그 역할을 다할 수 있도록 법 제도를 도입하거나 정비하는 것이 순서일 것이다.

---

100) JiangYu Wang, The strange Role of Independent Directors in a two-tier Board Structure of China's Listed Companies, Compliance & Regulatory Journal 2007 Issue 3, p.54.

101) 상해 증권거래소에 의해 조사된 연구에 의하면 중국 회사지배구조의 문제는 다음과 같은 것들이고 이들 중 일부는 지배주주에 의한 소수주주 이익 침해에 관련된 것이다. ① 주식소유구조의 왜곡, ② 이사회 이사의 독립성 결여, ③ 이사회 감독권한 부족, ④ 채권자의 통찰능력 부족, ⑤ 투자결정시 낮은 수준의 투명성 및 전문성, ⑥ 주요 경영진의 무한한 권력, ⑦ 회사경영권 시장의 부족, ⑧ 전문경영진 시장의 부족, ⑨ 왜곡된 동기유발체제, ⑩ 소수주주 이익보호에 대한 제도 결여, ⑪ 책임체제 부족, ⑫ 회사지배구조 및 주주 문화의 부족 등이다 〔Donald C. Clarke, The Independent Director In Chinese Corporate Governance, 31 Del. J. Corp. L. 125, 169(2006)〕.

개혁 · 개방 이후 중국 상법(총론 · 회사법)의 변화*

목 차

Ⅰ. 서론

중국은 1978년 이래 해방사상, 개혁 · 개방, 중국특색의 사회주의 건설의 30여년을 지나 왔으며 특히 개혁 · 개방 이후 괄목할 만한 경제성장올 이룩하였다. 또한 이 기간 동안 경제건설과 함께 "경제발전은 곧 법제경제"라 할 정도로 법제건설도 동시에 이루어 졌다. 그 중에서도 상사입법이 현저하게 발전하여 상법체계가 큰 진보를 이룩하게 되었다.

그러나 1978년 이전 상황을 보면 중국 상사법이 많은 우여곡절을 겪어 왔다는 것올 알 수 있다. 전통적인 '重農抑商'정책은 淸 말에 이르러 수정을 강요받으면서 상공업 진흥올 위하여 상사입법을 제정하게 되면서 먼저 대륙법계의 상사법에 접근하게 되었다. 그러나 독일의 민상분리주의 입법체계와 달리 민상합 일주의를 채택하게 되었다. 또한 중국이 개혁 · 개방 이전에는 사회주의 기본 개 조 후 계획경제를 추진하였으므로 상법의 관념 또는 상법의 규범은 거론되지 않았다.

그런데도 실질적 의의의 상법은 개혁 · 개방 이후 계속적으로 추진되고 있었다.고 할 수 있다. 먼저 기업조직관계를 규율하기 위한 법률이 개혁 · 개방 시기에 제정 · 공포되기 시작하였다. 중외합자경영기업법(1979), 경제합동법(1981), 외자기업법(1986), 중외합작경영기업법(1988) 등이 계속 나왔다. 그러나 상당한 기간 동안 이론 계는 여전히 상법개념을 중시하지 않았고 상사입법의 탐색도 명확한 방향을 찾지 못하고 있었다. 1980년대 후기에 이르기 까지 학술계는 여전히 상업법과 상법을 사회주의와 자본주의 입법 분야로 간주하였던 것 이었다[1)]

이러는 동안 중국은 1986년에 民法通則을 제정하였으나 이 법의 한계성으로 인하여 다음과 같은 일련의 상사 단행법을 제정하게 되었다.

1992년 사회주의 시장경제의 실행을 확정하면서 중국의 경제체제는 신속히 진행되었고 상사 입법도 새로운 단계로 진입하게 되었다. 이 단계에서 입법기관은 회사법(1993), 상업은행법(1995), 어음수표법(1995), 보험법(1995), 증권법(1998), 계약법(合同法1999), 신탁법(2001) 등 일련의 중요한 상사 법률을 공포하게 되었다.

그러면서도 입법기관은 상사입법을 채택하는데 대한 명확한 표명은 없었으며 대부분의 상사 단행법은 경제입법으로 취급 되었다. 따라서 20세기 중국의 민 상합일 추세는 비교적 명확했으며 상법의 독립성 문제는 언급하지 않았던 것이 다[2)] 이렇듯 계획경제하에서 상법은 독립적인 지위를 상실하게 되었으나 그 후 경제발전의 영향으로 상법에 관한 관심이 고조되기 시작하였다. 많은 학자들이 상법의 독립성을 주장하고 있으며 현재 제정중인 민법전도 완전한 의미의 민법전을 추구하고 있다. 그 후 상사 법률이 시행됨에 따라 개정도 잇따르게 되었다. 그 중 상업은행법(2003), 회사법과 증권법(2005), 어음수표법(2004), 파산법(2006) 등이 진일보 개정되었다. 그 외에도 기금법, 선물법(期貨法)도 제정을 서두르고 있다. 이들 단행 상사 법률은 상대적으로 완비된 중국 상법 체계를 구성하고 있다.

1979년 이래 상법의 개혁과 발전은 두 차례의 사상적 해방을 가져왔다. 제1차는 1993년 회사법의 공포로 과거 소유제에 따라 다르게 진행된 입법

---

* 이 글은 영남대학교 법학연구소 嶺南法學 제31호(2010)에 수록 됨

1) 徐學鹿, 改革開放中的商法理論與實踐, 中國法制出版社, 1991, p.33

2) 徐學鹿, 上揭書, p.16

적 전통을 타파한 것과, 제2차로 2005년 회사법의 전면 개정으로 상법은 국유기업 개혁의 주요 역할에서 모든 상사 활동 참가자에게로 전환·확대 되었다. 또한 1979년 이래 중국 상법학의 발전은 두 차례의 변화를 겪어 왔다. 제1차 변화는 외국 상법 이론의 소개 및 연구로 중국의 상법이론을 탐색하게 되었다는 것과 두 번째 변화는 개별제도 연구에서 이론의 정리까지 상법의 이론체계를 탐색·조화 할 수 있었다는 것이다. 이러한 전환의 초보 성과로 일련의 상법총론연구 에 관한 저술이 출간되었다. 다만 이 변화는 아직 완성된 것은 아니며 계속 되어질 것이 요구된다[3]

이 논문은 중국 상법이 개혁·개방 이후 30여년에 걸친 변화에 관하여 고찰함에 있어서 중국 상법 전 분야 중 상법 총론과 회사법의 주요 부분에 관한 이 론과 실제의 변화를 살펴본 후 중국 회사법의 현대화에 관한 언급으로 마무리 하고자 한다.

Ⅱ. 중국 상법의 발전 과정

개혁·개방 30여 년, 중국 경제체제 전환의 30여 년, 인치에서 법치로의 30여년과 아울러 중국 상사부문법도 30여 년간 신속하게 발전 되어 왔다. 이를 시대별로 구분하면 다음과 같이 분류할 수 있다[4]

1. **탐색 단계**(1978-1992)

1978년부터 1992년 사회주의시장경제체제의 확립시기까지 중국 상법은 험난한 탐색 단계를 지나왔다. 이 시기에는 분산적이지만 상사주체법으로 중외합자 경영기업법(1979), 외자기업법(1986), 중외합작경영기업법(1988)(이상 섭외주체입법 3건)과, 상사거래행위법으로는 경제합동법(1981), 섭외합동법(1985), 기술합동법(1987)이 있다. 이상의 입법은 분산되어 있고 체계

3) 沈軍芳 等, 改革開放三十年來中國商法理論綜述, 中國商法評論,北京大學出版社, 2010, pp.36-37

4) 顧功耘, 改革開放三十年與中國商法的發展, 中國商法評論, 北京大學出版社, 2010, pp.1-3

성도 결핍되었다. 이 시기의 입법은 정부주도의 응급성 입법이었기에 방향이 불명확하고 예측성이 결핍되었다고 할 수 있다. 실질적으로 이 시기에는 시장 발전정도가 낮고 중국 경제체제 개혁의 불명확성이 입법에 반영되었기 때문이다.

2. **상사 부문법의 신속한 발전 단계**(1992-1999)

1992년 사회주의시장경제체제의 확립으로 중국 상사부문법의 신속한 발전이 촉진되었다. 회사법, 증권법, 어음수표법, 보험법, 해상법 등 일련의 중요한 상 사단행법이 통과되었다. 이 단계의 특징은 모든 시장운행제도들이 법률규범범위 내로 들어옴으로서 시장운행을 조정하는 법 즉 상법을 형성하게 되었다. 이 단 계의 상사입법은 정부주도로 시작되어 시장을 향한 방향으로 발전하게 되었다.

3. **상사부문법의 개정과 완성 단계**(1999-2008)

1999년은 상법 발전에 영향을 준 3대 사건이 발생한 해이다. 심천경제특구상사조례의 통과로 상법이 교육부가 지정한 고등학교 법학전공 14개 핵심과정중의 하나로 되었고, 상법 연구가 정규화·규모화 되었으며, 대량의 상법인재가 배양되고 전국인민대표대회에서 저명한 상법학자의 강의를 듣는 등 입법기관이 점차 상업에 관심을 가지게 되었다 상법에 대한 이러한 변화로 2005년 회사법 과 증권법의 전면 개정, 2006년 조합(合伙)기업법의 개정, 기업파산법의 공포 등이 줄을 이었다. 이 시기 최대의 특징은 상법 이론의 연구와 실천이 실현되었으며 응급성 입법에서 신중한 입법올 하게 되었다는 것이다.

4. **상법체계 초보 수립 단계** (2008-2020)

현재 중국 상법이 당면한 최대의 문제는 상사부문법의 충돌과 협조 문제이다. 신속히 商事通則을 제정하고 동시에 시장에서 출현하는 새로운 문제에 주의를 기울려야 한다. 또한 시급히 제정할 것으로 선물법, 금융파생상품거래법, 투자 기금법, 금융지주회사법 등을 들 수 있다. 중국은 2020년에 중국 국정에 부응하는 독립적인 상법체계를 수립할 것이다.

Ⅲ. 상법 총론 부분

1. 상법의 기본원칙

상법의 기본원칙은 상법이론과 실제상 공통으로 가지는 중요한 가치이다. 그러나 중국학계의 상법 기본원칙에 대한 견해는 비교적 큰 차이가 보인다. 이른 바 2 원칙 설, 4 원칙 설, 5 원칙 설, 6 원칙 설 등이 그것이다. 여기서는 이 학설들의 대강을 살펴보는 것으로 중국 상법의 기본원칙을 파악하고자 한다.

(1) 2 **원칙 설** :

거래의 신속 보장 원칙과 거래 안전 원칙의 체현

(2) 3 **원칙 설** :

시장정상운행 원칙의 보호, 상사거래 효율 원칙의 제고, 상사거래안전 원칙의 보장[5]

(3) 4 **원칙 설** :

상사조직강화 원칙, 거래안전보호 원칙, 거래신속촉진 원칙, 거래공평 보호원칙[6]

(4) 5 **원칙 설** :

상사주체의 엄격법정의 체현원칙, 거래공평 보호 원칙, 거래 신속 원칙의 보장, 거래 확정성 보장 원칙, 거래 안천 원칙[7]

---

5) 顧功耘, 商法教程, 上海人民出版社,北京大學出版社, 2006, pp.20 - 24

6) 顧功耘, 上揭書, pp. 8 - 14

(5) 6 **원칙설** :

효율체현원칙, 거래공평보호원칙, 상사조직강화원칙, 거래안전보호원칙, 거래 성실 신용 원칙, 거래 습관과 거래규칙의 충분 존중원칙[8)]

근래에는 商事通則의 제정이 거론됨에 따라 상사기본원칙을 상사통칙에 구체적으로 규정하자는 견해도 있다.[9)] 우리 상법은 기업의 유지 강화와 거래의 안전·신속화를 그 이념으로 하고 있다.[10)]

2. 상법의 지위

중국 법률체계 중에 상법의 지위에 관하여 줄곧 격렬한 논쟁이 존재하고 있다. 이른바 "商經合一論", "民商合一論", "民商分立論"이 그것이다. 개혁·개방 이 후 20세기 말까지는 "상경일체"가 주류를 점하였다. 이는 상법과 경제법이 공히 기업을 대상으로 하므로 양자는 응당 합일 또는 총화로 파악하여야 한다는 것 이다.[11)] 시장경제의 발전으로 상경분리가 학자들의 지지를 많이 받으면서 상법은 사법이고 경제법은 공법이며 양자는 상호 대체 불가능한 것이라 하였다.

상법의 독립성에 관하여 "민상합일" 또는 "민상분립"으로 많은 논쟁을 거듭해 왔는데 문제는 실질적으로 상법이 민법의 특별법인가 아닌가에 있다고 할 수 있다.[12)] 민상합일을 주장하는 대다수는 상법은 민법의 특별법으로 볼 수 있으며 결코 부문법상 독립성을 가진다고 볼 수 없다고 한다.[13)] 현행 民法通則은 민상합일 입법이다. 경제합동법, 섭외경제합동법, 기술합동법은 상사합동법의 성질을 가지나 여전히 民法通則의 특별법이다. 해상법, 회사법, 어음수표법, 보험 법은 모두 민사특별법에 속한다고 한

---

7) 董安生, 中國商法總論, 吉林人民出版社, 1994. p.53
8) 趙万一, 商法基本原則研究, 法律出版社, 2002, pp.64-82
9) 顧功耘, 前揭書, p.40
10) 이철송, 상법총칙·상행위, 박영사, 2008, pp. 16-19
11) 王保樹, 中國商事法, 人民法院出版社, 2002, p.17
12) 徐學鹿, 論我國商法的現代化, 山東法學, 1999, 第2期
13) 史尚寬, 民法總論, 中國法政大學出版社, 2000, p.63

다.[14] 다만 민법과 상법간의 융합이 밀접하지 않다면 상법은 여전히 상대적으로 독립한 법 역의 중요한 지위를 점하는 것을 부인할 수 없다. 상법은 상대적으로 민법과는 독립한 하나의 부문법이다. 상법은 자기 것을 가지고 있으며 민법의 가치, 조정대상, 주체범위, 성질, 특징과는 다르다. 따라서 상법과 민법은 동일한 私法 영역에 속하지만 각자는 각자의 독립성을 가지며 특히 입법에는 독립된 법률체계를 가져야 한다. 그 중에는 상법의 독립적 규칙체계, 독립적 적용범위, 독립적 책임체계 및 독립적 이론체계가 포함되어야 한다[15]는 것이다.

3. 상사입법 방식

청말, 民國 초기 전후로 大清商律草案, 商人通例가 제정되었지만 실시가 되지 않았다. 국민당 정부는 최종적으로 "民商合一"의 입법양식을 채택 하였다. 중화인민공화국 성립(1949)후 장기간 계획경제체제를 실시하였기 때문에 자연히 상법의 존재가 가능하지 않았다. 개혁 개방 후 종횡 이원 경제관계 구조 하에서는 상법은 경제법에 흡수 되었다. 시장경제체제가 점차 수립되어 가면서 회사법, 보험법, 어음수표법, 상업은행법, 증권법, 신탁법 등 중요한 상사단행법이 공포됨으로써 중국 상사제도 건설에 신기원을 열게 되었다. 그러나 다만 이러한 상사 입법은 상법이론 연구가 매우 부족한 정황 하에서 제정된 것이므로 입법에서 많은 부족함이 존재한다는 사실을 부인할 수 없을 것이다. 따라서 학계에서 상법 입법방식에 대한 토론을 시작하였으며 특히 민법전이 기초되면서 학자나 전문가들이 상사입법 방식에 몰입하게 되었다.

종합적으로 보면 중국 이론계는 3종의 상사입법방식을 제시하였다. 그 하나는 상법전을 제정하여 모든 상사관계를 조정하자는 견해[16], 둘째로는 민법전의 제정과 상사관계 법률규범을 별도로 단행 상사 법률로 편찬하자

14) 梁慧星, 民法總論, 法律出版社, 1996, p.2
15) 苗延波, 論商法的獨立性, 河南省政法管理干部學院學報, 2008, 第1期
16) 徐學鹿, 論進一步完善民商法律, 法制與社會發展, 1995, 第2期

는 것[17], 그리고 세 번째로 민법전의 제정과 상사관계 법률규범을 단행상사법률로 편찬・조정 하고 동시에 "商事通則"을 제정하자는 견해(절충주의)이다[18].

상법 총칙에 관하여 두 가지 방식이 있는데 하나는 민법전에 규정하여 완전히 민상합일로 하는 방식과 민법전 외에 商事通則을 두어 당초 民法通則의 방식 과 같이 商事通則의 내용을 추가하는 방식이다. 이 후자의 방식이 보다 간편하며 만약 이들을 민법전에 포함시킨다면 번거로워 상법의 특징을 나타낼 수 없을 것이다[19]

혹자는 중국은 商法通則으로 실질적으로 상법주의를 통솔하는 민상분립을 실행해야 한다고 주장한다.[20] 상법학연구 하얼빈연회 및 광주연회는 商事通則에 대하여 1) 商事通則은 상법 중 일반법적 의의의 단행상사법률이며, 2) 商事通則은 민상분립도 민상합일도 아니며, 상법전의 형식을 채택하지 않는다. 3) 商事通則은 상법의 일부분이고 민법의 특별법이며 4) 商事通則은 외국에서의 상 법전 총칙이 아니며 民法通則 방식을 채택하는 것도 아니다[21]라고 자리매김을 하였다.

Ⅳ. 회사법 부분

1. 회사법의 제정과 개정

중국의 회사에 관한 역사는 양무운동(洋務運動)시기에 시작하여 근 100년의 시간이 흘렀다. 그러나 각종의 정치투쟁으로 지속적인 회사법의 전통을 형성하지 못하였다. 신 중국 성립(1949)후에는 계획경제의 실시로 전통적인 회사법은 더더욱 자취를 감추었다. 20세기 최후의 30년 동안 중국은

---

17) 王利明, 中國民法典的體系, 現代法學, 2001, 第4期
18) 范健, 商事法律報告, 中信出版社, 2004, pp.32-33
19) 江平, 關于制定民法典的幾点意見, 法律科學, 1998, 第3期
20) 石少俠, 我國應實行實質商法主義的民商分立 - 兼論我國的商事立法模式, 法制與社會發展, 2003, 第5期
21) 王保樹, 朱慈蘊, 尋伐商法學發展的足迹, 關于2007年商法學研究的研究, 中國法學 第2期

개혁 · 개방으로 시장경제체제를 확립함에 따라 원래의 국영기업조직이 점차 생산 공장에서 법인으로, 회사는 주요 형식의 현대기업제도가 되었다 이로서 중국은 또 한 번의 새로운 회사 열기가 형성되었다.

먼저 법률 영역에서 국가가 경제체제 개혁으로 기업입법을 하기 시작하여 "회사"(公司)라는 명칭을 쓰기 시작했다. 이어 중외합자경영기업법, 외자기업법, 중외합작경영기업법, 사영기업잠행조례, 고분유한공사(주식회사)규범의견, 유한책임공사규범의견을 공포함으로서 회사에 대한 법적 기초를 마련하였다. 최종적으로 1993년 회사법을 공포하여[22] 중국 회사법 체계의 초보를 이룩하였다.

중국은 회사법 연구를 시작되면서 1983년 학술계는 주식제를 주장하였다. 이로써 회사법의 이론연구가 중국 상법이론 연구 중 제일 중요하게 되었으며 또 한 최고로 활발하게 되었다. 드디어 2005년 중국은 1993년 회사법을 전면 개정하기에 이른다.

(1) **제1차 개정**(1999**년**)

제1차 개정은 국유독자회사 감사회의 설치(제67조) 및 하이테크 산업의 발전 을 촉진하기 위한 개정(제229조 제3항)이었다.

(2) **제2차 개정**(2004**년**)

액면가를 초과한 주권 발행 가액의 경우 국무원 증권관리부문의 비준 규정을 삭제(제131조 제2항)하는데 그쳤다. 2004년 초 국무원 법제사무실은 정식으로 회사법 개정사업을 시작하였으며 그 배경은 다음과 같다.

1) 중국의 WTO 가입으로 인한 글로벌 경쟁은 중국 회사법의 경쟁력 제고를 요구하고 있었다.

2) 외국의 회사법 개혁이 중국 회사법 개혁에 경험을 제공하였다.

3) 회사법 제정이후 10여년이 경과함에 따라 큰 변화에 적응하기 위하여

---

22) 이 법의 공포는 중국기업입법사상 중요사건이라고 표현할 정도였다(徐杰 徐曉松, 中國公司法與公司實務, 中國致公出版社,1994, p.35)

성급한 개정이 필요하였다.

그동안 경제체제 개혁의 끊임없는 심화와 사회주의 시장경제의 수립 및 점차덕인 개선은 회사법의 개정을 가속화하게 되었다.[23)]

(3) 1993년 회사법의 주요 문제

1993년 중국 회사법은 총 11장 230개조로 구성 되며, 그 내용은 총칙, 유한회사의 설립 및 조직 기구, 주식회사의 설립 및 조직 기구, 주식회사의 주식의 발행 및 양도, 회사채권, 회사 재무와 회계, 회사 합병과 분립, 회사 파산, 해산과 청산, 외국 회사의 분지 기구, 회사 책임 및 부칙 등이다. 이 회사법의 공포는 중국 상사법의 중대사건이라 할 수 있다. 그러나 중국 회사법은 계획 경제가 막 폐기되고 시장경제가 시작하는 시기에 제정되었기 때문에 허다한 규정에 계획경제시대의 흔적이 남아 있었다.

주요한 것으로, 첫째, 지도 사상에 존재하는 문제로서 회사법이 투자자의 투자 적극성올 자극하기보다 전통적 국유기업을 개조하기 위한 것이었으며, 둘째는 1993년 회사법은 구체적 내용 조정의 문제 즉 유한회사와 주식회사의 지배 구조상의 구분이 불명확하여 혼동이 발생하였다. 그 중요 원인은 그 시기에는 유한회사건 주식회사건 불문하고 기본적으로 모두 국유기업의 전환에 있었기 때문이다. 셋째는 회사법의 행정적 색채가 강하다는 것으로 행정기관이 회사의 생사존망의 중대 권리를 향유하고 주식회사 설립에 국무원이 권한을 수여한 부 문에 비준을 받게 한다든지 행정기관이 회사의 해산 및 청산에 관여 하는 등이 그 예에 해당할 것이다. 마지막으로 1993년 회사법의 기본 지도 원칙은 회사 설립 억제 태도를 취하고 있었다. 이로써 이 회사법은 세계 최고의 최저 자본과 최고 엄격한 성립 절차, 최고의 위법 제재 및 대다수인 들로 하여금 회사 설립의 자격과 경제 능력을 없게 만든 것이었다.[24)]

---

23) 자세한 것은 曹康泰, 新公司法修訂硏究報告(上册), 中國法制出版社, 2005 참조
24) 張民安, 公司法的現代化, 中山大學出版社, 2006, pp. Ⅰ-Ⅱ

(4) 제3차 개정(2005년 회사법)

2005년 회사법 (2005년 10월 27일 통과, 2006년 1월 1일 시행)은 총 13장, 219개조로 그 내용은 총칙, 유한책임회사의 설립 및 조직기구, 유한책임회사의 사원권 양도, 주식회사의 설립 및 조직기구, 주식회사의 주식발행 및 양도, 회사 이사, 감사, 고급관리인원의 자격 및 의무, 회사채권, 회사재무, 회계, 회사합병, 분립, 증자, 감자, 회사해산 및 청산, 외국회사의 분지기구, 법률책임 및 부칙이다. 2005년 회사법은 1993년 회사법을 전면 개정을 하였다. 그 주요한 내용은 회사최저자본의 인하, 분기납부 자본제도 도입, 상장회사 지배구조 개선, 감사회의 지위 강화, 이사회의 직권 강화, 이사장 직권 약화 등에 이어 1인 회사제도 인정, 독립이사제도 도입, 법인격 부인제도 등을 새로 추가 하였다. 2005년 회사법은 일면 현대 회사제도의 요구를 반영함과 아울러 중국 시장 경제체제의 요구를 반영하였다. 그러나 이번 개정은 중국 회사법 현대화의 종결이라기보다 이제 현대화의 시작이라 할 수 있다[25]

2. 회사 형식

중국은 1993년 회사법이 나오기 전부터 중국 회사 형식에 대하여 학계의 토론이 있었다.

(1) 회사의 종류

학자에 따라 중국 회사법의 조정범위는 유한회사의 종류로 국한해야 한다는 것 즉 주식회사와 유한회사로 조정되어야 한다는 것과,[26] 세계 각 국의 회사법 입법례와 중국의 국정을 결합하여 중국의 회사법은 유한회사와 주식회사를 주 로 하되 또한 중국 경제의 다원화로 인하여 서로 다른 경제발전에 적응하기 위하여 다원화된 회사 책임 형식이 요구된다는 의견이 있었다.[27]

---

25) 張民安, 上揭書, pp. Ⅲ-Ⅳ
26) 李誠,公司立法需要解決六个問題, 中國法學, 1991, 第4期
27) 雷興虎, 論我國公司的立法模式, 中國法政學院學報, 1991, 第1期

예컨대 兩合公司(합자회사)나 有限合伙(합자조합)를 추가하는 방법이다.[28]

(2) 1인 회사

1993년 회사법이 나온 후 1인 회사가 회사법 연구에 쟁점이 되었다. 사단성을 근거로 1인 회사를 부인하는 전통이론에 대하여 회사의 본질은 그 사단성에 있는 것이 아니고 회사는 출자자와는 독립된 법인이며 1인 회사 자체와 출자자는 서로 독립되어 있으며 투자 자유정신을 체현하기 위해서도 중국 회사법은 이를 승인해야 한다는 것이다. 다만 회사법이 1인회사의 합법적 지위를 확립함과 아울러 1인 회사의 운영기구의 평형적 지배를 강화해야 한다[29]는 것이었다.

또 다른 견해는 현실 법률제도에서 지적하였는바 중국1993년 회사법에 국유독자회사와 외상독자기업 형식을 1인 회사로 인정하면서 대량의 중소기업과 자연인을 배제하였다. 이것은 법률상 공평과 정의원칙에 위배되며 중국의 중소규모 기업의 발전을 저해하는 것이라 하여 1인 회사의 주체를 확대할 것을 요구하였던 것이다.[30] 그런데 신 회사법은 국유독자회사를 그대로 존치시키고 있다. 이는 이번 회사법 개정 과정 중 이를 삭제하자는 의견도 있었으나 국유독자회사의 문제는 경제 체제 개혁의 관계에서 하나의 중요한 점이라는 다수의 견해로 존치되었다.[31]

2005년 신 회사법은 1인 유한회사란 1인의 자연인과 하나의 법인의 유한회사라고 정의하고 있다.(제58조 2관) 이는 중국 경제발전과 기업개혁의 심화 및 사회주의 시장견제 법률체계에 적응하려는 것이다.[32] 그러나 신 회사법은 1인 주식회사의 설립을 금지하고 있다.[33] 다만 주식회사가 주식양도

---

28) 周友蘇, 中國公司法修改硏究報告, 轉型中的公司法的現代化, 社會科學文獻出版社, 2006, p.399

29) 朱慈蘊, 一人公司對傳統公司法的沖擊, 中國法學, 2002, 第1期

30) 韓明志, 淺析一人公司, 河北法學, 2004, 第2期

31) 王保樹 崔勤之, 中國公司法原理, 社會科學文獻出版社, 2006, p.389

32) 張穹 外, 新公司法制度設計, 法律出版社, 2006, p.56

33) 1인 주식회사도 인정해야한다는 견해가 있으며 회사법은 1인 주식회사의 주주를 정부 및 법인주주로 한정하고 있다(周友蘇, 前揭書, p.399)

등의 원인으로 형성된 1인 회사의 존속문제는 규정이 없기 때문에 사법해석상 많은 혼란이 예상되므로 조속히 입법으로 보충하여야 한다.[34)]

3. 회사의 설립

1980년대 학계에서는 회사설립과 회사성립의 양자문제에 있어서 두 가지 다른 관점이 존재하였다. 하나는 양자는 완전히 다른 단계라는 것과 또 하나는 회사의 설립은 회사의 성립을 포함하는 것이라는 입장이다.[35)] 회사 설립 행위는 그 복잡성으로 회사 설립의 성질에 관하여 의견의 일치를 보이지 않는다. 주요 학설로서 조합계약설, 단독행위설, 공동행위설의 3종이 있다. 그 중 공동행위설 이 다수설이다.[36)]

회사의 설립원칙은 자유설립주의, 특허주의, 면허주의, 준칙주의로 변천되어 왔으며 중국이 계획경제에서 시장경제로 전환하면서 회사 설립 원칙도 변화의 과정을 밟고 있다. 1993년으로부터 실시된 면허주의와 엄격준칙주의가 결합된 원칙에서 변화되어 2005년 신 회사법에서는 엄격준칙주의가 주를 이루고 면허제는 보충적인 입법 양식이 되었다. 이것은 실천을 통하여 경제 발전에 합리적인 양식임이 증명된 것이다.

발기인의 지위에 관하여 설립 중 기관설 등[37)] 다양하나 근래에 와서 설립중 의 회사는 설립중의 사단에 속하며 사단의 성립과정 중에 출현한 일종의 과도성의 사회존재이면서 일정한 권리능력과 행위능력을 가지고 일정한 책임을 부담하나 독립적으로 책임을 부담하지는 않는다는 견해[38)]와 설립중의 회사는 설립단계의 유일 주체로 보아야 하며 설립중의 회사는 완전한 책임능력과 함께 자기 재산으로 독립적으로 설립책임을 부담한다는 견해[39)]가 있다.

---

34) 栗明輝, 新公司法對一人公司的規制與立法態度探析, 現代財經, 2007, 第4期
35) 顧功耘, 公司法, 北京大學出版社, 1999, p.48
36) 顧功耘, 上揭書, p.54. 우리나라 경우도 공동행위설이 다수설이다.
37) 대만학자의 견해로 無因管理說 제3자계약설, 설립중기관설 당연계승설 조합설 대리설 등이 있다(鄭立波,公司法 臺灣三民書局, 1980, p.86-87
38) 曹順明明, 設立中公司法律問題研究, 政法論壇, 2001, 第5期

회사의 설립 하자에 대하여 3가지 견해가 있다. 첫째, 회사 설립 후와 사회적 공공이익과는 매우 큰 관계가 있으므로 사회 공공 이익을 보호하기 위하여 회사 설립 하자에는 완전히 유효한 법률효력을 부여 하여야 한다는 견해[40]와 둘째, "원칙 유지, 보완, 예외적 부인"의 입법원칙을 지키는 즉 설립 하자의 경우 원칙상 그 법인격을 유지하고 하자의 정도에 따라 보완을 하는 것으로 실제 보완한 것을 부인 할 수 없다.[41] 셋째, 중국은 현재 법률의 현대화 및 자유화의 정도가 비교적 낮은 수준이므로 마땅히 설립무효제도를 확립해야 한다[42]는 것 이다.

4. 회사 인격 제도

회사 법인인격의 독립과 유한회사 책임원칙은 회사 법인제도의 두 가지 축이다. 또한 회사법인격 부인제도는 주주와 채권자의 이익을 보호하는 기능을 가지는데 반복된 여러 논증을 거쳐 2005년 회사법에 이를 규정하게 되었다. 그동안 중국 회사법 학자들이 이 한 문제를 놓고 장시간 토론과 연구를 해온 바 있다. 회사 법인격 부인제도의 필요성에 대하여 학계는 두 가지의 선명한 대립이 있었다. 첫째로 전통이론에 의하여 회사의 독립인격은 회사존재의 기초이므로 이를 부인하는 것은 불가하다고 한다. 여기에 대하여 회사법은 공평·정의 가치 실현을 목표로 하여야 하며 중국의 회사 법인제도는 실무상 계약과 법적 의무의 도피 및 불법 이익 수단으로 아용되기 때문에 법인격 부인제도의 도입은 십분 필요한 것이라 한다. 이 제도의 적용 요건에 대하여는 그 원칙적 내용은 거론할 수 있으나 이를 완전한 성문법의 형식으로 고정한다는 것은 불필요할 뿐 아니라 또한 불가능하기도 하다[43]는 것이다. 어떤 학자는 법인격부인제도를 성문법의 형식으로 원칙성적인 규정을 두자는 의견을 건의하였고[44] 이 건의는 2005년 회사법 개

39) 茅院生, 論設立中公司的獨立性, 中國法學, 2006,第3期
40) 張民安, 公司設立制度研究, 吉林大學社會科學學報, 2003, 第1期
41) 房紹坤, 王洪平, 公司瑕疵設立的法人格規制, 中國法學, 2005, 第2期
42) 施天濤, 公司法論, 法律出版社, 2006, p.94
43) 朱慈蘊, 論公司法人格否認法理的適用要件, 中國法學, 1998 第5期

정 시 부분적으로 이루어 졌다. 그러나 신 회사법은 회사 인격 및 유한책임 남용에 대한 구체적인 표준은 규정하지 않고 그 실천은 사법 기관에 맡기자는 것으로 하고 또한 각국의 법인격부인제도의 구체적 운용의 일반적인 예를 따르는 것으로 하고 있다. 향후 이론과 실제가 진일보 하면 이 제도를 규정화 할 수 있을 것이다[45].

중국은 1993년 회사법 시행 이래 유한책임을 악용하여 채무를 면탈하고 채권자를 해하는 일이 많았으나 입법배경의 한계로 직접적인 규정을 두지 않아 문제 해결을 기대할 수 없었으나, 2005년 회사법에서 법인격부인제도를 제20조와 제64조에 규정함으로서 공식적인 근거를 마련하였다. 회사법 제20조에서 "주식회사의 주주가 독립된 법인격 또는 주주 유한책임을 남용하여 회사채무의 변제를 회피하는 경우 이로 인해 회사채권자의 이익을 중대하게 침해한 경우 회사의 채무에 관하여 연대책임을 부담 한다"고 규정하고, 또한 제64조에서는 "1인 유한회사의 사원은 회사의 재산이 사원 개인의 재산과 별개임을 증명하지 못하면 회사 채무에 대하여 연대책임을 부담해야 한다는 1인 유한회사의 법인격부인에 관하여 규정하고 있다. 이것은 성문법 중 가장 명확한 법인격부인에 관한 입법례에 속할 것이다.[46] 물론 이 규정을 두기 전에도 이에 관한 판결이 나오긴 하였으나 중국에서 판례가 선례로서 가치를 가지지 않는다는 점과, 일관되고도 중국 전체에 통하는 통일된 원칙이 없었다는 점 등으로 법인격부인이론을 명확하게 정립하는데 실패하였던 것이다.

중국에서 법인격부인제도의 도입은 시장경제체제 도입에 따른 변화로부터 기인한다고 볼 수 있으며 당시 이 제도의 도입에 대한 각계의 반응을 종합하면 회사법에 이 제도를 명확히 규정해야 하나 유한책임은 회사제도의 기초이므로 적용상 특별히 신중해야 한다는 것이었다.[47] 중국에서의 이 법인격부인제도는 개괄적 규정이므로[48] 그동안 판례의 집적이 이루어진 각국의

44) 朱慈蘊, 我國公司法應確立揭開公司面紗規則法律適用 2005 第3期
45) 趙旭東 新公司法講義, 人民法院出版社, 2005, p.105
46) 王保樹 崔勤之, 前揭書, 2007, p.55
47) 曹康泰, 前揭書, p. 176

경험을 참고로 판결하는 것이 바람직하다. 또한 최고인민법원이나 전국인민대표대회 상무위원회 에서 하급법원으로 하여금 참고할 수 있는 적용기준을 명확하게 마련할 필요성이 있다고 생각된다.[49]

5. 회사자본제도

시장경제로의 진입 발전은 필연적으로 자본제도의 변혁을 가져오게 되었다. 회사자본제도의 연구는 점차 회사 자본의 실질적인 곳으로 접근하게 되었다. 회사 자본제도는 회사주주의 투자를 편리하게 하면서 채권자의 이익을 보호하는 두 가지 임무를 가지며 효율과 안전이라는 서로 다른 가치의 선택으로 존재한다.

회사법 제정 시 혼란을 다스리고 폐단을 방지하기 위하여 1993년 회사법은 엄격법정자본제를 확립한 후 학계는 이 제도에 대하여 격렬한 토론을 전개하였고 갈수록 학자들의 질의와 비판을 받았다. 특히 중국법학회 상법학연구회 제3기 년 회는 법정자본제는 그 결함으로 수권자본제에 패하며 절충자본제가 한층 쉽게 회사법의 전환의 국가적 공감을 이끌어 내었다고 한다. 이리하여 중국 회 사자본제도의 개혁의 기본 사고와 방향은 자본신용에서 자산 신용으로, 법정자본제에서 수권 또는 절충자본제로 전환되었다. 시장경제의 시간적 요구와 이론의 축적으로 최종적으로 2005년 회사법에서 자본제도를 완화하여 비록 미완성 개혁이지만 분기 납입제로 되었다.[50]

6. 회사 지배구조

회사 지배구조는 회사법의 핵심부분이다. 중국은 회사 지배구조의 중요성을 인식하고 과거 단순히 정부의 관리감독으로서 회사 관리층을 통제하는 것으로 부족하므로 양호한 회사지배가 더욱 필요하다는 것을 인식하게 되었다.

---

48) 孫溪, 2008年中國公司法理論研究綜述, 公司法律評論, 上海人民出版社, 2010, p.303
49) 顧功耘, 公司法律評論, 上海人民出版社, 2007, p.55
50) 彭冰, 未完成的改革 - 以股東分期交付出資制度爲例 華東政法大學學報, 2006 第1期

(1) 주주 권익 보장

신 회사법은 주주에게 광범한 권리를 부여 하였다. 주주의 알 권리(知情權) 강화(제34조, 98조)주주총회 소집권과 주재권(41, 102조), 집중투표제 실시(106조), 이사의 표결권 제한(125조), 주식매수청구권(75, 143조), 주주대표소송(152조), 유지청구권(183조) 등의 규정이 그것이다.

(2) 이사 감사 · 고급관리인의 회사에 대한 의무와 책임 확립

이사 감사 고급관리인의 충실의무 및 주의(勤勉)의무를 도입하고 회사 업무 집행시 이 의무를 위반하여 회사에 손해를 준 경우 배상책임을 져야 하며(제 21조[51]), 제113조, 제150조) 또한 주주대표소송 등을 제기 할 수 있다.

(3) 감사회의 역할 강화

1993년 회사법의 감사회 규정은 직권범위가 너무 좁고 원칙적 규정들이었다. 신 회사법은 감사회의 감독직권을 강화하였다. 즉 이사 고급관리인에 대한 파 면 제의권, 특정한 사항 하에서 주주총회에 대한 소집권과 주재건, 이사회 결의사항에 대한 질의 또는 건의권, 이사 고급관리에 대한 소송권 등이 있다.

(4) 독립이사제도의 도입

중국에 독립이사제도의 도입에 관한 의견은 매우 분분하였다.[52]) 독립이사제도는 영미국가에서 기원(一院制)하며 감사회가 없는 경우 일정 범위에서 감사회의 기능을 발휘하는 역할을 하고 있는 실정이라 하겠다. 그런데 중국은 이미 대륙법계의 회사 구조 체계(이사회와 감사회로 구성되는 兩院制)를 확립한 데다 새로이 독립이사제도를 도입하게 되었다는 사실이다. 따라서 독립이사의 지위와 적용 범위의 확정이 필요하다. 중국이 감사회와 독립이

---

51) 지배주주, 실제통제자, 이사 감사 고급관리인은 그 관련관계를 이용하여 회사이익에 손해를 주어서는 안되며 이를 위반하여 손해를 끼쳤을 때 배상책임을 져야한다(관련거래제도 도입)

52) 자세한 것은 成壽 徐意桓 張葉平 關于獨立董事的比較研究 中國商法評論, 北京大學出版社, 2007, p.141

사의 양 제도를 동일 회사에 병존시키는 것은 중국의 구체적인 國椿 때문이라 한다.[53] 신 회사법은 제123조에 "상장회사는 독립이사를 둘 수 있다. 구체적인 방법은 국무원의 규정에 의한다."라고 규정하여 우선 법적 측면에서 이 제도의 법적 지위를 확립하였을 뿐 아니라 중국의 독립이사제도의 완성을 위한 새로운 요구의 분출이라 할 수 있다.[54] 그러나 문제점도 없지 않다. 일반적으로 중국의 독립이사는 약한 독립성, 불충분한 정보, 낮은 열정, 그리고 능력의 부족 등이 실제 중국에서 보이는 문제점들이다.[55] 일반적으로 독립이사제도는 시장 경제, 건전한 법 제도, 공정한 사법부 및 건전한 기업문화 등과 어울려야 그 힘을 발휘할 수 있다. 중국의 근본적인 문제는 정치 경제 법률 환경 분야 등에 깊이 뿌리 내려져 있다. 현재 중국 회사 지배구조의 주요한 문제 중의 하나는 지배주주의 회사 지배 문제이다.[56]

7. 회사의 사회적 책임

회사가 사회 경제 생활 중에 점차 중요한 모습으로 등장함에 따라 회사의 사회적 책임 문제도 돌출하여 마침내 신 회사법에 규정되게 되었다. 회사의 사회적 책임은 우선 일종의 법률책임이라는 것과 이 법률책임은 회사의 사회적 책임이 최저기준으로 설정되어야 함과 동시에 회사의 사회적 책임의 의의는 또한 도덕적 준칙이며 이 준칙은 회사의 사회적 책임의 가치 추구이기도 한다.[57] 회사의 사회적 책임의 운용은 법률책임과 도덕준칙 간에 그 기본 연결점은 회사 관리층에 있다. 관리층은 법률규정이나 상업이론으로 결정올 해야 하며 회사 의 지배층이 적극적으로 회사의 사회적 책임을 실시하도록 해야 한다.[58]

---

53) 成壽 徐意桓 張葉平, 上揭書, p.142

54) 成壽 徐意桓 張葉平, 上揭書, p.130

55) Yurong Dhen &Weixing wahg, Study on Independent Director System in Corporate Governance. Asian Social sciean, 2009, p.65

56) Donald C. Clarke, The Independent Derectoe in Chinese Corporate Governance, 31 Del. J. Coro., 125 p.69 참조)

57) 좋은 기업의 사회적 책임은 경제책임 법률챙, 윤리도덕책임과자선책임의 4가지 방면의 책임을 포함해야 한다.

중국 회사법에 회사의 사회적 책임에 관하여 명확한 규정(제5조)을 두었으나 이는 선언적 의의를 표명한 것이므로 그 실행에 관하여는 시행세칙을 제정하여야한다.[59] 이론상 회사의 사회적 책임의 실현을 도덕책임의 실현제도(軟約束)와 법률책임의 실현제도(硬約束)로 구분하는가 하면[60] 기업의 사회적 책임 문제는 실제상 하나의 전체 사회문제로 보아 여기에는 기업, 정부 및 사회 상호간의 공동 노력을 필요로 한다는 견해와,[61] 또 어떤 학자는 회사의 사회적 책임은 실제 성과에 따라 책임을 져야 하며 정도가 큰 경우에는 사법구제의 유효성에 달려 있다고 한다.[62]

대다수 학자들은 사회적 책임을 확대할 시 회사의 사회적 책임은 결코 회사의 기본성질을 변경할 수 없음을 강조한다. 또한 회사는 주주의 이익 보호, 이해관계자의 이익과 사회공공이익을 훼손하지 않도록 해야 한다. 현재의 회사법의 범위에서는 회사의 제1책임은 주주의 이익, 둘째 책임은 채권자, 직원, 고객 및 기타 방면의 책임일 것이다.[63]

8. 국유기업과 회사제도

국유기업개혁은 줄곧 중국경제의 중심이었다. 개혁 · 개방 이래 중국의 법학 관계자들은 끊임없이 국유기업 개혁의 연구를 해 왔다. 경제개혁이 심화되어감에 따라 1993년 회사법의 공포는 시장경제체제하의 현대 기업법률규범의 출현을 의미하며, 또한 중국 기업제도의 법률규범이 전면소유제공업기업법에서 점차 과도기적으로 회사법으로 왔다는 것을 의미한다.[64] 1993년 회사법의 공포로 중국의 국유기업 개혁제도가 법적 기초를 다졌으며 국유기업개혁이 주식회사, 유한회사, 국유독자회사의 방향으로 발전할 수 있었다. 국유기업의 회사화 과정 중 필히 법인소유권 관념, 주주권 관념을 수

58) 朱慈蘊, 公司的社會責任-游走于法律責任與道德準則之間, 中外法學, 2008, 第2期
59) 孫溪, 上揭書, p.301
60) 張雅光 企業社會責任踐行機制之探究-謙論司法介入的合理性, 當代法學, 2008, 第4期
61) 樓建波, 甘培忠, 企業社會責任專論, 北京大學出版社, 2009, pp.343-347
62) 羅培新, 我國公司社會責任的司法裁判困境及若干解決思路, 法學, 2007, 第12期
63) 王保樹, 競爭與發展,公司法改革面臨的主題 現代法學, 2003 第3期
64) 江 平, 現代企業的核心是資本企業 中國法學 1997 第6期

립해야 했으며 이러한 관념들은 이론계의 반복된 탐색과 논증을 거쳐야 했다. 점차적으로 법인재산권이 법인소유 권이라는 공동 인식이 따랐다. 회사제 기업에 대하여 국가는 주주에게 주주권리를 행사하게 하였다. 주주권은 사원권 등 기타 민사권리와 다른 일종의 민사 권리이며 이는 소유권과 채권으로 분류할 수 없는 일종의 회사법상의 권리이고 소유권은 靜態 占有에서 動態 利用으로 변화하고 있다. 이러한 연구를 통하여 주주권과 회사소유권이 분화되고 주주인격과 회사인격의 분리 및 회사지위의 이중성을 고찰할 수 있으며 중국기업의 재산권제도의 기본 사고를 새롭게 할 수 있다.[65)]

9. 근로자의 권리 보장의 확대

중국 회사법은 근로자(職工)의 이익 보호에 관하여 매우 중시하고 있다. 왜냐 하면 전통적인 의식 형태의 영향하에서 근로자는 기업의 주인으로 인식되어 왔기 때문이다.[66)] 그러나 회사제도를 핵심으로 하는 현대적 기업 관리법 체계에서는 근로자 대표대회의 기능은 주주총회와 감사회에서 대신하게 되었다. 이러한 변화를 법률상 원 제도의 정신과 현대 회사제도와의 조화를 통하여 근로자의 권익을 보장 할 수 있는 규정을 회사법에 두고 있다. 즉 회사법 제18조에 회사는 헌법과 관련 법률에 따라 근로자대표대회 또는 기타 형식을 통하여 민주관리를 실행해야 한다는 규정을 두고 있으며, 근로자가 회사 경영 관리에 참여하는 제도를 두고 있다(제45조, 제109조).

또한 근로자의 노동조합에 관한 권리를 규정하고 있으며(제18조) 근로자에 대한 기업의 부담의무(제17조)를 두고 있다.

10. 회사 내의 중국공산당의 조직 활동

중국 회사법 제19조는 "회사 내에 중국공산당의 당규에 근거하여 중국공산당 조직을 설립하고 당의 활동을 전개한다. 회사는 당 조직의 활동을 위하여 필요 한 조건을 제공하여야 한다."고 규정하고 있다. 이것은 당 조직

65) 于瑩, 改革開放30年中國商法學研究回顧, 當代法學,, 2009 第1期
66) 施天濤, 前揭書, p.56

이 기업 안에서 정치지도권을 가지는 중국 현대기업 제도의 특징이라 할 수 있다. 이 규정의 입 법 배경은 중국공산당은 중국의 집권당이며 사회주의시장경제의 영도적 지위를 줄곧 강조해 왔다. 그런데 회사는 특별히 비공유제 조직으로서 경제발전은 신속하나 중앙당의 역할은 약화되는 현상이 나타났다. 따라서 당은 개체사영기업을 포함한 비공기업에 대한 당의 역할을 강조하기 위하여 제19조의 개정 의견을 제출하였던 것이다.[67] 그러나 중국 회사제도의 구조는 주주총회, 이사회 및 經理 등인데 이것들과 기업의 당 조직 체계간에 문제가 발생할 수 있을 것 이다.[68]

V. 중국 회사법의 현대화

중국 회사법은 1993년 제정 이래 몇 차례 개정을 거쳐 2005년 신 회사법으로 존재하고 있다. 당초 회사법이 국유기업의 개조를 염두에 둔 것이어서 그 내용이 일반적인 회사법의 보편적 내용을 많이 결하고 있었으며 신 회사법도 많은 문제점을 내포하고 있다. 시장경제의 급속한 발전으로 중국 회사법도 더 이 상 중국 특색의 사회주의 시장경제만을 부르짖을 수는 없게 되었으며 중국학자들의 회사법의 현대화 요구도 활발해 지고 있다. 이러한 현대화의 요구를 다음의 몇 가지로 나누어 살펴보고자 한다.

1. 회사법의 지도사상의 현대화

(1) 중국 회사법의 제정이 국유기업의 개조에 있는 것이 아닌 이상 전통적 의미의 국유기업을 보호하는데 초점을 두어서는 아니 되고 국유회사에 특권을 주어서도 아니 되며 응당 회사 주주의 이익을 보호해야 한다.

(2) 회사법의 진일보한 입법관념의 변화

회사법의 진화를 위하여 정책중심에서 수요 중심형으로의 전환, 관리 면에서 약속형 법에서 촉진 및 발전형 법으로의 전환, 관리 감독 시에는 동

67) 倪受彬, 公司治理與中國共産黨政治參與, 中國商法評論, 北京大學出版社, 2007, p.21
68) 倪受彬, 上揭書, pp.18-23

시에 회사 자치 및 경영공간을 확장하여야 한다.[69)]

(3) '남설 방지'에서 '설립의 편의'로의 전환

소수의 위법자의 설립을 금지하는 것이 오히려 대다수 투자자의 설립의 불편을 초래하였다. 그렇다고 설립 편의로의 전환이 곧 설립의 방종을 의미하는 것이 아니다. 중국은 2005년 회사법에 이러한 방향으로 설립 정책을 전환하고 있다(제78조).

(4) 사전 규제에서 사후 구제로의 전환

중국 회사법은 비교적 사전 규제를 강조하고 있다. 그러나 시장경제의 조건하 에서는 위험은 피할 수 없는 것이다. 따라서 정부의 관리가 필요한 경우를 제외하고는 정부가 "보모"나 "경찰"일 필요는 없다. 충분한 사법 구제 장치를 제공 하여 손해를 입은 경우 충분한 구제를 받도록 하자는 것이다.[70)]

2. 회사법 성질의 현대화

중국 회사법의 성질에 관하여 私法性을 강조하면서도 종종 회사법의 공법성을 더 강조하는 경향이 있다. 또한 회사법의 강제성 규정과 금지성 규정의 준수를 강조하면서 그 위반시 책임을 강조하고 있다. 그러나 회사법의 기본 성질은 사법성이지 공법성은 아니다.

3. 회사 지배구조의 현대화

(1) 2005년 회사법은 여전히 전통 기업법의 연속이며 1993년 회사법의 조직 기구를 가지고 있다. 예컨대 1993년 회사법은 이사장이 회사의 법정대표자가 되며, 2005년 회사법은 회사의 법정대표는 정관 규정에 의하여 이사장(董事長), 집행이사 또는 경리가 맡는다(제13조)라고 규정하고 있다. 그러나 1993년 회사법이나 2005년 회사법이나 본질에 있어서는 다르지 않

69) 郭富青, 各國公司法現代化改革競爭, 趨同與融合, 公司法律評論, 上海人民出版社 2009, p.57

70) 王保樹, 立法政策與中國大陸公司法的現代化, 轉型中的公司法的現代化, 社會科學文獻出版社, 2006, p.601

으며[71] 여전히 법정 유일제를 채택하고 있다. 회사의 법정 대표자는 1인에 한정되며 정관에 다른 규정을 둘 수 없다.[72] 회사의 이사장의 법적 지위의 강화는 실제상 중국의 전통적인 국유기업의 공장장(廠長) 책임제 또는 經理책임제의 반영이라 할 수 있다. 따라서 이사장이 회사의 법정 대표자로 하는 것은 폐지되어야 한다.

또한 2005년 회사법은 여전히 주주총회(股東會)를 최고로 여기며 이사회를 주주총회의 소극적 집행기관으로 생각하고 있다. 그러나 이사회는 응당 회사의 핵심기구로 회사 사무의 일반 관리권과 회사 업무의 집행권을 가져야한다.[73]

(2) 회사 권력의 합리적인 배치

중국 회사의 절대 다수를 차지하는 것은 주권(股權) 집중형이기 때문에 회사 지배 구조 중 권력의 합리적이고도 유효한 배치는 회사법의 핵심이라 할 수 있다. 우선 대주주의 월권행위를 여하히 제약하는가가 중요하다.

4. 회사 법률제도의 현대화

(1) 1993년 회사법은 국가행정기관이 강제로 회사를 해산시킬 수 있는 권한을 부여 하였는 바 이는 계획경제시대에 기업의 부속적 지위와 행정권력 지상주의의 반영이라 볼 수 있다. 그런데 2005년 회사법에도 여전히 이러한 제도가 규정되어 있다. 예컨대 회사법 제181조는 국가행정기관은 회사 영업 허가서가 말소되거나 폐업 또는 허가취소를 명령 받은 경우 해산할 수 있다고 한 규정 등이다.[74]

(2) 시대에 부응한 회사법의 입법 필요

사회 경제 발전적 수요에서 볼 때 회사법의 일부 규정은 비교적 조잡하

---

71) 회사대표자는 공동제와 단일제를 두고 있는데 공동대표제는 이사 공동으로 회사를 대표하며 단일제는 이사 개개인이 회사를 대표하는 제도인데 비하여 중국은 법정 유일제를 채택하고 있다.

72) 王林凊, 頤東偉, 新公司法實施以來熱點問題適用研究, 人民法院出版社, 2009, p.72

73) 張民安, 前揭書, p. Ⅳ,

74) 張民安, 前揭書, p.Ⅶ

고 실용성이 약하며 어떤 것은 아예 공백 지대로 남아 있다. 이러한 것들은 향후 세분화 할 필요성과 아울러 새로운 법 규정도 추가하여야 한다.

현대 회사는 단일의 회사에서 회사 집단으로 변화하고 있으므로 단일 회사를 규제 대상으로 하는 회사법온 회사 집단의 요구에 적응하기 힘든다고 할 수 있다. 이 문제에 관하여는 2005년 회사법 개정 시에 관련기업과 기업집단에 관한 규정을 추가할 것을 건의한 반면 다른 의견은 중국 기업집단이 발전한 시간이 길지 않아 아직 경험을 누적해야 하므로 현행 지배주주와 회사의 관계로 처리하고 성문화 하는 것은 보류하여야 한다는 것 이었다.75)

(3) 전자화에 상응한 법규정 필요

회사 운영의 효율화를 위한 정보의 시의성 확보를 위한 회사법규정의 정비가 필요하다.76)

(4) 일원적 회사 법률제도로의 전환(회사법과 외상투자기업법의 병합)

2005년 회사법 제 218조는 “외상이 투자한 유한회사와 주식회사는 본법을 적용하고 외상투자법률에 따로 규정된 경우는 그 규정을 적용한다”고 하여 1993년 회사법 제18조의 규정과 동일한 규정을 두고 있다. 그런데 이 두 법은 병합하여 하나의 회사법으로 하여야 한다. 왜냐하면 외상투자기업법의 대상은 대부분 유한회사 형식이며, 두 법을 분리하는 것은 WTO의 국민대우원칙과 일치하지 않는다는 것, 그리고 법인형식을 취하지 않는 외상투자기업에 대하여는 合伙(조합)企業法, 개인독자기업법 등에 포함시켜 조절할 수 있다는 것이다.77)

VI. 결 론

중국은 지난 30여년간 법 관념이 계속 변화 되어 왔다. 개혁·개방 후 시장경제체제 도입(1992) 이전까지는 경제 발전을 가속화하기 위한 법의 긴급

---

75) 王保樹, 中國公司法修改草案建議稿, 社會科學文獻出版社, 2004, p.2, 50
76) 郭富靑, 前揭書, pp.57-58
77) 周友蘇, 前揭書, pp.401-402

한 필요성이 강조되었다. 이 시기에는 외국법의 경험의 중요성을 인식하면서도 외국 경험은 중국 특색의 사회주의 법제 건설에 단지 참고로 이용해야 한다는 것이었다. 이 시기에는 "하나의 여건이 성숙하면 하나의 법률을 제정 한다"(一个成熟 一个制定)는 입법 원칙을 가지고 있었다. 1993년 중국 회사법을 보면 보편적인 회사법이라기보다 국유기업의 전환을 위한 내용이 주류를 이루고 있다는 데서도 이 회사법 내용을 짐작할 수 있을 것이다. 그러나 1992년 시장경제를 채택하고부터 합리적인 법의 필요성을 강조하게 되고 이후 중국의 입법기관이 공식적으로 외국법의 대담한 수용과 직접적인 도입을 천명하고 나서면서부터 중국법의 세계화 과정이 진행되었다.[78)]

중국의 민 · 상사법, 특히 1993년 회사법은 시장경제체제의 도입과 함께 국유기업을 회사제도로 전환시키는 것에 초점을 두었기 때문에 회사법 본연의 보편성에 문제가 있었다. 주요한 것으로, 첫째, 지도 사상에 존재하는 문제로서 회사법이 투자자의 투자 적극성을 자극하기보다 전통적 국유기업을 개조하기 위한 것이었으며, 둘째는 1993년 회사법은 구체적 내용 조정의 문제 즉 유한회사와 주식회사의 지배구조상의 구분이 불명확하여 혼동이 발생하였다. 그 중요 원인은 그 시기에는 유한회사건 주식회사건 불문하고 기본적으로 모두 국유기업의 전환에 있었기 때문이다. 셋째는 회사법의 행정적 색채가 강하다는 것으로 행정기관이 회사의 생사존망의 중대 권리를 향유하고 주식회사 설립에 국무원이 권한을 수여한 부문에 비준을 받게 한다든지 행정기관이 회사의 해산 및 청산에 관여 하는 등이 그 예에 해당할 것이다. 마지막으로 1993년 회사법의 기본 지도 원칙은 회사 설립 억제 태도를 취하고 있었다. 이로서 이 회사법은 세계 최고의 최저 자본과 최고 엄격한 설립 절차, 최고의 위법 제재 및 대다수인 들로 하여금 회사 설립의 자격과 경제능력을 없게 만든 것이었다.[79)]

신 중국 회사입법은 비교적 늦게 시작했으나 중국이 가진 조건과 선진 국가의 회사법제의 경험을 흡수하여 선진 회사법 제도를 법제화 할 수 있

78) Jian Fu Chen, market economy and internationnalization of Civil and Commercial Law in P.R.C, Law Capitalism and Power ib Asia, Routledge, 1999 참조

79) 張民安, 前揭書, pp. Ⅰ-Ⅱ

었으며 이러한 것들이 2005년 회사법 개정에 반영되었다. 이 개정에는 감독 관리의 완화, 투자 촉진, 회사 지배 구조의 개선, 회사 경영의 민활성 및 경쟁 실력을 증강할 목적으로 일련의 입법계획을 진행하였다. 그 주요 내용으로는 회사 설립의 완화, 회사 법정 자본제도의 완화, 주주의 출자 방식의 다양화, 회사 지배구조 내부의 감독 강화, 이사장 권력의 약화, 이사 감사 경리 및 고급관리인원의 의무 강화 및 확대, 감사회 권한의 확대 및 그 감독의 유효성 제고, 주주권리 확대, 중소 주주 이익보호제도 체계 수립, 그리고 일련의 계획경제의 색채와 낡고 불필요하게 회사의 활동을 제한하는 규정을 폐기하는 것 등이다. 2005년 회사법 개혁으로 회사의 실력을 증강하고 회사의 발전을 촉진시키며 신세기 전 지구상의 경제 일체화를 부단히 추구하며 시장 경쟁력을 가열 시키는 도전이 될 것이라는 점에서 큰 의의를 가진다.[80)]

중국 회사법 30여년의 흔적을 살펴보면서 상법 개념조차 불명확한 시기로부터, 계획경제에서 시장경제로의 전환을 겪으면서 중국 특색의 사회주의 시장경제로 향한 긴 여정은 중국이 처한 여건을 감안한다면 비교적 단기간에 지구상에서 어느 나라도 정험하지 못한 엄청난 변화를 추진하여 왔다고 해도 과언이 아닐 것이라 생각된다.

1993년 회사법 제정 이래 나름대로 몇 차례 개정을 거치면서 가능한 한 빨리 중국 회사법의 현대화를 추진하려는 노력이 학계 및 실무계에서 활발히 진행되고 있음을 알 수 있다. 확실한 것은 이제 중국은 더 이상 '중국 특색'의 회사법을 고집하지 않는다는 것이다.

따라서 중국 회사법의 현대화는 회사법의 지도사상과 지배구조 및 법률 제도 등에서 다양하게 시도될 것이다.

중국 상법 30여년의 경험에서 볼 때 중국은 사회주의 시장경제체제 가운데 시장 지향과 정부의 추진노력이 서로 통일을 이루면서 진행될 것이다. 또한 '商事通則'의 제정으로 기존의 상사부문법과의 조화가 예상된다.[81)]

80) 郭富青, 前揭書, p.57
81) 顧功耘, 前揭書,　p.3

중국 기업의 사회적 책임에 관한 사회책임위원회제도의 도입 검토*

목 차

Ⅰ. 서 언

1978년 12월, 개혁·개방정책으로 인하여 중국 경제는 괄목할 만한 성장을 이루었고, 1993년 시장경제체제 확립 이후 더욱 발전을 거듭하였으며, 2001년 11월 WTO에 가입한 이후 중국은 국제사회 속에서 그 위상을 점증시키고 있을 뿐만 아니라 미국과 함께 G2국가로서 세계경제 사회 내에서 중요한 역할 담당하고 있지만, 최근 일련의 기업부정사건[1] 등의 부작용이 나타났고, 이러한 문제점들은 사회주의 시장경제체제의 지속적인 성장발전에 큰 충격과 함께 해결과제로 남아 있는 현재의 상황이다.

오늘날 기업은 그 합리적인 경영구조로 인해 엄청난 경제력을 축적하여 일개 상인의 지위를 벗어나 사회적 실체가 되었으므로 일정한 공공적 성격

* 이 글은 한중법학회 중국법연구 제14권(2010)에 수록(손영기 박사와 공동연구)

1) 2008년 Michelin사가 환경보호법규를 위반하였고, 엡손(Eson)사는 잉크 카트리지에 “잉크사용완료”라는 표시가 나타남에도 여전히 30~58%의 잉크가 남아 있다고 하여 문제가 되었으며, P&G사가 수년 전 전국적인 불 법인증에 종사한 전국치약협회에 인민폐 800만 위안을 제공하여 고발되었다. Carlesberg사가 환경법을 위반하여 오폐수를 방출하였고, 아리스톤(Ariston)사는 온수기 질량문제로 인하여 고발되었으며, 후지쓰(Fujitsu)사의 에어컨 품질이 불합격된 사례가 있었다, 특히 삼록회사(三鹿公司)가 제조한 우유에 독성물질인 멜라닌이 포함된 사례는 국제사회에 큰 문제를 일으켰다. 이와 같이 크고 작은 기업의 부정사례가 계속하여 보고되고 있다. 최준선, 기업의 부정과 기업의 사회적 책임, 성균관법학 제20권 제3호, 2008. 12., 각주 42) 재인용.

의 책임을 부담할 것이 요구되며[2] 특히 대규모 공개회사의 경우, 주주를 위한 이윤만 추구할 것이 아니라, 이사 등 경영진이 그 정책을 결정함에 있어서 종업원, 소비자, 지역사회 등 주주 이외의 다양한 이해관계자의 이익을 균형적으로 고려하여야만 하며, 그 축적된 부는 주주의 이익을 위한 것 이외에 회사와 관련 있는 다양한 이해관계자들을 위하여 사용되어야 한다는 논의를 총칭하는 개념이 기업의 사회적 책임이다.[3] 이와 관련하여 미국, 독일 등 선진국에서는 이미 1920년~30년대부터 논의가 시작되었으며, 회사법의 입법에 일부 내용이 반영되었고 관련 판례도 다수 집적이 되어있지만, 회사법에 사회적 책임에 관한 명시적 규정은 두지 않았다. 그러나 중국의 경우 2005년도 개정된 신 회사법에서 회사의 사회적 책임에 관한 규정을 명문화함으로써 사회적 책임을 강조하였다. 신 회사법 제5조에서 "회사는 경영활동에 종사함에 있어서 법률, 행정법규를 반드시 준수하여야하고, 사회의 공공도덕, 상업도덕을 준수하여야 하며, 성실하게 신용을 지켜 나아가고, 정부와 사회공중의 감독을 받아야 하며, 사회적 책임을 부담하여야 한다. 회사의 합법적 권익은 법률의 보호를 받으며, 침해를 받지 아니한다."[4]라고 규정하고 있다. 이것은 사회주의 국가적 특색을 잘 나타낼 뿐만 아니라 다른 나라와 달리 법률상에 명문화한 것은 중국 입법자들이 세계 회사법에 큰 공헌을 하였다고 할 수 있다.[5] 이에 반에 적지 않은 학자들은 당해 규정은 훈시적 규정에 불과하다고 지적하였다.

따라서 회사의 자율성 보장과 동시에 사회적 책임을 개선하기 위한 방안으로서 회사 이사회내에 사회책임위원회를 설치할 수 있는데, 이러한 위원회는 이사회로부터 위임받은 업무에 대하여 이사회의 권한을 행사하는 이사회의 하부조직이다. 오늘날 회사는 규모가 크고 이사의 수가 많으므로

---

2) 이철송, 제17판 회사법 강의, 박영사, 2009, 56면.

3) 손국호, 기업의 사회적 책임에 관한 법적 연구, 성균관대학교 대학원 박사학위논문, 1982.

4) 《公司法》第5条规定："公司从事经营活动必须遵守法律、行政法规，遵守社会公德、商业道德，诚实守信，接受政府和社会公众的监督，承担社会责任。公司的合法权益受法律保护不受侵犯。"

5) 刘俊海，新公司法的制度创新: 立法争点与解释难点，法律出版社，2006，p. 553.

각 이사의 사정으로 인하여 이사회 운영이 원활하지 않을 수 있을 뿐만 아니라 나아가 이사회의 권한에 속하는 사항에 대한 결정을 하기 어려울 수 있다. 그래서 이사회의 운영을 효율화하고, 또한 이사회의 의사결정의 객관성과 전문성을 확보하기 위한 목적으로[6] 사회책임위원회 도입에 관하여 살펴보고자 한다.

Ⅱ. 기업의 사회적 책임의 이론적 배경

1. 기업의 사회적 책임의 개념

현재 기업의 사회적 책임에 관한 정의가 매우 다양하여 명확하게 확립되어 있는 것은 아니지만 일반적으로는 기업의 사회에 대한 기여내지 공헌으로 이해하고 있는 것이 다수의 견해라고 본다. 법학 이외의 학문에서 권위있는[7] 경제학자 Caroll 교수는 기업의 사회적 책임을 경제적, 법적, 윤리적, 자선적 책임의 4가지 유형으로 구분하였다. 첫째, 경제적 책임은 기업이 존재하는 목적으로서 재화와 서비스를 생산하여 적절한 가격에 판매하고, 기업이 경제활동의 주체로서 지속적으로 이윤을 창출하여 주주뿐만이 아니라 종업원, 관련업체, 지역사회, 국가 그리고 국제사회 등 보상이 가능한 이익을 증진시킬 책임이 있다. 둘째, 법적책임은 기업경영이 공정한 규칙 내에서 경제적 임무를 수행할 것을 요구하는 것으로서 사회가 정한 법의 범위 안에서 경영을 하여야 한다는 책임이다. 셋째, 윤리적 책임은 법적으로는 강제성이 없지만 사회가 기대하는 요구를 충족시킬 임무가 있다는 것이다. 넷째, 자선적 책임은 기업에 대하여 명확한 의미를 두고 있지 않지만 기업

6) 崔基元, 第12大訂版 新會社法論, 博英社, 2005, 601~602면; 鄭燦亨, 第2版 會社法講義, 博英社,2002, 542면.정대, 美國會社法上의 指名委員會에 관한 考察, 企業法硏究 第19卷 第1號(通卷 第20號), 한국기업법학회, 2005, 각주 5) 재인용.

7) 고동수, 기업의 사회적 책임: 국제논의 동향 및 우리의 대응방안(산업연구원, 2006) 1~3면; Geoffrey P. Lantos, The Boundaries of Strategic Corporate Social Responsibility, 18 J. Consumer Marketing 595, 595(2001). 장덕조, 기업의 사회적 책임-회사본질론을 중심으로-, 한국상사법학회 2010년 하계학술대회, 각주 3) 재인용.

의 개별적 판단이나 선택으로서 기업 스스로 책임을 수행, 경영활동과는 직접적으로 관련이 없는 사회적 기부, 문화활동, 자원봉사 등을 의미한다고 한다.[8] 또한 기업의 사회적 책임을 의미하는 용어는 각 국제기구별로 다양하게 정의되고 있다. 경제협력개발기구(OECD)는 기업의 사회적 책임을 기업이 사회와의 공생관계를 성숙·발전시키기 위하여 취하는 행동으로 정의하고 있고, 국제노동기구(ILO)는 기업이 법적의무를 넘어서 자발적으로 이해관계자에게 미치는 영향으로 사회적 책임을 정의함으로써 사회가 기업에게 법률적 틀 안에서 요구하는 사회적 책임보다 더 넓은 범위의 정의를 내리고 있다. 국제표준화기구(ISO)는 기업의 사회적 책임을 조직이 경제·사회·환경문제를 사람과 지역공동체 및 사회에 혜택을 줄 수 있는 목적으로 다루기 위한 접근 방식으로 보고 있다. 이와 같이 각 국제기구들의 기업의 사회적 책임에 대한 정의는 표현에 있어서 조금씩 차이는 있지만, 공통적으로는 법의 테두리 안에서 기업들에게 요구하는 사회적 책임보다 더 넓은 범위의 사회적 책임을 정의하고 있음을 알 수 있다.[9] 이상과 같이 기업의 사회적 책임은 다양하게 정의되어지고 있다.

2. 기업의 사회적 책임에 관한 각 국가의 동향

기업의 사회적 책임과 관련하여 독일, 미국, 일본, 한국에서는 이미 많은 논의와 검토가 되어 있음은 주지의 사실이다. 따라서 여기에서는 이 국가들의 기업의 사회적 책임제도에 관한 이론의 전개를 살펴보기로 한다.

(1) 독일

1920년대부터 회사법학자들에 의해 기업의 사회적 책임에 관한 논의가 시작되었으며, 당시 일부학자[10]는 “기업자체(Unternehmen an sich)사상이라

---

8) Archie B. Caroll, A Three-Dimensional Conceptual Model of Corporate Performance, 4 Academy of Management Review, 497~505 (1979)

9) 권오인, 한국기업의 사회적 책임 및 정착방안에 관한 연구-경제정의지수를 중심으로-, 서강대학교 경제대학원, 2007, 4면.

10) 이 사상은 Rathenau의 저서(Vom, Aktienwesen, 1917, S.41)에서 표현되었고, Haussmann

는 이론을 주장하였고 따라서 회사에 대해 공공적 성격을 부여하게 되었다. 기업자체사상은 기업을 그 법률적 토대인 사원으로부터 분리하여 그 자체를 독립적인 존재로 인정하고, 각 사원과의 이해관계가 아닌 국민경제의 입장에서 회사를 보호하고 유지하며 또한 이에 상응하는 책임을 부여하여야 한다는 견해이다.

1937년 구 독일주식법은 기업자체사상을 기초로 하여 제70조 제1항에 "이사는 자기의 책임에서 기업과 종업원의 복지와 국가·국민의 공동의 이익이 요구하는 바에 따라 회사를 운영하여야 한다."고 규정하였다. 이 규정은 전체 국가적 단체법사상을 바탕으로 한 최고지도자이념이라고 비판이 제기되어 1965년 개정 주식법에서 삭제되었다.

1951년 공동결정법[11]을 제정하여 광산 및 철강업을 영위하는 기업은 근로자와 출자자를 같은 수로하여 감사회를 구성하게 하였고 반드시 노무이사(Arbeitsdirektor)를 선임하도록 규정하였으며, 1976년의 공동결정법[12]에서는 근로자의 회사경영참여를 한층 더 강화하였다. 따라서 이 범위에서 회사법이 사회성에 의하여 영향을 받는 셈이다.[13]

(2) 미국

미국에서의 기업의 사회적 책임은 독일과 상반되는 배경에서 논의가 시작되었다. 1931년과 1932년에 A. Berle와 E. Merrick Dodd 간의 논쟁이 기업의 사회적 책임론에 대한 출발점이 되었다.[14] 이어 1932년에 A. Berle와

이 이를 소개하며 "기업자체"란 용어를 사용하였다(Haussmann, Vom Aktienwesen und vom Aktienrecht, 1928, S. 27 ff.)-Wiedemann, S. 30, 302. 이철송, 전게서, 58면 각주 2) 참조.

11) 1951(BGBl. Ⅰ S. 347)

12) 1976(BGBl. Ⅰ S. 1153)

13) 이철송, 전게서, 59면.

14) Adolf. A. Berle, Jr., "Corporate Powers as Powers in Trust."44 Harv. L. Rev. 1049 (1931); E. Merrick Dodd, Jr., "For Whom are Corporte Managers Trustees?", 45 Harv. L. Rev. 1145 (1932); Adolf. A. Berle, Jr., "For Whom Corporate Managers Are Trustees: A Note", 45 Harv. L. Rev 1365(1932). A. Berle 교수는 주주의 이익을 위해 이사의 권한이 행사되어야 한다고 주장한 반면에, E. Merrick Dodd 교수는 사회적 기여를 주장하였다.

Means의 공동저서인 "현대회사와 사유재산"(The Modern Corporation and Private Property)에서 현대의 대규모 공개회사는 주식의 광범한 분산으로 인해 소유와 경영이 분리되면서 사적 기업의 도구라는 단계를 넘어서 사회기구화했다는 점을 지적하였다. 나아가 "회사의 관리자는 사회의 여러 집단의 주장을 저울질하여 사적 욕구보다는 공공정책의 견지에서 각 집단에게 소득의 흐름을 배분하는 중립적인 경영자로 교체되었다."고 말하였다.[15)]

미국에서 사회적 책임론이 회사법에 반영된 것을 살펴보면 주로 지역사회 및 국가에 대한 기부행위에 중점을 두고 있어 위 교수들 간의 논쟁과는 전혀 다른 관점을 볼 수 있다. 1919년의 텍사스(Texas)주 회사법을 포함한 다수의 주 회사법에서는 이러한 규정을 두고 있다. MBCA(모범회사법) §3.02(13)에서는 회사가 "공공복지, 자선 및 과학과 교육을 위한 기부"를 할 수 있도록 규정하였으며, §3.02(14)에서는 "정부정책을 지원하기 위한 사업을 수행"할 수 있다고 규정하고 있다. 또한 델라웨어주 회사법은 여기서 한걸음 더 나아가 "전시 기타 국가긴급 시에 이를 지원하기 위하여 기부할 능력이 있다."고 규정하고 있다. 이 규정들이 뜻하는 바는 회사의 이사 등 경영진이 이러한 기부를 하더라도 회사에 대한 충실의무(fiduciary duty)를 위반하는 것이 아니라는 것이다.[16)]

최근 미국에서는 이사의 충실의무와 관련하여 주주의 이익뿐만 아니라 회사의 종업원, 소비자, 지역사회 등의 제반이익도 고려하여야 한다는 명문의 규정을 두고 있는 주가 과반수를 넘고 있다고 한다.[17)] 특히 법률 규정에는 위반이 되지 않지만 지역주민의 소음공해나 환경침해를 막아야 한다는 이사 등 경영진의 사회적 책임에 기하여 이사가 조명시설을 설치하지 않거나 공장의 조업을 중단하는 경우에는 일응 회사의 이익에 반하게 되어 결국 이사의 충실의무에 위반하는 것은 아닌가 하는 의문이 있을 수 있으나 미국법원

---

15) Berle& Means, The Moden Corporation and Private Property, Commerce Clearing House, 1932, pp. 119~25, 356. 이철송, 전게서 59면 각주 4) 재인용.

16) 이철송, 전게서, 60면.

17) 노명선, 회사범죄에 관한 연구, 성균관대학교 대학원 박사학위논문, 2001, 22면 각주 49).

은 회사관계자의 이익도 고려한 이사의 경영판단은 존중되어야 한다고 판단함으로써 이사 등 경영진의 사회적 책임을 강조하고 있는 추세이다.[18)]

따라서 현재 많은 미국기업은 기업이 환경이나 사회에 기여하고 있다는 인식을 자신의 이해관계자에게 심어줌으로써 자금조달을 원활이 함과 동시에 인권, 노동, 환경, 반부패 등 영역에서 모범적인 실천을 하는 형태로 수행하고 있으며, 나아가 이해관계자들의 요구를 만족시켜 궁극적으로는 기업의 경쟁력 강화를 이루어 계속적인 이윤의 창출을 도모하는 것으로 기업의 사회적 책임을 받아들이고 있다.[19)]

(3) 일본

일본의 경우 기업의 사회적 책임에 관하여 자체 이론은 없고, 독일의 사회적 책임론과 1937년 주식법의 규정을 기초로 하여 기업의 사회적 책임론에 대한 학설이 논의되고 있다. 일본학계에서는 이 이론을 입법에 규정하는 것에 대하여 소극적인 입장을 취하고 있는데, 그 이유는 다음과 같다. 첫째, 이사가 공동의 이익을 명분으로 하여 주주의 이익에 대하여 손해를 끼칠 가능성이 있고,[20)] 둘째, 회사의 사회적 책임에 관한 규정을 회사법에 명문화하였을 경우에 이 규정은 선언적 뿐만 아니라 훈시적 규정에 불과하므로 재판규범으로서는 실효성이 없으며,[21)] 셋째, 사회가 극단적인 보수이나 진보로 치우쳤을때에 정치적 권력에 악용될 가능성 있다는 것이다.[22)] 최근까지 상법 개정이 수차례 있었고, 일본 국회에서 기업의 사회적 책임을 입법에 반영토록 연구한다는 부대결의를 두 차례 1973년 7월 3일 및 1981년 5월 13일에 가졌으나 현재까지 미루어지고 있는 상황이다.[23)]

---

18) 노명선, 전게논문, 14면.

19) 정운용, 기업의 사회적 책임 제고를 위한 형법정책, 고려대학교 대학원 박사학위논문, 2010, 18면.

20) 鈴木竹雄, 歷史はくり返す, 「ジェリスト」578號, 10~11면.

21) 鈴木竹雄, 歷史はくり返す, 「ジェリスト」578號, 10~11면; 竹內昭夫, 會社法の根本的改正の問題點「ジェリスト」593號, 19면.

22) 河本一郎, 企業の社會的責任, 「ジェリスト」578號, 113면.

23) 中村一彦, 現代的企業法論, 商事法務硏究會, 1982, 135면.

1990년대 일본기업들은 "회사를 위해", "조직을 지키기 위해"라는 풍토가 일반적이었으며, 이러한 의식들은 장시간 노동과 직장에서의 남녀 불평등의 문제를 야기하였다. 이에 더해 증권회사와 은행의 파탄, 건설업의 담합 사건 등이 발생하였고[24] 이러한 사건들이 국제경제 사회에서 악영향이 되어 일본기업에 대한 불신이 확대되었을 뿐만 아니라 수출의존도가 높은 일본경제에 큰 타격을 가져다주었다.

이에 2004년 일본경제단체연합회에서는 기업의 사회적 책임에 관한 "글로벌스탠더드"를 받아들였고, 2005년 10월에는 기업의 자율적 실천을 도모하기 위하여 기업들이 자율적으로 사회적 책임을 추진할 수 있도록 기업행동규범과 실행방법에 기초한 "기업의 사회적 책임 추진룰"을 발표하였다. 따라서 일본회사법에 기업의 사회적 책임이 명문으로 규정되어 있지 않지만 기업 스스로 사회적 책임을 실천하고 있다고 볼 수 있다.

(4) 한국

최근 급속하게 변화하는 사회 환경에 기업이 신속하게 대응하기 위하여 기업의 사회적 책임에 대해 과거보다 많은 논의가 있으나 법률상의 규정으로는 소극적인 입장을 취하는 것이 다수설이다. 그 이유를 살펴보면, 기업의 사회적 책임의 근거를 법률로 규정 할 때에 그 개념이 명확하지 않고 법률관계의 불명확에서 생기는 폐단이 예상된다는 점에 어려움이 있고[25] 또 세계 선진국의 입법례로 보아 기업의 사회적 책임이 규정화 되어 있지 않은 것을 들어 사회적 책임에 관한 일반규정의 설치에 반대하며, 혹은 기업이 반사회적 행위를 해서는 안 된다는 부작위의무로서의 사회적 책임은 실효도 없는 단순한 훈시규정으로 사장될 수 있기 때문에 회사법의 일반규정에 둘 성질의 것이 아니라 오히려 사회법이나 경제법에 의하여 직접 규제되어야 할 문제라고 하였다.[26]

---

24) 김명중, 일본기업의 사회적 책임: 동향과 과제, 국제노동리프 제4권 제4호, 한국노동연구원, 2006, 20면.

25) 孫珠瓚, 企業의 社會的 責任, 法學論文集, Vol.5 No.1,, 1978, 58~59면.

26) 崔基元, 商法改正의 문제점에 관한 硏究, 法學(서울대학교) 第18卷2號, 1978, 17~18면.

이에 대하여 현재 한국의 사회적 배경 또는 기업풍토에 비추어 회사가 영리추구만 급급할 것이 아니라는 것을 막기 위하여 사회성 및 공공성에 관한 법률규정을 둘 필요가 있다는 견해가 있다.[27] 한편 입법화 하는 것에 대하여는 반대를 하지만 회사법의 해석원리로서 회사의 사회적 책임을 인정하여야 한다는 견해도 있다.

3. 소결

위에서 살펴 본 바와 같이 기업의 사회적 책임과 관련하여 미국, 독일 등 국가에서는 이미 1920년~30년대부터 논의가 시작되었으며, 회사법의 입법에 일부 내용이 반영되었고 관련 판례도 다수 집적이 되어있지만, 이 제도를 회사법에 명시적으로 규정하고 있지 않고, 일본의 경우 기업의 사회적 책임에 관하여 자체 이론은 없고, 독일의 사회적 책임론과 1937년 주식법의 규정을 기초로 하여 기업의 사회적 책임론에 대한 학설이 논의되고 있다. 일본학계에서는 이 이론을 입법에 규정하는 것에 대하여 소극적인 입장을 취하고 있다. 따라서 일본회사법에 기업의 사회적 책임이 명문으로 규정되어 있지 않지만 기업 스스로 사회적 책임을 실천하고 있다고 볼 수 있으며, 현재 한국에서는 사회적 배경 또는 기업풍토에 비추어 회사가 영리추구만 급급할 것이 아니라는 것을 막기 위하여 사회성 및 공공성에 관한 법률규정을 둘 필요가 있다는 견해가 있지만, 입법화 하는 것에 대한 반대의 견해가 다수설이다. 그러나 회사법의 해석원리로서 회사의 사회적 책임을 인정하여야 한다는 견해도 있다. 이에 반해 중국의 2006년 신 회사법에서는 회사의 사회적 책임을 강화하기 위하여 정면으로 회사의 사회적 책임을 수용하면서 회사법에 명문으로 규정시킨 점이 특색이다. 따라서 아래에서는 중국에서의 기업의 사회적 책임제도의 필요성, 전개과정 그리고 법률적 성질을 살펴보고, 이 제도의 개선방안으로서 이사회 내에 사회책임위원회 도입여부에 관하여 검토하고자 한다.

---

27) 정희철, 企業法의 展開, 博英社, 1979, 225~227면.

Ⅲ. 중국 신 회사법상 기업의 사회적 책임

1. 중국 기업의 사회적 책임에 관한 인식의 변화

개혁·개방이후 중국에도 현대적 의미의 기업의 사회적 책임이 유입되었다. 특히 2001년 WTO 가입과 경제의 글로벌화 진전은 중국 내 기업의 사회적 책임이란 개념이 본격적으로 대두된 직접적인 요인이다. 과거 중국에는 독특한 형태의 기업의 사회적 책임이 존재하였으며 최근 기업의 사회적 책임에 대한 인식의 변화 과정도 자본주의 국가와는 상이하게 전개되었다. 이는 사회주의계획경제에서 시장경제로 전환된 중국의 체제적 특수성에 기인한다.[28] 중국의 경우 세계 선진국과는 달리 2005년도 회사법 개정시에 회사의 사회적 책임과 관련하여 신 회사법 제5조에 명문으로 규정하여 둠으로써 회사의 사회적 책임을 강조하였다. 게다가 기업의 사회적 책임에 관한 국제적인 연대 움직임도 갈수록 강화되고 있다. 이제 중국 내 기업들에게도 기업의 사회적 책임 활동은 더 이상 선택이 아닌 필수적인 과제가 되었다.

2. 중국 기업의 사회적 책임에 관한 법률적 성질

(1) 재판규범과 행위규범

기업의 사회적 책임이 도덕규범과 윤리적 의무의 뜻을 가지고 있다는 점에 대하여 의심할 여지가 없지만[29], 법전에 명시된 사회적 책임은 회사의 행위를 구속할 수 있는 도덕규범뿐만이 아니라 재판상의 기준으로서 재판규범의 기능을 가진다고 하여야 한다. 신 회사법 제5조에서 규정하고 있는 회사의 사회적 책임이 법원의 재판상에 있어서 그 근거 기준이 될 수 있는지에 대해 중국 학계에서는 의견을 서로 달리 취하고 있다. 혹자는 기업의 사회적 책임에 관한 조문은 도덕규범과 행위규범이기 때문에, 법원이 사건

---

28) 정상은, 다국적기업의 중국 내 사회적 책임(CSR)활동 분석, 국제지역연구 제11권 제1호, 2007년, 228면.

29) 朱慈蕴, 公司的社会责任: 游走于法律责任与道德准则之间，中外法学，2008年 第1期。

을 심리하는데 있어서 그 근거 기준이 되지 못한다 하였고, 사회적 책임의 조항은 단지 당사자의 행위규범일 뿐이라 하여, 재판상의 근거가 될 수 없다고 하였다. 이러한 견해의 판단은 옳지 못하다고 생각되며, 회사의 사회적 책임을 법률에 적용하기 위해서는 행위규범뿐만이 아니라 재판규범을 인정하여야 한다.[30]

중국 법학자들은 재판규범과 행위규범의 성질에 관하여 서로 달리 주장을 하고 있는데, 재판규범을 심판규범으로 총칭하며 심판규범은 심판규칙이라고 한다. "이는 사법기관이 법정의 절차에 따라 심판기능을 하여야 한다고 한다. 중국 인민법원조직법과 소송법상의 증거의 수집, 검증과 적용, 심판절차, 국가강제력의 행사 등과 관련된 규정은 모두 이에 속한다."[31]라고 주장하는 견해이다. 이러한 견해는 재판규범을 소송절차와 동일하게 간주하는 것으로서 재판규범을 너무 협의적으로 파악하고 있다고 판단된다. 또 다른 견해는 기능적인 면에서 재판규범을 부차적인 규칙으로 보아 법률에 대한 사회의 압력을 감소시키면서 법률의 효율을 높이는 방법이라 한다. 따라서 재판규범이 법원과 법관에게 권한을 부여하는 규범이라는 점에 대하여 이해를 할 수 있으나 법률규범의 유형화라는 측면에서의 체계적인 설명이 부족한 것 같다.[32]

이에 관하여 비교적 명확하게 정의를 한다면, 법률규범의 기능적 유형에 따라 재판규범을 이해하기 위해서는 "행위규범"과 상응하는 규범으로 보고, 양자가 가지고 있는 주요한 점을 서로 연관되게 하여야 하는 것이다. 黃茂荣교수는 "법조문이나 규정이 규범을 받는 자에게 향하여 그 행위를 하도록 요구한다면, 이는 행위규범이고, 법조문이나 규정이 법률상 분쟁이 있는 자나 기관이 이를 재판의 기준으로 하여 재판하도록 요구한다면, 이는 재판규범이다."[33]라고 하였다. 이에 따르면 행위규범은 그 구속을 받는 사람들에게 규범상의 방향을 제시하는 듯 하며, 재판규범은 법원에게 실체적이

30) 蒋大兴, 前揭論文, p. 23.
31) 张文显，二十世纪西方法哲学思潮研究，法律出版社，1996，p. 373~74.
32) 蒋大兴, 前揭論文, p. 23.
33) 黄茂荣，法学方法与现代民法，中国政法大学出版社，2001，p. 110~111.

고 절차적인 재판기준을 제시하는 듯 하다. 행위규범은 개인의 행위 과정에 들어가게 되는 규범이며, 재판규범은 법원의 재판과정에 개입하게 되는 규범이다. 사법기관이 재판을 진행할 때에, 행위규범을 그 재판의 기준으로 삼게 되는데, 이는 행위규범인 동시에 재판규범이기 때문이다. 만약에 행위규범이 재판규범과 일치하지 않는다면, 이것이 예시하고 있는 법률효과는 재판 과정에 있어서 관철될 수 없으며, 사람들에게 명령하거나 권고하려는 기능이 상실될 것이다. 이는 마치 공시제도가 공신력의 부여를 그 전제로 해야 하는 것과 같고, 만약 그렇지 않다면 껍데기만 남게 될 것이다. 그러나 재판규범이 반드시 행위규범으로 되는 것은 아니다. 재판규범의 규범대상은 재판자로서 본 규정 중 일부는 재판자만을 대상으로 하기 때문이며, 행위규범이 우선적으로 행위자를 대상으로 한 다음, 나아가 재판자에게 사건의 분쟁과 관련된 행위규범을 근거로 하여 재판을 진행하도록 요구하게 되며, 이를 통하여 재판규범으로서 성질을 가지는 것과는 차이가 있다. 하지만 행위규범의 성질을 지니지 않은 채 오로지 재판규범으로서 적용되는 사례는 많지 않다. 예컨대 배상의무에 있어서 감소 시켜주거나 과실책임이 있을 때 정상참작을 고려하며, 사정변경원칙 등이 있다.[34)]

중국 법학계에서는 위에서 언급한 규범의 유형들을 기본적으로 인정하고 있다. 예컨대, 梁慧星교수는 행위규범이란 국민과 기업이 활동에 있어서 당연히 지켜야할 규칙이고, 재판규범은 법원이 사건을 재판하는데 있어서 당연히 준수하여야 할 규칙이라고 하였으며, 중국민법상 모든 민사주체를 위하여 행위규범을 규정한 것으로서 경제활동 즉, 계약의 성립이나 이행, 또는 가족관계에 있어서 혼인, 이혼 등을 불문하고 당연히 지켜져야 한다. 이러한 행위규범만이 국가의 강제력에 의해 보장 받을 수 있다고 하였다. 만약 이들이 행위규범을 준수하지 않는다면 민사상의 분쟁이 발생하게 되며, 법원에 재판을 청구하는 경우에, 법원은 응당 민법을 그 재판의 기준으로 하여야 하기 때문에 민법은 또한 법관이 사건을 재판하는데 있어서 재판규범이 되기도 한다. 이를 통해 민법은 행위규범과 재판규범의 이중적 성질

34) 黄茂荣，前揭書，2001，p. 111.

을 가지고 있다고 볼 수 있다.[35] 또한 徐国东교수는 행위규범과 비교하여 상대적으로 재판규범은 재판기관을 구속하여 사건을 재판하는 법률기준이며, 행위규범은 일반적으로 재판규범이 동시에 되기도 하는데, 재판규범은 사법기관만을 전문적으로 구속하는 듯 하여 행위규범으로 동시에 될 필요는 없는 듯 하다.[36] 이러한 견해들에 근거하여, 신 회사법상 사회적 책임 관련 조문(제5조)은 행위규범이면서 또한 재판규범이 된다. 첫째, 신 회사법 제5조는 일정한 행위상의 요구를 두고 있는데, 회사가 경영을 하는 과정에 있어 본 조문을 근거로 하여 경영정책을 수정하여야 하며, 회사의 주주나 이사 등의 행위는 어느 정도 본 조문의 "명령" 또는 "제한", "권고"를 받기 되기 때문에 기업의 사회적 책임 조항은 행위규범의 성질을 가지게 된다. 둘째, 탄력조항, 일반조항으로서 법률원칙의 기능을 가지며, 법원과 법관에게 일정한 재량권을 부여하여, 구체적인 사안의 심리에 있어서 해석의 방법을 빌려 재판의 기준이 됨으로써, 또한 제5조는 재판규범의 성질을 가지게 된다. 그러나 다수 학자나 회사의 실무에서 회사의 사회적 책임을 재판적 기능으로서 인정하고 있지 않다.

(2) 법률원칙과 행위규범

중국 신 회사법에서 규정하고 있는 사회적 책임에 관한 조문이 법률원칙의 기능을 가지고 있다는 점에 대하여 학계에서는 논쟁의 대상이 되지 않지만, 민법학계의 견해는 법률원칙은 구체적이고 적용 가능한 행위의 방식을 제공하지 못하며, 이는 행위의 방식, 기능 규제의 내용 등의 측면에 있어서도 큰 차이를 보이는데, 이는 민법의 기본원칙이 민법규범이 아니기 때문이라고 한다.[37] 이러한 내용을 살펴보면 법률원칙으로서 기업의 사회적 책임이 법률규범으로서 존재하는지에 대하여 또한 의문이 제기 된다. 일부 학자들은 이러한 이유를 들어 기업의 사회적 책임의 규범적 성질을 부정하고 있다.

35) 梁慧星，民法总论，法律出版社，1995，p. 182.
36) 徐国东，民法基本原则解释-成文法局限性之克服，中国政法大学出版社，1992，p. 44.
37) 徐国东, 前揭書, p 41~45.

비록 법률원칙이 법률규범과는 명확한 차이가 있지만, 법률원칙 또한 행위의 방식을 제공할 수 있다. 법률원칙과 법률규범은 행위 방식의 제공 면에 있어 차이를 보이는데, 이는 "경로의 지시"라고 표현할 수 있다. 즉, 법률원칙은 일종의 개괄적인 지시로서 행위자에게 "행동의 방향"을 알려준다고 볼 수 있다. 예컨대, 상해에서 북경으로는 당연히 북쪽으로 가야 하지만, 법률원칙은 행위자가 어떻게, 어떠한 방식으로 북으로 가야하는지에 대하여 구체적으로 상세히 알려주고 있지는 않다. 따라서 법률원칙은 당사자의 사법자치 또는 자유재량에 맡기고 있을 뿐이다. 이와 반대로 법률규범은 구체적으로 상세하게 행동을 지시하며, 이는 행위자에게 구체적으로 어떠한 경로 또는 어떠한 방식으로 북으로 가야 하는지를 알려주고 있다. 더욱 분명한 것은 법률원칙의 지시이던, 법률규범의 지시이던 모두 일종의 행위방식으로서의 효과를 가질 수 있다는 점이다. 그러나 법률원칙의 지시에 따르면, 행위자가 얻게 되는 행위의 규범은 상대적으로 광범위한 것이 되고, 행위규범의 지시에 따라면 행위자는 "자유재량"의 번거로움에서 벗어날 수 있게 된다. 그러나 어떠한 경우에서도, 법률원칙이 행위방식을 제시할 수 있다는 점은 부정될 수 없다. 이러하기 때문에 회사의 사회적 책임이 하나의 원칙으로서 최소한 기업들에게 당연히 "북으로 가야"한다는 점을 제시하고 있으며, 구체적으로 "어떻게 북으로 가는지"는 기업이 일정한 자유재량권을 가지게 되고, 예컨대 법률이 사회적 책임의 방식을 구체적으로 제한하고 있지 않은 경우, 기업은 이들 책임을 부담하는 구체적인 방식을 선택할 수 있으며, 다른 예로 자선이나 기부라는 사회적 책임에 있어서 기업은 기부의 액수를 결정할 수 있으며, 언제 이를 기부하는지도 결정할 수 있다. 이것이 바로 법률원칙이 제공하는 행위방식이 법률규범이 제공하는 행위방식과는 차이를 가지는 점이며, 하지만 이는 법률원칙의 재판기능을 부정할 정도의 큰 차이를 보이는 것이 아니기 때문에 법률원칙은 재판규범의 기능 또한 가지게 되는 것이다. 따라서 법률원칙으로서 존재하는 회사의 사회적 책임이 행위규범이나 재판규범으로 될 가능성을 부정할 수 있다고는 볼 수 없다고 생각된다.[38)]

3. 중국 기업의 사회적 책임의 새로운 전개

중국 신 회사법 제5조에서 회사의 사회적 책임을 명시적으로 규정한 이래, 회사가 사회적 책임을 어떻게 부담하여야 하는 것과 관련하여 각 계에서 상당한 논의가 이루어졌고, 특히 재계에서의 논의는 매우 뜨겁다고 볼 수 있으며 근래 다수의 기업들이 경쟁이라도 하듯이 사회적 책임에 관한 보고서를 발표하였다. 이는 회사들의 결심과 행동을 잘 표현한 것이라고 볼 수 있다.[39] 나아가 중국정부의 정치문건이나 지도자담화에서도 회사의 사회적 책임을 주요한 문제로 강조하고 중요시하고 있다.[40] 이러한 논의는 총체적으로 기업의 사회적 책임을 특정 회사 혹은 국가가 정치적으로 국내 및 국제적 관리로서 전략적으로 추진하는 것으로 볼 수 있으며, 기본적으로는 경제적, 정치적 성격을 가진 거시적 사회책임이라 할 수 있다고 하지만, 회사실무에 있어서 사회적 책임은 마치 "이빨 없는 호랑이"처럼 그 모습은 매우 사납지만, 회사 내의 구체적 행위에 대하여 효과적인 규제를 하고 있지 못할 뿐만 아니라 특히 회사의 미시적 영업결정을 판단함에 있어서 유효한 예방적 구속력을 가지지 못하고 있다.[41] 또한 최근 각 기업들이

38) 蔣大興,, 前揭論文, p.24

39) 蒋大兴, 公司社会责任如何成为 "有呀的老虎" -董事会社会责任委员会之设计-, 清华法学 Vol.3. No 4 (2009), p. 21.

40) 예컨대, 제16기 전국인민대표대회 제6차 중앙 전체회의 결정에서는 "인민, 기업, 그리고 각 조직의 사회적 책임의 강화에 중점을 두어야 한다."고 하였다. 또한 중국 공산당 제17대 보고서에서는 "애국주의, 단체주의, 사회주의 사상 발전에 노력하고 성실과 신용을 강화하여 사회의 공공도덕과 직업윤리, 가정의 미덕 및 각 개인의 품성을 이루는데 힘써 노력하여야 하고, 도덕규범의 모범적 역할을 발휘하여 인민들이 법정의무, 사회적 책임, 가정책임 등 스스로 깨달아 이행하도록 하여야 한다." 고 강조하였다. 2008년 11월 22일, 후진타오 주석은 "개방협력의 견지와 상호 이익 및 공영 추구"에 관한 담화 중에서 규범적인 지도와 기업의 사회적 책임을 강화하여야 한다고 하였다, 오늘날 금융위기가 우리에게 시사하는 것은, 기업은 경제적 효율성을 추구하는 동시에, 시장경제체제의 운영에 있어서 근면, 신뢰, 그리고 책임부담의 태도를 보여, 전체 경제의 안정적 운영을 충분히 고려하고, 그 위험과 폐해를 대비하여, 회사경영의 불합리로 인하여 발생될 경제발전과 인민생활에 대한 영향을 회사 스스로 방지하여야 한다. 이는 중국 내 모든 기업들 특히 다국적 기업도 또한 사회의 책임을 부담하여야 한다고 지적하였다.

41) 蒋大兴, 前揭論文, p. 22.

발표하는 사회적 책임보고서는 새로운 유형의 기업광고로 되어 버렸다. 따라서 기업의 사회적 책임이 "이빨 있는 호랑이"가 되기 위해서는 학계, 재계, 법조계 등의 지속적인 연구와 노력이 있어야 할 것이다.

중국 다수의 법학자들은 신 회사법 제5조에 규정된 회사의 사회적 책임에 관하여 재판규범으로 될 수 있는지에 대하여 여전히 의문을 제기하고 있으며,[42] 이에 따라 기업의 사회적 책임은 도덕적 조문에 유사하거나 법률원칙으로만 존재할 뿐이라고 하였다. 그러므로 어떻게 하면 이사회의 경영판단과 법원의 사법재판에 관철시킬지에 대하여 강구되어야 한다. 중국 인민대학교 刘俊海교수는 기업의 사회적 책임과 회사의 지배구조개선과의 관계를 언급하면서, 주주가 아닌 사회이익의 대표자가 회사기관의 구성원이 되어 소비자이사 · 종업원이사 · 환경보호이사 등 이해관계자가 이사회를 구성하여 경영판단의 결정을 담당하여야 한다고 주장하였다.[43] 이러한 견해는 영리를 목적으로 하는 회사의 존재 및 행동의 최고 지도이념에 반한다고 생각된다.

회사가 경영판단의 과정에 있어서 어떻게 하면 가장 바람직한 사회적 책임을 관철시킬 수 있을까? 이사회의 권한사항 중에서 특정한 부분에서 전문화 및 심의화가 필요한 경우에 사회책임위원회를 둠으로써 회사 이사회의 업무성과를 제고하게 될 것이다. 현행 신회사법에서는 전문위원회제도에 관한 규정을 두고 있지 않지만, 「상장회사의 사외이사 설치에 관한 지도의견」(關於在上市公司建立董事制度的指導意見)과 「상장회사지배구조준칙」(上市公司治理準則)에서 이 제도에 대하여 규정을 하고 있다.[44]

위 지도의견에서는 "상장회사의 이사회 내에 보수, 지명, 감사 등의 위원회를 설립할 경우, 그 위원회 구성원 중 1/2 이상의 사외이사를 두어야 한다."고 규정하고 있으며, 상장회사지배구조준칙에서는 "상장회사의 이사회

---

42) 2008년 11월 중국정법대학 민상경제법학원이 주최한 추계학회에서, 于飞, 戴梦勇교수 등은 기업의 사회적 책임 규정이 법률원칙이지 재판규범은 아니라고 주장하였다.

43) 刘俊海, 强化公司社会责任的法理思考与立法建议 (四), http://edu.chinalawinfo.com: 2010년 10월 9일 방문.

44) 이정표, 중국 회사법, 박영사, 2008, 155면.

는 주주총회의 결의로 경영전략, 감사, 지명. 보수 및 조사위원회 등의 전문위원회를 설치할 수 있다. 전문위원회의 구성원 전원은 이사로 구성하고, 그 중에서 감사위원회, 지명위원회, 보수 및 조사위원의 구성원 중에서 사외이사는 다수를 점유하여야 하고 소집권을 갖는다. 감사위원회 구성원에는 1인의 사외이사가 회계전문가인사로 구성되어야 한다."고 규정하고 있다(제52조). 따라서 이러한 지도의견 및 준칙규정에 근거하여 회사 이사회 내에 사회책임위원회 도입에 관하여 검토를 하고자 한다.

Ⅳ. 중국 기업의 사회적 책임에서의 사회책임위원회제도 도입 검토

앞에서 언급하였듯이 중국은 다른 국가와 달리 기업의 사회적 책임에 관하여 신회사법 제5조에 명시를 하였음에도 불구하고 중국 법학자들은 여전히 단순한 윤리적 의무, 도덕적 원칙이라 하여 의문을 제기하고 있다. 이러한 문제를 해결하기 위한 방안으로서 현재 회사관리시스템의 기본구조 틀을 유지하는 전제하에서 회사 이사회에 사회책임위원회를 설립하는 것이다. 따라서 이 사회책임위원회는 회사가 수행하려하는 중대한 사안 혹은 사회적 책임과 관련이 있는 경영판단에 대하여 사회책임의 영향을 평가하는 것이며. 이러한 메커니즘은 전문가로 하여금 이사회가 경영정책을 결정함에 있어서 사회적 책임을 함께 고려하는 사전적 장치로써, 이사회가 합법적이고 타당한 판단을 할 수 있도록 자문역할을 담당하게 될 것이다.[45)]

회사는 주주(사원)가 영리를 목적으로 설립한 것으로 영리성은 회사의 필연적 속성이라고 할 수 있다.[46)] 신 회사법 제5조에 신설규정으로 둔 기업의 사회적 책임은 회사의 필연적 속성이라고 할 수 있는 영리성을 부정하기 위함이 아니고, 단지 회사의 극단적인 이윤의 추구는 부의 편재를 낳는 등 여러 가지 병리적 현상의 원인이 되어 왔으므로 축적된 부의 일부를 사회에 환원하게 하는 등, 회사 스스로가 사회에 대하여 공익적 기여를 하게

---

45) 蒋大兴, 前揭論文, p. 29.
46) 韓大元 外 9人, 現代 中國法概論, 博英社, 2009, 374면.

해야 한다는 것이며,[47] 또한 사회적 책임과 의무를 고려하여, 바람직한 기업법인이 되도록 하기 위함이다. 따라서 사회적 책임에 대한 강조는 회사의 이윤 추구에 대한 부정이 아니다. 그리고 회사가 그 이윤 추구에 만족하는 경우 더욱 더 사회적 책임을 부담할 것이다. 그러므로 몇몇 회사의 사회책임보고서에서 "주주의 이익"을 그 사회책임 실천의 기본 내용 중의 하나로 두는 것에 대하여 비판을 제기하여서는 아니 된다. 예컨대, 중화그룹의 사회책임보고서에서는 "기업이 맡은 경제책임은 말하지 않아도 안다. 계속적인 이익을 내는 능력의 끊임없는 향상이야 말로 기업이 각 항목의 사회적 책임을 이행하는 기초이자 첫 번째 중요한 임무."라고 기재하고 있다.[48]

회사의 이윤 추구는 일상의 경영과 일관되어져 있으므로, 사회적 책임은 반드시 회사의 이윤추구 과정에서 고찰되어져야 한다. 따라서 회사가 사회적 책임을 부담한다는 것을 약간의 "사회책임지도", "사회책임보고서"의 공표 및 사회책임지수의 추진에 있을 뿐만 아니라, 회사 이사회에 약간의 사회책임대표에게 적절한 지위를 부여하여야 한다. 이러한 메커니즘은 기업의 사회적 책임의 실행에 있어 매우 중요하다.

그러나 회사관리 측면에 있어서 이러한 것이 문제로 제기 될 수 있다. 회사의 필연적 속성은 영리성에 있으며, 따라서 회사가 일상의 영업정책을 결정함에 있어서 어떻게 사회적 책임의 요구를 평가 측정하여야 하는지? 또한 회사 이사회 내에 사회책임위원회를 설립하였을 경우 잘못된 방법이라 판단되지 않기 위해서는, 회사는 이사회내의 사회책임위원회를 통하여 회사의 경영판단이 사회책임에 미치는 영향에 대하여 전문적인 평가를 하도록 하여, 회사가 영업정책결정에 있어 행위의 타당성을 고려함과 동시에 이에 상응하는 사회적 책임의 부담을 할 수 있게 촉진시키는 것이다. 이러한 방식을 통해 회사에 사회적 책임의 부담을 요구하는 것은 일종의 과학적이고 효율적이며 참신한 사회적 책임의 촉진 방식이다.

---

47) 이철송, 전게서, 56면.

48) 中国中化集团公司 2007社会责任报告, http//www.sinochem.com/Portals/O/nianbao/2007中化集团社会责任报告。pdf 2009년 6월 4일 방문. 蒋大兴, 前揭論文, 각주 36) 재인용.

그 이유는 다음과 같다.

첫째, 이사회 내에 사회책임위원회 설립은, 회사 영업정책 결정의 사회적 책임의 영향에 대한 평가의 일상화를 가져오게 될 것이다. 현재 기업이 사회적 책임을 부담하는 방식에는 적지 않은 우연성과 불확정성을 지니는데, 회사는 종종 사회적 책임을 영업 이외의 사항으로 따로 고려하거나 또는 사회적 책임을 부담할 경우 회사의 이윤 추구의 실현에 있어서 도움이 될 때에만 적극적으로 사회적 책임을 수행한다. 회사 이사 등 경영진이 사회적 책임을 회사이미지 홍보와 무료광고 효과를 얻는 일종의 "영업대책"으로 크게 이해하여, 기업이 사회적 책임을 지는 것은 많은 우연성과 실리성을 띄게 하였다. 이에 따라 회사가 일상의 영업정책 결정에 있어서 이사 등 경영진이 영업의 이익을 첫째로 고수함으로써, 사회적 책임사가 어떤 영업정책의 결정을 할 때에 사회책임전문위원회가 사회책임에 대한 영향평가를 하여 일상적 영업결정에 있어 사전적 사회적 책임의 실행에 도움을 주게 될 것이다.

둘째, 이사회 내에 사회책임위원회의 설립은, 회사영업결정의 사회적 영향에 대한 평가의 전문화를 가져온다. 현대 기업사회에서의 영업정책결정은 따로 고립된 영업행위가 아니라, 일정한 사회영향을 일으킬 수 있고, 특히 회사의 인수합병, 중대한 정책의 개혁, 환경보호에 영향을 미치는 중대한 투자 등은 특히나 회사의 사회적 의무와 책임과 직접적인 연관이 있다. 주주지상주의와 일치되는 회사관리시스템에 있어서 이사회의 구성원은 흔히 영업정책 결정에 있어 능수능란한 자들이지만, 영업정책 결정의 사회적 책임의 영향 평가에 대해 이들의 충분한 능력과 원동력은 필요가 없다. 실제로 영업정책 결정의 사회적 책임의 영향은 심지어 회사의 최종적 영업투자의 실행 가능성에 매우 큰 영향을 줄 수도 있다. 때문에 사회책임위원회의 설립은 영업정책의 결정을 함에 있어서 사회적 책임의 영향에 대한 전문적인 평가를 하도록 도와주고 회사가 자발적으로 그 영업정책 결정의 사회적 편차를 시정하도록 한다.

셋째, 이사회 내에 사회책임위원회의 설립 및 그에 따른 평가는, 이사가 사회적 책임의 영향에 대한 주의의무의 면책을 주장하는 중요근거가 된다. 신 회사법 제5조에서 사회적 책임을 회사의 의무로 규정한 것은, 실제로 이사가 경영을 판단함에 있어서 사회적 주의의무에 대한 부담함을 뜻하는데, 이는 즉 이사가 경영을 판단하는 과정에 있어서 관련 판단으로 야기될 수 있는 사회적 책임의 영향에 대해 적합하고 타당한 주의의무를 부담하여 경영판단의 결정이 사회의 부정적인 영향을 초래하는 것을 미리 예방하도록 하는 것이다. 이사가 그 경영판단 결정이 사회적 결과에 대해 합법적이고 타당한 주의의무를 다하였는지, 또한 관련 손해가 발생할 때에, 면책항변을 주장할 수 있는가에 대한 중요한 근거가 된다. 사회책임위원회의 설립은, 이사의 영업정책 결정의 사회적 영향에 대한 평가에 도움을 주어 더 나은 회사법상의 주의의무의 이행을 촉진시킬 것이다.

넷째, 오늘날 대규모 공개회사의 모든 권한은 이사회에 의해 행사되거나 이사회의 수권 하에 행사될 뿐만 아니라 회사의 업무는 이사회의 지시에 따라 회사의 운영이 진행된다. 미국 판례법상으로도 이사회는 회사의 통상의 사업경영에 속하는 사항에 대해서는 법적으로 최고의 권한을 갖는 것으로 이해되고 있다.49) 한편, 이사회는 자율적으로 이사회 내부에 그 기능이 분화된 다수의 위원회를 둘 수 있다. 즉 주 회사법의 규정 또는 기본정관(articles of incorporation), 부속정관(bylaws), 혹은 이사회의 결정으로 이사회의 하부기관으로서 특정 업무를 수행하기 위해 1인 또는 2인 이상의 이사로 구성된 위원회를 설치하고 일정한 이사회의 권한을 위임할 수 있다.50) 현재 대규모 공개회사의 경우에는 이사회의 내부기관으로서 감사위원회, 보수위원회, 지명위원회, 등이 설립되어 있다. 따라서 사회책임위원회의 설립은 대규모 공개회사의 이사회 내부기관의 발전과 역할분담의 추세에 따라야 한다고 본다. 미국의 경우에, 코네티컷주를 제외한 각 주 법이 감사위원회의 설립을 강제적으로 요구하지는 않지만, 뉴욕증권거래소에서는 상장회사에게

49) 龜山孟司, アメリカ會社法における取締役會の權限と運營, 法學新報 第106卷 第7・8號 (2000), 189~200面. 정대, 前揭論文, 각주 2) 재인용.

50) 임재연, 미국회사법, 박영사, 1995, 298~304면. 정대, 전게논문, 각주 3) 재인용.

감사위원회의 설립과 유지를 요하고 있으며, 미국의 대기업 경영자의 대표로 구성된 Business Roundtable은 감사위원회 및 보수위원회와 함께 과반수가 비업무담당이사로 구성된 지명위원회의 설치를 권장하였다.[51] 감사위원회를 설치하지 않으면, 당해 이사회의 경쟁력평가에 악영향을 끼칠 수 있으므로 대부분의 회사는 감사위원회를 반드시 설치한다. 미국 각 주의 현존하는 법률에서도 지명위원회와 보수위원회의 설립은 요하지 않지만, 일련의 조사에서 표명되듯, 관례상 회사실무에 있어 많은 대규모 공개회사는 감사위원회를 설립하고 있다. 예컨대, 미국비서협회가 1979년에 뉴욕증권거래소에 제출한 보고서에는 조사에 참가한 993개 회사 중에, 963곳에서 감사위원회를 두는 것을 볼 수 있다.[52] 1981년 증권거래위원회의 대리인에 대한 감독과정에서도, 표본의 87%가 감사위원회를, 31%가 지명위원회를, 72%가 보수위원회를 두고 있음을 알 수 있다. 1990년 Heidrick & Struggles가 1989년도의 자료를 기반으로 연구하던 중, 조사에 응한 회사의 99%가 감사위원회를, 60%가 지명위원회를, 93%가 보수위원회를 두고 있었다.[53] 같은 해 Korn/ferry도 1989년도의 자료를 통해, 97%의 회사가 감사위원회, 57% 지명위원회, 91% 보수위원회를 두고 있다고 하였다.[54] Korn/ferry은 또 지명위원회의 설립과 회사 규모의 정도는 긴밀한 관계가 있으며, 자산이 50억 달러나 그 이상이 되는 조사대상 회사 중 74%가 지명위원회를 두고 있고, 비교적 소규모의 공업회사는 50%만이 지명위원회를 두고 있다.[55]

이사회의 내부기관으로서 감사위원회, 지명위원회, 보수위원회가 존재하고 있는데, 앞에서 언급한 3대 전문위원회의 구성 및 설립은 회사 영업행

---

51) Statement of the Business Roundtable, The Role and Composition of the Board of Directors of the Large Publicly Owned Corporation, 33 Bus. Law. 2083 (1978), p.2108, 정대, 전게논문, 각주 20) 재인용.

52) New York Stock Exchange, Coroporate Governace p.2~4, 6 참조. 楼建波 等(译)，公司治理原则: 分析与建议(上卷)，法律出版社，2006年，p. 124.

53) Heidrick & Struggles, The Changing Board Table, p.11~13 참조. 楼建波 等(译)，前揭書, p.124, 144, 151 재인용.

54) Korn/ferry, Board of Directors Tables 4A, 4B, 楼建波 等(译)，前揭書, p. 125, 144, 151 재인용.

55) 楼建波 等(译)，前揭書, p. 144~ 145.

위의 “내부영향”에 대한 관리규제를 강화하여, 영업행위의 “내부적 대리문제”를 해결해 더 나은 이윤추구의 실현에 그 목적이 있다. 그러나 현행 중국 회사관리시스템에 있어서, 영업행위의 “사회적 책임”에 대한 관리규제가 아직 부족한데, 회사 영업행위 중에 “외부적 대리문제”는 아직 관리 메커니즘의 측면에 있어 유효하게 해결되지 않고 있다. 비록 이해관계자를 이사회에 진입시키면 이런 사회적 영향에 대한 규제 메커니즘의 결여 문제를 어느 정도 호전시킬 수는 있겠지만, 근본적으로 이사회의 기본적인 직책과 효율을 뒤엎고 방해하는 것이 된다. 때문에 이사회의 사회책임위원회의 설립과 운영은 회사의 경영판단 과정에서 감독과 회사관리에서 “외부이익 형평”의 메커니즘 결여를 보충하는 더 나은 방안이다. 몇몇 회사에서는 이미 사회책임위원회의 설립을 통해 기업의 사회적 책임 실현을 시도하고 있다. 향후에 사회책임위원회는 어쩌면 회사 이사회의 전문위원회 중에 매우 중요한 내부기관으로 자리매김할 수도 있을 것이다. 따라서 회사의 이사회 내 사회책임위원회를 설립하는 것이 비교적 효과적으로 사회적 책임을 실현시키는 방안이라 할 수 있다. 이러한 방안을 통해, 회사가 영업결정에 있어 그 사회적 책임의 영향을 우선적으로 고려하게 되고, 만약 사회적 책임에 의한 사건이 발생할 경우 그 책임의 부담이 덜하게 될 것이다. 현재 중국의 회사실무에 있어서, 이사회에 사회책임위원회를 설립하는 것은 통상 “이사회 정책결정의 자문기관”으로 정의될 수 있다. 따라서 사회책임위원회는 이사회의 경영판단의 결정을 위해 사회적 책임과 관련된 정보를 제공할 뿐, 그 자체 스스로가 독립적인 경영판단의 결정의 권한을 가지는 것은 아니다. 그러나 항구적으로 보면, 이사회의 전문위원회의 성질에 대해 필히 객관적인 평가를 착실히 해나가야 하는데, 만일 이사회의 수권기관으로 정의한다면, 이사만으로 그 구성을 강조하여 수권사항에 대해서는 종국적인 결정권이 있도록 하여야 한다. 반대로 자문결정기관(이사회의 업무기관)으로 정의한다면, 그 기술적인 측면을 부각시켜, 반드시 이사만으로 구성될 필요는 없고, 다만 위원회의 의장은 이사가 맡도록 하고, 기타 구성원은 더욱 더 전문성을 지닌 자들로 구성되도록 하여야 한다. 현재 중국의 관련

입법정책 중에서 이사회 전문위원회의 기능적 정의 및 그 구성과 관련하여 편차가 매우 뚜렷하다. 사회책임평가가 기술적인 측면이 많이 있기 때문에, 전문인력으로 구성된 이사회 혹은 전문위원회의 업무기관으로 정의하는 것이 더 타당할 것이라고 본다.[56)]

또한 중국 신 회사법 제148조에서는 이사, 감사, 고급관리자는 법률, 행정법규와 회사정관에 따라, 회사에 대한 충실의무와 근면의무가 있다고 규정하고 있다. 본 조에서 소위 근면의무라 함은, 이론상 일반적으로 영미법계 국가에서 이사의 주의의무와 같게 해석할 수 있다. 이와 동시에 회사법 제150조에서는 이사, 감사, 고급관리자는 그 직무를 행함에 있어, 법률, 행정법규 또는 회사정관을 위반하여 회사에 손해를 가한 때에는, 손해를 배상할 책임이 있다고 규정하고 있다. 제113조에서는 이사의 결의가 법률, 행정법규 또는 회사정관이나 주주총회의 결의를 위반하여, 회사에 중대한 손실을 준 경우, 결의에 참가한 이사도 회사에 배상할 책임이 있다고 규정하고 있다. 회사법 제5조에서 회사가 경영활동에 종사함에 있어 법률, 행정법규를 반드시 준수하여야 하고, 사회의 공중도덕, 상업도덕을 준수하여 성실히 신용을 지켜 나아가고, 정부와 사회 대중의 감독을 받으며 사회적 책임을 진다. 라고 규정하고 있다. 때문에 이사가 회사를 위해 영업결정을 하는 때에는 반드시 제5조의 규정에 따라, 회사의 행위가 법률, 행정법규와 회사정관을 준수하도록 하여, 회사 경영행위가 적절치 못한 사회적 영향을 발생시키는 것을 피해야만 한다. 그렇지 않는다면, 회사는 그에 따라 대외적으로 배상책임을 지고, 이사 또한 주의의무 위반으로 회사에 배상책임을 져야한다. 따라서 회사법 제5조에서는 이사의 사회적 주의의무를 증설하였다. 원래 이사의 주의의무 위반여부는 주로 경영판단의 일종으로서 이사가 경영판단을 함에 있어서 고려하여야 하는 회사의 최선의 이익이라는 일종의 영업상의 이익과 관련 있다. 오늘날 이사의 주의의무 위반여부는 일종의 사회적 판단이라고 할 수 있다. 이로부터 이사를 위한 면책항변은 경영판단에 기초한 경영판단의 원칙에 근거하여 상응하는 조정이 가해져야 하

56) 蒋大兴, 前揭論文, p. 33.

는데, 첫째 이사가 경영판단을 함에 있어 고려하여야 하는 회사의 최선의 이익은 단지 상업적 최선의 이익이 아니라, 법률의 최선의 이익으로 이는 사회적 이익의 고려가 포함된 최선의 이익이어야 한다. 둘째, 회사관리에 있어 사회책임위원회의 설립은 이사가 영업정책결정과 관련한 정보를 수집하는데 도움을 주어, 사회적 주의의무를 타당하게 이행하여, 이를 통한 면책항변으로서 보호를 받도록 하여야 한다.[57]

경영판단의 원칙은 "선의의 합리적으로 믿고 한 영업결정"만을 보호하는데 미국법원의 판례법과 권위 있는 논저에서도 합리적으로 믿은 영업결정은 경영판단의 원칙의 법률보호에 선결조건으로서 큰 비중을 차지하고 있음을 지지하고 있다. Casey v. Woodruff 사례에서도 법원이 만약 경영판단의 사항들에 대해 간섭을 원하지 않는다고 하는 것은, 즉 사실상 당사자가 이미 판단하였다는 점을 가설한 것이라고 하고 있다.[58] 때문에 이사가 표결 전에 모든 수집 가능한 수단과 방법을 동원하면, 합리적으로 주의의무의 이행을 할 수 있고, 또한 스스로가 결정한 사항에 대해 합리적인 믿음을 가질 수 있다. 표결 전에 그 주의의무를 다 하지 않고 관련된 유용한 사실들을 확정한 이사가 하나의 영업결정을 하기에 앞서 모든 수집 가능한 중요 정보를 수집하도록 요구하고 있는 것이다. 그렇지만 소위 합리적인 믿음의 선결조건 이라고 하는 것은 이사가 그 영업판단에 있어 준비를 했는지를 중점으로 고려해야지, 그 영업결정 자체의 질적인 측면을 심사해서는 안 된다고 한다. 일부 영업결정은 시간상의 압박하에서 행하여져, 정보에 대한 자세한 분석이 불가능한 경우도 있고, 또 일부는 중요 정보들에 대한 일사불란한 정리 이후에 이루어지기도 한다. 때문에 정책결정의 판단에 있어서 이사가 합리적으로 이들 정보를 믿었는지에 대한 판정은 이하의 관련 요인들의 종합적인 판단을 필요로 한다. ① 이미 행한 경영판단의 중요성 ② 정보를 얻는데 이용할 수 있는 시간 ③ 정보를 얻는데 관련된 비용들 ④ 자료를 조사하는 자와 제출하는 자에 대한 이사의 신뢰 ⑤ 회사

57) 蔣大兴, 前揭論文, p. 33~34.
58) Casey v. Woodruff 49 N. Y. S. 2d 625, 643 (Sup. Ct. 1944).

당시의 영업상태 기타 이사회에서 주의해야 하는 다른 사항들이다. 그 외에도 이사 개인의 서로 다른 뒷 배경, 각각 이사가 회사에서 발휘하고 있는 역량의 차이 및 이사회의 일관성의 유지를 위한 일반적 가치 관념들 모두 이사가 검토한 정보가 당시의 정황상 합리적이었다는 점을 판단하는 요인이 될 것이다.[59)]

경영판단의 원칙은 회사의 최대이익을 위해 선의로 또한 합리적으로 정보를 믿고 결정을 했던 이사를 보호하고자 하는 것으로, 이사가 면책을 받고자 한다면, 경영판단을 하는 때에 있어, 관련 정보를 충분히 수집하여 위험에 대한 평가를 해야만 한다. 그렇지 않고서는 정보에 대한 합리적 믿음 없이 또는 합리적인 믿음에 대한 판단을 하지 않거나, 또는 고의나 비합리적 혹은 회사의 최대이익을 위한 판단이 아닌 채로 행하여진다면 “안전항”으로 피신하여 보호받지 못 할 것이다. 이는 Kaplan v. Centext Corp. 사례에서 법원이 표명한 바와 같이, 경영판단의 원칙의 적용은 반드시, 관련 사실이 분명히 밝혀지고, 합리적인 믿음을 한 이사는 권한을 부여받아 심사를 결정하는 거래에 대해 경영상의 판단을 하였고, 그 이사의 판단이 사소한 문제까지 이해하였다는 전제에서 행해졌음이 반드시 표명되어야 한다는 점에 달려있다고 한다.[60)] 복잡한 거래정책 결정에 직면하여, 이사는 경영판단의 원칙에 있어 이사회의 전문위원회, 고급관리자, 관련 전문가들의 의견 진술이나 보고서 등에 의존한다면, 자신이 이미 합리적 믿음을 통한 주의의무를 다 하였음을 더 쉽게 증명할 수 있을 것이다. 오늘날 회사구조는 복잡하므로 이사로 하여금 다른 이사나 고급관리자, 직원, 전문가, 기타 인원 및 이사회의 전문위원회에 의존하도록 요구하고 있다. 의문이 드는 상황이나 기타 평상시와 다른 사실이 존재하는 경우에, 만약 진일보하여 이에 물음을 제기하지 않는 것을 타당하지 않은 것으로 보는 경우를 제외하고는, 이사는 그가 의존하고 있는 정보, 관점, 보고서, 진술, 결정, 판단과 집행에 대해 조사를 할 의무가 없다. 이는 거래정책결정의 효율성 확보를

59) 楼建波 等(译), 前揭書, p. 208.
60) Kaplan v. Centext Corp., 284 A. 2d 119, 124 (Del. ch. 197).

위한 내부 분업의 결과이다. 법원이 이사의 주의의무의 기준을 적용하는데 있어, 신뢰라는 것이 대다수 회사에서 매우 중요하다는 점을 인정해야 한다. 또한 사후에 가혹한 시선으로 이사의 일정한 행위를 하지 못하였거나 그 감독소홀을 판단하는 것은 내재적 위험성을 지니고 있다.[61] 이사가 다른 이사에 대한 감독의 의무를 이행하는 경우에도, 대부분 다른 사람이나 이사회 하부기관에 있는 위원회에서 제공하는 정보나 보고서 또는 진술에 의존할 수 밖에 없다. 주주총회에서도 다른 사람이 준비하여 타인에게 제시한 회의록이나 문건 또는 진술에 의존하여, 이를 통해 경영판단을 할 수 밖에 없다.[62]

따라서 이사회의 전문위원회는 이사의 상업정책결정에 있어 신뢰기관으로서 전문위원회는 이사들이 더 효율적이고 전문적이며 과학적이고 신중히 관련 정보를 합리적으로 믿는 기초를 바탕으로 정책결정을 할 수 있도록 보장하고, 특히 현대 기업의 복잡한 거래구조와 거래추세에 있어, 거래의 기회를 더 잘 잡고, 위험을 무릅쓴 경영을 한 이사에게 책임부담의 증가를 적절히 피하기 위하여, 전문위원회에 의존한 판단은 매우 용이한 비상구인 것이다. 이와 같이 전문위원회를 설립한 이사회의 구조가 왜 대형 공개회사 내부에 존재하고 나날이 발전하여 정식 제도가 되어 가는지를 쉽게 이해할 수 있을 것이다. 거래와 사회가 보편적으로 연결된 현재에서, 영업결정은 어떤 의미에서는 사회적 결정으로 어느 정도 사회에 영향을 끼치고 있고 이에 따라 회사의 사회적 부담에도 영향을 끼친다. 특히 영업결정이 주요 사회적 영향과 관련될 때, 만약 회사가 사회책임위원회를 두고 있으면, 사전에 이 위원회와 이사회가 협조하여 당해 결정과 관련된 사회적 영향 및 보완조치에 대해 평가와 준비를 할 수 있고, 이를 기초로 하여 이사회에 전문성 있는 보고서나 진술을 제공하여, 영업결정에 이를 참고할 수 있고, 사회적 사고가 발생한 경우, 이들 보고서나 진술서를 활용한 이사는 선의였고 또한 합리적으로 주의의무를 다하였음을 주장할 수 있어, 이로

61) 楼建波 等(译), 前揭書, p. 155.
62) 楼建波 等(译), 前揭書, p. 198.

인하여 회사가 입은 손해에 대한 배상책임을 지지 아니한다. 때문에 사회책임위원회의 영업정책결정의 사회적 영향에 대한 평가는 분명 이사가 이런 사항을 결정함에 있어, 법정된 "사회적 주의의무"를 다하였는지 판단하는데 도움을 준다. 사회책임위원회는 이사회가 "사회적 주의의무"를 실행하는데 있어 매우 중요한 위치에 있는 내부 심사기관이다. 물론 거래의 효율과 원가를 고려하여, 모든 영업결정이나 영업계약에 사회적 영향 평가를 해야 하는 것은 아니고, 일부 사회적으로 부정적인 영향을 끼칠 수 있는 영업결정 예컨대, 환경에 영향을 주는 투자 결정, 노동자 고용에 영향을 주는 조직재편성 결정 등에 사회적 영향 평가가 필요하다고 할 것이다. 일반적으로 이사는 사회적 영향 평가에 대해 침묵할 수도 있지만, 이들 정책결정이 사회적으로 영향을 줄 것이라 합리적으로 의심이 든다면, 자발적으로 사회적 영향 평가를 하여야 할 것이다. 경영상의 융통성을 고려하여, 사회에 현저하게 안 좋은 영향을 미치는지 여부가 불명확한 상업정책결정에 대해 이사회의 결정 이후, 그 집행 전에 사회적 영향 평가를 보충할 수 도 있고, 회사는 "사회책임위원회 실시세칙"이나 "사회책임위원회행동세칙"을 통해 사회책임위원회의 조직편성, 직무범위, 운영절차에 세부적인 규정을 둘 수도 있다.[63)]

V. 결론

1993년 사회주의시장경제체제 확립 이후 중국 경제는 더욱 발전을 거듭하였으며, 2001년 11월 WTO에 가입한 이후 중국은 국제사회 속에서 그 위상을 점증시키고 있을 뿐만 아니라 미국과 함께 G2국가로서 세계경제 사회 내에서 중요한 역할 담당하고 있다. 그러나 최근 중국 농산물에 대한 과다한 농약 검출과 멜라민 사건은 세계적으로 큰 충격을 주었다. 중국은 세계 곳곳에 농산물 수출과 생필품의 공장역할을 하고 있는데 이러한 부주의로 인하여 전 세계가 어려움을 겪고 있다. 중국산 유제품을 원료로 사용

63) 蔣大兴, 前揭論文, p. 36.

한 인근 국가의 어린이들이 피해자가가 됨으로서 많은 국가들이 불안에 떨었다.[64] 이러한 문제점들은 사회주의 시장경제체제의 지속적인 성장발전에 큰 장애가 되었다. 따라서 중국은 기업에게 사회적 책임의 중요성을 인식시키고 더 높은 수준으로 발전을 하도록 하여야 할 것이다.

오늘날 중국 기업은 사회주의계획경제에서 시장경제체제 전환으로 인하여 상당한 부를 축적할 수 있게 되었고, 이를 바탕으로 경제적으로 상당한 영향력을 행사하는 사회적 실체가 되었다. 이와 같은 기업의 사회적 지위와 비중에 비추어 일정한 공공적 성격의 책임을 부담할 것이 요구되며 특히 대규모 공개회사의 경우, 주주를 위한 이윤만 추구할 것이 아니라, 이사 등 경영진이 그 정책을 결정함에 있어서 종업원, 소비자, 나아가 지역사회 등 주주 이외의 다양한 이해관계자의 이익을 균형적으로 고려하여야만 하며, 그 축적된 부는 주주의 이익을 위한 것 이외에 회사와 관련 있는 다양한 이해관계자들을 위하여 사용되어야 한다는 논의를 총칭하는 개념이 기업의 사회적 책임이다. 이와 관련하여 미국, 독일 등 선진국에서는 이미 1920년~30년대부터 논의가 시작되었으며, 관련 판례도 다수 집적이 되어있지만, 회사법에 기업의 사회적 책임에 관한 명시적 규정은 두지 않았다. 그러나 중국의 경우 2005년도 개정된 신 회사법에서 기업의 사회적 책임을 강조하기 위하여 현행 신 회사법 제5조에 사회적 책임에 관한 명문 규정을 두었다. 이러한 기업의 사회적 책임제도의 도입은 사회주의 국가적 특색을 잘 나타낼 뿐만 아니라 중국 입법의 일대 진보이며 중국이 이러한 문제에 대하여 입법가치를 "효율"의 추구에서 "공평"의 추구로 전환하였음을 나타낸다고 하겠다.[65]

그러나 이러한 목적과 취지에 반하여 일부 법학자와 회사 실무계에서는

---

64) 김성은, 중국기업의 사회적 책임과 지배구조에 관한 연구, 경영법률(19권 2호), 한국경영법률학회, 2009, 359~360면.

65) 顾功耘, 公司法律评论, 上海人民出版社. 2007, p.53~54. 최근 중국에 고유의 기업의 사회적 책임에 대한 주도 현상이 나타나고 있다. 그런데 그것이 형식적인 것인지 구조적인 변화인지 의문이 있다(Li-Wen Lin, Corporate Social Responsibility in China: Window Dressing or Structural Change?, Berkeley Journal of International Law, 2010, p.1).

기업의 사회적 책임에 관하여 단지 윤리적 의무 및 도덕적 원칙이라고 하였을 뿐만 아니라 현행 신회사법에서 이 제도를 인정하는데 한계가 있다고 비판 하였다. 그러므로 이 문제를 해결함과 아울러 개선방안으로서, 현재 회사관리시스템의 기본구조 틀을 유지하는 전제하에서 회사 이사회에 사회책임위원회를 설립하는 것이다. 따라서 이 사회책임위원회는 회사가 수행하려하는 중대한 사안 혹은 사회적 책임과 관련이 있는 경영판단에 대하여 사회책임의 영향을 평가하는 것이며. 이러한 메커니즘은 전문가로 하여금 이사회가 경영정책을 결정함에 있어서 사회적 책임을 함께 고려하는 사전적 장치로써, 이사회가 합법적이고 타당한 판단을 할 수 있도록 자문역할을 담당하게 될 것이다. 따라서 회사는 이사회에 사회책임위원회를 통하여 회사의 경영판단이 사회책임에 미치는 영향에 대하여 전문적인 평가를 하도록 하여, 회사가 영업정책결정에 있어 행위의 타당성을 고려함과 동시에 이에 상응하는 사회적 책임의 부담을 할 수 있게 촉진시키는 것이다. 이러한 방식을 통해 회사에 사회적 책임의 부담을 요구하는 것이 가장 합리적이고 효율적이라 생각된다. 이렇게 하는 것이 기업의 사회적 책임의 강화이며, 기업의 경영진에서부터 사회적 책임의 실천을 추구한다고 본다.

개혁 · 개방 이후 중국 보험법(보험계약법)의 변화와 특색*

목 차

Ⅰ. 서 론

중국은 1978년 이래 괄목할 만한 경제성장을 이룩하였으며 "경제발전은 곧 법제경제"라 할 정도로 법제건설도 동시에 이루어졌다. 그 중에서도 상사입법이 현저하게 발전하여 상법체계가 큰 진보를 이룩하게 되었다. 1992년 사회주의시장경제를 표방하면서 중국의 경제체제는 신속하게 진행되었고 이와 함께 상사입법도 새로운 단계에 진입하게 되었다. 이 시기에 '海商法'(1992), '會社法'(1993), '商業銀行法'(1995), 어음수표법(1995), '保險法'(1995), '證券法'(1998), '契約法'(1999), '信託法'(2001 등 일련의 주요한 상사 법률이 나타나게 되었던 것이다.

중국의 보험입법은 淸末에 개시되었으나 여건상 실시되지 못하였으며 국민당의 대륙통치기간중의 보험입법은 양분법 즉 보험계약법과 보험업법의 분리·제정이었으나 그 후 대만은 양법을 하나의 법인 "보험법"으로 막을 내리게 되었다. 신 중국 성립(1949) 후 보험법의 발전을 촉진시키기 위한 몇몇 보험법규와 조례[1])들이 있었으나 곧 보험업은 정지되었다.

개혁개방 초기의 보험입법은 '財産保險合同條例'(1983)와 '保險企業管理潛

---

* 이 글은 경상대학교 법학연구소 「법학연구」 제19권 제2호(2011)에 수록 되었음

1) 이 시기의 보험관계법령에 관하여는 秦道夫, 保險法論, 機械工業出版社, 2000, 49-50쪽 참조

行條例(1985)’의 등장으로 각각 보험계약법과 보험업감독법의 역할을 하게 되었다. 이 후 사회주의시장경제체제로 진입하면서 드디어 ‘中國保險法’(1995)이 공포되었고 2002년 중국의 WTO가입을 계기로 1차 개정을 하였다. 최근 들어 중국보험업이 신속히 발전함에 따라 보험업의 내부구조와 외부환경이 모두 변화하였고 일부 새로운 문제점이 나타나게 되어 2004년 중국은 보험법의 2차 개정에 착수하여 2009년에 이를 공포 ·시행하게 되었다.

2차 보험법의 개정은 전면개정[2]으로서 특히 보험계약법 부분개정은 피보험자의 이익을 보호하고 보험 실무중 “가입은 쉽지만 보상은 어려운”[3]문제를 해결하고, 보험계약당사자 쌍방의 권리의무를 더욱 명확히 하여 관련 보험계약의 구체적 제도 또는 규정을 보완하는 것이었다.

이렇듯 중국은 개혁개방이 가속화함에 따라 보험업도 시대적 수요에 부응하여 지난 30여년간 공전의 발전을 이룩하였다. 이에 따라 보험법의 연구가 전면적으로 전개되었으며 중국의 國情과 결합하면서 외국의 경험을 빌어 보험 제도를 확립하였다. 동시에 이론연구 및 실천을 통하여 보험이념이 중국사회경제생활에 까지 침투하여 중국보험업의 개혁개방과 경쟁 및 발전을 촉진시키고 있다.[4]

이 글은 중국보험법 중 보험계약법 부분만 고찰 대상으로 하여 중국 보험법이 어떻게 변화·발전하였으며, 특히 2차 개정의 최대 성과인 피보험자의 이익을 보호하고 당사자쌍방의 권리의무를 명확히 하는 등의 내용을 통하여 개혁개방 이후 중국 보험법의 변화와 특색을 살펴보고자 한다.

---

2) 2차 개정은 삭제 20개조, 수정 123개조, 증가 49개조로 총158개 조문에서 187개 조문으로 증가한 가히 새로운 입법에 해당하는 것이다.(許崇苗/李利,最新保險法適用與案例精解,法律出版社,2009, 35쪽)

3) 보험법 개정으로 이러한 “寬進嚴出”방식에서 “嚴進寬出”로 전환될 것이며 향후 보험업 경영에도 엄격한 제약이 될 것이다(李衍梅, “新保險法四大亮点”, 政府法制, 2009,/2, 14쪽).

4) 顧功耘, 中國商法評論, 北京大學出版社, 2010, 79쪽

Ⅱ. 중국 보험입법

1. 구 중국의 보험입법

중국 최초의 보험입법은 청조 말년의 '大淸商律草案 제2편 상행위 중 손해보험과 생명보험의 兩章이었다. 그 후 북양정부, 국민당정부에서 보험법을 제정하였으나 모두 실시되지 못하였다. 국민당의 대륙 통치기간 중 보험입법은 보험법과 보험업법으로 분리·제정하였다. 그러나 대륙과 분리된 대만은 1957년 양법을 하나로 하여 통칭 '保險法[5]'으로 불렀고 그 후 1974년에서 2004년에 이르기까지 수차례 개정하여 오늘에 이르고 있다.[6]

2. 신 중국의 보험입법

신 중국의 보험입법은 3단계로 나눌 수 있으며 초창시기(1949-1958), 파괴시기(1958-1978) 및 회복과 완비시기(1978년 12월 이후)가 그것이다.

(1) 초창시기

초창기에는 주로 보험계약법에 관한 결정 및 조례였다.[7]

(2) 파괴시기

사회주의 보험사업의 극좌사조로 보험입법이 중단된 시기였다.

(3) 회복 및 완비시기

민주법제건설로 경제입법의 강화와 함께 보험법도 적극 기초하였다.

5) 이 보험법은 총칙,보험계약,재산보험,인신보험,보험업,부칙으로 총6장 178개 조항으로 구성

6) 陳俊郎, 保險法規, 三民書局股分有限公司, 1998, 9쪽

7) 關于實行國家機關,國營企業,合作社財産强制保險及旅客强制保險的決定, 財産强制保險條例,船舶强制保險條例,鐵路車輛强制保險條例,(이상 1951년), 公民財産自愿保險辨法(1957년) 등이다.

1) ‘保險法’ 공포 이전

‘經濟合同法’(1981년)내에 보험계약에 관한 원칙성 규정을 두었는데 이것이 신 중국 성립 이래 진정한 보험 법률이었다. 이어 ‘中華人民共和國財産保險合同條例’(1983), ‘保險企業管理潛行條例’(1985)[8]가 나오면서 각각 보험계약법과 보험업법의 역할을 하게 되었다. 그러나 이 시기에 무엇보다 괄목할 것은 ‘海商法’(1992)의 공포였다. 이 법은 제일 먼저 법률의 형식으로 해상보험에 관한 규정을 두었다는 것이다. 그밖에 국무원 및 중국인민은행과 관계부처에서 “통지”, “辨法”및 “규정”등의 명칭을 가진 입법들이 나타났다.[9]

2) 중국 ‘海商保險契約法’

중국은 해상보험계약을 보험법에 규정하지 않고 이를 ‘海商法’에 규정을 두고 있다. 이 규정은 영국의 1906년 Marine Insurance Act(MIA)의 내용을 계수한 것으로서 국제적 관행과 국제조약을 대폭적으로 받아들임으로서 대륙법 편향에 대한 예외로 받아들여지고 있다.

① 제정경위 및 특징

중국 해상법은 1981년에 국내외에서 널리 의견을 구한바 영국의 MIA(1906)를 모범으로 하여 판례와 해석을 통하여 널리 확립된 해상보험이론 등을 정리하여 동법 제12장에 규정하고 있다. 이 법은 1992년에 공포한 후 1993년 7월 1일부터 시행에 들어갔다. 해상법 제12장은 일반규정(제1절), 계약의 체결 해지 및 양도(제2절), 피보험자의 의무(제3절), 보험자의 책임(제4절), 보험목적의 손실과 위부(제5절), 보험금의 지급(제6절)으로 구성되어 있다.

주목할 것은 중국은 당시 보험법을 입법추진 하고 있으면서 굳이 해상법의 하나의 장으로서 해상보험에 관한 규정을 두고 있는 점이 특징이라는 것이다. 이는 해상보험계약의 전제가 되고 있는 해상위험은 해상행위로부

---

8) 중국의 보험경영활동의 제일의 행정법규임

9) 예컨데‘保險代理機構管理潛行辨法’ 金融機構管理規定‘ ’關于加强保險事業管理的通知’ 등임

터 발생하게 되며 이러한 해상행위는 상행위 일반과는 상당히 다른 특수성과 독자성을 가지고 있기 때문에 해상보험계약 역시 보험계약 전체를 규율하는 보험법과는 별도로 규정하여 독자성을 인정할 필요성이 있다고 하겠다. 현실적으로는 해상행위 및 해상위험과 해상보험계약을 유기적 체계적으로 이해하기 위하여는 해상법의 규정 속에 해상보험계약 규정을 두는 것이 입법 기술적으로 더욱 합리적이라 생각 된다.

② 해상보험계약의 법률 적용

2009년 중국 신 보험법 제184조는 "해상보험은 중화인민공화국해상법의 관련규정을 적용한다. 이 법에 규정이 없는 경우 본 법의 관련규정을 적용한다"고 규정하고 있다. 해상법의 해상보험계약규정은 보험법과 관련하여 특별법의 지위에 있다.[10]

3) '保險法'공포 이후

① 1995년 中國 保險法

中國'保險法'은 1995년 6월30일에 공포되어 10월 1일 시행되었다. 이는 신 중국 성립 이래 첫 번째 보험기본법이며 국제적으로 몇몇 국가의 보험업법과 보험계약법을 하나로 한 입법체계이다(총 8장 152개조). 내용은 보험법의 기본원칙, 보험계약, 보험회사, 보험경영규칙, 보험업의 감독관리, 보험대리인 및 보험중개인, 법률책임 등이다. 이 법은 보험활동의 규범, 보험활동당사자의 합법적 권익의 보호, 보험업의 감독관리의 강화, 보험사업의 건강한 발전의 촉진, 전면적인 법률 의거 및 보장과 중국보험법률체계의 형성이 주요 목적이었다. 이하에서 '保險法 중 보험계약법 부분의 내용만 간단히 살펴 보고자 한다.

② 제1장 총칙

보험법의 목적(제1조), 보험의 정의(제2조)[11], 적용지역범위(제3조), 보험

10) 覃有土, 保險法概論, 北京大學出版社, 2001, 448쪽
11) 제2조는 보험계약에 관하여 통일적인 정의규정의 형식으로 되어 있으나 실제상 손실보상과 금액급부라는 표현으로 재산보험과 인신보험으로 분리하고 있다 .이렇게 기

활동의 합법,自愿 및 신의성실원칙(제4조), 상업보험업무의 허가 경영(제5조), 중국보험회사의 보험전업경영(제6조), 보험회사의 공평경쟁원칙(제7조), 국가의 보험업의 감독관리책임(제8조)에 관한 규정을 두고 있다.

③ 제2장 보험계약

가. 제1절 일반규정

보험계약의 개념 및 당사자(제9조), 보험계약의 공평· 자유원칙(제10조), 피보험이익의 존재(제11조), 보험계약의 성립 및 서면형식(제12조),보험계약의 일반효력(13), 계약자의 보험계약 해지(14), 보험자의 계약해지(15), 보험자의 설명의무, 계약자의 고지의무(16)[12], 보험자 면책설명의무(17), 보험계약의 기본내용(18),보험계약의 임의약정가능(19), 보험계약의 변경(20),보험사고의 통지(21),보험사고 증명자료 제출(22), 보험금 급부(23), 보험자의 보험금급부 거절 수속(24), 보험금 부분선급(25), 보험금청구권의 시효(26), 도덕적 위험의 방지(27), 재보험의 일반규정(28), 재보험과 원보험의 관계(29), 보험계약의 해석(30)[13], 보험자와 재보험자의 비밀준수의무(31)에 관한 규정을 두고 있다.

나. 제2절 재산보험계약

총 19개조로 구성되어 있으며 손해보험과 같은 성질의 보험이다

중국 보험법은 재산보험을 국가계획과 민생 및 경제건설과 관련된 보험으로서 매우 중요한 것으로 생각한다. 재산보험의 종류는 다양하나 그만큼 상세한 규정은 두지 않고 있으며 이 중 주요한 규정으로서는 재산보험계약의 변경·이행·종료에 관한 것과 대위권의 행사, 그리고 책임보험에 관한 규

계적으로 보험계약의 정의를 결합하고 있다.(潘阿憲, 中國保險法 特徵, 損害保險研究 第11號, 1996, 146-147쪽) : 이에 대하여 택일설을 취한 입법례라는 견해가 있다(覃有土, 위의 책, 28쪽)

12) 고지의무를 피보험자까지 포함하는 것이 타당하다.(中國保險學會, 保險研究, 2000年 第6期 25쪽), 그러나 중국보험법은 계약당사자에게 계약체결 전 상호고지의무를 규정 하고 있다.

13) 이 규정은 중국이 계약의 해석문제에 관하여 처음 규정한 것으로 중국계약법의 새로운 발전이라고 한다(李適時,駱鵬, 保險法與保險法實務全書, 中國商業出版社, 1995, 39-40쪽)

정 등이 대표적인 것이라 할 수 있다. 책임보험과 중복보험은 비교적 특수한 것이므로 다른 재산보험에 관한 규정은 두지 않는 반면에 이들 보험에 관하여는 몇 개의 조문(제41, 50, 51조)을 두고 있다.[14] 또한 피보험자의 손실감소 및 방지의무(제42조), 위험증가의 통지의무(제37조),[15] 중복보험(41조)[16] 등이 있다.

다. 제3절 인신보험계약

인신보험계약의 종류로 사망, 상해 및 질병보험계약을 규정하고 있다.

피보험이익에 관하여 중국은 인보험에 피보험이익의 존재를 요구하는 영미법상의 이익주의를 채용하는 반면에 일정한 친족관계가 존재하는 경우에 피보험이익을 인정하고 또한 피보험자가 동의한 경우에는 피보험이익의 존재를 인정한다(제52조), 그리고 연령오보 및 그 효과(53), 사망보험계약시 무능력자의 보험계약의 제한(54), 사망을 보험사고로 한 계약(55), 미지급보험료의 소송청구 금지(59), 보험수익자의 지정(60), 법정보험수익자(63), 인신보험자의 면책(64), 보험자의 대위금지(67) 등이 주요 규정이다.

④ 보험법 제1, 2차 개정

그 후 중국인민은행은 '保險代理人管理潛行規定' 및 '保險管理潛行規定'(이상 1996년)을 공포하였다. 또한 '保險兼業代理管理潛行辨法'(2000년), '保險公估機構管理規定'(2001),'保險代理機構管理規定'保險經紀機構管理規定'(2004년), '保險公司管理規定'(2000년 제정, 2004년개정),'中華人民共和國外資保險公司管理條例實施細則' (2004년),'再保險公司設立規定'(2002년) 등이 있으며 세계무역기구 가입 후 '保險法'제1차 개정(2002년), 보험법 제2차 전면개정(2008년)이 이루어졌다.

---

14) 于新年 等, 最新保險法條文釋義, 人民出版社, 1995, 94 - 95쪽

15) 통지의무위반의 경우 보험자가 면책된다는 것은 피보험자에게 가혹하다 하겠다.(潘阿憲, 앞의 책, 194-195쪽)

16) 중복보험인 경우 비례보상주의를 택하고 있다(鄒海林,常民, 中華人民共和國保險法釋義, 中國檢察出版社, 1995, 123쪽)

Ⅲ. 중국보험법 제1차 개정의 원인 및 주요 내용

1. 문제점

1995년보험법은 보험업의 발전과 개방에 따라 내외부에 심각한 변화가 발생하여[17] 보험업의 발전에 제약을 준 바 이하에서 그 문제점을 찾을 수 있다.

(1) 성실신용원칙 강조

개정의 지도사상으로서 "보험활동당사자는 권리행사· 의무이행에 성실신용원칙을 준수해야 한다"고 강조하였으나 보험계약법 분야의 개정은 별로 없었다.

(2) 보험법은 중국 보험시장이 아직 불건전한 정황 하에서 제정되었기 때문에 많은 부족함이 있었다.

(3) 보험법의 일부가 법률 및 행정법규이고 대부분은 보험행정규장과 규범성문건이기 때문에 그 권위성이 충분치 않았다.

(4) 중요한 법률의 공백, 예컨대 농업보험 특수보험의 조직형식의 입법 등 결여[18]

(5) 보험법의 입법체제에 존재하는 결함

보험계약법과 보험업법은 서로 다른 성질의 법이 하나의 보험법으로 구성되어 큰 문제점으로 존재하고 있다.

(6) 분업경영은 국제보험업 발전에 부합하지 않다.

재산보험과 인보험의 겸영금지는 국제적 경제 일체화에 부합하지 않는다.

(7) 보험회사 자산운용 제한의 경직화

(8) 보험대리규정의 현실 부적합성 등이다

2. 개정 내용

2002년 개정보험법(2003.1.1 시행)은 총38개조를 개정하여 총칙, 보험활동,

17) 周玉華, 最新保險法 法理精義與實例解析, 法律出版社, 2003, 1-2쪽

18) 許崇苗/李利, 中國保險法原理與適用, 法律出版社, 2006, 35쪽

보험경영규칙, 보험대리인, 보험중개인, 법률책임 등으로 구성되어 있다.

(1) 중국보험업의 내 외부 환경 변화 특히 WTO 가입으로 인한 대외 개방에 따른 원칙의 개정, 예컨대 재보험의 자유 결정, 보험자금의 최적 이용 등

(2) 보험자금의 과학적 운용 유도, 보험자금의 새로운 영역으로의 투자로 보험회사의 이윤증대

(3) 보험계약자, 피보험자 및 보험수익자의 이익보호에 중점을 둠

보험자의 통지의무의 증가, 보험자의 보험계약자 등에 대한 비밀보호의무의 증대, 보험자의 보험대리인에 대한 월권대리행위 책임 증가, 피보험자, 보험수익자의 제3자에 대한 배상청구권 강화 및 보험계약자 등의 이익보호의 원칙의 확립 등

(4) 보험활동의 공정한 집행 및 금지행위규정의 명확화

Ⅳ. 중국보험법 제2차 개정의 원인 및 주요 내용

2002년 중국의 WTO가입으로 보험활동을 규제하고 당사자의 합법권익을 보호하고 보험업의 건강한 발전을 촉진시키는 등 중요한 작용을 하였다. 근년 들어 중국보험업이 급속히 발전하고 보험업의 내부구조와 외부환경이 큰 변화를 겪게 되었다. 이에 2009년2월 28일 신 보험법이 공포되어 동년 10월 1일 시행에 들어갔다.

1. 개정 원인

(1) 객관적 경제 환경의 발전과 변화로 인한 보험법 존재의 결함

근래에 보험업과 보험경영에 새로운 정황과 문제가 발생하였다.

(2) 2002년 보험법의 결함 존재

1) 보험법의 기본원칙에 관하여

보험계약법과 保險業監督管理法은 서로 다른 성질의 법률관계이기 때문에 보험법 총칙 중에 기본원칙을 구분하기가 쉽지 않다. 2002년 보험법 총칙에

보험법의 기본원칙으로서 자원원칙과 공평경쟁원칙이 규정되어 있다. 그런데 자원원칙은 보험계약법의 기본원칙인 반면 공평경쟁원칙은 보험업법의 기본원칙이기 때문이다.[19)]

2) 보험계약법의 불 완비

① 보험계약법의 이익균형 미비

고지의무 불이행시 해지기간, 피보험자 수익자의 이익 보호의 불충분, 보험자의 법정 면책사유 등

② 보험계약법의 기본원칙과 제도의 불완비

보험법의 4대 원칙인 성실신용원칙, 보험이익원칙, 근인원칙 및 손실보상원칙 중 근인원칙은 규정하지 않고 신의성실원칙도 불충분하게 규정하고 있다.

③ 구체적 규정의 불비

보험계약의 성립과 효력발생요건의 불명확 규정, 피보험자와 보험수익자가 동일사고로 사망한 경우 사망선후 추정규칙의 미 규정 등

2. 주요 개정 내용

(1) 보험법 총칙의 개정

1) 보험법의 입법 취지 부분

2002년 보험법의 기초위에서 “사회경제질서와 사회공공이익의 수호”의 내용을 추가함으로서 보험활동당사자의 합법적 권익보호와 사회경제질서 및 사회공공이익의 도모를 중요 목적으로 함

2) 보험법의 기본원칙 부분

합법성과 신의성실의 원칙위에 “사회공공이익에 손해를 주지 않는” 원칙을 새로 추가하여 보험법의 기본원칙을 확립하는 구체적 표현을 사용하고 있다.

---

19) 許崇苗/李利,最新保險法適用與案例精解,法律出版社,2009, 22쪽

또한 자원원칙과 공평경쟁원칙을 보험계약법과 보험업법을 조정하는 기본 원칙으로 하고 있다.

(2) 보험계약법의 개정

2009년 신 보험법은 몇 가지 방면에서 보험계약과 보상순서를 개정하였는데 예컨데 배상순서의 세분화, 시간방면의 한도의 명확화, 보험자의 책임의 증가, 보험계약자 및 수익자의 부담의 감경 등이며, 보상청구와 보험금 지급청구의 소송시효의 명확화, 무능력자의 자살의 경우 보험자의 면책 배제, 위험 증가 시 보험계약해지 및 보험자의 보험료 환급 등을 주요 내용으로 들 수 있다. 이하에서 좀 더 자세히 살펴보고자 한다.

1) 피보험이익

피보험이익의 존재시기를 인보험과 손해보험으로 구분하여 규정하고 인보험의 경우는 보험계약 체결 시로, 손해보험의 경우는 보험사고 발생 시로 분리 규정하고 있다(제12조).

2) 신의성실(誠實信用)원칙

보험자의 설명의무, 고지의무의 주관적 요건인 '고의 또는 과실'에서 '고의 또는 중대과실'로 개정하였다.(제16조)

3) 보험계약의 성립 및 효력발생

2002년 보험법은 '보험계약자가 보험청구를 하고 보험자의 동의를 거쳐 계약약관의 협의에 도달하면 보험계약이 성립 한다'에서 신 보험법은 '계약약관의 협의에 도달하면'을 삭제하고 '보험계약자가가 청약하고 보험자가 승낙하면 보험계약은 성립 한다'고 개정하였다(제13조)

4) 고지의무위반으로 인한 해지의 제한

보험자가 해지사유를 안날로부터 30일을 초과하거나 계약 성립일로 부터 2년을 초과하면 보험자는 해지하지 못한다.(제16조 제3관)[20]

---

20) 현재 중국의 보험소송의 40%이상이 이와 같은 면책조항에 관한 것이므로 신 보험

5) 보험자의 계약체결의 설명의무(신법 제17조) 및 계약자 등이 향유하는 권리 면제 조항의 무효(제19조)

6) 보험사고 통지의무

고의 또는 중대한 과실로 통지하지 않는 경우 보험금지급책임을 지지 않는 경우를 규정하고 있음(제21조)

7) 보험자의 피보험자 또는 보험수익자에 보충자료 제공 통지의무(제22조)

8) 고의 보험사고[21]에 대한 계약해지 및 보험료 불반환(제27조)

9) 보험계약의 소송시효

인보험의 피보험자 또는 보험수익자의 보험자에 대한 보험금청구 시효기간은 5년이며 인보험 이외의 보험금청구 시효기간은 2년이다(제26조)

10) 보험약관의 해석

보험자가 약관에 의한 계약을 체결하는 경우에 쟁의가 있을 때 통상이해에 따라 해석하여야 하며 둘 이상으로 해석되는 경우 피보험자나 보험수익자에게 유리하게 해석하여야 한다(제30조)[22]

11) 제3자가 체결한 사망보험계약

사망을 보험사고로 하는 보험계약의 체결 시에는 피보험자의 동의가 없는 경우 이를 무효로 헌다. 2002년보험법은 서면동의를 요구하였다.(제34조) 이는 실제 정황에 부합하도록 하기 위함이며 도덕적 위험을 방지하기 위한 입법목적이 있다.[23] 우리 상법은 타인의 생명의 보험인 경우 서면동의를 요구하고 있다(한국상법 제731조)

법 실시 후 보다 엄격한 보험경영이 요구된다고 한다(李衍梅, "新保險法四大亮点", 政府法制, 2009,/2, 14쪽), 한국 상법은 계약체결일로부터 3년으로 규정하고 있다.

21) 張民安, 위의 책, pp. 74-75

22) 이 규정은 중국이 계약의 해석문제에 관하여 처음 규정한 것으로 중국계약법의 새로운 발전이라고 한다.

23) 許崇苗/李利, 앞의책, 29쪽

12) 보험료 지급방식

피보험자나 보험수익자가 자금사용의 편의와 보다 계획적인 생활을 위하여 보험계약은 흔히 계약자가 그 방식을 선택하게 하고 있다.[24](제35조)

13) 보험수익자의 지정

계약자가 수익자를 지정할시 반드시 피보험자의 동의를 받아야 한다(제39조)

14) 수익자와 피보험자의 동시 사망

수익자와 피보험자가 동일사건으로 사망한 경우 사망선후를 확정할 수 없을 때 수익자가 먼저 사망한 것으로 추정한다(제42조).

15) 피보험자의 자살

계약 성립 후 2년 내에 피보험자가 자살한 경우 보험자는 책임을 지지 않는다.

이 경우 보험자는 계약에 따라 보험증권의 현금 가치를 반환하여야 한다.(제44조)

16) 계약자, 수익자가 고의로 피보험자를 사망, 상해 혹은 질병을 야기한 경우의 보험자의 면책(제43조)

17) 보험계약자의 계약 해지

보험계약자가 보험계약을 해지한 경우 약정에 따라 보험증권상의 현금 가치를 반환하여야 한다고 통일적으로 규정하고 있다(제37조).

18) 손해보험계약 부분

① 보험목적의 양도와 보험계약

보험목적의 양도는 인정된다. 다만 위험정도가 현저히 증가하는 경우 보험자는 책임을 지지 않는다(제49조).

---

24) 周玉華, 最新保險法條文釋義與案例解析,人民法院出版社, 2009,204쪽

② 보험대위권

피보험자가 고의 또는 중대한 과실로 보험자가 대위배상청구권리를 행사하지 못할 경우 보험자는 보험금을 감액하거나 상응한 보험금의 반환을 요구 할 수 있다(제61조). 본 조는 피보험자가 제3자에 대한 배상청구를 포기하는 데 대한 제한규정이다[25].

③ 책임보험의 제3자의 직접청구

책임보험의 피보험자가 제3자에게 가한 손해는 배상책임이 확정되면 피보험자의 청구에 의하여 보험자는 직접 제3자에게 보험금을 지급해야 한다. 피보험자가 청구를 게을리 한 경우 제3자는 직접 보험자에게 보험금지급청구권을 가진다(제65조).

3. 제2차 개정의 주요 특색

위에서 본 보험법 개정내용을 분석하면 다음과 같은 특색이 나타난다.

(1) 전면적 개정

제2차 개정은 전면적인 개정이다.

章, 節의 순서 조정은 첫째로 인보험을 손해보험 앞에 배치하고, 보험대리인과 보험중개인을 보험업감독관리 전면에 두는 등이다. 또한 삭제한 것은 20개 조문, 수정한 것이 123개 조문, 증가한 것이 49개 조문이며 그대로 둔 조문은 겨우 15개 조문에 불과하다. 총 조문수도 158개에서 187개 조문으로 증가하였다.

개정내용은 보험법의 기본원칙, 보험계약의 구체제도, 보험경영규칙 및 법률책임 등이며 게다가 보험약관의 문자의 개정도 많은 등 보험계약법과 보험업법이 전면적으로 개정되는 특색이 있다고 할 수 있다.

(2) 외국보험입법의 경험을 수용하고 보험입법의 최신성과를 흡수

먼저 총칙에서 사회경제질서와 사회공공이익을 수호하자는 기본원칙 확

25) 周玉華, 앞의 책, 331쪽

립, 경제법이 사회책임을 기본가치이념으로 한다는 것, 自愿原则과 공평경쟁수호원칙을 보험계약법과 보험업감독관리법의 기본원칙으로 분리·조정함으로서 민법과 경제법의 기본이론에 한층 부합하게 되었다. 이번 보험법의 개정을 통하여 외국보험입법경험을 계수하고 보험입법의 최신성과를 흡수하였고, 보험법의 부족한 제도를 보완하고 뜻이 모호한 조문을 수정함과 아울러 많은 행정규범의 내용을 법률로 상승시켰다고 할 수 있다.

(3) 보험활동당사자의 권리의무의 명확화 및 이익의 형평의 진일보

이번 개정으로 보험계약법의 구체적 제도를 진일보시켰다. 즉 보험계약의 성립 및 효력발생, 보험자의 설명의무와 계약자의 고지의무 등으로 계약자, 피보험자, 수익자의 이익보호를 강화시켰다.

그런데 보험계약자 피보험자 수익자의 이익을 보호하는 것은 보험계약법과 보험업감독관리법의 내용이 일치하는 것은 아니다. 보험계약법은 개체의 이익보호에 있고 보험업감독관리법은 전체이익, 즉 일정 정도상 사회경제질서와 사회공공이익이라 할 수 있다.[26)]

V. 중국 현행 보험법률 체계의 평가

중국보험법은 중국보험법률 체계의 기본법이다. 제2차 개정을 통하여 보험법을 더욱 합리화하고 기본원칙과 구체적 제도를 개선하였으며 보험입법의 결함을 보완하였으나 문제점은 여전히 남아 있다.

1. 중국 보험법률체계 존재의 문제

(1) 보험법률 체계의 층차 및 권위성 낮고 충돌현상 존재

중국보험시장을 규율하는 전문법률은 단지 일부 보험법과 일부의 행정법규이나, 그 나머지는 행정규장과 규범성 문건이 많다. 따라서 법적 효력은 비교적 낮고 권위성도 높지 않다. 이러한 행정규장과 규범성 문건은 모두

26) 許崇苗/李利, 앞의 책, 35-36쪽

1995년보험법과 2002년보험법의 제정에 의거한 것이었다. 그러므로 신 보험법이 개정됨에 따라 신 보험법과는 불일치한 충돌현상이 존재한다.

(2) 입법형식의 존재 결함

보험계약법과 보험업법의 통일 입법형식을 취한 중국 보험법은 서로 다른 법률관계로 인한 중대 결함을 가지게 되었다. 보험계약법은 안정성이 비교적 강한 반면 보험업법은 경제정세나 정책변화가 많으므로 개정이 잦다고 할 수 있다. 이러한 점이 전체 보험법에 안정성과 권위성에 영향을 줄 수 있다. 둘째로 기본원칙에서 보험법총칙에 둔 분업경영과 감독관리원칙규정은 실질상 보험업감독관리법의 기본원칙인 것이다 .따라서 양법의 분리추세가 확대되고 있다.

2. 중국보험법체계에 대한 의견

(1) 보험계약법과 보험업감독관리법의 통일 형식의 변화 필요

보험계약법과 보험업감독관리법의 분리 입법은 많은 국가에서 채용하고 있으며 중국은 1995년 보험법이 공포되기 이전에 이미 '財産保險合同條例'와 '保險企業管理潛行條例'라는 양 단행법규를 공포한 바 있다.양 법은 전술한바와 같이 서로 성질이 다르므로 현 법률체계는 분리 입법을 하여야 한다. 보험업감독관리법을 단일입법하면 보험업의 감독관리의 내용을 세분화하며 그 지위와 성질을 명확히 할 수 있으며 동시에 현행 보험법 존재의 결함도 바로 잡을 수 있을 것이기 때문이다. 또한 보험계약은 민사계약의 범위에 속하므로 민사계약의 본질과 특징에 부합하는 것이다.[27]

(2) 보험계약법의 개정과 완비 필요

1) 보험계약법의 기본원칙의 완비

보험법중의 근인원칙은 그 특수성으로 인하여 단순히 민법상의 근인관계와 동일시 할 수 없으므로 보험법에 그 기본 뜻과 구체적 적용에 관하여

27) 許崇苗/李利, 앞의 책, 44쪽

명확히 할 필요가 있다.

2) 보험계약법의 구체적 제도의 완비 필요

인보험에서 보험료 분할지급 방식인 경우 계약 부활을 신청한 신청인에게 고지의무를 부과해야 하며, 무능력자의 사망을 보험사고로 하는 경우 계약자를 미성년자녀의 부모로 한정할 필요는 없을 것이며 무능력자의 감호인도 가능할 것이다.

Ⅵ. 중국 보험계약법의 주요 논점

1. 보험법의 조정대상

보험법은 광의 및 협의의 두 가지 종류로 나눌 수 있는데 광의상의 보험법은 보험계약법, 보험업법 및 보험특별법이 포함되며 협의로는 보험계약법과 그밖에 부분적으로 보험특별법을 포함하는 것이라 할 수 있다.

그런데 최대 쟁점은 사회보험법이 보험법의 입법범주에 포함될 수 있는가이다. 이를 지지하는 견해도 있지만[28] 이를 반대하는 의견은 보험법 제2조가 보험의 정의를 "상업보험행위"라 하여 현행법상 사회보험을 보험법에 추가 조정할 수 없다고 보아야 한다.[29]

2. 중국보험법의 기본원칙

중국보험법은 보험계약법과 보험업감독관리법의 통일입법형식으로 두 개의 서로 다른 성질의 법률관계이므로 보험법의 기본원칙은 이를 양법에 공동 적용되는 기본원칙과 보험계약법의 기본원칙 및 보험업감독관리법의

---

28) 이를 지지하는 의견은 20세기 이후 공업화가 전면적으로 발전되어옴에 따라 보편적인 사회수요가 가 부수되는데 전통적 상업보험은 이를 거절하고 있는 것이다. 인류가 부담하는 손실은 순 자연손실과 경제손실에다가 사회손실이 있는데 이러한 사회손실은 상업보험에 맡길수는 없으므로 "사회공평"으로 해결해야 한다는 것이다(徐衛東, 保險法論, 吉林大學出版社, 2003, 58쪽)

29) 溫世揚, 保險法, 法律出版社, 2003, 21쪽

기본원칙으로 나누어야 할 것이다.[30] 주12에서 보는바 여러 학설 중에 공통으로 드는 것은 최대성실신용원칙과 피보험이익원칙이다. 이하에는 공동기본원칙과 보험계약법의 기본원칙만 언급한다.

(1) 보험법 공동의 기본원칙

1) 합법성 원칙

시장경제는 법제경제이므로 보험계약 및 보험업감독관리 모두 합법성을 준수해야 한다.

2) 사회 공덕의 존중 및 사회공공이익 준수 원칙

보험활동은 법의 준수, 사회공덕 존중, 사회공공이익에 손해를 주어서는 안 된다는 것이 보험법의 출발점이다(신법 제4조)

3) 신의성실(誠實信用)원칙

보험활동당사자의 권리행사와 의무의 이행은 신의성실을 준수해야 한다(신법 제5조).이 원칙은 2002년 보험법 개정 시에 추가한 것으로 보험영역에서 중요한 위치를 차지한다. 따라서 이 원칙의 법률지위, 개념, 및 법률위반의 효과는 기타원칙에 우선적용이 되도록 입법에 명확히 해두어야 할 것이다.[31] 이 원칙이 보험계약법에 반영된 것으로서 주요한 것들은 보험자의설명의무와 보험계약자의 고지의무 등이 있으며 보험업법에 보험회사의 공평경쟁 준수 및 부정당경쟁행위의 금지 등이 체현되어 있다.

---

30) 보험법의 기본원칙은 서로 다른 관점에서 다음의 몇가지로 파악하고 있다.
1. 8원칙설: 성실신용,손실전보,보험자자격특허,공평호리,협상일치,자유체결,공서양속준수,피보험이익원칙(徐衛東, 위의 책, 236쪽) 2. 7원칙설: 합법성,평등자원,공평경쟁등가유상,성실신용,피보험이익,손해보상,근인원칙(范健, 商法, 高等教育出版社,北京大學出版社, 2002, 474쪽) 3. 5원칙설: 보험과손실예방결합견지,최대성실신용,피보험이익,손실보상,근인원칙(李玉泉,保險法,法律出版社,1997,50쪽) 4. 4원칙설: 피보험이익,최대성실신용,손실보상,근인원칙(覃有土,保險法教程,法律出版社,2002, 77쪽) 2원칙설: 피보험이익,최대성실신용원칙(溫世揚, 위의 책, 33쪽)

31) 顧功耘, 앞의 책, 80쪽

(2) 보험계약법의 기본원칙

1) 自愿原則

自愿원칙은 계약자유의 원칙의 하나로 보험계약은 자유로 체결하여야 한다는 원칙이다(제11조).

2) 공평원칙

주요 내용은 보험자가 책임질 것은 면제 또는 계약자 피보험자의 책임을 가중하는 것 및 계약자 피보험자 수익자가 가지는 권리를 배제하는 보험약관의 무효 등이다(제19조).

3) 피보험이익원칙[32)]

보험계약자나 피보험자는 보험목적[33)]에 대하여 법률상 승인된 이익을 가져야 한다. 피보험이익의 요건은 적법성, 경제성, 확정성이며 확정은 인보험과 재산보험의 경우 각각 그 시기를 확정하고 있다(제12조).

4) 손실보상원칙

보험사고가 발생하여 피보험자가 손실을 입을 경우 보험자는 보험책임의 범위 내에서 피보험자가 받은 손실을 보상하여야 한다는 원칙이다.[34)]

5) 近因原則

보험자가 약정한 보험계약 상의 책임을 부담할 때 그 부담한 위험의 발생과 보험목적의 손해 간에 반드시 인과관계가 존재해야 하며 보험목적 상상에 조성된 손해에 작용한 원인은 近因이어야 한다는 원칙이다.

6) 그밖에 신의성실의 원칙이 있음은 당연하다.

---

32) 중국 보험법은 피보험이익을 "保險利益'이라 한다.
33) 중국보험법은 보험목적을 "保險標的'이라 한다.
34) 許崇苗/李利, 앞의 책, 126쪽

3. 보험계약법 부분

(1) 보험계약의 성질

1) 요식·불요식계약성

보험계약에 관하여 이를 요식계약인가 아닌가에 대하여 중국 학계에 논쟁이 있었으나 현재는 불요식계약이라는 것이 통설이다. 그 이유로 드는 것은 첫째로 이론상 계약의 서면형식은 계약의 존재를 증명하는 증거의 하나에 불과하다는 것인데 만약 기타 증거로서 보험계약의 성립, 효력 및 내용을 증명할 수 있다면 계약의 존재를 부정하지 못할 것이라는 이유라고 한다.

두번째, 법률규정상에서 보면 중국보험법에는 보험계약이 요식계약이라 하고 있지 않다는 점이고, 셋째로 외국 입법례를 보더라도 보험계약을 일반적으로 불요식계약이라 규정하고 있으며 끝으로 보험자와 보험계약자의 사이에 일치가 있으면 계약은 즉시 성립하고 보험자는 약정에 따라 보험계약상의 책임을 지며 보험증권 발행여부와는 관계가 없다 할 것이다[35)]

2) 낙성·요물계약성

보험계약이 낙성계약이냐 요물계약(實踐合同)이냐에 관하여 학계나 실무계에서 의견이 나뉜다. 양자의 주요한 차이는 보험계약의 성립의 선후에 차이에 기인한다. 이것은 피보험자가 보험자의 승낙 후 보험료를 지급하기 전에 보험사고가 발생한 경우 보험자가 책임을 지느냐에 직접 영향을 미친다. 대부분의 학자들은 보험계약을 낙성계약이라 하고 있다. 다만 보험계약의 성질에 따라 다르다고 한다. 재산보험은 원칙상 낙성계약이라 동의하며 인보험 중 손해보상성계약도 역시 낙성계약이라 하나 다만 투자성질의 보험계약은 요물계약성을 가진다고 한다. 이는 투자성 계약은 보험료 납입을 효력발생요건으로 하기 때문이라는 것이다.

즉 보험계약자가 보험료를 납입하지 않으면 보험계약은 효력이 발생하지 않고 보험계약자가 이 의무를 이행하지 않으면 보험금청구범위에 직접 영향

---

35) 孫積祿 "保險合同法律性質分析" 比較法研究 2007年 2期 참조

을 준다는 것이다.[36] 신 보험법 제13조는 "보험계약자는 보험 가입의 요구를 하고 보험자의 승낙을 얻으면 보험계약은 성립한다""이렇게 성립한 보험계약은 성립 시부터 효력이 생긴다."고 하여 보험계약자를 보호하고 있다.

(2) 피보험이익[37]

피보험이익(insurable interest)은 보험계약의 핵심 개념이다. 보험계약 중에 피보험이익에 관한 규정이 없다면 도덕적 위험을 불러오기 쉽기 때문에 각국 법률은 이에 대한 제한을 두고 있다. 피보험이익에 관한 학설은 대체로 다음의 세 가지가 된다고 할 수 있다.

첫째 법률확인이익설 둘째 법률손익설 과 셋째 경제가치설이 있다. 그런데 중국 보험법은 피보험이익에 관하여는 손해보험(財産保險)뿐만 아니라 인보험(人身保險)에도 이를 인정하고 있다는 것이다. 중국보험법 제12조는 보험계약자는 보험목적에 대하여 피보험이익을 가져야 하며 이 피보험이익이 없는 경우에는 보험계약은 무효이다. 또한 피보험이익은 보험계약자가 보험목적에 대하여 가지는 법률상 승인된 이익이며 보험목적은 보험대상인 재산 및 관련이익 또는 사람의 생명과 신체이다 라고 규정하고 있다. 또한 인보험의 보험계약자는 보험계약 체결 시에 피보험자에 대하여 피보험이익을 가져야 하며, 손해보험의 피보험자는 보험사고 발생 시에 보험목적에 대하여 피보험이익을 가져야 한다며 피보험이익의 존재시점에 대하여 규정하고 있다. 이러한 입법태도는 영미법의 입법을 계수하고 있다고 보여 진다.[38]

(3) 보험계약의 내용

1) 보험수익자의 고의사고 발생의 경우

중국보험계약법은 비교적 보험계약자 피보험자 수익자를 보호하는 방향으로 나타나고 있다. 학계는 줄곧 수익자가 고의로 보험사고를 조성한 경

---

36) 보험계약의 성립은 보험료의 수수와 관계가 없다.(손주찬, 상법학신론, 박영사, 2001, 592쪽)

37) 중국 보험법은 피보험이익을 保險利益으로 표기하고 있다.

38) 최기원, 상법학신론(하), 박영사, 2001, 659쪽

우 보험자가 응당 책임을 지는냐에 대하여 한마디로 논할 수 없다고 한다. 신법 제43조는 수익자가 고의로 피보험자를 사망케 한 경우 해당 수익자만 수익권을 상실하고 기타 수익자의 수익권은 상실하지 않는다고 하고 있다. 신 보험법 제27조는 수익자의 고의로 보험사고를 야기한 부분은 이를 삭제하여 이를 명확히 하였다[39].이러한 경우 보험자의 면책적 내용은 이후 구체적인 정황에 따라 구체적인 분석을 하는 것이 나을 것 같다.[40]

2) 피보험자와 보험수익자의 동시 사망시 보험금의 처리

피보험자와 보험수익자가 동일사고로 사망한 경우 선후순서추정문제는 양자의 계승인의 권리의무에 영향을 주게 된다. 이에 관한 명문의 규정이 없어 자주 논쟁이 되어 왔다. 신법은 "피보험자와 수익자가 동일 사고로 사망한 경우 사망선후순서를 확정할 수 없는 경우 수익자의 사망이 먼저 라고 추정한다." 이것은 수익자의 사망이 우선한다는 것은 피보험자의 사망을 그 후로 한 것으로서 그 입법취지는 피보험자의 이익을 더 중하게 보는 것이라 할 수 있고 결국은 보험수익자의 권리는 피보험자의 의지와 양도에 의하여 생긴 것이라는 데서 온 것이라 여겨진다.[41]

3) 고지의무

신법 제16조의 주요 목적은 계약자의 고지의무를 경감하고 보험자의 권리남용을 방지하려는데 있다. 즉 보험자의 질문사항은 중요한 사실로 추정하며 주관요건인 과실을 "중과실"로 조정하였다. 그리고 해지권을 제한하였고 보험자가 이미 알고 있는 사항의 불 고지는 해지사유에 속하지 않도록 규정하였다. 중국에서 구 보험법상 해지권 제한이 없었던 시기에 계약자 등이 받았던 불이익은 말할 수 없을 정도였다. 또한 계약자나 피보험자가 고지의무를 이행하지 않는 사항이 중요사항이 아닌 경우 보험자는 보험료를 반환하여야 한다.[42]

---

39) 이 문제에 대하여 실무계에서 줄곧 쟁의가 있어온 바 있다.(周玉華, 앞의 책, 240쪽)

40) 顧功耘, 앞의 책, 82쪽

41) 顧功耘, 위의 책, 82쪽

4) 보험약관의 규제

신 보험법은 약관의 규제에 대하여 3개의 조항을 두고 있다.

① 계약의 설명의무(제17조), ② 계약자, 피보험자, 수익자의 권리를 면제하는 약관 조항은 무효(제19조) ③ 보험계약의 유리한 해석(제30조)

이 3개조의 내용은 점층 관계를 형성하고 있는데 즉 보험계약단계로부터 보험자의 설명의무조항, 약관조항내용의 법적 한정 및 조항분쟁의 해석원칙에 이르기까지 체계적 규범을 형성하고 중국 보험업현황의 수요에 부합하며 일정한 창조성을 갖는다고 한다.[43)]

Ⅶ. 결 론

“사회주의국가 그 자체가 최대의 보험”이라고 인식되어온 중국도 개혁개방 이후 경제발전에 부응한 보험업의 발달은 급속한 성장을 보여 왔다. 구중국의 보험입법은 이미 본바와 같이 제정 및 실시단계에서 소기의 목적을 달성하지 못하고 대만으로 옮겨진 후 보험계약법과 보험업법을 결합한 통일보험법으로 남게 되었다.

신 중국 성립 이래 중국의 보험입법은 초창기를 지나 파괴시기를 거쳐 1978년부터 지금까지 30여년을 거치면서 오늘에 이르고 있다.

중국은 개혁개방 초기에 재산보험합동조례(19983)와 보험기업관리잠행조례(1985)가 나옴으로써 각각 보험계약법과 보험업법의 역할을 하게 되었다. 그러다가 1995년에 보험법이 나오면서 위의 양법을 하나로 한 중국보험법으로 체계를 유지해 오고 있다. 이 양법합일체계는 서로 성질이 다른 법들을 하나로 하는데 따른 문제점이 계속적으로 노정되고 있으며 중국 학자들도 이를 누누이 지적하고 있다.

중국보험법은 제정 후 1, 2차 개정을 통하여 피보험자의 이익을 보호하는 규정과 당사자 쌍방의 이해관계를 조화하는 쪽으로 개정하고 있는 점

42) 郭宏彬, 中國保險法(保險合同法部分)修訂介評, 中韓商法對話國際硏討會論文集, 2010762쪽
43) 郭宏彬, 中國保險法(保險合同法部分)修訂介評, 위의 책, 89-90쪽

은 긍정적이라 할 수 있다. 그렇다고 문제점이 없는 것도 아니다. 예컨대 보험에 관한 비법률적 형식의 과다로 인한 법적 권위성 저조, 보험계약법과 보험업법의 통일 입법형식 등이 이에 해당된다. 반면에 중국 해상보험법은 해상법에 독자적으로 규정하였는데 이 법은 보험법이 공포되기 전에 나온 법으로서 일관된 보험법의 체계를 고려할 때 해상보험법에 관한 조문은 보험법에 배치할 수도 있었을텐데 하는 생각이 든다. 그런데 해상행위는 상행위 일반과는 상당히 다른 특수성과 독자성을 가진다는 전제아래 독자성을 인정할 필요성이 있다고 보아 해상보험을 보험법에 두지 않고 이를 해상법에 배치한 것은 합리적이라 생각된다.

또한 중국 보험법에서 특기할만한 것으로는 사회경제질서와 사회공공이익을 입법취지에 추가하였고, 피보험이익의 존재를 손해보험뿐 아니라 인보험에도 인정함으로서 대륙법 위주의 입법체계의 예외를 보이고 있으며, 고지의무를 당사자 쌍방의 의무로 하고 보험자의 해지기간도 2년으로 하며, 피보험자 등에게 보험약관의 유리한 해석, 사망보험계약시 피보험자의 서면동의 불필요, 피보험자와 수익자의 동시 사망시 수익자 선사망 추정 등 외국보험 입법의 경험을 수용함과 동시에 보험입법의 최신 성과를 흡수 하였다.

또한 중국보험법의 변화와 특색을 고찰하면서 보험법의 변화의 흐름도 중국의 전형적인 입법태도 중의 하나인 "一个成熟 一个制定"원칙의 고수태도가 역력히 나타나고 있다는 점이다. 앞서 본바와 같이 80년대의 보험법률의 조례수준에서 90년대 중반에 처음으로 법률수준의 보험법을 내놓았으며 2000년대 초에 WTO가입으로 인한 변화에 적응하려고 제1차 보험법 개정을 한 것에서도 알 수 있으며 특히 제2차 개정은 제정에 가까울 정도로 전면 개정을 하였다는 점에서 여건의 성숙에 따라 과감하게 변화를 시도한 것을 볼 수 있다.

이렇듯 중국의 개혁개방으로 경제가 급속히 발전함에 부응하여 보험업도 장족의 발전을 거듭하고 있다. 특히 사회주의시장경제로 진입하면서 짧은 시간에 보험법이 빠른 변신을 하여 보험법의 세계적 추세와 중국 특색을 동시에 추구함으로서 그 조화를 모색하고 있다.

중국 상법의 발전과 과제*

목 차

Ⅰ. 서 론

중국은 청 말에 독일법의 영향으로 民商分離 방식을 채택하였으나 곧 民商合一 체제로 전환하였다. 신 중국 성립 이후 사유재산이 사회주의제로 개조되어 국가소유와 집체소유의 사회주의 공유제로 되었고, 이를 기초로 고도의 집중적인 계획경제체제를 실행하여 왔기 때문에 근 반세기 동안의 사회주의 건설기간 중에 상법은 수요도 없었을 뿐만 아니라 상법의 관념조차도 망각되었다. "상법"이라는 것은 중국의 개혁개방 이후 시장경제체제 건설 과정 중에 점차 발전하게 된 하나의 법률현상이라 할 수 있다.[1)]

현 단계로는 중국의 민법과 상법은 기본적으로 민사관계를 조정하는 "기본법"과 "중요한 보충"의 관계에 속한다고 할 수 있다.

그런데 중국에서 상법이 이러한 지위를 갖게 된 것은 청 말 이후 전개된 민상합일 체제에서 비롯된 중국의 법률전통의 영향 또한 적지 않으며 이러한 다소 전통적인 민상법의 입법태도가 개혁개방 이후 사회주의 시장경제체제에 진입해서도 여전히 민상합일 체제로 나아가고 있는 실정이다. 이러한 현상은 중국이 시장경제체제를 실시한지 오래되지 않아 상인과 상행위의 특수성을 충분히 인식하지 못한 것이 아닌가 하는 생각이 든다. 그러나 중국

* 이 글은 전북대학교 동북아법연구소 "동북아법연구" 제5권 제2호(2011)에 게재

1) 실제상 중국에는 "상법"이라는 법률이 존재하지 않는다고 할 수 있다.(鄒海林, 我國商法發展過程中的几个問題, 法學時評網, 2006/4, 1면)

민법 초안에는 여전히 민상합일을 주장하며 "계약법"을 민상합일의 전형이라 하고 있다. 바야흐로 중국 경제의 근간이 되는 중국 민상사법이 그간의 단행법체제로부터 여하히 발전 - 전개 될 것인가가 지대한 관심의 대상이 되고 있다. 아울러 한중간의 경제교류관계가 급속히 발전함에 따라 중국 상사법의 변화와 입법 추세는 우리에게 매우 중요한 관심사가 된다고 하겠다.

이 글은 중국 상법이 중국의 입법전통, 민상합일 및 분리체제의 논쟁과 현재 진행 중인 민법전의 편찬 과정 및 중국 상사입법체제의 선택 등을 통하여 변화·발전해 온 경위와 향후 중국 상법 발전의 문제점과 그 과제를 살펴보고자 한다.

Ⅱ. 중국의 법률전통과 민상합일 - 분리

1. 청 말의 상사입법

청 말의 상사입법은 대략 2단계로 나눌 수 있다. 제1단계의 상사입법은 欽定大淸商律(1904)과 破産律(1906)이 있으며 이 법률들은 대륙법계의 독일법을 모방하여 민상분리 체제를 택하였다.

2. 독일 상법의 영향과 입법체제 선택의 모순

독일 상법은 대륙법계 상법 중 중국에 최대의 영향을 준 법이라 할 수 있다. 독일 상법이 중국에 입법 체계, 입법 기술, 입법 이념 및 상사제도와 규칙상에 지대한 영향을 미쳤으며 또한 중국이 성문법국가이었기 때문에 대륙법계국가의 상법을 계수하는데 좋은 여건이 되었다.[2] 그러나 중국은 독일 상법의 신 개념, 신 용어, 신 제도 등 많은 부분을 계수하였으나 한편으로는 독일의 민상 분리 입법체제를 받아들이지 않았다. 이것은 중국이 독일 상법의 입법체계의 가치를 진정으로 이해하지 못하였거나 아니면

2) 자세한 것은 范健, "當代中國商法發展的几个問題", 中國商法年刊(創刊號), 上海人民出版社, 2002, 66-67면 참조

독일상법의 입법체계의 가치를 수용해야 하는 것에 회의를 가진 것인지 이 것은 중국 법학 계를 혼란하게 한 미 해결의 난제인 것이다[3]

3. 제2단계 상사 입법

제2단계 상사입법은 運送章程(1911), 大清銀行則律(1908) 등이 있으며 北洋政府 통치 시 공포된 商人通例와 公司條例(1914)가 있는데 이것들은 모두 제1차 시기의 입법에 그 뿌리를 두고 있다.

民國政府는 민법 제정시(1929)에 민상분리 체제를 버리고 민상합일 체제로 바꾸었다.[4] 이 체제를 택한 것은 민상합일 체제가 현대 입법의 발전 조류에 부합하며 그 조류는 바로 스위스 민법, 구 소련 민법 및 태국 민법 등을 지칭하며 이 국가들은 민법제정시 민상합일 체제를 채택하였던 것이다.

구 소련 민법은 민상합일 체제로 민국정부의 채택에 주요 근거이자 문제가 된다. 구 소련은 사회주의제도를 시행하고 있어 경제생활도 국가의 지령성계획의 엄격한 통제를 받으므로 상사경영활동도 그 한도범위 내에서 존재하므로 진정한 의미의 상인과 상행위는 근본적으로 존재 불가능한 것이었다. 따라서 독립된 상법전을 제정하지 않고 단일의 민법전을 제정하게 된 것이다. 그러나 이들 국가들이 현대 입법 조류에 의하였다 해도 실제상 현대 입법발전 조류를 대표할 수는 없다고 하겠다. 민국정부의 민법전 제정은 나무를 보고 숲을 못 보는 착오를 한 것이라 할 수 있다. 사실상 중국의 근대 법률혁신 과정의 진행 중 청 말에는 민상분리 편찬 방식이었고 민국 초기도 민상분리 방식이었다. 이 형식의 채택은 완전히 정치권력의 주도하에 이루어진 정치성 입법이었다고 한다. 당시의 정황은 일부학자와 입법계 인사의 역사고찰과 이론의 탐색으로 이루어 진 것이므로 이론상의 근거는 없다고 하겠다.[5]

---

3) 范健, 위의 책, 66-67면
4) 石小侠, 我國應實行實質商法主義的民商分立-兼論我國的商事立法模式, 法制與社會發展, 2003, 5면
5) 石小侠, 앞의 책, 1면

4. 중국의 법률 전통과 입법체제의 영향

중국은 국민정부가 민법전을 제정할 때 민상합일의 편제를 채택하면서 민법전 외에 상법전은 제정하지 않기로 했으며 신 중국 성립 이후에 구 소련의 민상합일 체제를 채택하였다.

또한 현행 중국의 민상합일 체제도 특수한 시기에 형성된 것이며 중국이 고도의 집중적인 계획경제 체제의 배경 하에 제정된 것이어서 시장경제체의 요구에 맞지 않는 것이다. 20세기 90년대 이래 시장경제체제가 확립되고 상인계급이 대량으로 출현하여 사회 정치 문화 등 다방면에 영향을 줌에 따라 국가는 상인의 적극성을 자극하는 많은 법률을 제정하여 상인의 이익을 보호하게 되었다. 이러한 정황 하에서 현행 입법체제를 민상합일 체제로 하려 한다는 것은 시장경제체제에 부합하지 않다고 하겠다.[6]

5. 중국의 민상합일 ·분리론

(1) 상법지위에 관한 중국 학자 들의 논쟁

상법지위의 문제는 중국 최대 논쟁중의 하나이다. 이는 민법학자와 상법학자간, 상법학자와 경제법학자간의 논쟁으로 민법학자와 경제법학자는 서로 같은 관점으로 상법은 중국 법률체계 중에 독립부문을 이룰 수 없다는 것이나 상법학자는 독립부문을 이루어야 한다는 것이다.

1) 중국 민법학자의 상법지위에 관한 주장

비록 중국 대다수 민법학자는 민상분리 체제를 반대하고 있으며 민상합일 체제를 주장하면서 민법전 외에 독립된 상법전을 제정하는 것은 주장하지 않는다. 다만 일반 민법학자중 극히 일부는 그 저서에 상법의 독립성을 언급하나 저서 중에 민상법관계는 언급하지 않고 있다. 중국의 대표적인 민법학자인 梁慧星교수는 저서에서 민법과 경제법, 민법과 행정법, 민법과 노동법의 관계는 언급하나 민법과 상법의 관계는 전혀 언급이 없다.[7] 그

6) 張民安, 앞의 책, 86면
7) 梁慧星, 民法總論, 法律出版社, 2001, 54-56면

이유는 중국은 민법제정 시에 응당 민상합일 체제를 견지할 것이므로 민법전 외에 독립된 상법전은 존재하지 않는다는 것이다. 그렇다고 모든 민법학자들이 직접 상법의 독립성의 문제를 논급하지 않는 것은 아니다.

또한 王利明교수는 상법은 본래 단독 법학부문은 불가능하고 민법의 일개부문에 의존할 뿐이라며 상법의 독립성을 부인하고 있는데, 이는 기업과 공민을 상인과 비상인으로, 경제활동을 상행위와 민사행위로 구분하는 것은 실제상 맞지 않다는 것이다. 절대다수의 민법학자는 상법이 민법의 독립법학부문이라는 것을 반대하는데 그 이유는 하나같이 상인주의와 상행위주의가 불합리 하다는 것이다.[8)]

일부 민법학자는 중국은 응당 민상분리 체제를 가져야 하며 하나의 민법전과 단독의 상법전을 제정하여야 한다는 주장[9)]이다.

2) 중국 상법학자들의 상법지위에 관한 주장

상법학자의 일부는 민상합일 체제를 주장하면서 민법전 외에 독립의 상법전 제정을 주장하지 않는다.[10)] 그러나 대다수 상법학자는 민상분리 체제로 민법전 외에 독립의 상법전을 제정해야 한다고 주장한다. 현재 이 의견이 중국 상법학자의 주도적인 위치를 차지한다.[11)]

3) 중국 경제법학자의 상법지위에 관한 주장

중국에서의 상법 지위에 관한 관심은 민법학자 뿐 아니라 경제법학자에게는 더한 것이었다. 근년에 이르러 상법의식의 강화와 상법학과의 지위가 강화됨에 따라 상법의 지위문제에 대하여 그들의 견해가 분분해졌다. 그들은 상법은 독립된 법학부문이 아니며 독립적 지위도 인정하지 않는다. 그 이유는 다음과 같다.

가) 대다수국가의 경험을 참고하건데 민법전 외에 독립된 상법전은 없다는 것이다.[12)]

---

8) 王利明, 中國民法典的制訂, 政法論壇, 1998, 52면
9) 傅靜坤, 民法總論, 中山大學出版社, 2002, 11-13면
10) 越中孚, 商法總論, 中國人民大學出版社, 1999, 33-34 면
11) 張民安, 商事法學, 中山大學出版社, 2002. 8-9면

나) 상법은 특정의 조정대상이 없어 독립된 상법부문의 형성은 불가하다는 것이다. 대다수 경제법학자는 상법의 조정대상인 상사관계는 실제상 일종의 경제관계이며 이는 민법과 경제법의 조정대상이며 상법의 전속대상은 아니라는 것이다.[13)]

다) 서구에서도 상법전을 제정하지만 역시 독립된 법률부문을 형성하지 않는다[14)]는 주장이다.

(2) **민상합일 주장**

민상합일 반대 논자는 상법의 독립성에서 출발하여 상사관습법과 국가단행 상사법을 거친 이후 상법전은 상법의 독립과 발전의 고급단계임을 제시하고 있다고 한다.

그러나 대다수 찬성 논자들은 중국은 현재 독립된 상법을 제정할 필요가 없다고 하면서 아래와 같은 이유를 들고 있다.[15)].

1) 상법은 그 존재의 필요성이 상실되었다. 근대 상법전은 중세 상인법이었으며 현재 그 계층은 존재하지 않는다. 예컨대 특수상행위였던 어음수표, 보험제도 등은 이미 일반으로 보급되었다.[16)]

2) 현재 중국은 상법전을 제정할 사회경제조건을 구비하지 못하고 있다.

3) 현재 중국이 부족한 것은 상법전이 아니며 상법전은 일국의 상사활동의 발전수준을 대표하지 못한다. 중국이 현재 필요한 것은 상법의식이며 실질상의 상법정신이다.

4) 민법과 상법의 구별이 중요한 것은 일종의 형식상의 차별이며 실질적 차별은 비교적 적다. 민상합일이든 분리든 법률적용상 모두 특별법의 보통법에 대한 우위원칙에 불과하다.

---

12) 梁紫暄, 經濟法, 北京大學出版社, 1999, 47면
13) 梁紫暄, 위의 책, 48면
14) 劉隆亨, 經濟法概論, 北京大學出版社, 2001, 42면
15) 越万一, 關于目前中國商法研究的几个問題, 中國西南政法大學, 2009, 3-4면
16) 梁慧星, 爲中國民法典而鬪爭, 法律出版社, 2002, 21면

5) 민상법은 기본적으로 가치 추구상 중합성을 가지며 민법의 공평과 상법의 효율은 목적 추구상 상호 교류적 일면이 있으며 효율의 실현도 갈수록 공평원칙의 제약을 받는다.

6) 민법과 상법은 모두 시장주체와 그 활동을 조정하며 상인과 일반사회 주체간에 실질적 구별은 없다. 전통 상법의 조정내용은 사실상 이미 보통의 사회주체에 적용되는 것이며 상법존재의 사회기초를 위한 것은 이미 존재하지 않는다. 민상분리는 민법과 상법전의 내용의 중복—모순이 있어 법률 적용상의 곤란이 있다. 민상분리국가는 민사행위와 상행위를 엄격히 구분하는데 어려움이 있으며 민상법전이 병존한다면 법률 적용상 곤란과 혼란이 온다.[17)]

7) 민상합일은 시장의 통일성을 유지하는데 유리하다. 민상법은 사법범주에 속하며 이의 분리는 사법체계의 통일성에 해가 된다.

8) 민법전이 없는 정황에서 민상분리는 모래위에 집을 짓는 것과 다를 바 없다.

9) 중국역사전통과 현행 입법체제의 영향으로 국민정부의 민법제정 시 민상합일편제를 채택하여 민법전 외에는 상법전을 제정하지 않는다는 것과 신중국 성립후 중국은 구 소련의 민법제도를 계수하여 민상합일 편제를 채택하였다. 예컨대 중국 민법통칙 계약법 담보법은 모두 민상합일의 입법례이며, 해상법 회사법 어음수표법 보험법 증권법 등은 모두 민법제도법에 속한다. 따라서 중국은 민상합일 편제체제를 계속 견지하여야 한다는 것이다.[18)]

이상에서의 민상합일 주장은 상법이 민법에 들어간다든지, 상법이 민법에 완전히 융합되어버리든지, 혹은 민법이 상법에 완전 대치되는 등의 간단한 문제가 아니라는 점이다. 민상합일개념은 본래 상사가 민사와 완전히 동등한 것은 아닌 즉 민상합일은 민상이 다르다는 것을 전제로 하며 민법전이 일체를 독점하는 것이 아니고 복잡한 시장경제관계에서 민법전 중 일부를

---

17) 梁慧星, 위의 책, 21면
18) 梁慧星, 앞의 책, 15면

포용하고 다만 민법이 상사법에 대하여 지도 통솔 작용을 강조하는 것이다. 현대적 의미의 민상합일은 민법과 상법이 각각 그 특수성의 기초위에서 민법내용과 상법내용이 충분히 서로 합치되는 것을 인정하는 것이다. 그래서 민상법이 사회경제발전적 작용에 최대한도로 발휘되는 것이라 한다.[19]

(3) 민상합일 주장의 불합리성

이상의 민상합일체제의 주장은 설득력이 없다 민상합일론을 주장하는 위의 이유중 대부분은 중국이 1929년 국민당이 중앙정치회의에서 통과시킨 민상획일제안심사보고서의 내용과 동일한 주장이라 할 수 있다. 현대사회의 상인신분은 오히려 강화되었으며 민사행위와 상사행위는 분리되며 중국의 전통적인 민상합일주의는 중국의 고도로 집중화된 계획경제체제의 반영이며 시장경제체제에 부합하지 않는다.

중국 민법학자나 경제법학자 모두 상법에 대한 무지의 소치로 상법전의 독자성을 부인하고 있다.[20] 또한 대다수 국가는 독립적으로 상법전을 제정하고 있다. 상법의 독립성은 사회발전의 필연적인 결과이며 또한 그 왕성한 생명력에서 결정되며 자기 스스로의 영역을 가지고 있다.[21]

Ⅲ. 중국 상법의 발전 추세

중국 상법이 중국의 법률 전통과 민상법의 쟁론으로 민상합일의 과정을 밟고 있지만 개혁개방 이후 시장경제의 발달로 '無商法'시대에서 민상합일론의 쇠퇴, 단행 상사법의 제정, 상법의 범 공법화 현상과 아울러 상법의 점차적인 수정 등으로 상법은 점차 그 지위가 선명해지면서 발전하는 추세에 있다.

---

19) 越万一, 앞의 논문, 4면

20) 張民安, "論商法在我國法律體系中的獨立地位", 復旦民商法學評論, 2004(總第3輯), 72-73면

21) 張民安, 위의 책, 74-75면

1. 민상합일 중심 중의 민상사 입법의 진행

중국의 법학계는 늘 상법에 대해서 민상합일 체제의 범위 내에서 진행된 사고정도였으며 대부분의 법률계 인사들은 중국은 민상합일 제도를 시행하는 것으로 알고 있다. 왜냐하면 중국의 입법자들은 일반적으로 민사와 상사를 구분하지 않았으며 통과법률은 민사권리를 보호하고 사권질서의 옹호라는 통일된 사법제도를 수립하였던 것이었다. 민상법의 구성은 중국의 통일된 사회주의시장경제법률제도의 조성부분이라 할 수 있다.

중국사법 실무상 민법은 사회생활과 경제질서를 규율하는 기본법이며 상법은 민법의 유효한 보충적인 역할을 한다는 것이다. 민법체제가 점차 완비되고 사회주의 법제건설이 촉진되는 과정에서 중국은 민법통칙, 상속법과 계약법 뿐만 아니라 해상법, 회사법, 어음수표법, 보험법, 증권법 등 효율성의 제고 및 거래안전을 보호하는 특징을 가진 단행법을 공포하였다.

이것이 중국의 민상법이 발전의 중요사실을 확인한 것이 되었으며 이들 법들이 중국 시장경제건설에 매우 중요한 작용을 하였다. 민법전의 부재로 중국의 민법이나 상법은 모두 단행법형식으로 나타나게 되었던 것이었다.

다만 민법의 이념 - 원칙 및 기본제도는 이미 중국 사회생활의 각개 영역으로 침투한 반면에 중국의 소위 “상법”은 단행법으로의 표현형식 외에는 기초가 약하여 그 이념 원칙 기본제도가 사회에 보편적으로 스며들지 않았으며, 특히 상법이론 연구는 더욱 그러하였다. 80년대 초 사법제도 건립 시 중국 법학계는 법률체계 중 민법과 상법체계의 한계가 불명확하였고 또한 이 시기는 오래 동안 민법과 경제법의 논쟁시기였으며 상법은 이미 경시되어 있었다.

중국은 80년대 초에 소위 상사거래규칙을 만들기 시작하였으나 이들 법제는 전혀 사람들에게 상법이 중국에 존재한다는 진정한 인식이 없었다. 중국이 80년대 초에 공포한 “경제계약법”에 매매, 창고업, 보험 등 수종의 거래제도에 관한 규정을 두고 있다. 이법이 매매 및 보험에 관하여 규정한 것이라면 오히려 전통 의미상으로 “상행위”에 속한다 할 것이다. 국제경제거래의 상업적 수요를 만족시키기 위하여 1985년에 “섭외경제계약법”을 공포하였다. 거기에 포함된 법률내용은 당연히 “상행위법”에 해당한다. 장기적인 법학연구중 이 시기에 공포된 경제계약법, 섭외경제계약법, 심지어 후에 공포된 계약법도“상법”에 해당한다. 왜냐하면 당시의 법학이론상 그것들은 “상법”은 아니고 오히려 민법이었다고 할 수 있다. 실제상 개혁개방이후 상당기간 동안 입법자들은 응당 상법상의 거래제도(매매, 보험 등)에 속하는데 민법통칙을 핵심적인 민사입법으로 조정 - 통과함으로서 민법의 영향력이 지대하게 된 것이다. 그 후 중국이 공포한 상사 활동에 관한 법률이 많아 해상법, 회사법, 보험법 등을 “상법”이라 칭하고 있다.[22] 여기서 보듯 신중국의 수 십년 간의 법제건설 과정 중 민법의 고유 이념 - 정신 원칙 및 제도는 중국 민상사입법의 모든 내용에 영향을 주고 있다. 현 단계로 중국 경제생활방면은 기본적으로 민상합일의 법률체제가 시행될 것이며 독립의 상법제도는 단기간에 형성되기 어려울 것이다.[23]

2. 단행 상사법에서 단독 상법의 “법전화”로

비록 민상합일의 현상이지만 중국법제화 과정 중 “상법”은 국가 입법부문에서 공포한 상사활동의 단행법의 “법전화”라는 독특한 형식이 나타나게 되었다. 상법이 중국법률체제 중에 점점 분명해진 이래 매매, 어음수표, 운송, 보험, 해상 등 주요 상행위규정이 상법중에 있어 이것들이 중국 상법의 초급형태 중의 상업활동법을 구성하게 된 것이다. 사회주의 시장경제적 수요 아래 상사영역의 입법들이 선후로 공포되었다. 즉 해상법(1992), 회사법(1993), 어음수표법(1995), 보험법(1995), 증권법(1998), 신탁법(2001), 투자기금법(2003) 등이 그것이다.

이러한 제 상사법은 민법의 원칙과 제도와는 명백히 다른 특색이 있으며 대륙법 국가의 상법과 동등하다. 그러나 상법의 전통과 역사의 흠결, 더욱이 학술상 상응한 이론과 민상법관계의 쟁론도 없었기에 진정 중국 상법의 경계를 분명히 볼 수 있는 방법이 없다는 것이다.[24] 그러함에도 부인할 수

22) 鄒海林, 앞의 논문, 2면

23) 崔姝, “論我國商法發展現狀及立法趨勢”, 國公網, 2008/12, 3면

없는 것은 중국 상법은 신속히 발전하는 단계에 있다는 것과 부단히 나타나는 “법전화”된 단행법이 있다는 것이 그 증거라 할 수 있다.

그동안 중국 상법은 단행법의 법전화형식으로 커다란 발전을 하였다. 상법의 미래의 발전추세는 현재의 “단행법의 법전화”에서 “상법체제의 법전화”의 방향으로 발전할 것이다.

(1) 법률통치의 기초에서 볼 때

상법통치의 기초는 실질상 시장경제이다. 그런데 여전히 민법이 시장경제의 기본법이라 하며 민법이 시장경제의 “헌법”이라 하고 있다는 것이다. 그러나 현재 존재하는 상사거래활동, 상업경제, 그것이 국내든 국외든 이미 일반 민법관계, 민사권리의무관계를 이탈하였으며 상사화-국제화된 경제 등이 상법탄생의 하나의 배경이 된다.

(2) 사회질서유지와 권리보장에 유리함이 상법전 제정의 입법 動因

민법에 많은 규칙이 있으나 상법은 경제발전의 의의가 민법보다 훨씬 크다. 투자자의 이익보호와 영리성의 보장 등이 완전히 민법에 의존한다면 어려움이 있을 것이다.

(3) 통일 상법전의 제정

상법과 민법의 입법기술상 상법은 시장형태에 더 직접적이며 유럽도 상법과 민법을 제정하고 있다. 중국은 이미 회사법, 해상법, 보험법, 파산법 어음수표법을 제정하고 있으므로 통일 상법전을 제정하여야 한다.[25)]

3. 중국 상법의 범 공법화

중국 상법의 단행법의 내용을 보면 국가 공권력이 상사활동에 더욱 적극적 주동적으로 개입하여 범 공법화의 특색을 나타내고 있다 .예컨대 중국 보험법에 保險業監督管理機構의 감관 내용과 방식에 관한 상세한 규정을

---

24) 鄒海林, 앞의 논문, 4면
25) 崔姝, 앞의 논문, 5-6면

두고 있으며 증권법도 마찬가지이다. 이러한 것은 모두 중국 상사단행법 중에 나타난 범 공법화이라 할 수 있다. 중국의 경제제도는 중국특색의 사회주의시장경제이며 이러한 경제제도 중에 "거시조정(宏觀調整) 경제조정" 등 수많은 특유의 경제현상이 있다. 이것이 바로 중국 상법이 범 공법화의 경제기초를 나타내는 것이라 하겠다.[26] 이러한 상법의 공법화가 필히 법제 진행 중 진일보 체현될 것이며 민법을 이탈하여 발전하는 하나의 이유가 될 것이다. 다만 상법은 상 주체와 상사거래 및 질서를 유지하는 법이므로 그 본질은 범공법화로 인하여 큰 영향을 받아서는 안될 것이다. 범 공법화의 특색아래 입법기술의 수준을 높여 상법이 경제법으로 변화하는 것을 방지하는 점에 주의해야 할 것이다.[27]

4. 중국 상법의 "수정"식 발전

중국 상법은 시장경제체제의 건설 과정 중에 나타나게 되었다. 이 시기의 큰 특징은 중국의 경제 환경이 계획경제에서 시장경제로의 전환 과정 중이었다는 사실이다.

그러나 초기 "상법(상사단행법)은 계획경제의 흔적과 아울러 합리적이지 않았다는 점에서 경제발전과 사회적 진보에 따라 개정 및 폐기되었다. 예컨대 1995년 보험법규정은 상업보험의 주요 보험종류의 기본적 보험조항과 보험료율을 금융감독관리위원회에서 제정하였다. 이는 국가공권력이 기업의 자주경영에 적극적으로 간여한 전형적 사례에 속한다. 또한 중국의 시장경제법제의 경험부족과 더욱이 상법의 원칙과 제도설계에 있어 경험의 결핍이 이를 가속화 하였다. 국제경험을 흡수 하면서 그 부족함이 상대적으로 적은 해상법과 같은 개별적 상법을 제외하고는 회사, 증권, 어음수표, 보험, 신탁 등의 법률은 모두 이러 저러한 문제를 가지고 있었다. 이러한 법률 법규를 많이 수정하여 비로소 "중국적 특색"을 가지는 새로운 모습으로 나타나게 된바 이것이 바로 중국 상법발전의 특유 현상이라 할 수 있다. 이렇게 함으

26) 崔姝, 앞의 논문, 4면
27) 鄒海林, 앞의 논문, 5면

로서 회사법과 보험법 모두 시장경제의 부단한 발전에 이바지하고 있다.[28)]

Ⅳ. 중국 상법의 과제

1. 중국 상법의 발전 과정

중국 상법은 개혁개방 이후 험난한 과정을 거쳐 왔다고 할 수 있다. 여기서 이 과정을 간단히 살펴보면 미래를 예측할 수 있을 것이다.

(1) 탐색단계(1978-1992)

이 시기는 중외합자경영기업법(1979) 등의 상사주체법과 경제계약법(1981) 등의 상사거래행위법이 나왔으나 입법은 분산되어 있었고 체계성도 결핍되었으며 정부주도성 - 응급성 입법이었다.

(2) 상사부문법의 신속한 발전단계(1992-1999)

사회주의 시장견제의 확립으로 회사법(1993) 등의 상사법이 대거 공포되면서 상법을 형성하게 되었다. 이 단계의 상사입법은 정부주도로 시작되어 시장을 향한 방향으로 발전하게 된다.

(3) 상사부문법의 개정과 완성단계(1999-2008)

1999년 들어 상법이 법학전공핵심과정으로 지정되는 등 상법 분위기의 변화로 회사법과 증권법의 전면개정, 파산법의 공포 등이 줄을 이었다. 이 시기의 최대 특징은 상법이론의 연구와 실천이 실현되었으며 응급성 입법에서 신중한 입법을 하게 되었다는 것이다.

(4) 상법체계 초보 건립 단계(2008-2020)

중국 상법이 당면한 최대의 문제는 상사부문법의 충돌과 협조문제로서 신속히 "商事通則"을 제정하여 이 문제를 해결해야 할 것이다. 중국은 2020년에 중국 국정에 부응하는 독립적인 상법체계를 건립할 예정이다.[29)]

---

28) 崔姝, 위의 논문, 5면

2. 당대 중국 상법 발전의 문제점

(1) 통일 상법전 제정의 문제점

중국의 통일 상법전 제정은 현 단계에서 환상에 불과하다는 주장이 있을 정도로 문제점을 많이 가지고 있다. 그 문제점을 살펴보면, 21세기에 대륙법 특히 독일 상법을 계수한다는 것은 시대조류에 맞지 않다. 그렇다고 미국통일상법전은 조류나 입법기술 방면에 수준이 높으나 영미법계이므로 대륙법인 중국법과 큰 차이가 난다는 것이다.

또한 중국 자체의 역사적 법률 전통에 기인하는 것으로 민상합일 관념은 비록 시대가 변화해도 아직 바뀌지 않고 있다.

그리고 100여년전 독일상법이나 50여년 전 미국통일상법전이나 모두 현 사회의 변화가 커서 통일 상법전 제정이 더 어려워 졌다.

사법연구가 일천할 뿐 아니라 중국 법학계가 민법전 제정에 온힘을 쏟고 있어 상법전 제정에 공통된 인식이 문제이다. 아무래도 민법전이 제정되어야 상법전도 거론대상이 될 수 있을 것이기 때문이다.

끝으로 시장경제체제의 건립시기가 아직 길지 않다고 한다.30) 그러나 시장경제가 나날이 발전하고 상사행위도 상사법률도 그러하고 개혁개방 30년의 오늘날 상법은 특유의 품질을 갖추었다고 하겠다. 시장경제 발전은 상법의 봄이 이미 도래한 것이라는 견해가 많이 보인다.31)

(2) 중국 현행 민상법 체계의 문제점

1) 중국 현행 민상법체계의 구조

개혁개방 이후 30년 동안 중국은 이미 비교적 완전한 상법체계를 갖고 있다. 다만 기타 대륙법 국가들과 다른 것은 중국이 민법전도 상법전도 아직 제정하지 않고 "民法通則"하에 각 단행법을 분리·제정하는 형식을 취하

29) 顧功耘, "改革開放三十年與中國商法的發展", 中國商法評論, 北京大學出版社, 2010, 1-3면

30) 范健, "當代中國商法發展的几个問題", 中國商法年刊,(創刊號), 2002, 68면, 이 견해는 10여년 전의 것이라는 점을 고려한다면 향후 추세를 짐작할 수 있을 것이다.

31) 鄧碧華, "民商合一的困境", 中國商法評論, 2010, 91-92면

고 있다는 것이다.

상법체제 방면의 법률로서 상사입법의 주요한 것으로는 회사법, 증권법, 보험법, 어음수표법, 기업파산법, 해상법, 상업은행법, 신탁법, 증권투자기금법, 조합(合伙)기업법, 개인독자기업법, 중외합자경영기업법, 중외합작경영기업법, 외상독자기업법 등 전형적인 상법규범성 법률 외에 계약법, 담보법, 물권법 등 민사입법 중에 부분적으로 상법규정이 포함되어 있는 것도 있다.

중국 민상법의 본질을 보면 엄격한 민상합일도 민상분리도 아니며, 일종의 특수한 입법형식이라 할 수 있다. 그 특수성은 아래의 몇몇 방면에서 나타나고 있다.

가) 아직 미제정한 민상합일의 민법전은“ 민법통칙”하에 각각의 단행법을 분리 - 제정하고 있다. 따라서 아직 민상합일의 법률체계가 형성되지 않고 “민법통칙”을 공동의 상위법으로 한 단행 민상사법률체계이다. 따라서 중국은 대륙법계 국가와 같은 ‘민상합일’의 민상합일 입법형식은 근본적으로 존재하지 않는다.

나) 단행 상사법들이 있지만 민상법의 구분이 되지 않아서 상법의 이념이나 원칙에 대한 공동인식에 도달할 수 없다는 점이다. 대량의 상법규범이 민법규범의 형식으로 표현되어 상법의 이념이나 원칙이 왕왕 소홀히 되어 “상법의 민법화”의 색채로 나타나게 된다.

다) 계약법, 담보법 등 민사부문법 중에 대량의 상법규범이 포함되거나 부분 상법규범이 직접적으로 일반규범으로 되는 경우 “민법의 상법화”의 색채가 나타나게 될 것이다.

따라서 중국이 채택한 민상법은 분리 또는 혼합의 입법형식으로서 이미 전통적인 민상법입법형식을 초월한 것이다.[32)] 따라서 중국의 현행민상법체계는 “民商不分의 混合立法形式”이라 칭할 수 있을 것이다.[33)]

---

32) 이 방식은 법전의의상의 민상합일도 아니고 또한 민상분리도 아니라 할 것이다.(石少侠, “我國応實行實質商法主義的民商分立”, 商法論文選萃, 中國法制出版社, 2004, 9면

33) 王建文 ,中國商法立法體系, 法律出版社, 2009, 24-25면

(3) 중국 "민법초안"의 문제점

민법기초공작소조의 대다수 법학자는 민상합일 입법체계에 찬성한다. "민사생활과 모든 시장에 적용되는 공동규칙과 공동제도는 민법전에 집중 규정한다. 국부시장과 개별시장에 적용되는 규칙은 각 민사특별법에 규정 한다"

그런데 "중화인민공화국민법(초안)"은 상법규정을 완전 소홀히 하고 있다. 예컨대, 제3편은 현행 "계약법" 규정을 옮겨 놓고 있는데 유명 계약 중 극소수의 상사적 성질의 내용이 있을 뿐이다. 동시에 민상합일 논자는 민법총칙에 관하여 모든 상사특별법을 적용할 수 있다는 관점을 가지고 있다. 제1편 총칙의 절대부분의 내용이 민법통칙의 규정을 옮겨 놓고 있으며 그 내용은 순수 민사규범으로 형성하고 있다. 전통상법에 관한 내용은 초안에 근본적으로 반영되지 않고 있다. 실제상 이 초안은 민상합일의 이념은 관철되지 않고 상화부족문제가 상화과도문제보다 엄청 많다.[34] 소량의 상법내용으로는 민상합일이념추구의 논리성과 체계성의 목표와는 차이가 있다는 것이다. 이러한 민상합일관점은 상법의 독립체제와 내용을 부정하는 것이다.[35]

(4) 중국 "계약법"(合同法)의 문제점

중국 민법학계는 줄곧 "민상합일"을 주장하였고 그 입법실천으로 계약법(1999)을 공포하였는데 이 법이 전형적인 민상합일의 예가 된다고 한다. 사실상 중국은 이미 민상관계의 해결방법을 찾았으며 특히 계약법의 제정으로 민법과 상법이 결합할 수 있는 기회로서 민상합일의 모범을 제공하였다고 한다.[36]

"계약법"에서 민사계약과 상사계약을 구분하여 규정한 예를 다음의 3가지 종류로 나누어 볼 수 있다.

---

34) 張谷, "商法, 這只寄居蟹 - 兼論商法的獨立性及其特點", 淸華法治論衡, 第6輯, 淸華大學出版社, 2005, 36면

35) 曾大鵬, "商法通則: 揚棄民商分立與民商合一", 中國商法評論, 2010, 99면

36) 王利明, 中國民法典的體系, 現代法學 2001 제4기

1) 민사와 상사계약을 각각의 章으로 구분하여 규정한 예

보관계약(제19장)과 창고계약(제20장)을 분리하여 규정

2) 민사와 상사계약을 동일 章에 분리하여 규정한 예

상사금전소비대차계약[37](商事借款合同:제196조-209조)과 민사금전소비대차계약[38](民事借款合同: 제210조, 제211조)

3) 민사와 상사계약을 동일 법조문에 분리하여 규정한 예

요식계약과 불요식계약(제197조 제1항)

이상에서 알 수 있듯이 명분은 "민상합일"이라 하면서 민상분리의 기본형식은 변하지 않고 있다. 따라서 민사계약과 상사계약의 존재의 구별은 무시할 수 없다는 것이 객관적 현실로 나타나고 있다.[39]

계약법은 중국이 "민상합일"체제를 실행하는 선구자이며 이정표이기도 하다. 그러나 민상법관계의 객관적 평가로 볼 때 중요한 과제가 있다. 어떤 학자는 계약법이 비교적 민상법관계를 잘 처리했으며 "민상합일"의 전형이라 보고 있다.

그러나 여기에는 여러 가지 문제가 존재하며 그것은 하나로 귀결된다. 즉 계약법은 민상법관계를 적절하게 처리를 못하고 있다고 할 수 있다. 즉 민사규칙을 상사규칙으로 대체함으로서 상사계약의 개성을 말살하게 되고, 상사규칙을 민사규칙을 대체함으로서 민사계약의 특색이 소홀해 진다는 점이다.[40] 또한 총강성 상법규범의 부재로 인한 상사부분법은 유효한 상법의 이념과 원칙을 형성할 수 없다.[41]

3. 중국 상사입법 방식의 선택

민상합일론과 분리론으로 격렬히 논쟁하는 동안 중국 입법기관은 보다

37) 금융기관이 임대인이 되는 금전소비대차계약
38) 자연인 간의 금전소비대차계약
39) 周珺, "進退失據的民商合一", 中國商法評論, 北京大學出版社, 2010, 103-104
40) 周珺, 위의 논문, 109면
41) 王建文, 앞의 책, 25-28

실질적인 입법정신에 의거하여 불과 10여년의 짧은 기간에 회사법, 해상법, 보험법 등 주요한 상사법률을 제정하였다. 이것은 독립적인 단행 상사법률의 입법방식으로서 초보적이지만 중국 고유의 특색 있는 상법체계를 세웠다고 할 수 있다.

이러한 가운데 상법의 체제를 둘러싸고 많은 논쟁이 있는데 대체로 다음의 4가지로 요약될 수 있겠다.

(1) 완전한 의미의 민상합일의 민법전의 제정

민상법통일론이라 할 수 있는데 이는 민법전 속에 상사에 관한 기본법률제도의 내용이 포함되며 구체적인 상사관계 법률제도의 내용은 따로 단행법으로 제정하여 이를 추가하는 방식이다.

(2) 완전한 의미의 민상법이 분리된 독립적인 상법전의 제정

민법전 외에 독립 상법전을 제정하여 상법영역의 각종 법률관계를 규정하는 방식으로 현재 세계적으로 지배적인 지위를 갖고 있다.

(3) 전통적 민법전에 단행 상사법 추가 방식

전통 민법전의 내용을 규정하되 독립된 상법전은 제정하지 않고 상사관계에 관한 법의 내용은 단행법의 형식으로 추가하는 방식이다.

(4) 전통적 민법전과 "상사통칙"의 동시 제정 방식

전통적 의미의 민법전을 제정함과 동시에 총강성 상사 기본법 즉 상사통칙을 제정하여 기본적 상사법률 제도 및 관계를 규정하고 구체적인 것은 단행법으로 제정하는 방식이다. 전통적 민상합일 또는 민상분리는 결함이 적잖아 현대 의의의 민상분리가 상대적으로 합리성을 가지고 있다. 즉 상법전을 제정하지 않고 상사단행법을 민상분리의 새로운 표현형식으로 하여 동시에 상사통칙을 제정하는 것이다. 이 상사통칙이 중국 민상관계 입법의 제3의 도로가 되어야 한다는 것이다.[42]

42) 曾大鵬, "商法通則: 揚棄民商分立與民商合一", 中國商法評論, 2010, 100면

이상의 4가지 방식을 살펴보면 첫째, 민상합일의 민법전의 제정 방식은 실질적으로 부적절한 환상에 불과하다는 의견이 있으나 “계약법”(1999)은 전형적인 민상합일의 예에 속한다고 하고 있다 또한 대륙법계의 민상분리 국가 중 몇몇 국가는 민상합일형식으로 변경하였으며 민상합일이 사법발전의 세계추세라 한다.[43] 그리고 최근 러시아 민법전이 이 방식을 채택하고 있어 중국에 영향을 줄 가능성을 배제할 수 없을 것으로 생각된다.[44]

둘째, 독립적 상법전의 제정 방식은 대다수 중국 상법학자의 주장[45]이기는 하나 한편으로는 이 주장은 중국의 입법현상과 법전편찬의 가능성에서 볼 때 가능하지도 필요하지도 않다는 것이다. 상법의 독립은 바로 실질주의적 독립이지 형식적인 독립은 아니라고 하면서 시의적절한 것은 아니라고 한다. 중국은 이미 회사법, 보험법, 해상법 등 가장 중요한 상사법률을 제정하였다는 것이다.[46] 따라서 독립적인 상법전이 없다고 하더라도 상사법률은 이미 완성되었다고 할 수 있다는 것이다.[47]

셋째, 민법전에 단행 상사법 추가 방식은 일응 현재 중국과 대만에서 채택하는 방식으로 인식되고 있으나 실제상 입법기관은 아직 이 형태에 대하여 확인을 하지 않고 있으며 민법학자들은 기존의 모든 상사법률들은 민법의 특별법으로 보는 것이 습관화되어 있다. 따라서 이 종류의 민상합일은 학자들 간에 ‘법전의의상의 합일이 아니고 ‘관념의의상의 합일’로 보는데 이는 실질상 ‘상법의 민법화’의 전형적인 표현이라고 할 수 있다.[48]

마지막으로 전통적 민법전에 “상사통칙”제정 방식[49]은 현재 채용하고 있

---

43) 江平, 民法學, 中國政法大學出版社, 2000, 56-57면
44) 任爾昕, “我國商事立法模式之選擇及商事通則的制定”, 民商法律評論, 2005, 233면
45) 세계 상법의 발전추세는 민상분리이며 시장경제 발전으로 상사거래의 구별성의 확산으로 단독의 상법전이 필요하다는 주장이다.(時萬靑/孫桂娟. 商法, 立信會計出版社, 2009, 40면)
46) 따라서 이 주장은 時宜的으로 부적절한 것이라고 한다.(任爾昕, 앞의 책, 237면)
47) 石少俠, 앞의 책, 11-12면
48) 石少俠, 위의 책,, 7면
49) 중국 상사통칙(상법통칙)은 대체로 제1장: 총칙, 제2장: 상사주체, 제3장: 상행위와 상사 대리, 제4장: 상업등기, 제5장: 상업명칭, 제6장: 상업장부, 제7장: 상사소송시효, 제8장: 상사책임, 제9장: 부칙 으로 구성하고 있다.

는 단행 상사입법형식은 민활성과 편의성 등의 장점이 있으나 서로 연관성을 가지지 못하며, 단행법의 분산 및 중복입법의 위험과 함께 상사법률 전체를 아우르는 총강성 상사법률이 없기 때문에 완전한 상사법률의 기본이론이 형성되어 있지 않다는 단점이 있다고 하겠다. 이 문제에 대하여는 민상분리는 독립적인 상법을 제정하지 않고 상법의 상대적 독립성을 인정하자는 주장[50](실질상법주의적 민상분리론)과, 기존의 상사 단행법들은 독립해서 존재하고 다만 상법전을 격하하여 "상사통칙"으로 하면 상사법규의 공생문제는 총괄성, 일반성, 원칙성 규정이 될 것이라는 주장(복합방식주의)이 있다.[51]

민법전 외에 독립의 상법전을 제정하지 않고 그렇다고 상법의 존재를 부인하지 않는 이 방식은 첫째, 현 세계 상법의 입법추세에 부응하며, 둘째, 중국의 입법전통을 존중하고, 셋째, 중국 현행 상법체계를 파괴하지 않으며, 마지막으로 중국 경제발전의 수요에 순응하는 것이 된다는 것이다.[52]

4. 상법의 미래 발전의 과제

(1) 상법관념의 독립화 문제

상법관념의 독립화는 중국 학술계가 민법이념 및 원칙과 제도로 상법을 평가하지 않아야 한다는 것이다. 상법은 그 자체의 이념이 있으며 위의 상사단행법은 모두 자체의 이념이 있다. 중국 상법의 해석과 적용을 민법의 해석과 적용에 영향을 받는 것은 일정한 한계가 있다 하겠다.

(2) 상법제도의 정리 - 조정 문제

상법의 가치와 목표 즉 상법관념의 독립화에 맞는 단행법간 그리고 단행법과 기타법률과의 협조와 법률 상호간의 상관관계 및 법률충돌의 방지와 수정이 필요하다.[53]

---

50) 石少俠, 위의 책,, 13면
51) 范健, 商事法律報告, 中信出版社, 2004, 38면
52) 苗延波, 中國商法體系研究, 法律出版社, 2007, 166면
53) 鄒海林, 앞의 논문, 8-10면

중국 상법의 조정은 범 공법화로 야기된 구조, 체계 및 제도상 부당함이 있을 수 있으므로 주의가 필요하다. 중국 상법의 범공법화의 내용과 상법의 사법성은 서로 용납되지 않으므로 조정 시 충분한 고려가 필요하다. 예컨대 중국 보험법 제4조의 自愿(계약자유)원칙과 제5조의 신의성실의 원칙은 보험업법에는 적용하지 못하며 따라서 제1장 총칙에 규정하는 것은 타당하지 않으므로 조정 시에는 이 양 원칙은 제2장(보험계약)의 일반규정으로 두어야 할 것이다.[54)]

(3) 중국 상법환경의 문제점

중국 상법은 독립된 부문법은 아니며 통일된 상법전도 없으므로 하나의 規則群 또는 法律群이라 할 수 있다. 그러나 중국 상사입법은 이미 계획경제시대를 탈피하였으며 총체적으로 비교적 강한 정부관제색체와 억상주의적 특색을 가지면서 발전의 새로운 수요에 당면하고 있어 중국 상법환경은 전대미문의 대전환기를 맞이하고 있다. 이러한 상법환경의 큰 변화는 기업의 생존환경과 생존법칙을 근본적으로 변화해 나가야 한다.[55)] 이러한 변화에 대한 문제점으로 들 수 있는 것은 첫째, 중국 상법이 대체로 계획경제시기에 만들어져 낙후되어 있으며 상사 활동의 전개를 억제하고 있으며, 둘째, 중국 상사입법은 국유기업의 개혁을 배경으로 제정되었기 때문에 모든 기업에 공평한 것이 아니라 국유기업에 우대와 특권을 부여하는 기업차별성을 가지고 있다. 셋째, 국가 본위의 강제성·금지성 규정이 많고 임의성 선택성 규정이 적은 편이다. 넷째, 상법의 군벌문화[56)]의 확산으로 지방입법이 중앙입법을 초월하는 현상이 나타난다. 마지막으로 중국 상법이

54) 중국 보험법은 보험계약법과 보험업법으로 구성되어 있으므로 계약자유의 원칙과 신의성실의 원칙은 보험업법에는 맞지 않고 이를 보험계약법에 두어야 한다는 것이다.

55) 錢衛清/李壽双,“ 中國商法環境:現狀與變局”, 北大法律信息網, 2005, 1면

56) 중국문화는 군벌문화인데 이는 모든 사람들이 한사람을 받드는데 이 한사람은 실제상 하부의 사정에 관여하지 않는다. 그런데 이 하부의 권리는 대단히 크며 일단 상부만 잘 받들면 일개 시, 지구, 현에서 그가 무엇을 하든 관계없이 할 수 있다는 것이다. 실제상 이 사상은 중국국가입법에도 나타나고 있다. 따라서 어떤 것은 지방입법이 중앙입법을 초월하는 경우가 있을 수 있다는 것이다.

타 국가와 비교하면 대체로 조문수가 적다는 것 등이다.

V. 결 론

중국 상법의 발자취를 더듬어 보면 중국의 어느 법부문 보다 우여곡절과 변화무쌍의 길을 거쳐나가고 있다고 하겠다. 청 말에서 시작하여 사회주의 신 중국 성립과 개혁개방 이후 시장경제체제로 접어 들면서 현재까지 그 모습을 서서히 만들어 가고 있다고 할 수 있다. 특히 신 중국 성립 이후 반세기 동안의 사회주의 건설 기간 중에 상법은 수요도 없었을 뿐 아니라 상법의 관념조차도 망각되었었다. 소위 "상법"이라는 것은 중국의 개혁개방 이후 시장경제체제 건설 과정 중에 점차 발전하게 된 하나의 법률현상이라 할 수 있을 것이다.

오늘날 중국의 상법 현상은 민상합일론에 입각하여 민법과 상법은 기본적으로 민사관계를 조정하는 기본법과 중요한 보충적인 관계로 인식되고 있다. 이렇게 된 것은 중국의 법률전통과 사회주의 계획경제의 잔재 및 민법학자 등의 습관성과 무지가 그 원인이라 할 수 있을 것이다.

중국은 청 말부터 대륙법계 특히 독일법의 영향으로 민상분리 체제를 채택하였다가 석연치 않게 그 당시 현대 입법 조류에 부응한다는 명분으로 민상합일 체제로 전환하였다. 또한 이러한 중국 상법의 입법태도는 구 소련의 민상합일 체제를 따르게 된데도 그 중요 원인이 있었다.

중국이 민법전과 상법전 어느 것도 제정하지 않는 동안 민사단행법법과 상사단행법들이 많이 제정되었는데 이러한 현상 그 자체로는 민상합일도 분리도 아닌 이른바 "民商不分의 혼합 입법형태"라 할 수 있을 것이며 소위 "중국 특색"의 민상입법형태라 할 수 있을 것이다.

그러나 중국민법기초공작소조의 대다수 학자들은 민상합일 입법체제에 찬성하고 있으며 "민사생활과 모든 시장에 적용되는 공동규칙과 제도는 민법전에 집중 규정하며 개별시장에 적용되는 규칙은 민사특별법에 규정한다"고 주장하고 있다. 그런데 이 민법 초안은 예컨대 제1편 총칙의 대부분의 내용이 "民法通則"의 규정을 옮겨 놓고 있으며 그 내용은 순수 민사규범으로 형성하고 있으며 전통 상법의 내용은 근본적으로 초안에 반영되지 않고 있다. 또한 민상합일의 전형적인 모범입법이라고 한 "계약법"에도 유명 계약중 소수의 상사적 내용이 있을 뿐이다. 즉 민사규칙으로 상사규칙을 대체함으로서 상사계약의 개성을 말살하게 되고, 상사규칙으로 민사규칙을 대체함으로서 민사계약의 특색이 소홀해 진다는 문제가 있다. 따라서 현재 제정중인 민법전이 순수한 민상합일방식을 갖추지 못하게 되면 진정한 의미의 민상합일 입법은 아닌 것이다.

이러한 가운데 중국 상법은 시장경제의 발전에 따라 그동안 상사 단행법들을 제정하고 그 내용도 수정하는 등 꾸준한 변화를 거듭하고 있다. 그리고 심지어 중국도 이미 상법전을 제정할 시기가 되었다는 주장을 하면서 상법전의 내용까지 제시하고 있는 실정이다. 또한 독립적인 상법전을 제정하지 않고 상법의 상대적인 독립성을 인정하면서 상사 단행법들을 아우르는 총강성 상사기본법 즉 "상사통칙"을 제정하자는 주장이 많다.

중국의 상사입법방식에 대한 주잔은 크게 민상합일방식, 민상분리방식 및 복합방식으로 나눌 수 있다. 그런데 이러한 복잡한 문제가 발생하는 이유는 아마 중국의 법률전통과 입법태도 및 상사법의 뒤늦은 출현 등에 있는 것 같다. 중국의 민상법관계의 전개는 일종의 "중국 특색"의 현상이라고 할 수 있을 것이다.[57] 그동안 중국 입법은 '先小賣'에서 '后都賣' 즉 먼저 단행법을 제정하고 후에 조건이 성숙되면 다시 일반 기본법을 제정하는 입법태도(一个成熟 一个制定)를 보여 왔다. 상사단행법을 제정하고 나서 뒤늦게 "상사통칙"을 제정하자는 것도 어쩔 수 없는 수순이라고 볼 수 있다. 중국의 이러한 현실은 상법전의 입법도 여기에서 자유롭지 못할 것이며 이는 이론상의 문제는 아닌 것 같다.

현재 중국의 민법제정의 기본 방향은 '민상합일'의 입법방식을 채택한 것 같다. 즉 "민사생활과 모든 시장에 적용되는 공동규칙과 제도는 민법전에

57) 혹자는 중국의 민상합일에 대하여 '입법이상'인지 '중국현실'라는 의문을 제기하고 있다.(曾大鵬,, 앞의 책 99-100면

집중 규정하고 개별 시장에 적용되는 규칙은 각 민사특별법에 규정한다"(民商法律總綱).[58]고 되어 있으며 국내 대다수 학자들도 민상합일을 주장하고 있다. 따라서 현재로서는 중국이 완전한 의미의 민법전을 제정할 가능성이 높다고 해야 할 것이다.

그러나 상법의 운명은 그동안 상사 단행법의 제정과 개정으로 사실상 상법은 존재하는 것이며 현재 진행중인 중국 민법전도 문제점이 적지 않아 그 전망이 불투명하다고 할 수 있다.

향후 중국의 시장경제가 더욱 발전되고 세계화가 진행되면 자연스럽게 상법의 역할과 중요성이 부각됨으로서 적어도 민상합일 운운하는 현상은 없어지리라 생각된다.

전통 민법전의 제정에다 독자적인 상법전은 제정하지 않고 기존의 상사 단행법은 인정하되 이들을 아우르는 총강성 "상사통칙"을 제정하면 큰 무리 없이 사법체제를 유지할 수 있을 것이다. 단 현재 진행중인 민법전을 민상합일이 아닌 순수 민법전으로 편찬하어야 할 것이다.

---

58) 梁慧星, 爲中國民法典而鬪爭, 法律出版社, 2002, 45-46면

중국 상법체계의 특색과 "상법통칙"의 제정*

목 차

Ⅰ. 서언

중국 상법은 계획경제 체계의 실행기간 중에는 상법의 관념조차도 망각되었다. 이 시기는 상법이 입법자로부터 완전히 홀시 당하였으며 "상법"이란 하나의 역사적 명사가 되어 버렸다.[1)]

따라서 상법의 입법은 개혁개방 이후 시장경제 체제 건설과정 중에 점차 발전하게 된 하나의 법률현상이라 할 수 있다.[2)]

중국의 개혁개방은 중국을 농경사회에서 현대 공업사회로 나아가게 하면서 사회생산방식, 생활방식을 크게 변화시킴으로서 사회질서의 조정과 전환이 이루어지고 이에 수반하여 현대화된 상법체계의 형성과 경제 개혁개방이 서로 보조를 맞추어 가고 있음을 뜻하며 경제 개혁개방이 중국 상법체계를 만드는 한편 상법 체계의 형성과 조정기능은 경제 개혁개방을 성공적으로 추진하게 하고 있다.[3)]

중국은 짧은 시간에 개혁경제에서 "조건성숙론" 등의 이론으로 입법하였기 때문에 각종 규정의 누락, 체계 및 기능의 불통일 등 많은 결함을 노정

* 이 글은 단국대학교 법학연구소 법학논총 제37권 제4호(2013. 12)에 게재한 것임

1) 華中師範大學商法研究中心, "中國商法及商法學三十年, 改革開放三十年法學研究回顧專題", 『法學雜誌』, 2009年 第2期, 18면

2) 鄒海林, "我國商法發展過程中的几個問題", 法學時評網, 2006/4, 1면

3) 郭富青 "中國特色商法體系評估構建技術反思", 『中國商法評論』, 2012, 9면

하였다. 그리고 상법의 입법체계는 대체로 '상법통칙'의 제정과 상사단행법을 채택하는 이른바 중국에 특유한 상법체계의 수립을 강조하고 있다.

본고는 개혁개방 이후 중국 민상사법의 변화와 특색을 살피고 아직도 안착하지 못한 중국 상법의 입법체계와 과제를 고찰하고자 한다.

Ⅱ. 중국 상법의 변화

1. 신 중국 이후 경제발전과 변화

신 중국 성립 후 경제의 발전과 변화는 대략 3단계로 나누어 볼 수 있다.

제1단계는 신 중국 성립(1949) 초기부터 1970년대 말까지인데 이 시기는 중국의 반식민, 반봉건적 구 중국의 경제가 사회주의 경제로 개조되어 고도집중의 계획경제 체제로 발전하는 단계이다.

제2단계는 1980년대 초에서 90년대 초까지인데 중국 경제가 계획 조절과 시장 조절이 상호 결합한 단계로서 상품유통, 주체다원화, 경로다원화, 형식다원화의 기본격식이 형성되었다.

제3단계는 1990년대 중기부터 시작하여 중국 경제가 진정 계획경제에서 시장경제로 전환하였고 "분배형"의 유통기능에서 "교환형"의 유통기능으로 전환되었으며 동시에 차츰 사회주의시장경제에 적응할 상품유통체제가 형성되고 있었다.

중국의 상사 법치과정은 모든 법치건설과정의 조성 부분이며 또한 경제발전 및 변혁과정과 긴밀한 상관관계가 있다.[4)]

2. 중국 상법의 발전 3단계

중국의 개혁개방 이래 30여년은 중국 경제체제 전환의 시기였으며 또한 중국 상사부문법이 신속히 발전해 온 시기이기도 하다. 아래에 중국 상법의 발전 과정을 살펴보고자 한다.

---

4) 劉建民 呂炳斌, "新中國商業法治六十年回顧與思考", 『中國商法評論』, 2011, 218면

(1) 제1단계(1978-1992) : **탐색시기**

이 시기는 상법 개념이 매우 불명확하였고 주로 외국상법을 소개하는 시기였다.

입법 면에서 보면 상사 주체법 방면의 법은 중외합자경영기업법, 외자기업법, 중외합작경영기업법 등을 들 수 있으며, 상사거래행위에 관한 법으로 경제계약법, 섭외계약법 및 기술계약법 등이 있다.

민법통칙(1986)은 기업법인에 대한 규정이며 상사주체의 지위를 명확히 하는 기초를 정하였으나, 이 시기는 중국 시장 발전 정도가 비교적 낮고 경제체제 개혁방향이 불명확하여 상사입법도 내용상 분산되고 방향도 불명확하고 정부주도의 응급성 입법이 주를 이룬 시기 였다.

(2) 제2단계(1992-20**세기 말**) : **상사부문법의 쾌속 발전단계**

1992년 사회주의시장경제가 확립되면서 중국 상사 부문법의 쾌속 발전을 촉진하였다. 그 후 몇 년 내에 입법기관은 회사법, 증권법, 어음수표법, 보험법, 해상법 등 일련의 중요 상사 단행 법률을 통화시켰다.

이 단계에서 돌출된 특징을 모든 시장규율은 법률의 구도 내에서 시장을 운행하는 법 즉 상법이 조정하게 되었다는 점이다. 1993년 회사법이 나온 후 시장주체가 생겨나고 시장역량이 커짐에 따라 각 단계의 상사입법도 정부주도에서 시장에 내재하는 방향으로 발전을 시작하게 되었다.

(3) 제3단계(21**세기 진입**)

상법은 점차 이성과 실천 및 이론연구로 가는 추세이다. 몇몇의 상사법 부문법은 실시 중에 만나는 문제와 결합하여 충돌하고 존재적 결함으로 대규모 개정이 이루어진다. 1999년에 발생하여 상법발전에 영향을 준 3대 사건이 있다. 즉 삼천경제특구상사조례 통과로 중국의 형식적 상법이 입법되는 효시가 되었다는 것, 상법이 교육부가 지정하는 고등학교 법학전업14부문 핵심과정 중의 하나로 상법연구가 정규화·규모화로 나아갔다는 것, 그리고 전국인민대표대회에서 저명 상법학자의 상법강의를 청취했다는 것으로 입법기관이 점차 상법에 관심을 갖게 된 점이 그것이다. 앞의 2단계와 비교하면 제3단계의 최대의 특색은 상법이론과 실제적 연구가 서로 병행되었다는 것과 긴급성 입법에서 반사성 입법으로 나아가야 한다는 것이다.5)

그리고 중국 상법이 당면한 최대의 문제는 상사부문법의 충돌과 협조문제로서 신속히 상법통칙을 제정하여 이 문제를 해결해야 할 것이다.

중국은 2020년에 중국 실정에 부응하는 독립적인 상법체계를 수립할 예정이라고 한다.6)

3. 민상사법의 입법 과정

중국은 개혁개방 이후 상당기간 동안 응당 상법에 속하지만 당시의 법학이론상 그것들은 상법이 아니고 민법으로 취급 되었다. 민상합일의 법률체계 하에서 민법통칙(1986)을 핵심적인 민사법 입법으로 제정됨으로서 민법의 영향력이 지대하게 된 것이다. 이러한 민법의 이념과 제도는 중국의 민상사법의 모든 내용에 영향을 주고 있다.7)

그리고 중국의 상사법 제정이 낙후한 가장 전형적인 것은 상사법의 기초가 입법계획에서 20년간이나 제외되었다는데 있다고 한다.8)

(1) 신 중국 이전의 민상 입법

중국은 청 말에 비로소 민상 입법의 체계문제에 봉착하였으며 그 후 민상합일주의를 견지하는 가운데 시장경제체제에 이르러 상법의 독립문제가 제기 되었다.

중국은 고대로부터 중농억상으로 인하여 상품경제는 발달하지 않았으나 자본주의 경제의 영향으로 인하여 중농억상정책을 조정하지 않을 수 없어

---

5) 吳曉暉, 孫溪, “總結三十年改革開放經驗 尋求商法之協調統一發展”, 『中國商法評論』, 2010, 377-378면

6) 顧功耘, “改革開放三十年與中國商法的發展”, 『中國商法評論』, 北京大學出版社, 2010, 1-3면

7) 崔 姝, “論我國商法發展現狀及立法趨勢”, 國公網, 2008/12, 3면

8) 劉建民 呂炳斌, 위의 논문, 225면

변법을 추진하게 되었다. 따라서 흠정대청상률(1904) 등의 상사입법이 나오게 되었으며 이 법률들은 원래 대륙법계 민상분리 체제로 주로 독일법계를 모방하였다. 독일 상법은 대륙법계 상법 중 중국에 최대의 영향을 미친 법이라 할 수 있을 것이다. 또한 중국도 성문법국가이었기 때문에 대륙법계 상법을 중국이 계수하는데 좋은 기초가 되었다. 그런데 중국은 대륙법계국가의 상법을 계수하면서도 모순된 선택을 하였던 것이다. 즉 중국은 독일 상법의 정신을 계수하였으나 그 형식(민상분리)은 계수하지 않았다. 이것은 중국이 독일 상법의 입법체계의 가치를 진정으로 이해하지 못하였거나 아니면 독일 상법의 입법체계의 가치를 수용해야 하는 것에 회의를 가진 것인지 수십년 이래 이것은 줄곧 중국 법학계를 혼란하게 한 미해결의 난제인 것이다.[9)]

국민당정부는 민상합일의 실행으로 중화민국 민법전을 제정하고 통상 상행위에 속하는 보험, 계약, 화물운송 등은 민법의 채권편에 포함시키고 그 중 통합이 불가능한 것은 단행법규로 제정하는 것이다. 국민당 정부가 민상합일을 채택한 이유는 아마도 1929년 6월 국민당 제183차 중앙정치회의를 통과한 "민상획일제안심의보고서"에 의한 것이었을 것이다. 이 보고서의 민상통일법전 제정 이유를 보면 그 당시의 정황을 알 수 있다. 특히 당시의 이태리, 영미, 스위스, 러시아 등이 민상합일을 채택하고 있다는 그야말로 세계 입법의 새로운 추세라는 점을 강조하고 있다. 신 중국 성립 후 중국은 대체로 소련의 법률체계를 이식하였으며 계획경제적 사회배경과 소련의 민사입법으로 인하여 민상합일의 영향을 받았으므로 중국은 1949년 이후 상법전을 입법할 계획을 세우지 못하고 있었다. 이러한 가운데 1950년대, 60년대, 70년대의 3차에 걸쳐 민법초안을 기초하였으나 몇몇 상사규범이 민법 속에 포함된 것에 불과한 실정이었던 것이다.[10)]

---

9) 范建, "當代中國商法發展的幾個問題", 『中國商法年間』 創刊號, 上海人民出版社, 2002, 66-67면

10) 이러한 현상을 볼 때 민상입법체계의 선택은 단지 이론상의 문제만은 아닌 것이며 경제 및 정치의 변화와 불가분의 관계에 있는 것이 분명한 것이라 하겠다(王璟, 『商法特性論』, 知識産權出版社, 2007, 184면)

(2) 개혁개방과 민상사 입법의 회복

개혁개방 초기에 중국은 경제계약법 등 일련의 민사 법률 법규를 공포함으로서 민법의 다수영역에서 처음으로 "의거할 법이 있다(有法可依)"라는 문제점을 해결하게 되었으며 향후 민사입법의 좋은 기초가 되었다. 다만 개혁초기에는 경제체제 개혁 목표가 아직 불명확하여 계획경제체제가 주도적 지위를 점하고 상품경제발전은 한계가 있었다.

그 전형적인 것이 경제계약제도인데 예컨대 경제계약 체결은 반드시 국가계획 요구에 부합해야 한다(제4조)면서 국가계획에 위반한 계약은 무효가 된다(제7조)는 계획경제체제하에 정부가 경제활동을 과도하게 간섭하는 농후한 계획경제 색채를 반영하고 있었다. 사회주의 국가가 개혁개방을 실행하는 것은 전에 없던 일이며 어떠한 경험도 빌릴 수 없어 중국의 민사입법은 기본적으로 공백의 기초위에서 전개되었을 뿐 아니라 경제체제 개혁 본래의 불확정한 요소 때문에 개혁초기에 민사입법의 문제 상 점차 "법률은 너무 상세하게 규정하지 않고 대충 원칙만 규정"(宜粗不宜細)한다는 것과 "개혁은 본래 불확정한 요소가 있으므로 입법 상에도 의당 조건이 성숙되었는지 여부를 고려해야 하며 성숙된 것을 먼저 규정하고 미성숙된 것은 규정하지 않는다(條件成熟論)는 두 가자의 입법지도원칙이 형성되었다. 민법의 범위가 너무 넓고 복잡하여 경제체제 개혁이 이제 막 시작하면서 경험도 부족하여 민법 제정 조건은 아직 성숙하지 않았으므로 우선 어느 것이 급히 필요하며 비교적 성숙한 부분은 단행법으로 제정하는 것이 이 종류의 입법지도 원칙을 체현하는 것이었다.[11)]

이러한 지도사상의 영향을 받아 개혁개방 초기의 민사입법은 다음과 같은 두 가지의 명백한 결함현상이 존재한다. 첫째로 민사입법의 현저히 어수선하여 상대적으로 하나의 건전한 법률체계를 형성하지 못하였다고 할 수 있다. 비록 기업법, 계약법, 재산법, 혼인법, 상속법 및 특허법, 상표법 등 민법의 기본영역이 모두 단행법이지만 물권, 저작권영역은 전혀 전문적

---

11) 柳經緯,『我國民事立法的回顧與展望』, 人民法院出版社, 2004, 19-20면

인 법률이 아니라는 점에서 제외 되었다. 또한 이미 공포한 각 단행법에서 언급한 자연인, 법인, 법률행위, 민사권리, 민사책임 등 민법 중에 훨씬 기초적인 법률문제는 여전히 공백상태에 있다는 점이며, 둘째는 이미 공포한 법률의 내용 역시 대다수가 과도하거나 어떤 것은 명백한 흠결 현상이 나타난다는 것이다. 예를 들면, 경제계약법의 내용은 계약법의 기본원칙, 계약의 성립, 이행, 위약책임, 계약관리, 분쟁해결 및 매매계약 등 10종의 구체적인 계약을 포함하는데 총 조문은 57개조에 불과한 것이며 그 중 매 종류의 구체적 계약규정은 2개 조문에 불과하다는 것이다.

(3) 계획상품경제의 확립과 민상사법의 입법의 발전

계획적 상품경제 목표 확립 후[12] 중국 민상사 입법은 진일보 발전하였다.

1) 전통 사법 이념의 형성

중국 민법에 장기간 존재해온 사회주의 공공재산의 특수 보호와 계획이 법률적 관념이었는데 상품경제의 발전의 객관적 요구가 이러한 구 시대적 법률관념을 타파하고 전통 민법의 평등, 의사 자치와 권리신성의 사법이념을 회복하였던 것이다. 비록 이시기의 민상사 입법이 완전히 구식관념을 탈피하지는 않았더라도 민법통칙이 대표적 법률로서 평등 등의 원칙을 확인시키면서 중국에서 이러한 사법 관념의 형성을 촉진시켜 나아갔다.

2) 민상사 법률 제도의 비교적 완비된 체계 갖춤

외자기업법, 중외합작경영기업법, 전민소유제공업기업법, 기술계약법, 저작권법, 향촌집체소유제기업조례, 성진집체소유제기업조례, 사영기업잠행조례 등의 법률 범규가 공포됨에 따라 민사입법 회복 시기에 공포된 경제계약법, 섭외경제계약법, 혼인법, 상속법, 특허법, 상표법, 중외합자경영기업법, 외상투자기업법 등 물권을 제외한 민법의 많은 영역 모두가 전문적인 입법이 이루어 졌다. 민법통칙의 공포는 민사입법이 체계화의 단계로 진입

12) 중국은 경제체제 개혁 초기는 개혁 목표가 확정되지 않아 어떤 경제학자는 중국사회주의 경제는 응당 상품 경제라 하고, 또 어떤 학자는 이에 동의하지 않는가 하면 사회주의경제는 계획적 상품경제라 하는 등 견해가 대립되었다.

하였음을 나타내며 상술한 각 단행법의 비교적 완비된 민법체계를 포함하는 민법통칙이 하나의 핵심이 되었다.[13)]

3) 민상사 입법의 발전과 문제점

경제체제 개혁의 문제점으로 비록 계획상품경제의 목표가 확립 되었음에도 근본적인 구태의 계획체제를 벗어나지 못하고 있었다.

개혁 목표가 아직 최종 확정이 되지 못하였기 때문에 사회 경제 생활 중에 존재하는 많은 불확정 인소가 존재하였다. 예컨대 민사입법 중에 존재하는 과도원칙과 간단하여 법률규범성이 강력하지 못한 점 등이 문제점을 근본적으로 해결을 못하고 있는 점일 것이다.[14)]

(4) 계획상품경제 시기의 상사 입법

1) 법률, 행정, 경제수단의 활용과 유통질서의 형성

제 11기 제3중전회 후 중국 계획경제 체제는 점차 시장경제로 향하는 과도기였다. 1980년대 초에서 90년대 초까지 중국 상업은 계획조절과 시장조절의 상호 결합단계로 진입하여 당 제12기 제3중전회는 이를 계획상품경제라 칭하였다. 상품유통과 함께 "주체다원화, 경로다원화, 형식다원화의 기본골격이 형성되기 시작하였고 법률수단, 행정수단, 경제수단을 활용하면서 상업적 방법으로 관리하였다.

국가법률 측면에서는 민법통칙, 경제계약법, 섭외경제계약법, 기술계약법, 상표법, 특허법, 저작권법 등의 법률을 공포하였다. 또한 상업부가 전문법률기구를 설립하여 신 중국 성립 이래 공포된 상사방면의 법규성 문건을 정리하여 일련의 새 단행법규, 규장을 공포하였다. 유통부문의 관리 및 소통을 강화하기 위하여 국무원 상업부 등 국가기관이 많은 규정 등을 공포하였다.[15)] 또한 성향(城鄕)상품유통의 활성화를 위하여 여러 가지 법을 공

---

13) 柳經緯, 앞의 책, 30면

14) 柳經緯, 위의 책, 31면

15) 이러한 규정에 해당되는 것으로 國營商業三級批發企業管理條例(試行)와 國營商業日用 工業品零售企業管理 條例(試行), 關于流通城鄉商品流通渠道擴大工業品下鄉的決定, 關于在工業品購售中禁止封鎖的通知, 關于 堅決制止對消費者塔配商品的通告, 關

포하였으며,[16] 기업개혁을 추진하고 기업의 활력 증강과 기업 관리 개선을 위하여 기업 경영 관리 방면의 법규도 공포하였다.[17]

2) 상업법의 기초

개혁개방의 추세가 발전해감에 따라 중국 상업부는 1982에서 1993년의 기간 동안 상업법을 기초하였다. 최초 계획을 기초한 것은 국무원 경제법규연구중심에서 나왔으며 후에 연속으로 국무원의 입법계획에 들어갔다. 상업법 기초과정 중 3차에 걸쳐 대 조정이 있었다.

그러던 중 등소평의 남방강화와 중공중앙 14대에 이르러 사회주의시장경제체제가 확립 된 후 상업법의 지도사상이 확립되어 각종 상업의 장기병존, 공동발전, 평등경쟁을 보장함으로서 사회주의 시장경제를 활발하게 하였다.

상업법 초안은 광범하게 각 방면의 의견을 기초로 형성하기 위하여 선후로 각 지역 성시를 중심으로 조사·연구를 진행하여 국무원의 의견을 구하고 여러 차례 경제학 및 법률전문가가 참여하는 논증회를 개최하였으나 최종적인 입법성과는 보이지 않았다. 그 후 국내무역부는 "상품유통법"을 빨리 제정할 것을 제출하였으며 법제수단을 운용하여 정상적 시장진입, 시장경쟁 및 시장거래질서, 부당한 거래행위를 방지·극복하고 시장질서를 옹호함으로서 국가의 대 시장 거시조정 목표를 강화하는 것이었다. 또한 "상품교역법"도 기초하고 있으나 입법상 실질적 진전은 보이지 않았다.[18]

于認眞改進批發工作, 禁止批發企業向零售企業硬性塔配商品的通告, 商企業登記管理條例, 工商企業名稱登記管理潛行規定, 公司登記管理潛行規定, 農副産品購售合同條例, 礦産品購售合同條例, 城鄉集市貿易管理辨法, 廣告管理潛行條例, 物價管理潛行條例, 煙草專賣條例 등이 있다.

16) 국무원은 關于發展城鄕零售商業, 服務業的指示를 반포하였고 국무원경제체제개혁위원회, 상업부는 關于改革農村商品流通體制若干問題的試行糾正을 반포한 바 있으며 국무원은 城鄕集市貿易管理辨法을 공포하였다.

17) 農村食品購售站, 肉類加工和冷藏企業, 國營工業品零售企業, 國營副食品零售企業, 國營飮食服務企業, 糧油裝具, 糧油調運, 城市糧店, 扶持土副産品生産基金, 糧油加價 등 管理判法, 商業企業實行經營責任制, 商業企業利潤留成判法 등이 있다.

18) 劉建民, 呂炳斌, 앞의 논문, 222-223면

(5) 사회주의 시장경제 건설 시기의 상사법

사회주의 시장경제 법률체계는 사회주의 법률체계의 주요 조성 부분이다. 그 기본구조는 아래의 몇 개 방면으로 나누어 볼 수 있다.

中共 제14대에서 사회주의시장경제 체제 수립의 목표를 세운 후 건전시장체계의 건립으로부터 시장주체, 시장행위, 시장질서, 거시조정, 사회보장 등 시장경제법률의 체계를 규정하였다.

시장경제의 기초성 법률 즉 민법통칙 등을 제외하면 생산자료자원, 자금자원, 노동력자원, 기술자원 등 중요생산요소의 시장배치에 적응하기 위하여 각각 증권법, 노동법, 특허(專利)법, 상표법을 공포하였다.[19] 또한 시장주체의 조직과 행위를 규율하기 위하여 회사법, 조합기업법(合伙企業法), 개인독자기업법 등[20]을 공포하였으며, 시장주체간의 거래 및 왕래의 수용에 적응하기 위하여 원래의 경제계약법 등 3가지 계약법을 통일된 계약법으로 새로이 제정하였다.

그 밖에 지급, 융자, 위험방지 등 등 시장 거래 부분에 관하여는 어음 수표법, 보험법, 해상법, 담보법을 제정하였다. 공평한 경쟁질서의 유지, 경영자의 이익, 소비자의 이익 및 사회공공이익의 보호를 위하여[21] 반부정당경쟁법, 반독점법, 산품질량법, 소비자권익보호법을 제정하였으며 사회주의 시장경제발전을 위하여 사회주의 시장체계를 건립해야하는 시장체계법 즉 화물매매법, 노동력시장관리법, 기술무역법, 정보법 등을 들 수 있다. 또한 거시조정 방면으로는 예산법, 중앙은행법, 상업은행법, 회계법, 통계법, 회계감사법 등 각 종류의 세수 법률법규[22]를 제정하였다. 또한 사회보장 방면의 주요한 것으로 노동법, 노동계약법 및 양로보험, 의료보험, 실업보험,

---

19) 소위 시장주체란 법에 의하여 시장에서 경영활동에 종사하는 기업과 개인을 지칭하며 구체적 형식은 회사, 합작사, 조합기업, 국유기업, 집체기업, 사영기업, 독자기업, 경영호인데 이중 조합, 사영, 독자기업, 경영호는 시장주체의 특수형식이다.

20) 위와 같은 형식과 상응한 시장주체법은 회사법, 합작사법, 조합기업법, 국유기업법, 집체기업법, 사영독자기업법, 경영호법 및 파산법 등이다(馬洪, 『什嗎是社會主義市場經濟』, 中國發展出版社, 1993, 254면)

21) 이 부분이 바로 시장관리규칙법에 해당하는 것이다(馬洪, 위위 책, 254면)

22) 市場宏觀調控法이라 한다.

공상보험, 사회구제 등의 법률법규가 있다.

그 밖에 국무원이 1980년부터 수십부의 상사활동성 행정법규를, 그리고 최고인민법원도 수십 개의 유관 상사 심판 사법해석을 공포하였다. 또한 이러한 법률, 행정법규, 사법해석을 제외하고도 중국 지방에서 대량으로 존재하는 유관 상사관계를 조정하는 지방성법규가 있으며 이러한 것들이 중국특색의 상법체계를 이루며 자연스럽게 중국 상법의 직접 연원에 속한다.[23)]

Ⅲ. 중국 상법 체계의 특색

1. 중국 상법 체계 형성과 경제체제 개혁

중국은 경제개혁으로 농업사회에서 현대 공업사회로 나아갔으며 생활방식도 엄청난 변화가 나타났다. 사회질서의 조정과 전환은 필연적으로 현대화 된 상법체계의 형성이 수반되게 되었다.

먼저 시장주체, 사회계층의 다원화, 다중 소유제 형식의 병존과 공동발전[24)]과학기술의 일취월장, 생산력의 제고, 생산 자료와 생활 자료의 충분한 유통, 경영창신, 사회의 안정과 번영으로 말미암아 사회의 재화와 부의 분배방식이 다양화되고 인민의 수입과 생활수준이 훨씬 제고되었다.

경제기초의 갱신·발전은 필연적으로 상층구조와의 적응을 요구한다.

이를 위하여 중국은 상법 영역 주위를 둘러싸고 있는 각종의 중대한 경제개혁은 계속해서 상사법률, 법규 등 상법체계의 기본을 형성하고 있다. 여기서 알 수 있듯이 중국 상법체계의 형성과 경제 개혁개방의 과정은 같은 길을 가고 있다고 하겠다. 즉 경제개혁개방은 상법체계를 만들고 상법체계의 형성 및 조정기능의 발휘는 역시 경제 개혁개방을 성공으로 이끌어 갈 것이라 하겠다.[25)]

---

23) 華中師範大學商法研究中心, 앞의 논문, 18면

24) 계획경제하에서 고도의 행정화, 重國有, 輕集體, 사영경영금지에서 비공유제경제, 공민의 합법적 사유재산제 불가침 등 공유제를 주체로 다중 소유제 경제공동발전적 기본경제제도 확립, 시장주체의 평등 일체화 보호 등임.

25) 郭富青, 앞의 논문, 9면

2. 중국 상법 체계의 특색

중국특색의 사회주의 상법체계의 특징은 다음 몇 가지로 나누어 볼 수 있다.

(1) 외국법의 계수와 중국 자체 입법의 상호 결합

중국 상법체계의 수립은 서방체계의 상법체계 형성의 경험과 교훈을 기초로 중국특색의 상법체계를 만드는 것이다.

중국은 상법 후발 국가이나 세계 상법들이 융합 및 유사해지는 추세와 함께 그동안 외국상법문화의 계수를 기초로 30년간 신속히 상법체계를 구축하여 왔다.

그러나 각국의 상법체계가 결코 동일하지 않으므로 중국특색의 사회주의 상법체계를 세우려면 절대로 서방 몇몇 국가의 상법체계를 베끼거나, 모방한다든가, 그대로 사용해서는 아니 될 것이며 계수할 시 필히 중국의 국가사정과 실제 수요를 잘 가려야 하며 외국 상법체계 중 중국 국정과 실제에 부합하지 않으면 답습할 수 없으며, 외국 상법체계 중에는 없으나 중국의 현실생활에 필요하다면 즉시 새로운 규정을 만들어야 할 것이다.

(2) 경제개혁과 상사입법의 상호성

중국 상법 발전은 시종 경제개혁개방의 추진이 제일의 원동력이었다.

이에는 두 가지 방식이 있다. 하나는 “선 발전 후 입법하는 방식” 즉 먼저 정책상 어느 영역의 개혁을 시도하고 새로운 형태의 경제관계를 육성하여 일정 정도의 발전을 기다린 후 그동안의 경험과 교훈을 상사입법에 반영하는 방식이다. 중국은 이미 기업영도체제, 경영방식, 기업파산, 회사제개조 등 많은 개혁 시도와 입법 활동을 해 온 바 있다.

또 하나는 “먼저 상법을 입법한 후 신형 상사관계를 발전시키는 방식”이다. 이 방식은 상법을 통과시킴으로서 상사 사회생활을 창조하고 새로운 상사관계를 촉진, 인도 및 규제할 수 있는 방식이다.[26)]

---

26) 郭富青, 앞의 논문, 11면

(3) 상법체계의 점변성, 과도성, 그리고 개방성

중국 경제 전환의 방식은 중국 경제의 연착륙의 선상에서 이루어 졌다.

처음 계획경제에서 계획적 상품경제로, 다시 정식으로 사회주의 시장경제체제로 오기까지 장장 14년의 사상적 인식의 변화가 있었다.

이것은 상사입법관념의 변화와 체계형성이 필연적으로 점진적이었음을 뜻한다. 중국특색의 사회주의 상법체계는 중국특색 사회주의의 실천적 제도화와 법률화의 결과이며 계속 모색하고, 총괄하며, 추진하던 중에 점진적으로 형성된 것이다.

또한 실천경험이 비교적 성숙한 것은 구체적으로 규정하고, 아직 성숙되지 않으나 입법이 필요한 것은 먼저 규정한다는 원칙하에, 나중에 조건이 성숙하면 다시 수정・보충 한다.

중국 상법의 개방성은 외국 상사입법 경험을 광범하게 흡수하여 중국 경제 개혁과 결합하고 있다.27)

(4) 상사 입법의 민주성

상사 입법은 군중노선의 원칙하에 각 방면의 의견을 청취하여 인민군중의 공동 의사를 충분히 반영하여 제정한다.

중국특색의 상법체계는 여타 국가와는 달리 당의 영도 하에 계획이 있고 중점이 주어지며 순서에 따라 만들어 진다. 이것은 중화 전통 우수 법률문화를 흡수하여 경제개혁개방의 성과를 나타내며 중국특색과 시대 특징의 통일을 표창한다.

(5) 중국 상법의 기관별 입법 구조와 형식 체계

중국은 통일된 단일의 사회주의국가이므로 법제의 통일을 요구한다.

그러나 나라가 광활하기 때문에 각자의 사회 경제 발전은 불평등하고 개혁의 정도도 같지 않다. 이것이 중국 상법체계가 하나의 단일 법전의 형식을 채택하는 것이 불가능한 것이다. 어떤 경우에는 법률이 아직 조건을 구

27) 郭富青, 위의 논문, 12면

비하지 않으면 우선 행정법규나 지방성법규를 제정하고 조건이 성숙하면 다시 법률을 제정하는 것인데 이것이 이른바 중국특색이다.

현실적 국가 사정과 중국특색으로 인하여 통일적 또는 분층차적 입법체제가 결정된다. 따라서 중국의 현행 상법체계 및 표현 형식은 독일이나 프랑스식의 "민상분립"의 형태가 아니며 이태리나 스위스와 같은 "민상합일"의 사법체계도 아니며 국정에 입각하여 경제체제개혁의 경중, 완급 및 입법 당시의 사회경제조건에 근거하여 단행법을 표현형식으로 입법권한의 분층차에 따라 중국 상법체계는 기관별 입법구조의 체계적 특색을 가진다.[28)]

이를 구체적으로 보면,

1) 제1층급

전국인민대표대회 상임위원회(이하 "전인대상위회"라 함)에서 제정한 상사 단행법으로 절대 다수를 차지한다.

이것들은 중국 전체 상법체계의 지주이며 다음 몇 가지로 분류할 수 있다.

i) 상사기초법 : 민법통칙, 계약법, 물권법, 침권책임법

ii) 상사주체법 : 중외합자경영기업법, 전민소유공업기업법, 회사법, 개인독자기업법, 기업파산법

iii) 상행위법 : 담보법, 증권법, 어음수표법, 신탁법, 상업은행법, 보험법, 해상법, 경매법

iv) 상사감독관리법 : 해관법, 산품질량법, 반부정당경쟁법, 반독점법

v) 상사촉진법 : 향진기업법, 중소기업촉진법, 순환경제촉진법

위 법 중 민법통칙, 물권법, 계약법 및 침권책임법은 중국사법구조의 기초로 자리 매김하고 있다.

2) 제2층급

국무원이 제정한 상사영역의 행정법규와 최고인민법원이 상사단행법에 관하여 내린 사법해석으로 이를 3가지로 분류할 수 있다.

---

28) 郭富靑, 위의 논문, 4-5면

vi) 상사법류를 먼저 제정하는 권한을 주는 것으로 아직 상사영역 법률제정 조건이 성숙하지 않았을 경우 전인대상위회가 국무원에 상사법규의 제정 권한을 주는 것이다.[29)]

vii) 상사단행법을 실시하기 위하여 제정한 부대 법규[30)]

viii) 최고인민법원이 상사단행법 적용문제에 관하여 내린 사법해석[31)]

3) **제3층급**

성급인대 및 그 상위회 경제특구와 비교적 큰 도시 인대 및 그 상위회에서 제정한 지방성 상사법규,[32)] 지방성상사법규는 통상 전국 성 입법이나 행정법규가 없는 정황 하에 현지의 상사 활동의 발전을 위하여 지방입법기관이 보충성 법률을 제정하는 것이다.

(6) **중국 상법의 공법화**

중국 상법의 단행법은 국가 공권력이 상사 활동에 적극적으로 개입하여 범 공법화의 특색을 나타내고 있다.

예컨대 중국 보험법에 보험업감독관리기구의 감관 내용과 이에 관한 상세한 규정을 두고 있으며 증권법도 마찬가지이다.

중국의 경제제도는 중국특색의 사회주의시장경제이며 이러한 경제제도 중에 거시조정, 경제조정 등 많은 특유의 경제현상이 있다. 이것이 바로 중국상법의 범 공법화의 경제기초를 나타내는 것이라 하겠다.[33)]

이러한 상법의 공법화가 필히 법제 진행 중 진일보 될 것이며 상법이 민법을 이탈하여 발전하는 하나의 이유가 될 것이다.

다만 상법은 상 주체와 상사거래 및 질서를 유지하는 법이므로 그 본질

---

29) 예를 들면, 城鄉個體工商戶管理潛行條例(1987), 勞動職業服務企業管理規定(1990), 鄉村集體所有制企業條例(1990) 등이 이에 속한다.

30) 中外合資經營企業法實施條例(1983), 企業法人登記管理條例(1988), 公司登記管理條例(1994)

31) 關于貫徹執行民法通則若干問題的意見, 關于適用合同法若干問題的解釋, 關于適用公司法若干問題的規定

32) 深圳經濟特區商事條例(1999), 陝西城股分合作企業條例(2000)

33) 崔姝, "論我國商法發展現狀及立法趨勢", 國公網, 2008/12, 3면

은 범 공법화로 인하여 큰 영향을 받아서는 아니 될 것이다.

또한 공법화의 특색 아래 입법기술의 수준을 높여 상법이 경제법으로 변질되는 것을 방지하여야 하는 점에도 주의하여야 할 것이다.[34)]

Ⅳ. '상법통칙'의 제정 문제

중국 특색의 상법은 개혁개방으로 인한 경제발전과 그 궤를 같이하고 있다. 경제발전의 선후로 상법규정이 분산적으로 제정되다 보니 사회주의 시장경제에 부합하지 못하는 현상이 나타났다. 이하에서 중국 상법체계의 미완 부분과 상법통칙 제정 문제 등을 살펴본다.

1. 중국 상법 체계의 미완

(1) 과도기적 입법의 문제

비록 중국의 민상사 입법이 이미 큰 성취를 이루었지만 중국의 민상사 법률제도가 완성되었다고 할 수 없으며 중국의 현행 민상사 법률이 시장경제 법률체계가 요구하는 것과 떨어져 여전히 일정한 거리가 존재하고 있다.

1) 민법통칙의 시장경제 반영 부족

현행 민상사 법률 체계는 민법통칙을 핵심으로 많은 단행법으로 구성된 법률 체계적 층면인데 민법통칙은 민법전이 아니며 민사기본법적 작용을 하기에도 부족하다. 20세기 80년대 중국의 경제체제 개혁 목표가 아직 최종적으로 확정하지 않았으며 경제생활 중에 불확정한 요소가 많고 민법전의 제정 조건이 아직 성숙하지 않아 "통칙"의 방식을 취하여 민법의 몇몇 공통성 문제를 추출하여 원칙성 규정을 채택하였던 것이다. 중국이 경제체제 개혁의 목표가 확정된 후 시장경제적 요구가 반영된 대량의 민상사 법률이 공포 되면서 민법통칙은 시장경제 발전적 요구를 만족시키지 못하고 민사기본법적 작용도 발휘하지 못하였다. 이것은 민법통칙의 내용이 과도

---

34) 鄒海林, "我國商法發展過程中的几個問題", 法學時評網, 2006/4, 5면

하거나 간단하거나 조잡 또는 결핍성의 규범성일 뿐 아니라 민법통칙에는 허다한 구 체제 색채가 농후한 내용이 비교적 많은 편이어서 시장경제의 법률이념과 맞지 않는다[35].

2) 신구체제의 혼잡한 문제는 여전히 존재

이러한 문제는 기업법에서 잘 나타난다. 비록 회사법의 공포로 소유제를 표준으로 하는 기업법 관념을 바꾸어 기업조직형식을 표준으로 하는 기업입법을 확립하여 시장경제의 요구에 부합하는 반면, 여전히 소유제를 표준으로 하는 기업법이 존재하는데 바로 전민소유제공업기업법 등이 여전히 유효하다는 것이다.[36] 그 밖에도 회사법은 비록 시장주체적 법률로 정해져 시장경제법률체계 중 중요한 법률이지만 회사법은 국유기업을 회사제로 변경하는 개혁의 배경 하에서 제정된 것이므로 비교적 농후한 "국유기업개혁법"의 색채를 면할 수 없는데 그 많은 내용이 직접 국유기업을 회사제로 개혁하는 규정이었다.[37]

(2) 중국 상법체계의 기술적 검토

중국 상법의 체계 방식은 상법전을 제정하는 방식이 아니고 단행상사체계로 현실화 하였다. 이것은 일종의 분산입법방식이며 이는 중국 경제의 점진적 계획과 각 영역의 경제변혁이 조급한 상법제정을 필요로 하는 실무적 선택이었다. 그러다 보니 자체의 한계성과 논리성 및 조정기능의 약화를 초래하고 있다. 아래 몇 가지 방면에서 살펴보면[38],

1) 상법체계의 불건전성

상법의 몇몇 부분은 여전히 규정의 결함이 존재하는데 이에는 입법 공백문제[39] 및 상법체계의 구조성 결함[40]과 많은 선언적 규정 및 불완전규정

35) 柳經緯, 앞의 책, 40-41면
36) 기업법 영역에서 "双軌制"라는 현상이 그것이다.
37) 柳經緯, 위의 책, 41면
38) 郭富靑, 앞의 논문, 13-14면
39) 선물법, 자산평가법은 아직 없으며, 금융소비자 보호 및 은행카드 등의 법률규제도 필요로 한다.

등의 결함이 나타난다.

2) 상법 규정 간 통일 및 협조성의 부족

이에는 규정 내용의 교차 중복[41], 규정간의 모순 충돌[42]이 나타난다.

그리고 향후 상법은 그 안정성을 유지하면서 시대에 따라 발전하는 선진성간의 협조와 통일을 유지해야 할 것이다.

상법체계 중 일부를 새로 도입하는 제도는 아직 국정과 관련하여 실현되지 못하고 있다. 신탁제도와 독립이사제도 및 감사회제도가 아직 협조와 통일을 이루어 내지 못하고 있다.

중국 상법체계는 입법권한의 구분과 요구에 의하는데 상사단행법의 입법이 응당 주이고 행정법규, 사법해석 및 지방성법규의 층급 구조는 이를 보(輔)한다. 그런데 상사 단행입법이 단순, 조잡하여 운용성이 결하면 실시과정 중에 관련된 행정법규나 사법 해석이 이를 대체함으로서 법률적 권위성에 손상을 입힌다.

끝으로 입법언어의 불통일 문제로서 예컨대 회사법에는 "凊算組"라 하고, 조합기업 법에는 "凊算人" 그리고 중외합자경영기업법실시조례에서는 "凊算委員會"와 같은 예이다.[43]

2. 중국 상법의 입법 체계와 '상법통칙'

일부 학자는 상법전을 제정함으로서 중국 상법체계를 완성할 수 있다고 하나 외국 상법전의 발전이 날로 쇠락해 가는 현상과 중국 상법체계형성 과정을 현실적으로 볼 때 이러한 주장은 가능성이 없다고 하겠다. 따라서 상법전 제정은 포기하고 중국적 상법체계를 모색해 본다.[44]

---

40) 상법에 일반개념이 없이 상사단행법에서 특정조정대상을 규정하고 있음
41) 상사주체등기에 관한 행정법규는 조례, 규정, 의견 등 무려 20여개가 있으며 그 중 다량의 내용이 중복되어 있다.
42) 현행 상법의 과도성이 이원 구조를 초래하였으며 계획상품경제시기와 시장경제시기에 제정된 것들이 서로 모순과 충돌을 야기한다.
43) 郭富靑, 앞의 논문, 14-15면
44) 郭富靑, 위의 논문, 17-18면

(1) 상법 체계의 관점

제1관점: 상법 이론 각도에서 중국 상법은 상주체법, 상행위법과 상사관리 구제법의 3분야로 구성되어야 한다.[45)]

제2관점: 입법 각도에서 중국은 현재 상사입법이 이미 완전한 중국 상법 체계를 갖추고 있다.[46)]

제3관점: 매매법을 중심으로 중국 상법 체계를 수립하여 중화인민공화국 상법을 제정해야 한다.[47)]

제4관점: 중국은 응당 하나의 완전한 중화인민공화국 상법전을 제정해야 한다.[48)]

제5관점: "민법전+상사단행법" 방식
이는 이론상 민상합일을 견지하면서 민법전을 제정하고 상사단행법과는 일반법과 특별법의 관계가 되는 방식[49)]

제6관점: "민상법률총강+민상단행법" 방식
이는 "중국민상법률총강"하에 각 단행 민상사법률로서 민상사법률계통을 유지하는 것이다.[50)]

제7관점: "상법통칙+상사단행법" 방식
중국이 현 단계로서 진정 필요한 것은 민법통칙과 유사한 상사기본법 즉 상법통칙을 제정하여야 한다는 방식.[51)]

(2) '상법통칙' 제정의 필요성

시장경제의 기능은 시장의 교환(매매)을 통하여 자원을 배분하는 것이며

---

45) 徐學鹿,『商法學』, 中國財政經濟出版社, 1998
46) 顧功模,『商法教程』, 上海人民出版社, 2001, 32면
47) 李功國, 朱沛智, "商事立法及其責任制度",『科技・經濟・社會』1994 第4期
48) 範健, 王建文,『商法基礎理論專題研究』, 高等教育出版社, 2005, 138면
49) 樾万一, "論民法商法化與商法的民主化-兼論我國民法典編纂的基本理念和思路",『法學論擅』, 2005年 第4期, 9면
50) 余能斌, 余立力, "制定民商法律總綱完善民商法律體系", 武漢大學學報(社會科學板), 2002년 第6期
51) 江平, "中國民法典制定的宏觀思考",『法學』, 2002年 第2期

이 영역에 법률조정을 하는 것이 시장경제법치의 핵심이라 할 수 있다. 따라서 이러한 법률의 명칭은 마땅히 “상법” “상업법” “상품유통법” “시장유통기본법” 혹은 “상사통칙”으로 칭해야 할 것 이다. 시각에 따라 다르겠지만 본질상 모두 상사기본법이라 할 수 있다. 전통적인 상법으로 이해한다면 중국은 이미 회사법, 파산법, 어음수표법, 보험법, 해상법 등을 공포하였으며, 부족한것은 상인, 상호 등 상법총칙부분과 매매법 규칙의 내용이라 할 수 있다. 이러한 각도에서 위의 부족한 내용을 포함하는 상법통칙을 제정하여 현재 있는 상사단행법을 한데 합쳐 중국특색의 상법전을 편찬하는 것이다. 상법통칙을 제정하는 것이 상법전을 제정하는 것은 아니며 민상분리 하는 것도 아니다.[52]

상법통칙 제정 문제는 중국 상법이 내용이나 체계가 형성되지 못한바 근본 원인은 통일적인 법률원칙 및 일반 상주체와 상행위규칙이 없다는데 있다. 중국의 현 단계로 진정 필요한 것은 민법통칙과 유사한 상사기본법 즉 상법통칙을 제정하는 것이다[53]. 상법통칙의 제정은 상법의 중심을 확립하는 것이며 상법조정대상의 영업성, 효율성과 거래안전 등의 가치와 기본원칙을 표창하며, 공통의 상사일반규정을 제정함으로서 각개 상사단행법률, 법규를 통할할 수 있게 될 것이다.[54]

(3) 상법통칙 제정 논란

상법통칙의 제정은 중국 상법학계의 논쟁을 일으키고 있다.

1) 부정적 태도를 보이면서 주도적 지위를 차지하는 관점

상법과 민법은 나란히 역사적 원인으로 조성된 것이며, 민상합일이 입법추세이다. 또한 상법은 민법의 특별법이다.

중국은 현재 상사입법과 민법전이 이미 현실적 수요에 적응하고 있기 때

---

52) 劉建民 呂炳斌, 앞의 논문, 225-226면
53) 이 주장은 江平교수가 제일 먼저 주장한 것이다.(江平, 中國民法典制定的宏觀思考, 法學, 2002, 제2기)
54) 郭富靑, 앞의 논문, 18면

문에 단독 상법전이나 상사통칙을 제정할 필요가 없다.

2) 긍정적 태도의 주요 이유

상법통칙의 제정은 민상합일과 민상분리의 논쟁을 넘은 입법선택이며, 상법통칙은 상사제도 자신을 체계화・과학화하는 필연적 요구이다.

중국의 현재 상사 법률 규정의 부족을 보전하고, 상관 법률 제도간의 모순과 충돌을 통일・협조・해결하는데 유리하다.

그리고 상사제도의 입법 층차를 제고시키고 상사관계의 법률 조정을 강화하며 사회경제적 발전, 법률의식의 제고, 입법 및 사법방면의 실천경험과 풍부한 이론 연구 성과로 이미 상법통칙의 제정은 견실한 입법기초를 다졌다고 한다.[55]

중국이 현재 채택하고 있는 단행 상사 입법 형식은 민활성과 편의성 등의 장점이 있으나 서로 연관성을 갖지 못하며 단행법의 분산 및 중복입법의 위험과 함께 상사법률 전체를 총괄하는 총강성 상사 법률이 없기 때문에 완전한 상사 법률의 기본이론이 형성되어 있지 않다는 단점이 있다.

이 문제에 대하여 독립적인 상법전을 제정하지 않고 상법의 상대적 독립성을 인정하자는 주장[56](실질상법주의적 민상분리론)과 기존의 상사 단행법들은 독립해서 존재하고 다만 상법전을 격하하여 상법통칙으로 하자는 주장(복합방식주의)이 있다. 현실적으로 사법의 통일을 실현하기 위하여 민법전 이외에 독자적인 상법전을 두지 않고 상법통칙을 제정하여 구체적인 상사제도는 단행법의 형식으로 추가하는 것이다.

이러한 상법통칙의 제정 방식은 상법의 개방 체제 및 급격히 변화하는 경제생활에 적응하는데 유리할 것이며[57] 나아가 법의 개정도 상법전의 경우보다 용이 할 것이다.

중국의 현실상 민상합일 하에 상법통칙의 제정과 상사단행법 체계는 상

55) 趙旭東, "制定商法通則的五大理由", 『中國法學會商法學研究會』, 2007論文集, 55-60면
56) 石小俠, "我國應實行實質商法主義的民商分立-兼論我國的商事立法模式", 『法制與社會發展』, 2003, 13면
57) 彭眞明 等, 商法前沿問題研究, 『中國法制出版社』, 2005, 21-23면

법이 민법의 특별법으로 머무는 것(전통적 민법전에 단행 상사법 추가 방식)이 아닌 것으로 사실상 민상분리의 형태를 가지게 되는 것이라 하겠다. 물론 중국 경제가 더욱 발전하면 향후 독자적인 상법전도 가능할 것이다.

(4) 상법통칙의 내용

상법통칙의 내용은 대륙법계로 말하면 대체로 상법의 기본원칙, 상사주체, 상업사용인, 상업장부, 상업등기, 상호, 영업자유와 제한, 상사행위, 상사대리, 상업비밀 등이 될 것이며, 영미법계로 말하면 미국통일상법전의 입법방식에서 제1편의 총칙규정과 제2편 매매에서 제9편 동산담도제도까지의 상사거래가 중심이 될 것이다.

그런데 상법통칙은 규범 내용의 총강성과 각 상사단행법 관계에 관한 협조성 내지 보충성을 추구하므로 이에 적합한 예가 흔치 않을 것이기 때문에 상법통칙을 제정할 때 실사구시로 중국의 현실적 이론과 입법 및 실천에 따라 스스로 체계를 수립해야 할 것이다.58)

상법통칙은 상법전의 총칙부분과 상행위 부분의 총칭이므로 상법총칙의 개념보다 범위가 더 광범하다고 할 수 있다.59)

3. 기타 상법 입법 시 고려 할 사항

중국이 양호한 상사법치 질서를 수립하고 사회주의 시장경제의 지속적인 발전을 위하여 다음과 같은 몇 가지 문제도 고려 할 필요가 있을 것이다.

(1) 상법영역에서 상관습법의 특수지위

몇몇 국가의 민상법은 상사거래관습 및 관례에 관하여 명문규정을 두고 있다. 상관습법이란 상사관계에서 발생하는 계속적 관행이 법적 확신의 단계에까지 이른 것을 말한다. 한국 및 일본 상법은 "상사에 관하여 본법에 규정이 없으면 상관습법에 의하고 상관습법이 없으면 민법의 규정에 의한

---

58) 任爾昕, "我國商事立法模式之選擇及商事通則的制定",『民商法律評論』, 2005, 233면
59) 江平, "中國現商事立法模式選擇深究",『社科縱橫』, 總22卷 第11期, 2007, 104면

다."(상법 제1조)고 규정하여 상관습법을 민법에 우선시키고 있다. 따라서 상관습법은 민법의 규정을 변경하는 효력이 인정된다[60]. 중국 계약법도 이와 유사한 규정을 두고 있다.(동법 제61조)

중국이 그동안 각종 원인으로 인하여 거래관습이나 관례를 소홀히 하였으나 국제무역관례도 상호간의 권리의무관계 확인에 의거할 수 있을 것이다.[61]

(2) 규범체계 조정 원칙과 적시 조정 원칙

개혁개방 초기에는 "돌다리도 두드리며 걷는다"는 책략을 택하였다. 입법상 "하나가 성숙하면 하나를 제정한다"(成熱一个 制定一个)와 "하나가 필요하면 하나를 제정한다"(需要一个 制定一个)에 대하여 논쟁이 있었다. 그러나 개혁개방 30년 후인 오늘날은 완전히 "필요하면 제정한다"고 할 수 있는 능력을 가져야 하며 법률의 공백을 남기지 않고 즉시 날로 달라지는 상사관계로 조정하여야 할 것이다. 구체적 조정에 있어 국가법제가 통일되고 권위가 보장되는 경우 상사행위규범의 다양화, 상이한 규범 체계성성에 주의하여 상사관습, 관례들이 그 지위에 맞는 작용을 발휘하도록 하여야 한다.

시장경제는 법치경제이며 상사거래활동은 시장경제 중 가장 일반적인 것이며 가장 기본적인 경제활동이다. 상사유통의 현대화는 바로 상사기본법과 함께 해야 한다.

따라서 상사기본법의 입법방식, 형식, 체계와 서로 관련된 상관습법, 상사관례 등의 지위와 작용을 연구해야 하며 중국 상사법치수립으로 한층 많은 실질적 성과를 얻을 수 있도록 기대해야 한다.[62]

(3) 공법화의 조정 문제

중국 상법의 범 공법화로 야기된 구조, 체계 및 제도상 부당함이 있을 수 있으므로 주의가 필요하다. 상법의 범 공법화의 내용과 상법의 사법성은 서로 용납되지 않으므로, 조정 시 충분한 고려가 필요하다.

---

60) 송옥렬, 상법강의, 홍문사, 2012, 9면
61) 劉建民 呂炳斌, 앞의 논문, 226면
62) 劉建民 呂炳斌, 위의 논문, 226면

그 밖에 중국 상사 입법이 국유기업의 개혁을 배경으로 제정되었기 때문에 국유기업에 우대와 특권을 부여하는 기업 차별성을 가지고 있으며, 국가 본위의 강제성·금지성 규정이 많고 임의성·선택성 규정이 적은 편이다. 마지막으로 중국 상법이 타 국가와 비교하여 대체로 조문수가 적어 상세한 규정을 하지 못한다는 점이 있다.

4. 중국 상법 체계의 전환

중국 상법체계의 역점은 상사입법중심으로의 전환이 필요하다 하겠다.

그 전환의 내용은 다음과 같다.

먼저 상사조직과 상사거래에서 상사거시조정 입법으로 전환할 필요가 있으며, 관리형 입법에서 서비스형 입법으로의 전환이 요구된다.

또한 수량 속도형 입법에서 질량 효율성 입법으로의 전환 및 개괄형 입법에서 상세한 입법으로의 전환이 요구되며, 입법 시 법의 계통화와 협조화로의 전환이 필요하다고 하겠다.[63)]

V. 결론

이상에서 중국 상법의 변화과정, 중국 상법체계의 특징 그리고 중국 상법의 문제점과 과제에 관하여 살펴보았다. 중국에서 상법이라는 것은 개혁개방 이후 시장경제 건설 과정 중에 점차 발전하게 된 하나의 법률현상이라 할 수 있다. 따라서 개혁개방 이후 상법은 상당기간 동안 응당 상법에 속하지만 당시의 법학 이론상 민법으로 취급되었던 것이었다.

사회주의국가가 개혁개방을 실행하는 것은 전에 없던 일이며 어떠한 경험도 빌릴 수 없었음으로 중국의 민상사 입법은 기본적으로 공백의 기초위에서 전개되었을 뿐 아니라 개혁의 불확정한 여건 때문에 "법률은 상세하게 규정하지 않고 대충 원칙만 규정"한다는 것과 여건 성숙을 고려하여 성숙된 것을 먼저 규정하는(조건성숙론) 두 가지 입법사상이 형성되었다. 또

63) 郭富青, 앞의 논문, 19면

한 민상합일의 법률체계 하에서 민법통칙을 핵심적인 민사입법으로 함으로서 민법의 영향력이 지대하게 되었고 이는 현재까지도 영향을 주고 있다.

이런 분위기 하에 상법은 위축되었으나 사회주의 시장경제체제가 되면서 경제 개혁개방과 상법체계의 형성은 같은 길을 가고 있으며 상호 보완의 위치에 있다고 하겠다. 중국 상법체계의 수립은 서방체계의 경험과 교훈을 기초로 중국 특색의 상법체계를 만드는데 있다. 그렇다고 민상합일론이 주류인 중국에서 지금 독립된 상법전을 제정하는 것은 불가능한 일이며 기존의 민상사 단행법을 어떻게든 이용해야 될 처지에 있다고 할 수 있을 것이다.

그런데 중국 상법은 그동안 내용이나 체계가 제대로 형성되지 못하여 통일적인 법률원칙 및 일반 상 주체와 상행위규칙이 없다는 점이다.

따라서 중국이 현 단계에서 진정 필요한 것은 민법통칙과 유사한 상사기본법 즉 상법통칙을 제정하는 것이라 할 수 있다. 소위 ‘상법통칙’+상사단행법의 형태로 상법체계를 이끌어 갈 수 밖에 없을 것이다. 이러한 현상은 민상합일론에 저촉되지 않으면서 상법의 독립성이 인정되는 것이어서 사실상 민상분리론에 가깝다고 할 것이다.

그동안 중국 상법은 분산입법방식으로 제정되었기 때문에 입법공백과 규정간의 통일성·협조성이 부족하여 한계성과 논리성 및 조정기능의 약화를 초래하고 있다. 이러한 문제점은 상법통칙의 제정과 함께 종합적으로 조정해야 할 과제일 것이다.

향후 중국 상사 입법은 거시 조정 입법으로의 전환과 보다 상세한 입법과 질량 효율적 입법 등이 요구된다고 하겠다.

이 홍 욱

▶ 저자 약력

서울대학교 법과대학 졸업
성균관대학교(법학박사)
법제처 법제연구관
한국해양대학교 교수
중국 중앙민족대학 방문교수(1993)
북경대학 방문교수(2000)
중국 사회과학원 법학연구소 방문교수(2004)
중국 중앙민족대학 객좌교수(1995-현)
대구가톨릭대학교 법학과교수(현)
차이나 포럼 원장(2007-10)
중국연구소장(1990 - 현)

▶ 주요 논문

재보험에 관한 법적 연구
어음행위의 표현대리에 관한 재검토
영국회사법 제459조와 지배주주권 행사의 한계
중국 민·상사법의 중국특색과 세계화
중국 상법체계의 특성과 '상법통칙'의 제정
韓國保險合同法(中外法學, 北京大學)
亞洲金融危機后韓國相關經濟法規的調整(國際貿易問題, 對外經濟貿易大學)
The Present Condition and Prospect of Law System in Reformation and Opening of China(공동) 외 논문 다수

중국 상사법의 발전과 과제

지은이 / 이 홍 욱
펴낸이 / 조 형 근
펴낸곳 / 도서출판 동방문화사

인쇄 / 2014. 12. 15
발행 / 2014. 12. 30

서울시 서초구 방배동 905-16. 101호
전화 / 02)3473-7294 팩스 / (02)587-7294
메일 / 34737294@hanmail.net
등록 / 서울 제22-1433호

저자와의 합의 인지생략

파본은 바꿔 드립니다.
정 가 / 35,000원

ISBN 978-89-97569-71-7 93360